本丛书为 2021 年度宁波市科技发展专项资金项目（市重点技术研发第三批）"区域文化基因解码与精准传播服务技术研究及应用"（项目编号：2021Z017）研究成果

锦绣山海

宁波文化基因解码丛书
SHANSHUI JINXIU

余姚、慈溪、宁海、象山卷

"宁波文化基因解码丛书"编委会　编著

ZHEJIANG UNIVERSITY PRESS
浙江大学出版社
·杭州·

图书在版编目（CIP）数据

　　山海锦绣：余姚、慈溪、宁海、象山卷/"宁波文
化基因解码丛书"编委会编著. — 杭州：浙江大学出版
社，2023.11
　　（宁波文化基因解码丛书）
　　ISBN 978-7-308-24339-1

　　Ⅰ．①山… Ⅱ．①宁… Ⅲ．①地方文化－文化研究－
宁波 Ⅳ．①G127.553

　　中国国家版本馆CIP数据核字（2023）第204674号

山海锦绣：余姚、慈溪、宁海、象山卷

SHANHAI JINXIU: YUYAO CIXI NINGHAI XIANGSHAN JUAN

"宁波文化基因解码丛书"编委会　编著

策划编辑　吴伟伟
责任编辑　陈　翩
文字编辑　刘婧雯
责任校对　丁沛岚
封面设计　米　兰
出版发行　浙江大学出版社
　　　　　（杭州市天目山路148号　　邮政编码　310007）
　　　　　（网址：http://www.zjupress.com）
排　　版　杭州林智广告有限公司
印　　刷　杭州宏雅印刷有限公司
开　　本　787mm×1092mm　1/16
印　　张　25.5
字　　数　430千
版 印 次　2023年11月第1版　2023年11月第1次印刷
书　　号　ISBN 978-7-308-24339-1
定　　价　128.00元

总序

"求木之长者，必固其根本；欲流之远者，必浚其泉源。"

一个国家、一个民族的强盛，总是以文化兴盛为支撑的。中华优秀传统文化是中华民族生生不息、长盛不衰的文化基因，是建设中华民族现代文明的重要源泉。中华民族创造了源远流长的中华文化，也一定能够创造出中华文化新的辉煌。

宁波面向太平洋，位于中国大陆海岸线中段，长江三角洲南翼。这里山海相倚，岸线曲折，海湾纵深，景色绮丽。这里是人类海洋文明的重要发祥地，8300 年前井头山先民、7000 年前河姆渡人就在这片土地劳作、生活。这里人杰地灵，思想伟人、商业巨子代出，浙东学术、藏书文化、东南佛教、商帮文化在此兴盛，气象万千。这座东方大港、文化名城最大的特别之处在于，在这里中国大运河与海上丝绸之路相衔接，海洋文明与儒家文明相交汇，不同文明的交流互鉴、融合会通，展现出蔚为大观的文明成就，映现出独具魅力的文化气象。宁波文化集中体现了中华文明的创新性、统一性、包容性、和平性，为中华民族生生不息、发展壮大提供了丰厚滋养。

习近平总书记指出，多向多元发展的中国思想文化体现着"中华民族世世代代在生产生活中形成和传承的世界观、人生观、价值观、审美观等，其中最核心的内容已经成为中华民族最基本的文化基因。这些最基本的文化基因，是中华民族和中国人民在修齐治平、尊时守位、知常达变、开物成务、建功立业过程中逐渐形成的有别于其他民族的独特标识"[1]。为更好地传承浙江历史文脉，更好地促进全民精神富有、赋能物质富裕，浙江省文化和旅游厅于 2020 年启动实施"文化基因解码工

---

[1] 《习近平在纪念孔子诞辰 2565 周年国际学术研讨会暨国际儒学联合会第五届会员大会开幕会上的讲话》，《人民日报》2014 年 9 月 25 日。

程"，并于 2021 年下半年启动培育"浙江文化标识"。该工程力图通过全面挖掘文化内涵，推动中华文明创造性转化、创新性发展，激活其生命力，使中华民族最基本的文化基因与当代文化相适应、与现代社会相协调，彰显出跨越时空、超越国界，富有永恒魅力、具有当代价值的文化魅力。

当前，宁波已全面开启建设现代化先行市和共同富裕先行市的新征程，文化已成为决定城市高度和竞争力的核心要素。破解好文化软实力与经济硬实力不相匹配问题，是宁波争先进位、走在前列的"必答考卷"。我们要坚持以习近平新时代中国特色社会主义思想为指导，深入学习贯彻习近平文化思想，围绕举旗帜、聚民心、育新人、兴文化、展形象的职责使命，赓续中华文明历史文脉，坚定文化自信、增强文化自觉、强化文化担当、激发文化创造，全面实施文化优先发展战略，加快推动文化迭代升级，培育港城文化新标识，构建文化建设大平台，形成文化发展新格局，着力打造与现代化先行市和共同富裕先行市相适应的新时代文化高地，为当好"重要窗口"模范生，建设现代化滨海大都市，奋力打造中国式现代化市域样板，提供强大思想保证、精神动力和文化条件。

"周虽旧邦，其命维新。"进一步了解中华文明的悠久历史、感悟中华文化的博大精深，是时代发展对我们提出的重大命题，也是为中国式现代化建设积聚更多智慧和力量的重要遵循。让我们继续努力，不断深化拓展"第二个结合"，让收藏在博物馆里的文物、陈列在广阔大地上的遗产、书写在古籍里的文字活起来，不断创造中国式现代化的文化形态，以守正创新的正气和锐气，赓续历史文脉、谱写当代华章，为全面推进中华民族伟大复兴、建设中华民族现代文明提供强大的精神力量。

"宁波文化基因解码丛书"编委会

2023 年 11 月

前言

推进文化基因解码工程　打造宁波重大文化标识
为全力打造"文化高地、旅游名城"夯实基础研究

习近平总书记指出："文化是一个国家、一个民族的灵魂。文化兴国运兴，文化强民族强。"① 文化的发展是历久弥新的过程，中华文化既坚守根本又不断与时俱进，在继承创新中不断发展，在应时处变中不断升华。在新的起点上继续推动文化繁荣、建设文化强国、建设中华民族现代文明，是新时代新的文化使命。浙江省委、省政府和宁波市委、市政府历届领导强调，要将传承中华文明摆在突出位置，使之成为共同富裕新征程中的重要内容和精神支撑，为浙江、宁波加快打造新时代文化高地，为共同富裕示范区建设注入强大力量。

为传承好浙江历史文脉，更好地促进全民精神富有、赋能物质富裕，浙江省文化和旅游厅于 2020 年启动实施"文化基因解码工程"，旨在通过全面挖掘文化内涵，解码每一种文化形态，在将文化元素提取好、传承好的过程中，找到文化存在的内在"基因"，拓展丰富各文化元素的利用领域，以促进文旅融合发展，助推经济社会发展。在解码文化基因的基础上，2021 年下半年启动培育"浙江文化标识"。以文化标识建设，牵引资源普查、基因解码、产业应用研究、文化遗产保护传承、文艺精品创作、文化和旅游产业、文化公共服务、国际交流合作等文化和旅游工

---

① 习近平：《坚定文化自信，建设社会主义文化强国》，《求是》2019 年第 12 期。

作。浙江省第十五次党代会也把"彰显浙江深厚历史底蕴的文化标识"作为未来五年的奋斗目标。

宁波市文化广电旅游局积极推进宁波文化基因解码与文化标识建设工作。至2021年12月，共填报一般元素4294条，重点元素194个，解码报告194份。2022年，宁波"梁祝文化""千年慈城"等11个项目入选"首批100项浙江文化标识"培育项目。"阳明文化"被列入"文化标识建设创新项目名单"，"海洋渔文化"被列入"文化标识建设创新培育项目名单"；"张人亚党章学堂""《渔光之城》滨海场景演艺秀"入选浙江省文化和旅游厅公布的"首批文化基因解码成果转化利用示范项目"。"宁波文化基因解码丛书"是一项文化研究基础工程，立足浙江省文化基因工程数据库成果，由宁波市文化旅游研究院组织专家团队与县（市、区）文旅局干部、专家共同努力推进。它是对"宁波文化基因解码工程"的一次总结和提升，为宁波文化标识建设提供了重要的基础性文献。

中华文明是世界四大文明中唯一自古延续至今、从未中断的文明，形成了独具特色、博大精深的价值观念和文明体系，具有突出的连续性、突出的创新性、突出的统一性、突出的包容性、突出的和平性。文化基因是决定文化系统传承与发展的基本因子，是历代社会成员在生活、生产活动过程中心灵创造的积累，维系了中华民族在漫长历史过程中的生存和发展，是铸就中华文化生命力量、文化特征的根本因素。宁波是中华文明的重要起源地和发展创新重地，8000年来文化发展海陆交汇，一脉相承，展现出蔚为大观的文明成就，映现出绚丽多彩的文化气象。宁波文化作为重大区域文化，其文化基因为中华民族生生不息、发展壮大提供了丰厚滋养。宁波现有2个世界级文化遗产，拥有各级文物保护单位总数达611处，其中全国重点文物保护单位33处，省级文物保护单位87处，历史文化街区、古镇古村、名人故居举不胜举，文化遗产资源数量和质量居国家历史文化名城前列和计划单列市首位。拥有国家级非物质文化遗产代表性项目28项、省级105项，国家级非遗代表性传承人16名、省级101名；国家级传统工艺振兴目录项目5个、省级10个。

我们要以大历史观，审视宁波8000多年文化发展史，由之引导人们读懂中国之路的历史必然、文化内涵与独特优势。距今8300年的井头山遗址具有浓厚而鲜明的海洋文化属性，是中国先民适应海洋、利用海洋的最早例证，表明余姚、宁波乃至浙江沿海地区是中国海洋文化的重要源头区域，是中国海洋文化探源的一次重大发现。河姆渡遗址是"中国20世纪100项考古大发现"之一，在我国考古史上具有里程碑意义，其发现证明长江流域与黄河流域一样，也拥有灿烂的新石器文明，也是中华文明的发源地之一。在冒险开拓的海洋精神激励下，河姆渡人的稻作文化、制陶文化、干栏式建筑、有段石锛等诸多具有开创性的文明成果也借助海洋实现了对外传播，覆盖现浙江、福建、广东等地，并跨越广袤的大洋，影响了东亚、东南亚乃至太平洋众多岛屿的文明进程。

中唐以来，中国的经济文化中心向东南迁移，宁波作为中国大运河与海上丝绸之路相衔接的城市，兴起了青瓷、茶叶等饱含中华气象的新兴产业。宁波海洋贸易汇聚，新产品生产与定价，高收入人群、科技文化人才集聚，折射着中国海权社会特征的成长，展现着中国社会与文化发展的重要新动力，体现着农商经济引领中国经济新形态、海陆型国家形态代替传统内陆型国家形态的过程。宁波港城文化繁荣，至今仍然保存着当时城市建设的一些重大工程，如鼓楼、天封塔、灵桥、它山堰—南塘河水利工程等，盐碱之地变成商贸繁荣、人水和谐的富裕之地。

文化更是代表一定民族特点，反映其理论思维水平的精神风貌、心理状态、思维方式和价值取向等精神成果的总和。宁波崇文重教，是著名的文献大邦。浙东学术顺应中国社会发展和时代前进的要求而兴起，积极构建新儒学话语体系，积极回答时代之问、人民之问。从南宋"淳熙四君子"到阳明心学，及至浙东史学派，千年接续发展，为经营万里丝路与中国大运河，持续提供了新的精神价值支持。"新四民""工商皆本""经世致用"等主张，激励自作主宰、勇于担当的主体性精神，为宁波以工商为本的城市发展提供了强大的价值支撑。这是"宁波帮"从明末清初开始逐渐发展壮大，并积极抓住机遇，成为中国近代史上最成功最具代表性的商

帮，成就长盛不衰奇迹的思想基础。

文明因交流而多彩，文明因互鉴而丰富。文明交流互鉴，是中华文明几千年持续发展的重要动力，也是推动人类文明进步和世界和平发展的重要动力。海纳百川的包容气度，勇立潮头的开创精神，使得宁波能在汲取其他文明养分的过程中促进自身发展，不断焕发新的生命力。充满自信的中华文明对各种外来文明产生了强大吸引力。宁波也是东亚文化之都，自唐代开元盛世建立三江口州治以来，宁波一直是展示中国文明的重要窗口，被日本等国称为"圣地宁波"。宁波天童寺等禅宗名刹成为日本临济宗、曹洞宗祖庭，深刻影响东亚诸国文化的发展。研究宁波文化基因，要在与世界其他文明的横向比较中，阐释清楚中华文明突出特性，知其然、其所以然、其所以必然。

宁波也是一座富有光荣革命传统和红色基因的城市，现有革命遗址 507 处，数量位居全省前列。其中浙东抗日根据地旧址群、樟村四明山革命烈士陵园、张人亚党章学堂、大革命时期中共宁波地委旧址纪念馆等一批在全国具有重要地位和影响力的革命遗址与红色场馆，被列为国家和省级爱国主义教育基地、党史学习教育基地。2021 年，余姚梁弄镇横坎头村被列为国家红色美丽村庄建设试点单位。浙东抗日根据地旧址群为全国百个红色旅游经典景区、中国红色旅游十大景区之一。宁波市还有奉化区松岙红色旅游基地等 4 处省级红色旅游教育基地、江北区冯定纪念馆等 8 处浙江省党员教育培训基地、镇海区招宝山街道等 8 个市红色旅游融合发展示范区、海曙区樟村四明山革命烈士陵园等 18 处市红色旅游教育基地，红色文化资源已成为引领宁波市乡村振兴的红色引擎。

1979 年，宁波港对外开放。在 40 多年中，宁波港迅速从内河港、河口港，转变为集装箱船、大型油轮时代的海港。从 2009 年开始，年货物吞吐量连续居于世界第一，有力地支撑了长江三角洲地区基础产业发展。宁波舟山港已与世界上 100 多个国家和地区的 600 多个港口通航。港口发展带动了宁波石化、电力、钢铁等临港工业体系的形成，推动了民营企业的全球化贸易。专业市场发达、市场化程度全国领先已成为当代中国经济的"宁波现象"。宁波初步具备规模巨大、结构合理、设施完善、环境优美等现代化滨海大都市特征，"一核两翼、两带三湾"多节点网络化现代都市大格局基本成型。宁波市委、市政府高度重视文化建设，相继实施文化大市和文化强市战略，着力改善文化民生，文化事业、文化产业建设取得重大成就，为推动全市经济社会发展，全面建成惠及全民的小康社会，提供了强劲的文化动力。

摸清宁波文化家底，建立宁波文化基因库，对于守护民族精魂、赓续中华文脉、建设中华民族现代文明有着重大意义。文化基因解码工程的"解"是上半篇文章，"用"是下半篇文章。研究阐释宁波文化基因，并非沉湎于过往辉煌的自我陶醉，而是从当下宁波现实出发的理性回溯，从高站位、宽视野、大格局把握宁波文明的历史特色，用马克思主义真理力量激活中华优秀传统文化的生命力，使阳明文化、海洋文化、商帮文化和书香文化、慈孝文化等中华优秀传统文化与日常生活水乳交融、与现代生活需求紧密契合。在润物无声、日用不觉中增强人民精神力量，建设好最富魅力、最具辨识度的文化标识，用深厚的历史文化积淀提升宁波文化的知名度和影响力，推动当代宁波经济发展和社会进步。

现在，宁波立足"枕山、拥江、揽湖、滨海"的城市特色，按照"山海统筹、城乡兼顾、重点引领、区域协调"的布局理念，构建"北绘、东绣、南擎、西拓、中优"的文旅新布局，加快重大文化地标建设。以余姚江—甬江为基线，整合运河沿线文化遗产资源，以点带面，轴线发展，推动翠屏山片区联动发展，赓续宁波城市文脉，擦亮"海洋文明起源地"和"海上丝绸之路起航地"两大文化金名片，打造"中国大运河出海口"品牌。建设都市文化传承区、山地生态度假区和湾区滨海休闲区，建设大运河（宁波段）国家文化公园、宁波史前遗址保护利用示范区、浙东山水诗路文化旅游带、象山港湾滨海旅游休闲区、宁波前湾现代文旅产业集聚区、宁波南湾海洋旅游示范区"六大板块"，搭建传播平台，实施文化节庆提亮工程，整合提升海上丝绸之路文化和旅游博览会、中国（象山）开渔节、中国徐霞客开游节等具有鲜明城市文化个性的大型节庆文化品牌。各县（市、区）正积极谋划重大文化标识建设项目，讲好中国故事、传播好中国声音，推动中华文明的创造性转化、创新性发展，激活其生命力，把宁波建设成为近悦远来的魅力之城。

文化是旅游的灵魂，旅游是文化的载体；文化是旅游的发动机，旅游是文化腾飞的翅膀。推动文旅融合，把中国的文化和旅游行业、企业、产业带入新的时代，已经成为国家层面的战略要求。进入新时代，踏上新征程，站在新起点，宁波全市文旅系统将奋楫笃行，勠力同心，以更实的作风、更强的担当、更拼的干劲，全面吹响文旅复苏冲锋号，谱写文化旅游事业高质量发展新篇章，为宁波切实扛起锻造硬核力量、唱好"双城记"、建好示范区、当好模范生、共同富裕示范先行的使命担当，奋进中国式现代化新征程，加快建设现代化滨海大都市，发挥"文化先行、旅游开道"的重大作用。

目录

余姚市重点文化元素
基因解码及转化利用

余姚历史悠久，人文荟萃，拥有7000年历史的河姆渡文化遗址的发现，把人类原先对中国文明史的认识足足上推了2000年。在余姚的土地上不但有"舜耕历山""禹藏秘图"的美丽传说，还涌现出不少彪炳史册的历史文化名人，如东汉时期高风亮节的严子陵、明代著名哲学家王阳明、明末清初著名学者黄宗羲、中日文化交流使者朱舜水等，以其思想成就和人格力量折服时人并泽被后人。余姚也因此享有了"姚江人物甲天下""东南最名邑"的美誉。虞舜文化、黄宗羲故里、谢阁老传说、余姚姚剧、余姚土布、私人藏书楼梁弄五桂楼都是余姚的特色传统文化；具有区块经济特色的中国塑料城、道德与信贷挂钩的余姚道德银行则是余姚新时期文化的代表。

目前，余姚各级文物保护单位、文物保护点总量达222处，其中世界文化遗产1处（大运河浙东运河余姚段）、国家级文物保护单位8处、省级文物保护单位14处；拥有各级非物质文化遗产项目104个，其中国家级非物质文化遗产项目2个、省级非物质文化遗产项目11个。阳明文化、浙东抗日根据地入选"浙江文化标识"培育项目，阳明文化入选"首批文化标识建设创新项目"，成功注册"阳明故里"和"阳明故居"商标。余姚山水资源充沛，土地肥沃，各种地形为物产的多样性、丰富性提供了可能。余姚由此拥有了"中国杨梅之乡""中国榨菜之乡""中国高山云雾茶之乡""中国红枫之乡""中国茭白之乡"等美誉。

灿烂的历史文化，秀美的山水风光，丰富的地方物产，便捷的水陆交通，完备的城市设施，为余姚旅游业提供了快速发展的条件。余姚现有A级景区11家（其中AAAA级3家）、旅行社26家、星级饭店9家（其中五星级饭店3家）、民宿115家［其中等级民宿9家（白金宿1家、金宿1家）、叶级客栈3家］，宁波市乡村全域旅游示范区3个，宁波市级以上工业旅游示范点等"旅游＋"融合基地（点）27个。"百千万"景区化工程有序推进，现有景区村164个、景区镇17个。余姚共有"诗画浙江·百县千碗"省级美食体验店11家，宁波市级美食体验店9家，打造慢直播平台"云游余姚"、浙江省自驾游旅行精品线——环四明山余姚多彩风景道及"露营＋采摘"微度假旅游线路10条。余姚先后获得"全国文化模范县（市）""全国文明城市""中国最具幸福感城市""浙江省历史文化名城""浙江省园林城市"等桂冠，目前已经成为中国优秀旅游城市、浙江省十大旅游休闲城市、浙江省第二批全域旅游示范市。

一、余姚虞舜文化

舜，传说为轩辕黄帝八世孙，中国上古时期的部落联盟首领，上古"五帝"之一，被后人尊为"道德始祖""百孝之首"，是传统圣人贤君的代表，是中华文明源头的典型人物。余姚作为虞舜故里，境内有着诸多与舜相关的故事传说和活动遗迹，体现出深厚底蕴的虞舜文化。

（一）余姚虞舜文化核心文化基因解析

1. 物质要素

（1）历山

"舜生诸冯，耕于历山"，历山是舜耕作之处，今位于余姚市低塘街道历山村。关于历山，史书多有记载，《史记·五帝本纪》载："舜耕历山。"《史记正义》引《括地志》："越州余姚县有历山、舜井。"晋代周处《风土记》载："舜东夷之人，生于姚丘，耕于历山，而始宁、剡二县界上，舜所耕田于山下，多柞树，吴越之间，名柞为枥，故曰历山。"在历山这一山丘上尚存留一些和舜有关的历史遗迹，包括舜帝庙、舜井、石床、摩崖石刻等。舜井，相传为舜所凿之井，据说即使天干久旱终而不竭，菏泽一方。石床，传为舜帝耕作时遇雨而所避之处，如清康熙《余姚县志》载："山阳石壁镌'耕隐'二字，有石嵌空，横覆如床，可坐数人，相传为帝舜耕时避雨处。"可惜的是，从20世纪50年代开始，为适应经济发展需要，历山因"采石"而消失，所幸在历山原址上开发的居民区内保留了原历山南坡遗址，又建造了舜耕桥、避雨亭等纪

虞舜纪念馆（鲁弯弯摄）

念"舜耕"的建筑。现历山村中尚存留历山老街、厢记弄张氏祖宅、翁家墙门、广济庵、奉虞庵、广墅庙等历史遗迹。如今，历山村规划建成了"舜耕历山"爱国主义教育基地，建有历山文化公园、文化礼堂、家园馆、虞舜纪念馆、欢乐大舞台、百米孝德文化长廊、虞舜文化广场、舜耕历山孝德牌坊、孝德讲堂、农耕文化展示馆等文化场地。其中，虞舜纪念馆业已成为浙江省非物质文化遗产传承基地。目前余姚历山虞舜的传说已被批准为浙江省非物质文化遗产。

在历山文化公园的对面有一所名为"舜耕"的小学，是历山乡贤翁济初先生在 1938 年耗资 9000 银圆，捐赠 400 亩田地作为校产而创建的，原意是希冀历山的莘莘学子能学习虞舜勤劳朴素的品德，树立求真务实的学风。舜耕小学从创立开始就深受战争洗礼。1941 年日军入侵余姚县城，日伪政府试图推行奴化教育。当时的舜耕小学校长茅忠兴带领全体教师抵制，拒不服从。由于形势危急，物资短缺，每月仅有 130 斤大米来维持办学。师生们想尽办法，自印教材……1944 年下半年，日伪"清乡"之风骤起，学校被迫停办，直至抗战胜利。目前，舜耕小学发展良好，欣欣向荣。舜耕小学校歌中这样传唱："相传是舜耕的遗垄，野史难凭，记取垦荒精神。田师宗，新使命，扫文盲，启童蒙，培养民主，促进大同。大家奋发为雄，大家奋发为雄。"相信将来的舜耕小学也会继续传承与发扬虞舜勤劳务实的垦荒精神和近现代奋勇抗敌、不怕牺牲的爱国主义精神。

（2）冯村

冯村古称诸冯，今属余姚市兰江街道，相传为舜的诞生地。《孟子·离娄章句下》中记载："舜生于诸冯，迁于负夏，卒于鸣条，东夷之人也。"东汉经学家赵岐对此句作注说："诸冯、负夏、鸣条，皆地名也，负海也，在东方夷服之地，故曰东夷之人也。"据此看出舜为东方部族之人，其出生地"诸冯"在东海边。此外，史书上多有记载证明舜出生于余姚境内的诸冯废墟。春秋《竹书纪年》载道："帝舜有虞氏，母曰握登，见大虹意感而生舜于姚墟。"汉代《史记正义》中引用《括地志》时也说道："越州余姚县，……舜姚姓，故云余姚。"大思想家黄宗羲在《孟子师说》中说："今余姚、上虞两县皆以舜得名，其水之经余姚者曰姚江，亦曰舜江。余姚有历山，上虞有握登山，舜母之名也。有象田，其土中耕者往往得古陶器，舜之古迹在此两县为最多。然大概舜之生在余姚，故孟子曰'东夷之人'。"清光绪《余姚县志》更是明确提道："邑有诸冯之地，舜所生也。"冯村有一个牌坊，于2014年建成，名叫"姚墟古迹"，由当代国家文物鉴定委员会副主任史树青题，另一侧坊额题为"诸冯胜迹"，由余姚市政协主席陈建泰题。冯村的虞舜传说已被认定为浙江省非物质文化遗产。

（3）余姚与舜相关的地名、品牌

相传舜母生大舜于姚墟，便以姚为姓。舜受尧禅让以后，支度都分封在余姚、上虞一带。以"虞"称国，是余姚邻县"上虞"名称由来；以"姚"称姓，便是"余姚"的由来。在余姚境内，除了以上提到的与舜有关的古迹和舜生前的活动遗迹之外，以舜为名的地名和品牌更是不计其数，比如姚江。姚江是余姚的母亲河，因流经余姚故称为姚江。古称舜江、舜水，也因舜而名。姚江发源于余姚市大岚镇夏家岭村东的米岗头东坡。姚江干流全长106千米，流域面积2440平方千米，横贯余姚，将其分为南北两城。另有一座横跨姚江，沟通余姚南北两城，有"浙东第一桥"美誉之称的拱桥，名叫通济桥，亦称为舜江桥。在通济桥下，有一座舜江楼，是余姚城的鼓楼。舜江桥和舜江楼是余姚古城标志性的建筑物，是余姚城古代文明的历史见证，是余姚城的历史徽标。姚江两岸各有一条南北走向的主干道，称为舜水路。余姚城北亦有一地区称舜北，建有舜北公园、舜北小区等。在余姚市中心有一小丘，称为秘图山。据传禹疏河治水后，将治水图案藏于此山山顶一天然石匮之中，山因"禹藏秘图"而得名。此外，余姚以舜命名的品牌和企业更是数不胜数，现今以舜命名的公司、企业有1500余家，如我国光电产业领域的佼佼者余姚舜宇集团等。

2. 精神要素

（1）吃苦耐劳、求真务实的实践精神

《国语·鲁语上》记载说："舜勤民事而野死。"作为部落首领，舜不乏强烈的实践精神，其躬藉处苦、吃苦耐劳、求真务实、注重实践。不仅如此，他治国有道、勤政爱民、以德化民、使民安逸。《韩非子·难一》载："历山之农者侵畔，舜往耕焉，期年而甽亩正。河滨之渔者争坻，舜往渔焉，期年而让长；东夷之陶者器苦窳，舜往陶焉，期年而器牢。"《淮南子·修务训》载："舜作室、筑墙、茨屋、辟地、树谷，令民皆知去岩穴，各有家室。"据此可知，舜治理国家亲力亲为，十分注重实地考察民情，帮助百姓规整田界，避免纠纷，遵循长幼有序分配捕鱼资源，改进制陶技术，甚至教导民众修葺房屋，改变了民众常年居住岩穴的生活习惯。可以说，舜是一位名副其实的实干家。

（2）自强不息、敢于创新的创业精神

在上古时期，自然环境恶劣，社会情况多变，而人力有限，如何保证人民的生存与生活是治国者首先要考虑的。面对种种不利条件，舜以超凡的勇气与毅力开拓进取，体现出了自强不息、敢于创新的创业精神和令人惊叹的治国智慧。舜在历山耕作，精进耕田技巧；在上浦的小江里捕鱼，钻研捕鱼的窍门；在制陶过程中虚心求教，改进陶艺方法。面对尧时便侵扰不止的洪水，舜果断弃用治水多年无效的共工与鲧，迅速镇压两人的叛乱并将其流放。此后，舜又慧眼识人，不计前嫌大胆起用鲧之子禹，并召集皋陶等大臣，征集天下民众齐心协力助禹治水。禹不负众望，终以以疏代堵的方式治理了洪水，流传出"大禹治水"的佳话。同时，为保证农耕生产能够顺利进行，舜主持修订了全新的天文历法，一统天下天时以保农时，最大限度地利用自然气象进行耕作。针对社会秩序的混乱多变，舜又召集群臣共同制定统一的律法，以保证社会生活的安定。

（3）德治天下、贤德崇礼的教化精神

《尚书·舜典》中载："德自舜明。"《史记·五帝本纪》中云："天下明德，皆自虞舜始。"上古时期的人们群居群处，生活粗放，心智蒙昧，并没有形成特定的礼俗秩序，而自舜开始，为政以德，德育教化，造福百姓，一个文明有序的国家社会从舜的手中建立起来了，正如《管子》云："有虞之王，烧曾薮，斩群害，以为民利。封土为社，置木为闾，民始知礼也。当是其时，民无愠恶不服，而天下化之。"这是说虞舜实行了火烧薮，消除群害，为民兴利，并且建立了土神社庙，里巷门闾，使民知礼。百姓心无怨恨，天下也就归化了。《韩非子·难一》亦载："仲尼叹曰：'耕渔与陶，非舜官也，而舜往为之者，所以救败也，舜其信仁乎！乃躬藉处苦而民从之，故曰：圣人之德化乎！'"正如上文中所举，舜解决了耕、渔、陶的生产纠纷，感化了民众，使人们安居乐业。舜所在之地也因民众自愿随从，达到了"一年而所居成聚，二年成邑，三年成都"的集聚效果，可见舜之德治教化魅力。可以看出舜在治国过程中，推行统一的社会道德规范，提高民众的道德修养。这一切都生动地展现了舜德治天下、贤德崇礼的教化精神。

3. 规范要素

舜因"明德"而受到举荐得位于尧，晚年又让位于禹。在此过程中起着决定性作用的便是禅让制——这是上古中国的民主制度。禅让制不同于世袭制，摒弃了"父传子"的血缘关系，而代之以才能与品德来选人、用人，让其处于领袖地位。舜正是凭借自身杰出的能力和高尚的品格而被尧所看重，通过禅让制度取得了领袖地位。舜得位之后便充分施展自己治国理政的才能，奋发图强，极大地促进了中华文明的发展与进步，也为后世留下了宝贵的虞舜文化。舜又在退位时将治水有功的禹作为继承人，持续保证了后继者的能力与德行，更是对民众高度负责的表现。

（二）余姚虞舜文化核心文化基因的提取与评价

余姚作为虞舜故里，孕育了深厚的虞舜文化。除了古迹等载体之外，余姚虞舜文化更有着其强大的精神内核。从舜的身上传承下来的吃苦耐劳、求真务实的实践精神，自强不息、敢于创新的创业精神，以及德治天下、贤德崇礼的教化精神，在漫长的历史发展过程中不仅深刻地影响了余姚人，还镌刻在了中华民族的深层基因中。

1. 生命力评价

余姚是虞舜故里，虞舜文化自舜诞生之日起便在余姚的土地上扎下了根。余姚人视舜为自己的先祖，崇拜敬仰舜的品德和才能，并且不断地学习和传承舜身上所展现出来的伟大精神。余姚先民们同舜一样，本着吃苦耐劳、求真务实的实践精神，在浙东大地上脚踏实地，辛勤劳作，创造出了灿烂辉煌的余姚文明。改革开放之后，借着时代的东风，余姚又发展出强大的制造业，涌现出了一大批优秀的民营企业家。他们大多白手起家，在千年后生动地演绎了舜自强不息、敢于创新的创业精神。余姚自古以来人杰地灵、文风昌盛、人才辈出，更与舜德治天下、贤德崇礼的教化精神密不可分，无愧于"文献名邦"的美誉。

2. 凝聚力评价

在余姚各地随处可见以舜命名的道路、建筑物及品牌等。这不仅展现了余姚虞舜文化的普遍性，更表明了余姚人对于先祖舜的地位的心理认同感。在另一种层面上，舜被视为余姚人的生命起源和文化渊源，因而在余姚人心中形成了一种特殊的归属感。于是，在认同感与归属感的双重作用下，虞舜文化成为一种地域性凝聚力极强的文化，以精神纽带的形式将余姚人紧紧地联系在一起，推动社会发展。

3. 影响力评价

舜是中华文明的始祖之一，对于中华文明的早期发展做出了巨大的贡献。余姚作为舜的故里，所孕育和承载的虞舜文化的重要性不言而喻。但遗憾的是，目前学界对于舜的籍贯和出生地等问题仍未达成有效的共识，尤其是南北两方之说意见分歧较大。尽管余姚在古籍记载与考古发现两方面均有充分证据且相互印证，但依旧难获完全认可。因而余姚虞舜文化的影响范围目前仍限于长三角地区，影响力相对较弱。

4. 发展力评价

余姚虞舜文化保留了中华民族早期的历史文明印记，见证了中华文明漫长的发展历程，同时在文献与考古两方面均有资料相互印证，能够为我国上古时期历史文化的研究提供有效借鉴与帮助。更重要的是，虞舜文化蕴含的精神品质与我国社会主义核心价值观高度契合，有利于促进社会主义精神文明建设。

（三）余姚虞舜文化核心文化基因的转化利用

就史书典籍中记载的虞舜古迹而言，很多已难寻踪迹，还有一部分则因种种原因遭到毁损。就虞舜文化影响而言，现今余姚境内与舜相关的地名等名称不计其数，体现了虞舜文化潜移默化、浸润人心。这也是余姚保护虞舜文化的一种间接表现。所以，我们应以虞舜伟大精神的内核为主线，保护现存的虞舜古迹，整合现有的内外资源，积极运用互联网等新工具新平台，通过载体创新、形象设计、营销包装等方式，讲好虞舜故事，保护好"虞舜故里"知识产权（IP），将余姚虞舜文化的形象推广开来。

1. 建设"虞舜故里"主题文化景区

现今，历山村和冯村的虞舜古迹虽有所保护，且纪念虞舜文化的相关建筑已建有历山村虞舜纪念馆等，但整体缺少以虞舜文化为主体的统一文化景区。虞舜文化的传承必须以实质性的物质载体为基础，以虞舜文化精神理念为价值导向，依托余姚境内丰富的人文与自然资源，主打先民文化、始祖文化，从而建设一处"虞舜故里"主题文化景区，全景展现余姚底蕴深厚的虞舜文化，弘扬虞舜精神。

在形象设计方面，景区整体建筑应采用原木材质，极力保留或打造自然风景，在外观上呈现出古朴典雅的审美情趣，同时借助图腾元素打造高度统一的标识系统，突出远古文明特色。就总体布局而言，景区内的各大景点都将以虞舜广场为中心进行排布。在虞舜广场上，竖立起一座高大的舜人形塑像，以纪念这位伟大的中华文明先祖。就功能应用而言，景区将主打文化体验，各类纪念活动都以虞舜文化为核心，配备各种相应设施和服务，建立一个综合性的余姚虞舜文化展览馆，全面展示余姚虞舜文化的历史发展和精神内涵；建立一个虞舜文化研究中心，作为文化研究的全国平台；建立些许中华远古文明体验中心，每一个小馆提供一项主题活动，展开如制陶、织布、房屋建造或角色扮演、小品赏析等各类体验活动，以此来提升游客的体验感和参与感，使游客沉浸式地感受虞舜文化，更加直接地体悟到虞舜文化的精神内涵。

2. 发展旅游产品和文创产品

旅游产品和文创产品有助于树立文化形象，促进文化传播的效率，提高文化传播的广度。产品的形式丰富多样，主要有以下几点：一是制作以余姚虞舜文化为主题的明信片。不仅可将其用于市面流通，还可在"虞舜故里"主题文化景区专门设立明信片店铺或者岗亭，便于游客购买和寄送。二是制作一系列以虞舜传说为内容的故事绘本。故事绘本可以以漫画等形式打造虞舜卡通形象，便于中小学生接受，还可作为乡土教材和课外读物在学校等教育场所通用，传播虞舜文化。三是制作带有虞舜故里形象标识的挂饰等。内容可以是卡通的虞舜形象、有特色的虞舜活动遗迹，形式如钥匙扣、冰箱贴等小巧、好携带之物，便于游客购买。四是制作如陶器等特色手工艺品。结合余姚的历史文化，用陶器制作家用摆件等手工艺品，不管是自用还是作为伴手礼皆可。五是精心制作以虞舜文化为主题的古籍精选。古籍精选不仅是虞舜文化的研究素材，也是传播虞舜文化的大众读物。六是充分重视和发挥影视资源宣传教育的作用。制作动画片《虞舜大帝》、纪录片《虞舜故里》和电视剧《虞舜传》等，以余姚的虞舜传说故事为主要内容，全景展现余姚虞舜文化的历史发展和思想文化。

3. 开展各类学术文化活动，举办"虞舜文化节"

对于舜的籍贯和出生地等问题，学界众说纷纭，仍未达成有效的共识，余姚虞舜文化在全国影响力仍然薄弱。应打破地域文化壁垒，与绍兴、上虞、山东济南、湖南永州等地合作，消除文化保护的偏见，集中研究资源，为虞舜文化研究构建起一个专业性的具有全国甚至世界影响力的交流平台。地点可设置在"虞舜故里"主题文化景区的"虞舜文化研究中心"。每年定期召开虞舜文化主题论坛，以传承虞舜文化，弘扬虞舜精神为主旨，邀请国内乃至海外从事虞舜文化研究的学者、专家一同参与，汇聚起一股强大的学术力量推动研究发展，以更加深刻的形式阐发虞舜文化的价值内涵。

此外，在虞舜文化主题论坛召开期间，穿插各类文化活动，打造一个全民性的"虞舜文化节"，将虞舜文化以此种形式深入传播。文化节主要地点确定在"虞舜故里"主题文化景区，以虞舜祭典的形式举行开幕式等环节，结合媒体宣传力量，力图以多元视角全景展现余姚丰富的虞舜文化。除大型的"虞舜文化节"之外，可在社会面定时开展虞舜文化周活动，提炼虞舜文化的道德思想，尤其是面向全市中小学生的虞舜精神主题道德教育活动，并在地方性、本土性专门教材中着力记述虞舜的事迹，号召下一代继承弘扬虞舜吃苦耐劳、求真务实、自强不息、敢于创新、德治天下、贤德崇礼等精神。

参考文献

1.柴春椿：《舜帝传说与信仰研究》，山西大学博士学位论文 2021 年。

2.李岩：《上虞、余姚舜迹考》，《南方文物》2011 年第 1 期。

3.秦永洲：《大舜：天下明德自帝始》，济南出版社 2020 年版。

4.束景南：《阳明大传·"心"的救赎之路（上）·走向心学的觉悟之路》，复旦大学出版社 2020 年版。

5.周亚平、欧利生、吕芳文、周九宜主编：《九疑论道（上）》，岳麓书社 2015 年版。

6.诸焕灿：《虞舜故里在余姚》，《宁波师院学报（社会科学版）》1996 年第 2 期。

龙虎草堂（鲁弯弯摄）

黄宗羲墓（鲁弯弯摄）

二、黄宗羲故里

黄宗羲（1610—1695），余姚人，字太冲，一字德冰，号南雷，别号梨洲老人、梨洲山人、蓝水渔人、鱼澄洞主、双瀑院长、古藏室史臣等，世人称"梨洲先生"。黄宗羲是明清之际杰出的思想家、史学家、文学家和教育家，与顾炎武、王夫之并称"明末清初三大思想家"；与顾炎武、方以智、王夫之、朱舜水并称"明末清初五大家"；与弟黄宗炎、黄宗会号称"浙东三黄"；亦有"中国思想启蒙之父"之誉。黄宗羲与陕西李颙、直隶容城孙奇逢并称"海内三大鸿儒"。黄宗羲知识渊博，一生著述丰富，其中最为重要的有《明儒学案》《宋元学案》《明夷待访录》《孟子师说》《葬制或问》《破邪论》《思旧录》《易学象数论》《明文海》《行朝录》《今水经》《大统历推法》《四明山志》等。黄宗羲生前曾自己整理编定《南雷文案》，又删订为《南雷文定》《文约》。黄宗羲抨击封建君主专制制度，主张限制君权，保证人民的基本权利，对反专制斗争起了积极的推动作用。他所具有的民主启蒙性质的民本思想，在中国思想文化史上产生了很大影响。

（一）黄宗羲故里核心文化基因解析

1. 物质要素

（1）黄竹浦

余姚城东南的黄竹浦是黄宗羲的出生地。全祖望的《梨洲先生神道碑文》记"浙江绍兴府余姚县黄竹浦人"；光绪二十五年（1899）重修的《余姚县志·古迹》也说"黄忠端故里在通德乡黄竹浦";黄宗羲在自己的文集中也多次提到"黄竹""竹桥""竹浦"。黄宗羲虽然屡遭名捕、火灾、水灾,辗转避难,但最终难舍故乡黄竹浦,终于此地。黄竹浦最早属于浦口村。浦口村现属梨洲街道黄箭山村,北靠姚江,与隔江的蜀山相对,因是水路要道,官船往来停泊,又称为官船浦或官埭浦。这里曾建有黄宗羲父亲黄尊素的忠端公祠,遗址至今尚存。黄竹浦不仅是黄宗羲的出生之地,也是其读书撰文、会友论学之地。浙东的抗清斗争失败后,黄宗羲潜居余姚达半个世纪。其间,虽多次外出讲学,但多数时间住在黄竹浦,友人过访甚多。

黄宗羲故里建筑包括前园大屋、东金忠丞庙和黄家竹桥,现为余姚市级文物保护点。前园大屋位于余姚市梨洲街道黄箭山村前园自然村 73—86 号,传为黄宗羲第七代嫡孙黄介三于清咸丰年间所建。大屋坐北朝南,前有门厅,后正厅及两侧厢房合围天井,正厅后有后院。门厅硬山顶平屋,面阔三间;主楼硬山重檐楼屋,面阔七间;两侧厢房硬山顶平屋,面阔三间。前园大屋门厅精美,雕刻丰富,具有一定历史、建筑价值。

东金忠丞庙位于余姚市梨洲街道黄箭山村浦口自然村 10 号,为黄宗羲祀庙。建筑坐西朝东,格局为前殿、两厢房和大殿。前殿为硬山单檐高平屋,五开间,穿斗式梁架,四柱六檩。两厢房各两开间。前殿和大殿之间为天井。大殿为硬山单檐高平屋,五开间。该建筑保存基本完整,具有较重要的历史人文价值。

黄家竹桥位于前园自然村。该桥始建时间不详,但根据桥名推测,估计初为一竹桥。又于明天启三年(1623)重建,清光绪丙戌年(1886)年重修。黄家竹桥东西向横跨前园小河,系三孔石板平桥,全长 8.9 米,宽 1 米。桥设两桥墩,南面刻该桥桥名,北面石板上刻 1998 年重修信息。

（2）龙虎草堂

据《黄梨洲年谱》记载:"四明北麓有化安山,故宋所谓剡中也,东峰状类虎,西峰状类龙,公(梨洲)丙舍适当其间,因名曰龙虎山堂(又名为龙虎草堂)"。在余姚城区东南 10 千米的四明山北麓剡湖岙(十五岙)的化安山,被称为"下山老虎上山龙"之间的深涧山谷处,有一块平坦狭长的地带。黄宗羲参加抗清斗争失败后,遭清廷追捕,于顺治三年(1646)徙居于此,建龙虎草堂,在此读书著述三年。黄宗羲在《答何令见讯》诗中描述了他在草堂中的三年光景："五十栖迟一老生，残书破砚日纵横。深山雪合无人迹，终夜风来只虎声。""辛辛苦苦一茅堂"，在这"三间矮屋盖芦花"的简陋草堂中，黄宗羲仍发奋撰写了千古名篇《明夷待访录》《易学象数论》，编辑了卷帙浩繁的《明文海》。他还在这里接待了甬上名士万世祯、万季野、刘勺等学子的来访问学，深山草屋渐成为浙东学子的向往之地。龙虎草堂于清康熙元年（1662）遭火灾，1995年，为了纪念梨洲先生逝世300周年，余姚市在原址上重建了龙虎草堂。现存重建的龙虎草堂处于龙山和虎山的谷地间，占地面积约750平方米，前有一台门，门额上镶嵌砖雕"龙虎草堂"四字。进门即为石铺甬道，直通草堂。草堂为五开间，具有浙东清代山野农舍风格的木结构硬山顶平房，建筑面积250平方米。室内陈列着介绍黄宗羲生平和著述的文物、图片。在草堂旁有一个"化安泉"，当地村民称为"江井"或"龙眼井"，水色碧如猫眼，清澈见底，终年不涸，号称"邑中第一泉"。

（3）黄宗羲墓

黄宗羲墓位于化安山下的龙山东南麓，是全国重点文物保护单位。黄宗羲曾作诗留存："空谷登登相杵频，野狐蛇鼠不相亲。应知难免高人笑，苦恋生身与死身。"还作《梨洲末命》《葬制或问》篇告诫儿孙，他死后就用平时穿的衣服入殓，"一被一褥，安放石床，不用棺椁，不作佛事，不做七七，凡鼓吹、巫觋、铭旌、纸幡、纸钱，一概不用"。他又引现世之例吟诗明志："闻说始宁有赵君，不将棺木自缠身。人间亦有奇于我，比例无烦及古人。"进一步阐明"不棺而葬"，不仅古已有之，今人也有先我而行的。其用意是明亡于清，痛心疾首，"期于速朽，而不欲显言其故也"（黄宗羲神道碑文）。他还嘱托后人，墓前拜坛下小田可"分作三池种荷花""能于坟上植梅五株"。若"再有石条两根，可移至我圹前作望柱"，上刻"不事干侯，持子陵之风节；诏钞著述，同虞喜之传文"。临终前，他又再次作诗示季子百家："筑墓经今已八年，梦魂落此亦欣然。莫教输与鸢蚁笑，一把枯骸不自专。"他长逝后，儿孙遵照遗嘱办理丧事，鄞县全祖望撰写神道碑文，萧山毛奇龄撰写墓志铭。"文革"中，黄宗羲墓被毁；1981年部分修复。墓坐西朝东南，正面形似荷叶山墙，用条石错缝叠砌。中间直竖石刻墓碑，上镌隶书"黄公梨洲先生墓"七个大字。碑前置有石祭桌，用鹅卵石铺设的拜坛，两侧各置一条石凳。

（4）黄宗羲纪念馆

黄宗羲纪念馆坐落在余姚镇东桥畔。这里曾是黄宗羲讲学处，上痒庙遗迹犹存。纪念馆于2003年建成，门口广场上的建筑标志造型取自黄宗羲撰写的《四明山志》，依照天一阁藏书中最早木刻本，用梅园石制作的。纪念馆马头墙高耸，青瓦粉墙，宛如徽州民居。一楼展示的是其生平事迹为主的图片、文字与实物，重现了一代伟人的风韵；二楼展陈了四明山自然景观和人文景观。

（5）黄宗羲故里碑

黄宗羲故里碑位于余姚龙泉山公园，从南大门拾级而上，进入"见贤思齐"月洞门，便可看见四先贤故里碑亭。这是后人为纪念汉代严子陵、明代王阳明、明清之际朱舜水及黄宗羲而立。其中黄宗羲碑亭额是"名邦遗献"，赞颂其为余姚学问精深、著述丰富的先贤。联是"忠孝子臣，祀典千秋列东庑；儒林道学，史家特笔著南雷"，大意是：他的行迹，集孝子忠臣于一身，千秋万代受到祭祀和参拜；他的著作《宋元学案》《明儒学案》等堪称史家特笔，为后世留下了儒林理学的楷模。

2. 精神要素

（1）为父平反，勇敢果决

黄宗羲父亲黄尊素，官至中官御史，因弹劾阉党魏忠贤而惨遭下狱，受酷刑而死。崇祯元年（1628），魏忠贤、崔呈秀等已除，天启朝冤案获平反。黄宗羲入京为父讼冤，上书请诛阉党余孽许显纯、崔应元等。五月刑部会审，许显纯、崔应元接受刑部审处，黄宗羲出庭对证，出袖中铁锥刺许显纯，又当众痛击崔应元，拔其须归祭父灵。此事震惊朝野，人称"姚江黄孝子"，明思宗也叹称其为"忠臣孤子"。

（2）坚持斗争，尽节竭诚

崇祯后期宠信宦官，独断专行；李自成、张献忠的农民起义军迅猛发展，几成燎原之势；东北的满族贵族集团建立清政权，虎视眈眈。明朝溃败在即，在内忧外患境况之下，黄宗羲参加了复社。复社以"重气节、轻生死、严操守、辨是非"为宗旨，是当时社会上影响最大的文人团体。黄宗羲等人组织复社时联名发表了《留都防乱公揭》，声讨有"魏忠贤第二"之称的阮大铖。此事轰动京城，黄宗羲再一次受到关注。

崇祯十七年（1644），清军入关。阮大铖编造黑名单，捕杀东林党人和复社成员，黄宗羲因此被捕。后清军南下，南京陷落，黄宗羲逃脱牢狱后在自己家乡余姚招募子弟数百人，在黄竹浦起兵，号"黄氏世忠营"，参与了南明官军阻击清兵东渡的斗争。被在绍兴以监国名义即位的鲁王任命为兵部职方司主事，后升至左副都御史。当清兵相继占领浙东各地，鲁王政权朝不保暮时，他仍率部转入四明山和剡中，又至海上追随鲁王，坚持斗争。南明政权无力回天，崩溃灭亡后，黄宗羲无奈回到家乡，隐居著书。

（3）隐居著书，设馆讲学

黄宗羲坚持设馆讲学，专心著述，恢复重建了他的老师刘宗周创办的"证人书院"，培养了大批学者。他提倡博览群书，融会贯通，教授出万斯大、万斯同、阎若璩等学生。黄宗羲虽无科举功名，但潜心学问，是清初的学术泰斗，是一位百科全书式的人物，在文学、史学、哲学、政治学、历法、数学等领域，都有卓越的建树。黄宗羲著作众多，有《易学象数论》《春秋日食历》《大统历法辨》《律吕新义》等多种。又以史学方法评述明代儒学，写成《明儒学案》62卷；后又续成《宋儒学案》《元儒学案》。这三书合为宋以来儒学发展史上的巨编。

《明夷待访录》是中国古代政治学界前无古人的杰作。黄宗羲用"明夷"暗示明朝虽亡，但其政尚在，其兴可待，同时也代表他本人的期望。"年少鸡鸣方就枕，老年枕上待鸡鸣"，黄宗羲勤奋顽强，80余岁高龄编完了他一生最大的著作《明文海》。这部书凡482卷，参考的明朝各家文集有2000种。清统治者虽然把他的《明夷待访录》列为禁书，但对他的学问人品却钦佩不已。宣统元年（1909），清统治者把他列为从祀文庙的人物，给予崇高的荣誉。

3. 语言与符号要素

在思想上，黄宗羲继承和宣传先秦儒家的民本思想，反对旧儒学"君为臣纲"的传统理念，提出了"天下为主，君为客"的新命题。黄宗羲亲历明朝亡国之祸，痛感君主专制，祸国害民。在《明夷待访录》中，黄宗羲第一次明确提出"君客民主"的主张，对"家天下"制度进行了猛烈抨击，认为应"以天下为主，君为客"，天下不是君主一家一姓的"产业"，甚至认为"天下之大害者，君而已矣"。他认为所谓"臣"，应该"为天下""为万民"，而不是"为君""为一姓"。黄宗羲还揭露官吏制度的实质，并对君臣关系提出了新的见解。他认为，在专制制度之下，所谓"臣"只不过是对君主一家一姓负责的"仆妾"，是君主的"奔走服役之人"。他并不主张废除君权，而主张通过学校士人的议政及提高相权来限制君权。他所说的学校已经具有西方议会的特征。他还提出，当时的法律是"一家之法"，是历朝帝王为维护封建社会的等级特权而设立，非"天下之法"。他还一反"重农抑商"的传统观念，提出"工商皆本"、经世致用的主张。近代梁启超、谭嗣同等人宣扬民权共和之说，就曾将《明夷待访录》翻印数万本，秘密散布，而黄宗羲也成为维新变法运动的一面旗帜，被称为"中国思想启蒙之父"。

（二）黄宗羲故里核心文化基因的提取与评价

1. 生命力评价

黄宗羲一生著述颇丰，涉及的内容十分广泛，如哲学、史学、经学、地理学、教育学以及天文、音律、算术等。黄宗羲的思想和学术成就是黄宗羲故里文化生命的强大根基。

黄宗羲的政治思想是从中国传统文化中发展出来的民主政治思想，从"民本"的立场来抨击君主专制制度，主张加强平等因素，扩大社会对执政者的监督权利，有近代民主政治的思想。跨越百年，黄宗羲的思想生命力对中国的历史产生了深刻影响。黄宗羲思想和学术成就闪耀着理性的光辉，保持着不竭的生命力，仍在源源不断启发现代学术。

2. 凝聚力评价

黄宗羲生活在阶级矛盾和民族矛盾都十分尖锐的时代。在朝代更替、阶级震荡、社会动荡之际，他坚持政治理想，尽节竭诚；久居深山，不忘其志。他在《山居杂咏》中写道："锋镝牢囚取次过，依然不废我弦歌。死犹未肯输心去，贫亦其能奈我何？"充分表现出黄宗羲对抗逆境的顽强意志和乐观精神，彰显了忠臣义士的坚定节操。

黄宗羲为后世留下了许多宝贵的精神财富。他的"忠孝"和"气节"具有强大的感召力和凝聚力；他的治学精神感召和影响了一代又一代学人，是后世宁波学子努力奋斗的目标。

3. 影响力评价

黄宗羲被誉为"中国启蒙思想之父"，是中国古代民本思想的一个伟大代表，是一位立足于当时现实而又跨入了未来的伟大思想家。西方学者将他同英国的约翰·洛克、法国的卢梭和孟德斯鸠相提并论，赞其为17世纪升起在东西方的光芒四射的明星。黄宗羲积极变革的主张、对封建君主专制的揭露与批判，以及他所倡导的学术"经世"的观点等，都给当时和后世的政治、经济和学术产生了极大的影响。

清朝，甲午战争以后人们开始关注西方的近代民主制度及其思想，把黄宗羲的《明夷待访录》作为引入西学的桥梁。戊戌变法时期，黄宗羲的著作对梁启超、谭嗣同乃至康有为等人影响甚为深远。清末，革命派将《明夷待访录》视为民主革命的重要思想武器。

现代，清华大学教授秦晖认为："黄宗羲的思想本身当然也有缺陷，但他在民权理论上确实有超越卢梭的地方。"发表在《光明日报》上的《黄宗羲新民本思想的理论结构及其现代意义》评价黄宗羲："（《留书》和《明夷待访录》）这两部堪称姊妹篇的政论专著，从政治、法律、经济、军事、文化、教育等各个方面阐述了作者的新民本思想，从而奠定了黄宗羲作为中国明清之际伟大启蒙思想家的历史地位。"

4. 发展力评价

黄宗羲故里的文化核心与当代中国特色社会主义核心价值观所阐述的民主、文明、平等、爱国的精神追求和价值观十分契合，能较好地被创造性转化、创新性发展。黄宗羲故里可以帮助我们纪念黄宗羲，研究、了解黄宗羲，更好地体会黄宗羲为后人留下的思想与学术遗产，更好地学习黄宗羲的社会批判与思想创新精神，为促进社会进步、推动学术文化发展做出重要的贡献，为宁波建设中国特色社会主义现代化滨海大都市，提供源源不断的精神食粮。

（三）黄宗羲故里核心文化基因的转化利用

黄宗羲的民本思想，抨击了封建君主专制制度，对反专制斗争起了积极的推动作用，在中国思想文化史上产生了很大影响。其转化利用思路大致是：以黄宗羲思想为基础，结合黄宗羲历史遗迹和生平事迹，加强学术研究，并将其融入文旅活动、文艺作品创作、文旅衍生品设计中。

1. 加强黄宗羲文化的学术研究，扩大世界影响力

黄宗羲思想内涵丰富，可以作为构建当代道德的思想资源。今天，我们纪念黄宗羲，不仅要了解、研究黄宗羲为后人留下了哪些有意义的思想与学术遗产，还要学习黄宗羲的社会批判与思想创新精神，为促进社会进步、推动学术

文化的发展做出应有的贡献。首先，联合中国历史研究院、国内高校定期开展学术沙龙、学术辩论探讨会和讲座，交流最新的对黄宗羲思想的研究成果。其次，将学术研究成果进行转化。通过征集和编撰相关资料，创办关于黄宗羲文化的各种刊物，加大宣传力度，扩大黄宗羲文化影响力。最后，定期开设文化讲堂，邀请专家讲授黄宗羲文化。

2. 推动黄宗羲纪念馆提质改造，多样化宣传黄宗羲思想

黄宗羲纪念馆作为展现黄宗羲文化的综合性教育基地，在宣传教育上起到了重要作用。应积极推动对纪念馆的提质改造，并争取上级部门的资金支持，完善设施设备，优化展陈内容，创新展陈形式，吸引群众参观学习。另外，积极创作以黄宗羲为题材的电视影视、动漫等作品，并结合当地传统姚剧等艺术种类进行戏剧、舞台剧、情景剧的艺术创作，营造传承文化的良好氛围。各级学校要开设关于黄宗羲文化的本土课程和特色课程，开展黄宗羲事迹故事讲解大赛、文化辩论、相关短视频大赛等，教育年轻一代，将黄宗羲文化深深植入学生及民众内心。

3. 联合黄宗羲遗迹，打造黄宗羲文化研学之路

黄宗羲文化园位于余姚市陆埠镇南雷村下的十五岙村。此处梅香阵阵，有一片梅林，内有黄宗羲的"神道碑亭"，亭中竖着一座"梨洲先生神道碑"。梅林内还有黄宗羲墓和黄宗羲的父亲黄尊素墓。五株梅林的东南角便是"龙虎草堂"。以此为载体的黄宗羲文化园是研学黄宗羲文化的主要区域。因此要以黄宗羲文化园为载体，结合黄宗羲纪念馆、龙泉山公园上黄宗羲遗迹，加之黄宗羲出生地黄竹浦和其他讲学地等遗迹，打造一条黄宗羲文化研学之路。其中，注重黄宗羲文化的体验，通过参观游览历史遗存点，推出遗墨特展和图书展，由此丰富研学课程的内容，从而打造黄宗羲品牌文化。

参考文献

1. 陈慧麒：《明代气范畴思想研究》，线装书局 2019 年版。
2. 季续：《黄宗羲故里考查散记》，《宁波师院学报（社会科学版）》1985 年第 2 期。
3. 徐仲力、诸焕灿：《梨洲先生故里考》，《宁波师院学报（社会科学版）》1986 年第 S1 期。
4. 云根：《中国历代文化名人诗传》，吉林文史出版社 2020 年版。
5. 张俊纶：《中国历代著名文学家小传》，崇文书局 2019 年版。

三、余姚杨梅

杨梅是我国原产的一种亚热带水果，也是传统名果之一，因其叶似水杨子，且未经嫁接的野生果实味同酸梅，故名杨梅。余姚是名副其实的"中国杨梅之乡"，素有"余姚杨梅甲天下"的美誉。当地杨梅的历史可溯及河姆渡新石器时期，文化底蕴深厚。余姚杨梅品种丰富且质量上乘，色泽晶莹，颗粒较大，果实饱满，肉质细软，多汁味浓、清香可口、甜中带酸，是夏季止渴生津良品。经过数千年的自然演变和人工筛选，现已形成乌种、红种、粉红种、白种四大品种群系，品种数量位居中国前列。余姚杨梅不仅畅销全国各地，部分产品还进入了国际市场，远销欧美等地。

（一）余姚杨梅核心文化基因解析

1. 物质要素

（1）气候适宜，环境优越

明嘉靖余姚地方志中曾记载道："杨梅，其味冠绝诸果。"如此高的称誉得益于余姚得天独厚的气候、土壤、水分、植被条件，为杨梅的生长提供了优越稳定的生态环境。

杨梅属亚热带常绿果树，喜温、好湿、耐阴。生长要求年平均气温不低于14℃、年内积温在 4500℃ /d 以上和年降水量达 1000 毫米以上。冬季要求最低气温不得低于零下 9℃，以保证自身安全越冬。5—6 月是杨梅成熟的关键时期，平均气温应不得超过 22℃，降水量应保持在 100—160 毫米。余姚为亚热带季风气候，雨热同期，夏季较炎热且多雨潮湿，冬季晴冷干燥，雨雪较少，平均气温也在 0℃之上，适宜杨梅种植。而且杨梅成熟时节恰逢长江中下游的梅雨季，此时温度适宜，雨水充沛。

杨梅树是浅根性多年生常绿乔木，适宜种植在海拔 100—500 米、斜度 5—30 度的山坡地。适宜土质松软，排水良好，酸性砂质的红黄壤土，一般栽种在山北坡和东北坡。而余姚杨梅分布地点东至三七市镇，西至牟山镇，南至四明山北麓，北至低塘街道，长宽各约 30 千米的丘陵地带，形成以姚江两岸为走向的杨梅分布长廊。地势起伏平缓，多低山、丘陵，有多条河流流经此地，湖泊、湿地广布。余姚地区的土壤恰好满足了杨梅生长的所有需求：深厚的土层，肥沃的微酸性砂质壤土，有机质含量丰富，含较高的氮、磷、钾等成分。

（2）品种丰富，质量上乘

余姚杨梅的品系、品种很多。早期余姚杨梅多为荔枝种，经过长期培育发展到多个品种。近年来，余姚市农林部门又先后引进 123 个杨梅品种，在丈亭镇建设了"中国杨梅种质资源圃"。按果实成熟时的色泽分，杨梅品种有乌种、红种、粉红种、白种四类。每一类里，又有许多品种，如荸荠种、早天种、迟大种、凤欢种、早小种、荔枝种、尖刺种、粉红种、红种、松浆种、水晶种、迟小种等。其中，乌种中的荸荠种为余姚杨梅之上乘，因其色似荸荠一般为紫红色而得名。荸荠种杨梅形圆饱满，果大核小，肉质柔软，甜蜜醇厚，又耐贮藏，果实可食率达 95%，内含丰富的蛋白质、铁、镁、铜、维生素C、柠檬酸等多种有益成分。宁波罐头厂用荸荠种杨梅为原料制成的糖水杨梅罐头，曾获得国家银质奖。荸荠种杨梅不但质量上乘，且产量较高，单株产量最高可达 300 余千克。其经济结果寿命在 70 年以上，百年以上的老树也不罕见，被山区人们誉为"摇钱树"。据专家考证，荸荠种的发源地在余姚三七市镇张湖溪老鹰山，至今 170 余年历史。余姚杨梅产区大致如下：城区东北街道、东南街道崇山峻岭盛产早天种、迟大种，西部马渚镇、牟山镇盛产稀有的水晶种，东部丈亭镇、三七市镇盛产荸荠种。当地民谣说："端午杨梅挂篮头，夏至杨梅满山红。东有红紫荸荠果，西有水晶白杨梅。"

2. 精神要素

（1）勤劳智慧的精神品格

余姚杨梅质量上乘，除了地理环境得天独厚外，还得益于精湛的果木嫁接技术。杨梅本为自然野果，在人们的种植培育下才作为农作物繁殖开来，且杨梅从野生树种到人工栽培作物的过程十分漫长。不嫁接的杨梅树果实小而酸，品质好的杨梅，果树非经过嫁接改良不可。杨梅幼龄树嫁接和栽培在三月下旬和四月初进行，六年后开始结果，十年后进入盛果期，三四十年内为高产期；若培育得当，树龄可超百年。嫁接的办法是用刀劈断比手指粗的树干，接上优质杨梅树枝。嫁接的树枝最好选用当地优良的荸荠种单株。在 20 世纪 80 年代初，余姚市政府就下拨专款，组织林业、科技部门与果农结合，大搞杨梅品种提纯复壮，事先对优良单株编上号码，专人负责管理、测试，将培育的优良单株嫁接成成千上万株杨梅幼苗，供给省内外，满足了人们移植余姚杨梅苗木的需求。在人们掌握了杨梅的人工栽培技术后，他们还对杨梅进行持续不断的改良，以提高经济效益。可以说，正是千百年来余姚人的勤劳与智慧造就了如今余姚杨梅的优良品质。

（2）惜时奋发的价值内涵

杨梅虽花期和成熟期较短，但具有极大的功用价值，反映了惜时奋发的价值内涵，这就是余姚人的"杨梅精神"。余姚杨梅花期较短，且花朵较小，十分不起眼，一般难引起人注意。在开花后，杨梅结果成熟仅需月余。在这段时间内，杨梅树充分利用光照与水分，尽最大可能吸取营养，促进自身生长。果实成熟时间集中在五六月之交，临近梅雨时节，气候相对潮湿闷热，成熟的果实并不能保持很长时间，人们需尽快采摘。对此，浙东民间流行一句谚语，"夏至杨梅红，小暑杨梅要出虫"。因杨梅通常吃法是用淡盐水洗净即食，所以若是已采摘下树的新鲜杨梅，保存时间仅为一两日；过后则风味骤减，食用价值不高。杨梅珍惜来之不易的生长条件，不开盛大却无用的花朵，集中力量供养真正有价值的果实，而其短暂的成熟期又好似督促人们勤作实干，珍惜光阴。因此，杨梅实际上反映的是惜时奋发的价值内涵。

（3）物尽其用的价值取向

杨梅全身是宝，吃法多样，除了新鲜即食之外，还可进行二次加工，转化为杨梅干、杨梅汁、杨梅罐头、杨梅酒等。杨梅除含有丰富的纤维素、矿质元素、维生素、葡萄糖、果糖、柠檬酸、苹果酸等有益人体的成分外，还具有除湿、消食、御寒、消暑、止泻、利尿、治痢疾以及生津止渴、清肠胃等多种药用功效。正如李时珍著《本草纲目》果部第三十卷载："杨梅酸、甘、温，酸甘化为阴，甘温养阳。杨梅有从阴补阳，从阳补阴之妙，故可止渴、和五脏，能涤肠胃、除烦愦恶气、正痢疾、头痛皆佳。"杨梅浸泡过的烧酒可作为食补药疗，被称为"般若汤"。炎炎夏日喝一口杨梅清香的烧酒，吃一颗吸满烧酒的杨梅，通体舒适，有提神、强骨壮筋之效。此外，据现代医学研究，杨梅核仁具有利水消肿、敛疮的功效，可用于治疗脚气、水肿、牙疳、疮疡等症。延长杨梅食用期限，发挥杨梅丰富的药用价值，体现了余姚人物尽其用的价值取向。

（4）美好哀思的真挚情感

在历史上，余姚人一直把杨梅看作真挚、美好生活的象征来加以歌颂，至今仍流传着许多美丽的传说。据说，古时在余姚梅溪杨家岙山脚下住着姓杨的父子俩。父亲是个药农，儿子杨石郎是个胆大艺高的猎人。一天，石郎正在打猎，忽闻求救声，忙循声赶去。只见一只猛虎横衔着一个姑娘，他忙搭箭向老虎射去。老虎负伤逃走，石郎把姑娘背回家养伤。原来，这位美丽的姑娘是天上的百果仙子，暴戾的百兽王想把她占为己有，于是趁她巡游之际，化作猛虎，想将她抢去成亲。姑娘被救后在杨家住下养伤，同时为乡亲们采药治病，修路筑亭。因附近有个梅湖，姑娘就取名梅珠。梅珠心善手巧，石郎勤劳勇敢，两人深深相爱了。不久事情传到百兽王耳中，他又嫉又恨，于是设下一个毒计。一天，梅珠和石郎上山采药打猎，突然山崩地裂，梅珠从万丈高山上跌落下来，临死时，要求石郎把她葬在大树下。第二年，安葬着梅珠的那棵大树上长出了一颗颗红玛瑙似的果子，大伙一尝，又甜又清口，才明白过来这是梅珠姑娘死后为百姓造的福。为了纪念梅珠，寄托美好哀思，人们就把这种果子称作杨梅。

3. 语言与符号要素

杨梅是余姚传统水果名产，在全国声名远播，素有"余姚杨梅甲天下"之称。1995年6月，余姚被农业部命名为"中国杨梅之乡"。无论从杨梅食用、种植历史、种植规模还是杨梅品种、品质等各方面，余姚都无愧此荣誉。

余姚人工栽培杨梅的历史至少已有2000年，并且在余姚境内距今7000余年的河姆渡遗址发现了野生杨梅。这是我国乃至全世界最早的杨梅遗存，可以说余姚就是杨梅的原产地和始祖地。西汉文学家司马相如在《上林赋》中，把杨梅与其他名果齐名。《三国志》记有杨修和孔融称赞杨梅珍果的佳话。苏东坡对杨梅有很高的评价："闽广荔枝，西凉葡萄，未若吴越杨梅。"《浙江通志》称杨梅"以余姚杨梅之烛湖最佳"。另据明嘉靖《余姚县志》记述："杨梅，产烛湖山者，其种白荔枝，曰湖南，其味冠绝诸果。"余姚地处吴越，古属会稽府管辖，《越郡志》载有："会稽杨梅为天下之奇，颗大核细其色紫。"明代王象晋的《群芳谱》中也记载："杨梅，会稽产者为天下冠。"由此可见，余姚杨梅作为一种地方名优果品，其品质历来就被推崇备至。

4. 规范要素

（1）杨梅灯会和迎杨梅神会

在余姚西北一带，曾流传着祈求杨梅丰收的迎杨梅神会和杨梅灯会的习俗。据传，旧时，余姚西北称农历正月十三晚上为"上灯夜"，延续七天至十九日为"落灯夜"。在这段时间里，山民除在家门口悬挂彩灯外，还要举行杨梅灯会游行。灯型有"车子灯""跑马灯""舞狮子灯""采杨梅篮""杨梅纱船"等。"车子灯"用彩纸丝绸糊扎，形似花轿，实作车子，美观灵巧。灯内为"杨梅姑娘"扮相的"车芯"，有乐队伴唱，常用《七朵花》《九连环》《十二个月花名》等曲调。"跑马灯"装扮者均为杨梅儿童扮相。他们胸前挂个马头，身后背个马屁股，头上顶着一颗红纸大杨梅，头颈挂一串小杨梅，手握马鞭，边唱边舞。曲调为江南的《马灯调》，马跃龙腾，杨梅满船，象征新年吉祥，杨梅丰收。"舞狮子灯"则由两人合演一个狮子，舞姿有拆、扑、蹲、跳、滚等，以剪刀舞最好看。"采杨梅篮"则由一个杨梅少女高擎竹编杨梅篮为道具，边唱边舞。每出戏事先选好，如余姚传统的《天补缸》《吕洞宾盘药材》和乡村杨梅动作舞蹈等，并以"余姚滩簧"或民间小调伴唱，极富风情。"杨梅纱船"取余姚多江多湖、运输杨梅大多用船之意，以木材竹条为框架，用彩绸扎成一条"船"。外挂彩球、龙凤，红纸球替代杨梅；内坐经过化妆的姑娘数人，称为"杨梅神女"。每到晚上，"船"上灯火通明，"神女"风姿绰约，配之以乐队，令游人开怀。在余姚，至今仍保存着这样的习俗——每当杨梅熟时，总要广邀亲朋好友来家品尝杨梅，庆祝一年的丰收，并把杨梅作为赠客的佳品。

（2）政策法规保障

余姚杨梅的质量与特色在国家出台的一系列政策法规的保障下得到了有效

保护。除荣获"中国杨梅之乡"的称号外，余姚还获得我国"七五"计划期间首批全国名特优商品基地县（市）的荣誉。2003年，余姚杨梅通过国家级绿色食品认证；2004年，正式被原国家质量技术监督局批准原产地域产品保护；2008年，正式被国家质量监督检验检疫总局批准地理标志产品保护。1989年开始，每年6月26日被定为中国余姚杨梅节。其作为文化与经济活动相结合的产物，经过多年的理念创新和精心运作，已经形成了以突出杨梅文化和地方民俗风情为特色的地方节庆。获得余姚杨梅地理标志保护产品专用标志使用资格的品牌有"鹤顶"牌。余姚杨梅的栽培也日趋标准化，省级地方标准《余姚杨梅系列标准》已在余姚各大杨梅产区推广实施。

这些规定和措施一方面帮助余姚杨梅提高了辨识度与知名度，在市场上为其保驾护航；另一方面也以高要求和严标准监督余姚杨梅的生产与销售，从外部保证其质量与特色。

（二）余姚杨梅核心文化基因的提取与评价

余姚是"中国杨梅之乡"，余姚杨梅从野生树种到人工栽培作物，历史悠久。其品质优良，风味独特，具有丰富的功用价值和药用价值。杨梅文化背后蕴含的勤劳智慧的精神品格、惜时奋发的价值内涵、经世致用的价值取向和美好哀思的真挚情感，体现了余姚人的"杨梅精神"。

1. 生命力评价

经浙江省博物馆自然组于1976年1—2月和1979年12月两次鉴定，用现代化的碳14测定，遗址上的植物遗存研究表明，我们的祖先在当时已经食用杨梅，只不过那时杨梅是野生果。在余姚境内三七市镇张湖溪村还留有大片古杨梅林，有2000余株，树龄在120—150年。至两汉时，余姚人工栽培杨梅技术已相对成熟，余姚杨梅被列入贡品。余姚人对杨梅食用方法、形态、栽培和储藏方式都有深刻的研究成果，如今的余姚人也从未停下杨梅种植与改良的脚步。

2. 凝聚力评价

杨梅吸引着无数来自全国各地和海外的客人。在外旅居的余姚人将杨梅比作思乡果，一到杨梅成熟时节，便会顿生一种莫名的思乡之情。余姚籍的明朝礼部尚书孙升在京为官，每当想到家乡夏至时节，杨梅漫山红透的场面，便思乡情重。他曾吟诗叹息道："旧里杨梅绚紫霞，烛湖佳品更堪夸。自从名系金闺籍，每岁尝时不在家。"用吃不到家乡特产的遗憾来反衬余姚杨梅的好，确实产生了一种别样的意境。如今，杨梅每年被大量空运到国内外，那些身在异乡的游子再不会有"每岁尝时不在家"的遗憾了，但是杨梅仍然凝聚着余姚人浓浓的思乡、爱乡之情。

3. 影响力评价

杨梅的美味和观赏等价值历来为文人墨客所盛赞。南宋诗人陆游曾到过余姚杨梅产地，亲历杨梅采摘时的迷人景象以及远销都城临安时被视作果中珍品的盛况，为此曾作诗《六峰项里看采杨梅连日留山中》道："绿阴翳翳连山市，丹实累累照路隅。未爱满盘堆火齐，先惊探颔得骊珠。斜簪宝髻看游舫，细织筠笼入上都。醉里自矜豪气在，欲乘风露摘千株。"

近现代对余姚杨梅的赞赏也是不绝于耳。《光明日报》1982 年 4 月 23 日曾以《吴越杨梅赛荔枝》为题，介绍余姚杨梅；《新民晚报》也在 1985 年 7 月 7 日以《余姚杨梅甲天下》为题，报道："余姚杨梅果色艳丽、甜蜜适口，营养丰富，堪与荔枝媲美。"

近年来，随着跨境电商产业的发展，余姚杨梅也逐渐打入国际市场，将自身影响力进一步扩大至海外。

4. 发展力评价

余姚杨梅是余姚地区重要的经济作物，是余姚农业产业的重要组成部分。目前，余姚杨梅栽培区域扩大到全市 19 个乡镇，并涌现出一大批以杨梅为主的特色村，如三七市镇石步村等，同时培育出了"鹤顶"牌等知名品牌。

在政府主导、社会参与之下，杨梅节等文旅活动欣欣向荣，打造了知名文旅活动品牌，提升了地方节庆品牌形象，展示了杨梅文化和地方民俗风情，极大地推动了余姚社会经济与文化的发展。余姚杨梅为全市梅农增收超亿元，对于当地社会经济文化的推动作用十分显著。

（三）余姚杨梅核心文化基因的转化利用

余姚人总结历史发展的宝贵经验，整合现有内外资源，借助于互联网等平台，积极调用各种新手段、新方法，重点突出余姚杨梅悠久的历史传承与深厚的文化底蕴。其主要方向有以下几点。

1. 建立余姚杨梅文化展览馆，打造特色杨梅农庄

挖掘杨梅核心文化，物质载体必不可少。可以定期召开杨梅文化主题研讨会，邀请业内专家参与。在深入挖掘杨梅文化内涵的基础上，由政府牵头，建立一个综合性的杨梅文化展览馆，全面展示余姚的杨梅历史文化和文化内涵。在展览馆中，以千年杨梅文物、现代各品种的杨梅、杨梅种植的地理和土壤知识、杨梅的美学价值和药用价值等为基础对民众进行科普，宣传杨梅文化，以文化引领商业。

同时由政府有关部门统一规划，引入民间资本，在余姚市内各大杨梅产区建立带有"杨梅之乡"品牌标识的特色农庄，建立农庄集群体，提供杨梅采摘、农家休闲等一系列有特色的文旅活动和产品，从而带动整个杨梅市场。特色杨梅农庄不限于一般的"农家乐"，而是主打品牌战略，形成品牌效应，突出"中国杨梅之乡"的特色。特色农庄集群体代表着梅农的整体素质和形象。杨梅品质、经营情况、农庄信誉等因素都需重点筛选，都可作为择优后的农庄统一形象设计元素，并且还要统一管理、规范项目收费等经营活动，从而塑造良好的品牌形象，由此才能为梅农创收提供源源不断的动力。此外，农庄亦可开展各自独具特色的活动，如手工制作杨梅创意美食等。

2. 借助互联网新渠道，专供热门餐饮品牌

杨梅作为传统农产果品，网络传播力相对较低，对年轻消费者缺乏吸引力，且目前在国内市场上各地杨梅竞争激烈，各有特色和受众，余姚杨梅作为全国始祖性杨梅，竞争优势不够明显。余姚杨梅想要重回市场顶端必须另辟蹊径，打破宣传方式和销售渠道单一的困境，通过创新手段加大推广力度，扩大受众群体。对此，要建立"杨梅之乡"品牌的标识，借助互联网时代的新渠道，如电商主播直播带货或者在线上购物平台开启余姚杨梅专购活动，用各类线上平台扩大品牌影响，拓展销售渠道。

杨梅黄金销售期仅半个月左右，且采摘后不易保鲜，所以包装和交通调运皆不方便。延长新鲜杨梅的食用期限就是延长杨梅经济效益，因此应将余姚杨梅融入其他热门品牌及其产品中，借力打力，间接推广。如，与当下热门的餐饮品牌展开合作，为其专供优质的余姚杨梅作为原材料。时下各大热门的奶茶品牌会应季性地推出杨梅系列饮品，但在原材料的选用上并没有突出品牌特色。与之相类似的还有传统饮料、蜜饯等产品，余姚杨梅对品牌的专供延长了

杨梅的保鲜期，并为商业合作扩大了战略空间。通过专供热门饮食品牌，余姚杨梅一方面能够吸引到广大年轻消费者，另一方面则能迅速地、大幅度地提升市场知名度和影响力。

3. 深化余姚杨梅节文旅推广，形成一体式产业链

余姚杨梅节作为余姚品牌文旅活动，经过多年的精心运作，已经建立了良好的品牌形象，创造出了巨大的品牌效益，被视为余姚杨梅文化的典型代表之一。就现有的运作模式而言，余姚杨梅节采取的是"杨梅＋周边景点"的线路式旅游，一般由杨梅产区及其周边景区组成，以杨梅采摘等活动为主体，带动相关文旅活动的开展，并在此过程中融入余姚民俗等传统文化。但随着全国各地杨梅产业的发展，这一模式越来越多地为人所模仿。今后要围绕杨梅产品本身展开合理规划，在原有基础之上加入创新元素，进一步拓展辐射范围，带动相关产业加入，形成以杨梅和杨梅文化为主体的"吃、住、游、购"一体式产业链，并完善市场监管，培植旅游、商贸、文化教育等板块复合发展的产业生态。在城市地标、景区出入口等空间场所展示杨梅之乡的标识；针对节日期间大量亲子游的情况，可结合杨梅特色展览馆展开面向中小学生的杨梅科教活动，包括实地采摘杨梅、杨梅实地科普教学；主打农趣休闲特色，发布杨梅采摘精品线路，推出各具风情的杨梅采摘观光活动；以历史上歌咏余姚杨梅的诗歌文化为基础，在网络上发起主题诗歌征集活动；编排以杨梅文化为主题的姚剧；开展微视频、抖音创作大赛；以景观小品形式展现杨梅文化。

参考文献

1. 郝鹏飞：《明清时期太湖地区果树种植研究》，南京农业大学硕士学位论文，2011年版。
2. 王白坡、郑勇平、黎章矩、喻卫武：《浙江省杨梅资源的利用及生态效益》，《浙江林学院学报》2001年第2期。
3. 杨鹏飞：《河姆渡风情录》，中国文学出版社2004年版。
4. 余姚市地方志编纂委员会：《余姚年鉴2020》，方志出版社2020年版。
5. 《浙江土特产简志》，浙江人民出版社1987年版。
6. 中国上海国际艺术节中心：《中国百家节庆地图（中英文本）》，上海文艺出版社2006年版。

余姚茶园

四、余姚茶叶

余姚拥有一大批国家级名茶，并享誉海内外，形成了历史悠久、底蕴深厚的茶文化。在余姚境内的河姆渡遗址、田螺山遗址的历次发掘过程中均出土不少原始茶遗物，从而证实了余姚是中国及世界原始茶的发源地。余姚茶叶在唐朝时便已成为皇家贡品。目前，余姚仍拥有如"瀑布仙茗""四明龙尖""四明十二雷""七千春野茶""化安双瀑"等一大批优质的国家级名茶。其中，"瀑布仙茗"首见于晋《神异记》，后载于唐朝陆羽《茶经》，并在唐朝问世，名扬四海，是中国古老的历史名茶之一。

（一）余姚茶叶核心文化基因解析

1. 物质要素

（1）原始茶遗存

1973 年，考古人员在河姆渡遗址中发现了大量的樟科植物遗存，其叶片堆积在干栏式居住处，有明显的人工采集收藏迹象。专家学者经过深入研究和广泛探讨，皆认定这些樟科植物的叶片为原始茶叶。河姆渡第四文化层中还出土了多件用整段圆木剜成中空、恰似一段毛竹的直筒状木筒。这些木筒的外观形貌与西藏酥油茶打茶筒极为相似，而且构造也基本一样。显然，河姆渡先民已备有制作原始茶的原料，有煮茶及用木筒盛茶的习惯。

2004 年、2011 年，考古工作者又先后在与河姆渡遗址地理和文化溯源相同的田螺山遗址距今 6000 多年前的文化层中挖掘出土三丛疑似山茶属植物遗存。此后，在有关部门的推动下，考古人员和科研机构对该植物遗存的考古出土环境、根茎外观形态、木材切片显微镜观察、茶氨酸含量等开展了综合分析与检测，发现它们呈现出人工栽培茶树的多方面特征。2015年6月，浙江省文物考古研究所与中国农业科学院茶叶研究所联合在杭州召开"田螺山遗址山茶属植物遗存研究成果发布会"，正式宣布：田螺山出土的疑似山茶属植物遗存为距今6000年左右的山茶属茶种植物遗存，是迄今为止我国境内发现最早的人工种植茶树的遗存。自此，余姚成为中国乃至世界原始茶的源头。

（2）适宜的种植环境

从地理上而言，余姚属浙东盆地与浙北平原交叉地区，地势南高北低，中间微陷，山地丘陵较多。南部为四明山区，中部为姚江冲积河谷平原，北部为钱塘江、杭州湾冲积平原。土壤以红壤、黄壤为主，pH值呈弱酸性，土层深厚，土壤肥沃，有机质含量丰富。茶树生长条件适宜，是生产无公害、绿色有机茶的理想地区。从气候上而言，余姚属亚热带季风气候，冬夏季风交替明显，主导风向为东南风和西北风，温暖湿润，阳光充足，雨量充沛。优越的气候条件也为余姚茶树提供了理想的生长环境。

（3）茶事碑

2007年春，宁波市人民政府在余姚的大岚镇夏家岭村茶叶产区设立了《大岚茶事碑》。大岚不仅是余姚母亲河"姚江"的源头之地，也是余姚名茶"瀑布仙茗"和"四明龙尖"的原产地，素有"中国高山云雾茶之乡"之称。茶事碑碑文如下："八百里四明以大岚为轴，脉分舜江孝川，云绕丹山赤水，遍坡香灰土最宜植茶。晋丹丘子示山中有大茗，《神异记》有述，乃大岚茶事之肇端。后人辟丘培茶，奉丹丘为茶仙，有祠焉。大岚以盛产名兰古称大兰，其茶有兰馥奇香。四明茶事，梨洲所述备焉，逮至宁波开埠，岚茶遂泊海外。茶业为盛，足养民生；珠曲针芒，各逞春秋。今大岚有茶园25000亩（1亩≈667平方米），为浙江乡镇之最，称中国高山云雾茶之乡，盛产四明龙尖、瀑布仙茗。千年茶俗，百代茶韵，遂成岚山文化一脉。天赐佳茗，神人共赏；余韵流风，继启后人。是为序。"

2. 精神要素

（1）休闲养生的传统观念

茶圣陆羽曾在《茶经》中转引《神异志》的记载，写道："余姚人虞洪入山采茗，遇一道士，牵三青牛，引洪至瀑布山，曰：'予丹丘子也。闻子善具饮，常思见惠。山中有大茗，可以相给，祈子他日有瓯牺之余，乞相遗也。'因立奠祀，后常令家人入山，获大茗焉。"文中记述了擅长茶饮的余姚人虞洪因偶逢道教仙人丹丘子，继而发现大茶树的故事。明代顾元庆在《茶谱》中说饮茶能"止渴、消食、除痰、少睡、利尿道、明目、益思、除烦、去腻"。现代科学研究证实，茶叶含有蛋白质、氨基酸、糖类、维生素和矿物质等营养物质。饮茶有止渴生津，提神醒脑；溶解脂肪，帮助消化；利尿解毒，杀菌消炎；防治辐射损伤；降低血压，防止动脉硬化；防龋固齿，清洁口腔；增加防癌与抗突变的能力；抗衰老等各种保健作用。具体而言，茶具有涤荡内心、焕发精神的功用，可将茶作为药饵服用以休闲养生。

（2）和敬相安的伦理内涵

茶作为一种载体不仅具有极高的自然价值，还具有广泛的社会价值。就社会属性而言，余姚茶文化还具有和敬相安的伦理内涵。无论是在古时还是在现代社会，茶饮都不是一种束之高阁的、阳春白雪式的活动，而是深入普罗大众的日常生活中。在余姚民间，茶文化更是有着悠久的历史和坚实的基础，人人皆以饮茶为风尚。人们通过一杯杯的茶而相聚在一起，以茶静心，以茶养性，以茶识人，对彼此展现出和顺、恭敬的态度；在此基础上相互交流沟通，促成良好的人际关系，进而则可对社会风气产生潜移默化的良好影响，帮助建立并维护和谐稳定的社会秩序。

（3）淡泊宁静的精神品格

余姚茶叶和茶文化中还蕴藏着一种淡泊宁静的精神品格。茶本是绿叶，既无艳丽外表，也无轰轰烈烈的开花结果，只在清寂的山陵间潜心生长，留待春雨过后默默抽芽。余姚的茶更是如此，纵使早负盛名，但依旧不与外界名利相争，一代又一代的余姚茶农们坚守本分，默默耕耘，只为培植出更加优质的茶叶。

3. 语言与符号要素

（1）中国原始茶之乡

根据河姆渡、田螺山等遗址出土的大量原始茶遗物，考古学界经过长时间的专业研究，最终权威认定：早在7000多年前的新石器时代，生活在余姚土地上的先民们便已开始采集茶叶、种植茶树。同时，先民们还在活动过程中创造了一系列专门的饮茶用具，或已初步形成饮茶习惯。因此，余姚是当之无愧的中国原始茶之乡。

（2）"瀑布仙茗"

余姚"瀑布仙茗"产于余姚梁弄镇的道士山村，是中国第一个有正式品牌名号的古名茶，属绿茶类。"瀑布仙茗"美名之由来历史悠久。前文提到的余姚人虞洪偶遇丹丘子而发现"大茗"的故事，"大茗"就是道士山叶片很大的野生茶树。一代茶圣陆羽《茶经》云："余姚县生瀑布泉岭，曰仙茗，大者殊异，小者与襄州同。"陆羽将其誉为"仙茗"，后称为"瀑布仙茗"。《茶经》中多次提到余姚"瀑布仙茗"，并从茶器茶具说到茶事茶业，再说到茶之出处，说明了其当时的知名度与美誉度。宋代诗人王十朋在《会稽风俗赋》中提到余姚的"瀑布仙茗"："日铸雪芽，卧龙瑞草。瀑岭称仙，茗山斗好。"清初黄宗羲在《余姚瀑布茶》一诗中道："檐溜松风方扫尽，轻阴正是采茶天。相邀直上孤峰顶，出市俱争谷雨前。两筥东西分梗叶，一灯儿女共团圆。炒青已到更阑后，犹试新分瀑布泉。"

至今道士山村还有多株高度超过3米的瘦骨嶙峋的古茶树，其中有两棵根部直径有十几厘米，高3米多。学者们认真分析了道士山村的古茶树树冠和树根等形态特征后初步断定，树龄在500—800年。"瀑布仙茗"在宁波众多名优茶产品中因质量最稳定、产量扩张最快、生产规模最大、产品销量最多，以及悠久的历史，深受广大消费者好评和厚爱。"瀑布仙茗"在1980年浙江省名茶评比会上，被评为一类名茶；1999年获宁波市名牌产品称号；2001年获浙江省名牌产品称号；2002年获中国精品名茶博览会金奖；2003年获得国家绿色食品资格，通过了ISO9000质量管理体系认证；2004年、2005年获浙江省农博会金奖；2006年、2007年获宁波国际茶文化节"中绿杯"金奖；2006年获得了国家商标局证明商标的核准，被浙江省有关部门授予浙江省农副产品"十大地理标志区域品牌"称号；2007年底又成功获得"中国驰名商标"称号，成为中国绿茶中的一个著名品牌；2009年被誉为首批"中国顶尖名茶"；2010年正式被农业部实施农产品地理标志登记保护，申请通过地理标志证明商标。

（3）"四明十二雷"

除"瀑布仙茗"外，余姚还盛产诸多名茶，其中有产于余姚河姆渡"三女山"的"四明十二雷"。相传，南宋名相史嵩之，是当地河姆渡镇史门村人（原车厩乡）。有一年，他自家乡探亲回朝，带了"三女山"上采摘的茶叶进贡，皇帝连声称赞。史嵩之将"三女山"的传说和家乡山农制茶工艺——禀告。皇帝听后，龙颜大悦，赐名此茶为"四明十二雷"。其茶外形呈松针状，紧直挺秀，翠绿显毫，鲜醇爽口，有回甘。据史料记载，宋元时期，车厩岙的"四明十二雷"皆为浙江第一大贡茶，数量超过全省贡茶总数的一半。"四明十二雷"作为贡茶的历史到明朝万历年间才中止。在 300 余年中，有 25 位皇帝品尝到了四明山的优质茶。"四明十二雷"制作工艺曾失传多年，1986 年才于车厩乡虹岭茶场试制成功；在 1987 年浙江省首届斗茶会上获上等名茶奖，被评为浙江省十大名茶之一；在 1991 年荣获国际中国茶文化节优质名茶奖。

（4）"四明龙尖"

"四明龙尖"为余姚大岚镇高山云雾茶中的名品，产自海拔 600 米以上的四明山脉，植根于肥沃的香灰土之中，有得天独厚的自然环境，可谓汇山川之灵秀，集天地之精华，沐云雾之仙气。从生长在这种土壤中的茶树上采摘下来的新梢，色泽翠绿，茸毛多，节间长，鲜嫩度好。"四明龙尖"是 20 世纪 80 年代创制的新茶。因创制年份时值龙年，又多采用云雾茶芽尖精制而成，故名四明龙尖。成茶后，外形细紧略扁，香高味醇，色泽翠绿披毫，汤色清澈明亮，饮之有一种山间特有的兰花香味。"四明龙尖"于 1995 年获第二届中国农业博览会金奖；2004 年获第二届国际名茶评比金奖；2006 年获第三届宁波市国际茶文化节"中绿杯金奖"；2006 年 8 月被认定为宁波市名牌产品；2007 年荣获宁波首届"八大名茶"称号。

4. 规范要素

（1）茶叶制作技艺

茶叶的口味不仅取决于鲜茶的质量，还与加工制作息息相关。由于历史久远，余姚名茶"瀑布仙茗"加工工艺已无从考证，甚至有人认为该工艺已经失传，但梁弄镇白水冲村仍保留着民间传统的制茶工艺。20 世纪 70 年代，梁弄镇在县区茶叶科技人员的指导下，开始恢复手工制作瀑布茶。瀑布茶在谷雨前采摘，每斤约 2 万芽，其采摘标准为一芽一叶或一芽二叶，加工分杀青、轻揉、二青理条、炒干四道工序。二青理条是瀑布茶炒制过程的关键工序，是通过理条做形以达到纤细苗秀的外形。1969 年，梁弄镇开始机械制茶，四道主要工序全过程机械操作逐步普及，主要加工成初制珠茶。1976 年，原县土产公司创办精制茶厂，开始生产精制珠茶，并提高了茶叶的附加值。20 世纪 90 年代，余姚成为浙江最早一批引进蒸青茶生产流水线及综合利用企业配套的产茶县。茶叶科技人员率先引进名优茶炒制机械，以机制替代了手工制作。

（2）与茶相关的礼俗

余姚茶文化扎根民间，在漫长的历史发展过程中形成了许多与茶相关的民间礼俗，其中尤以施茶和聘茶为代表。所谓施茶，是指在田间路边搭建茶亭，其中设置茶水以供路过的百姓饮用歇息。据历史记载，姚北沿海地带曾建有施茶茶亭共 58 个，并冠以不同的雅名。在发现河姆渡遗址的姚江岸边，至今还保存着建于清代乾隆五十年（1785）的茶亭碑，碑文中记载了当地的施茶、用茶、饮茶风俗。所谓聘茶，是指在男女婚嫁过程中（主要是在订婚阶段），男方将茶叶作为聘礼的一部分献给女方，以茶树无法移植来象征爱情的忠贞不贰。还有以茶待客、以茶会友等，深入民间风俗。

（3）与茶相关的产业政策

茶叶是余姚农业的主导产业。余姚市委、市政府历来高度重视茶产业的发展。20 世纪 90 年代，余姚创建了产、加、销一体化的生产出口珠茶的经营路子，为全国重点产茶县和三大珠茶出口基地之一。21 世纪初，全市推行"余姚瀑布仙茗"品牌战略，并将其培育成为中国驰名商标。2007 年，茶文化促进会成立。促进会积极组织召开茶文化研讨会，形成了余姚作为中国原始茶源头的"余姚共识"，设立了原始茶标志的古茶树保护区。余姚茶文化的挖掘、传承和发扬对茶产业的发展起到积极的推动作用。2009 年，余姚政府出台了《余姚市茶产业提升规划》《关于进一步加快茶叶产业发展的若干意见》，成立余姚市茶叶产业发展提升工作领导小组，组建市级茶产业指导管理办公室，全面提升茶叶产业化水平。

（二）余姚茶叶核心文化基因的提取与评价

余姚因拥有"瀑布仙茗""四明十二雷""四明龙尖"等一大批国家级名茶，其茶文化衍生出了休闲养生的传统观念、和敬相安的伦理内涵及淡泊宁静的精神品格。

1. 生命力评价

余姚茶叶文化基因存续的时间自出现起延续至今。早在河姆渡、田螺山时期，余姚先民们已经有了种茶、采茶、饮茶的生活习惯。两汉时，余姚形成了一定规模的产茶体系。此后，茶业一直都是余姚地方农业的重要组成部分，为余姚茶文化基因的延续提供了强有力的物质保障，确保了余姚茶文化自出现以来未曾中断。更为重要的是，茶作为一种多元文化已经深深地融入余姚人的日常生活中，衍生出了众多的民间礼俗，使得余姚茶文化在发展过程中能够保持相当稳定的状态，尤其是和敬相安的伦理内涵以及淡泊宁静的精神品格一直传承至今，依旧对余姚人的生产、生活产生着巨大影响。

2. 凝聚力评价

历史上，余姚茶文化以经济产业、社会礼俗、生活习惯、修养手段等多种形式将人们紧紧地联系在一起，广泛地凝聚起了区域群体的力量，显著地推动了社会经济文化的发展。一方面，茶产业从业者众多，创造出了巨大的经济效益。另一方面，余姚茶文化催生出了众多良好的民间礼俗，极大地促进了社会文化的正向发展。

3. 影响力评价

余姚自古为浙江省三大茶叶输出地之一，产量大，品质上佳。清乾隆年间，余姚茶叶经由宁波港出口，直接运往英国伦敦交易。民国时期，经由宁波港输出的余姚茶叶远销海外各国。日军入侵后，外销茶受阻，茶价暴跌，茶园遭到严重破坏。抗战胜利后，茶叶生产恢复缓慢。新中国成立后，茶园复苏发展，涌现了"千亩村""万亩镇"的良好势头。其中，地处四明山腹地的大岚镇，有高山云雾茶园 2.5 万亩，为浙江乡镇之最，2002 年 4 月被农业部命名为"中国高山云雾茶之乡"。目前，余姚市拥有茶叶名牌 20 余个，余姚成为全国重点产茶县和三大珠茶出口基地之一。

4. 发展力评价

余姚茶文化中所蕴含的和敬相安的伦理内涵及淡泊宁静的精神品格在很大程度上能够促成良好的社会关系以及社会风气，推动社会整体朝着和谐稳定的方向发展。因而，余姚茶文化基因可以转化为具有时代价值的精神力量，助力新时代中国特色社会主义建设。对于经济而言，茶叶也是余姚重要的传统产业，经济发展的主动脉之一，有力地促进了余姚的改革开放和经济发展，为当今余姚经济繁荣打下了扎实基础。

（三）余姚茶叶核心文化基因的转化利用

余姚茶叶积极融入历史文化等元素，依托于物质载体，充分展现了余姚茶文化，凸显价值引领作用。就产业布局而言，以余姚茶产业为主体，进一步拓展辐射范围，带动相关产业加入，形成集"吃、住、游、购"于一体的复合型产业链。对此，应积极利用好既有资源，着重挖掘余姚茶文化的精神内涵和价值理念，打造"仙茗之乡"，使余姚茶叶产业得到提升和发展。

1. 建立茶文化展览馆

作为中国茶叶发源地，中国绿茶之乡，余姚缺少一个感受余姚茶文化的独特魅力，进一步理解余姚茶文化的精神内涵与价值理念的综合性的茶叶展览馆，所以应建立余姚茶文化主题展馆，全面展示余姚茶文化，包括余姚茶叶历史溯源、茶叶的种类学习展览等。在馆内还应设立余姚茶文化体验中心，通过各种不同的体验活动，使人们产生体验感、参与感、沉浸感。就活动形式而言，主要包括茶叶炒制、茶叶品鉴、茶艺体验等。其一，体验中心将会聘请专业的炒茶师傅，带领观众尝试炒制茶叶，近距离感受茶叶制作工艺；观众自己炒制出来的茶叶则可自行带走。其二，在茶文化老师的讲解和引领下，使观众有机会参与专业性质的品茶活动。这不仅可以学习到品茶知识和技巧，还能放松身心、陶冶情操。其三，茶艺体验是体验中心的核心所在，观众将在专业茶艺大师的指导之下，全面参与茶艺活动，领略茶艺魅力。

2. 打造"仙境寻茗"特色游

打造"仙境寻茗"特色游，将其作为余姚精品旅游线路的一部分，与丹山赤水等文化元素展开积极联动。"瀑布仙茗"和"四明龙尖"等茶叶即是所寻之茗。"仙境寻茗"特色游将以寻访茶叶产区的活动为主线，结合沿途的各大文化景点，包括"瀑布仙茗"的原产地——余姚梁弄镇白水冲景区和丹山赤水主题景区，"四明龙尖"的原产地——具有"高山云雾茶之乡"美誉的大岚镇。旅游点位包括姚江源头景区、茶事碑设置点和其茶叶产区的其他景点。整条线路实现了文化元素的互动与融合，充分利用景区优势，将茶与旅游结合，建立包括观光、采摘、制作、体验等全系统的茶文化传播和茶旅游的特色游路线，开展以茶馆、农家乐为主要形式的休闲旅游设施建设，将其打造为集旅游休闲、度假养生、文化体验于一体的独具地方特色的旅游线路产品。

3. 开办余姚茶文化节

余姚茶文化节将在每年的采茶时节即清明前后定期举行。其间举办各类主题文旅活动，充分发挥余姚千年茶乡的文化特色和品牌优势，力争将余姚茶文化推广到全国市场。目前，余姚境内各大产茶区均举办有各自的茶文化主题活动，如四明大岚的"神奇大岚"茶文化旅游节。余姚茶文化节可在此基础之上加大宣传力度和推广力度，整合内外资源，扩大活动规模，增添活动形式，进一步提高品牌知名度，以更加有效的方式带动相关产业发展。如通过"互联网＋"，联合电商等新兴产业，通过农产品电商直播带货的形式及微信公众号、网上商城小程序等线上平台，拓宽农产品销售渠道，促进农业企业提质增效、农民就业增收。在加大知名度的同时，也要继续创新茶叶产业，延伸茶产业链，加大对茶叶的研制生产，扩展以茶叶为原料的产品建设。

参考文献

1.程启坤：《古今名茶》，中央广播电视大学出版社 2015 年版。

2.鲁才鹏、韩震、李海波、李明、邓隆：《余姚加速科技创新 助推产业提升步伐》，《茶叶》2014 年第 2 期。

3.鲁章敫：《姚江工商》，浙江古籍出版社 2013 年版。

4.沈立铭：《林特实用栽培技术》，杭州出版社 2009 年版。

5.汪新兵、吴龙龙：《数控技术及人工智能在茶产业中的应用》，《现代农业科技》2020 年第 10 期。

6.严忠苗、陈永润主编：《姚江特产》，浙江古籍出版社 2009 年版。

7.余姚市茶文化促进会.《影响中国茶文化史的瀑布仙茗》，中国文史出版社 2011 年版。

姚剧《王阳明》（姚剧传习中心供图）

五、余姚姚剧

姚剧又称余姚滩簧，沿用余姚方言演唱，唱腔轻快活跃，生活气息浓厚，长期以来为浙东人民喜闻乐见，是南方滩簧五大支系之一、浙江省四大滩簧之一。长期以来，姚剧与绍兴滩簧、桐乡花鼓戏、小歌班等地方戏剧种相互影响，形成密切联系。1956年成立的余姚姚剧团是姚剧最主要的演出机构和传承团体，当代姚剧的代表性作品皆由姚剧团推出。2001年，余姚姚剧研究会成立。2007年，姚剧被列入宁波市和浙江省非物质文化遗产名录。2008年，姚剧再上层楼，又被列入第二批国家级非物质文化遗产保护名录。2012年，余姚市姚剧保护传承中心（原余姚市艺术剧院）成立。目前姚剧代表性传承人有沈守良、寿建立等。

（一）余姚姚剧核心文化基因解析

1. 物质要素

（1）简易实用的舞台布景

作为兴起于乡里、根植于坊间的一种民间剧种，姚剧吸纳了余姚当地"车子灯""采茶篮""旱船"等民间歌舞及"雀冬冬"等多种民间说唱艺术的元素。其产生和发展与余姚当地民众的日常生活密不可分，故姚剧的行当不似其他大型剧种的纷繁复杂，舞台简单易搭建。旧时姚剧还是滩簧形式时，演出阵容小而精，一般为"四花（生角）、四旦、三后场（乐队）、一里厢（道具师傅）"，共12人，剧目多为一生一旦的对子戏。最初，常见的姚剧演出舞台是农村临时搭起的稻桶门板或者以大户人家院内的天井作为观众席，正厅大堂搭门板作舞台，而祠庙的小型戏台也可直接用于表演。

随着 1956 年余姚姚剧团的正式成立，角色众多的现代大中型戏逐渐成为主流剧目，出场演员人数也大大增加。为了适应现代剧目的演出需要，姚剧团也转而采用现代戏剧演出常用的大型活动式舞台——"戏棚"。这种活动式舞台为伸出式，可拆装搬移，高约 5 米、宽约 10 米、深约 8 米，台上各项舞美设施均在此尺寸框架之内进行配置，并装以大幕、二道幕和横直条幕，便于区隔演出空间，切分剧目时段。这种活动式舞台极大地方便了剧团流动演出的需要。近年来，声光电设备齐全的城市现代正规剧场改善了姚剧的演出效果。同时，随着新农村建设的推进，诸如文化大礼堂之类大型乡村文化场所的增多，为姚剧团"送戏下乡"提供了便利。

姚剧的舞台布景以两种风格为主，即出演清装传统戏用写意布景，演出现代戏用写实布景。新中国成立后，姚剧快速发展，但姚剧的主要演出场所仍以乡村为主，剧团演出流动性大，故布景制作要求从简从轻。因此，姚剧舞美设计大都采用一景多用、因地制宜的"百搭布景"。20 世纪 50 年代，姚剧演出大多使用一种软木布景，又以纱布上色绘景，借此营造戏剧氛围。同时，软景和硬景结合使用，前者相对固定，后者随剧情更换，一幅山水软景往往兼用多剧。后来，舞台布景中灯光的应用也越来越多，现代姚剧演出舞台上采用投影屏幕，布景趋于多元化，某些场景中同时出现近景（硬景）、中景（软景）、远景（天幕投影）相结合的多层次布景，舞台虚拟景观更为丰富。近年来，随着数字视觉图像技术的进步，姚剧的舞台布景方式也在与时俱进。

（2）易得易携的服化道

姚剧剧目题材多以现实生活为背景，服装贴近时代风尚，以近现代服饰为主。在晚清民国剧目中，男角戴西瓜顶帽或绍兴毡帽，穿长衫或竹裙，旦角戴假头饰，腰围彩裙，衫裙衣裤剪裁容易，冠帽头饰制作简单。当代剧目则采用时下流行服饰，易于置办。

姚剧的传统化妆，秉持一种自然质朴的风格，不事浓妆。究其缘由，旧时姚剧多演生旦对子戏，因此化妆极为简单，无规范化脸谱，一般以大红纸代色搽面，涂口红，又以乌墨画眉。新中国成立后，为适应演出现代姚剧的需要，化妆稍显精致，大体遵循现代戏剧的一般化妆方法，根据角色进行设计。

早期姚剧的伴奏乐器极为简单，以滩簧二胡为主，另有三弦、月琴，乐队阵容为所谓的"三后场"，与台上"四生四旦"相互协同，前者为里，后者为表。新中国成立后，姚剧演出阵容扩大，乐队随之增员，加入了高胡、琵琶、竹笛、扬琴、提琴、黑管、长笛、笙等乐手。

（3）明快的曲调和平易的念白

姚剧唱腔丰富，曲调流畅，节奏明快。唱词淳朴通俗，朗朗上口，生活气息浓郁。姚剧深深根植于余姚当地方言，舞台语言以余姚话为基础。姚剧的舞台语言在方言的基础之上，又结合普通话来加以规范，语调分为阴平、阳平、阴上、阳上、阴去、阳去六种，唱腔分基本调和民间小调两部分。基本调较丰富，是姚剧的主唱腔，尚能演唱的还有数十种，主要有"平四""紧板"和各式"花腔"。小调多为当地民歌，常用的有30余种，既能与基本调配合使用，又能单独连缀为小调戏，唱腔淳朴优美、轻快活跃，易于模仿习得。可以说，小调的运用是姚剧的特色之一。

姚剧的念白平易、自然，极少修饰腔调，给人一种朴实亲切的感觉，而且富于谐趣。念白伴随的动作也接近日常，很少拿捏姿态。旧时念白留有相当的自由空间，表演者往往根据剧本内容即兴发挥，用土话俚语，插科打诨，笑点迭出，给观众很强的代入感。由于姚剧念白的强大吸引力，民谣云："看了滩簧班，男人忘记落田畈，女人忘记进灶间。"目前，为了扩大姚剧的传播范围，适应新生代观众的欣赏特点，当代姚剧的舞台语言在保持余姚方言特色的基础上，还适当吸收了普通话的表达语汇。事实上，这种趋势也见于其他各类地方剧种。姚剧固有的唱腔和念白，除了文本记录之外，音视频的存储与整理也是今后需要开展的工作。

2. 精神要素

（1）真诚美善的乡风乡情

姚剧作为一种兴起于阡陌之间的小型地方戏剧，其素材即是姚江沿岸饭稻鱼羹的乡土生活、四明山间男耕女织的阡陌故事。所以在表演内容上，并不擅长大开大合的重大主题，反而多以农村百姓平常生活、人际故事为题材，以小见大，通过演绎日常来揭示人生之道、世态之理，让观众在这一幕小小的剧目中品尝世间的酸甜，体会人间的悲欢。姚剧中充满了姚江之畔、四明山间的淳朴乡风。剧目题材源自百姓的真实生活，歌颂正义、弘扬善美，故能激起浙东当地观众的共鸣。

（2）乐观向上的生活态度

姚剧在表演方式上多倾向于喜剧化的处理，给观众以轻松愉悦的观感，配合剧目主题的呈现，传达出一种积极向上的生活观。姚剧具有淳朴真挚的乡土个性，大多选取积极乐观的主题，给观众以振奋之感。尤其是在新中国成立后，姚剧编排了许多反映社会主义建设的剧目，极大地弘扬了向上进取的价值观，与当代社会主义核心价值观高度契合。姚剧蕴含的乐观主义价值取向及其对于人性光芒、世间温情的关注，都值得高度肯定。

（3）顽强拼搏的精神气质

姚剧的剧目是余姚人民自强不息的真实写照，其自身发展历程也是一段顽强拼搏的历史。清乾隆年间，余姚滩簧多时可达四五十个班社。但道光之后，列强入侵，国家凋敝，余姚滩簧亦日渐沉寂。至民国建立，得益于江浙地方相对稳定的态势，余姚滩簧再度兴盛，甚至随着移民北传至上海等地。抗日战争全面爆发后，余姚滩簧亦随局势复现颓势，演出几近中断。新中国成立后，余姚滩簧在党和政府的热切关心和积极帮扶下再次进入复兴轨道，并于1956年正式定名为姚剧，随之成立的余姚姚剧团，则将这一地方戏剧带入了大雅之堂。纵观姚剧百年发展史，几次陷入停滞甚至是消亡的境地，但姚剧艺人们从未言弃，执着守护，最终使这一艺术瑰宝获得新生。作为一种小型的地方戏曲，姚剧在受众不广、艺人寥寥的情况下坚忍求生，体现了余姚地域的文化精神。

3. 规范要素

新中国成立后，"余姚滩簧小组"正式成立。1956年，余姚姚剧团成立，姚剧演出团队被纳入政府文艺管理系统，财务和人力资源都有了体制保障，姚剧的创作、演出、管理也趋于制度化和规范化。此后，姚剧演出日益兴盛，剧目不断增多，演员队伍亦逐渐扩充，整体发展步入正轨。改革开放以后，姚剧作为一种极具特色的地方剧种，满足了当时人民群众文化生活的新需求，迎来了自身发展的黄金时期。作为公办文艺团体的姚剧团，基本运营得到文艺部门的稳定支持。近10年来，每年演出场次超过160场，在演剧目超过40部，观众数量较多，社会效益显著。同时，剧团积极介入市场，商务性演出稳中开扩，年均创收突破百万。由于社会效益与经济收益兼重，剧团艺术水平也不断得到提升，已获得国家级奖项10余项，省级奖项40余项。姚剧团在自身系统内部形成了专业化的人才培养模式，以表演促教学，以教学助表演，知行合一，新秀辈出。此外，姚剧还与其他地方剧种保持交流，在互鉴中求进取，在开放中求发展。

近年，姚剧研究也受到重视，迄今为止，已出版数部与姚剧相关的书，如《姚剧发展史》《中国戏曲志·浙江卷·姚剧音乐条目》《余姚戏曲音乐集成·浙江卷·姚剧分卷》。2001年11月，余姚姚剧研究会成立。该研究会陆续收集整理部分具有较高价值的姚剧人文史料。《余姚日报》上开辟了《姚剧大家谈》专栏，在余姚人民广播电台《空中舞台》栏目举办姚剧知识讲座，开展"姚剧进校园"的试点，组织"姚剧演唱大赛"，等等。2006年12月，姚剧被列入首批余姚市非物质文化遗产代表作名录；2007年5月，被列入首批宁波市非物质文化遗产代表作名录；2007年5月，被列入第二批浙江省非物质文化遗产代表作名录；2008年6月，被列入第二批国家级非物质文化遗产代表性项目名录。除此之外，余姚市艺术剧院被列为姚剧传承基地，姚剧演员沈守良被列为国家级非物质文化遗产传承人，姚剧演员寿建立被列为省级非物质文化遗产传承人。综上所述，目前姚剧的研究、保护、传承的相关机制已经完善，而且这一机制也为其他地方戏剧提供了优秀范本。

（二）余姚姚剧核心文化基因的提取与评价

姚剧具有极高的历史价值和艺术价值，不仅存载了余姚的乡音与乡韵，也反映了余姚的乡情与乡风。姚剧200余年的兴衰发展史，贯穿着余姚人自强不息的传统精神，激励着余姚人继往开来、积极进取。它不仅是人们休养身心的娱乐方式，也是陶冶性情、增长见闻的教育手段。

1. 生命力评价

相传，以余姚横河（今属慈溪）虞才华带班的"才华班"为有史可查的最早班社。正因姚剧紧随时代、贴近生活、依靠群众，因此有着非常深厚的社会基础。在鼎盛时期，余姚滩簧有职业班社20余个。旧时，因余姚滩簧艺人在演出时常以插科打诨的形式针砭时弊，加之很多演出剧目表现男女私情、争取婚姻自主的内容，每每被有司视为"鹦哥淫戏"，以违背封建礼教为由进行限制打压。在这种情况下，班社进退踌躇，艺人处境凄凉。抗日战争全面爆发后，国难当头，百业凋敝，余姚滩簧班社奄奄一息。为了生存，诸如"德胜顺舞台"等余姚滩簧班社，兼演"绍兴大班"（绍剧）维持艺人生计。新中国成立后，万象更新，姚剧迎来新生，余姚滩簧"化蛹为蝶"。姚剧得到政府支持，演出团队趋于稳定，剧团继往开来，创新曲目，成为余姚地方文艺的一抹高光亮色。随着时代的发展，姚剧正在舞台布景、服化道、念词做白等各个方面不断创新。在姚剧发展历史中，姚剧艺人从群众中来，到群众中去，坚韧求存，与时俱进，使得姚剧拥有强大的生命力。

2. 凝聚力评价

余姚原隶属绍兴府，其民风习俗文化传统，带有鲜明的会稽/越州地域文化的印记，余姚与绍兴两地的戏剧文化同样有着密不可分的渊源关系。余姚滩簧与早期越剧根脉相连，余姚滩簧为丰富越剧清板的演唱和音乐过门伴奏提供了有益的借鉴。绍剧的雏形是由余姚腔和北方秦腔结合生成的。余姚滩簧诞生之后，也向绍剧移植剧目，给绍兴戏曲以文化养分。有的余姚滩簧演员也兼演绍剧。由于姚剧根植于古越文化中心区，且与浙东其他地方戏剧之间同气连枝，故而能够不断吸收、聚合周边亲缘戏曲艺术及其地域文化的优秀元素，相互联动，共同提升。

还需一提的是，对于余姚人来说，姚剧是乡音、乡韵、乡情的载体，是余姚地方的一项重要文化标识，可以凝人心、聚人气、合人力。从这个意义上讲，姚剧的凝聚力也是不言而喻的。

3. 影响力评价

姚剧是长江三角洲吴语系滩簧类剧种的一个重要支脉，在吴语系地方剧种中占有十分重要的地位。姚剧在发展传承的过程中，不仅扩大了剧种影响，丰富了艺术维度，同时也给其他剧种如越剧、绍剧、桐乡花鼓戏等都提供过积极的艺术能量。历史上，余姚滩簧不仅盛行于余姚本地，也不断向外传播，东抵舟山群岛的桃花岛、六横岛、沈家门，西达绍兴、诸暨、萧山，南入新昌、嵊县（今嵊州）。姚剧的艺术种子甚至远播浙北的海盐、桐乡，直至上海。例如，桐乡花鼓戏团曾于20世纪60年代初专程到余姚寻根。早期余姚滩簧人才辈出，马楠本、周兰英、楼阿木、月月红、小山宝、大桂香等艺人均挂牌出演于沪上演艺场，深受旅沪的宁绍帮观众欢迎。

另外，优秀的姚剧艺人往往能改腔换调，与越剧、绍剧近缘剧种的班社演员联袂登台，赢得更大的受众群体。姚剧在发展过程中与越剧、绍剧等宁绍地方剧种密切交流、取长补短，艺术影响力持续提升的同时，文化辐射力也不断加强。

4. 发展力评价

在成立余姚姚剧团之后，姚剧在艺术形式上取得了长足的进步。其一，姚剧团承担了传承余姚地方戏剧艺术根脉的使命，保留了代表性的传统老戏，对其进行整理加工，取其精华，去其糟粕，擦亮了传统余姚滩簧的底色，珍存了百年姚剧的瑰宝。其二，现代姚剧在演出剧目上摆脱了对子戏、同场戏的套路，推陈出新，自我形塑，独立创作剧目，不断优化表演效果。

姚剧团编演的多台优秀创作剧目荣获国家级和省级大奖、高奖，享誉省内外。姚剧在开放中求发展，在交流中求提升，与越剧、绍剧、沪剧、甬剧等兄弟剧种建立密切联系，分享成功经验，共享优秀剧目。近年来，融媒体兴起，短视频大热，传统戏剧的固有生态受到前所未有的挑战；同时，新媒体传播方式也给姚剧等传统戏剧的发展带来了新的机遇。线上线下结合的传播模式赋予姚剧新的生命力和影响力。在余姚、慈溪的一些乡镇，"传"姚剧、"学"姚剧、"唱"姚剧的热潮正在蓬勃兴起，姚剧的独特魅力即是姚剧出圈传播的流量密码。

（三）余姚姚剧核心文化基因的转化利用

毋庸置疑，姚剧蕴含着余姚地域最本真的文化基因。姚剧文化基因的激活、生发与转化，有利于促动余姚乃至浙东的地域文艺繁荣。姚剧本身具有乡土化、现代化与喜剧化的气质，值得永久传承。应当兼顾传统题材，推出若干带有宋明气韵的大雅之作，提升姚剧艺术水准，打开受众圈层。此外，进一步增强个性化、特色化、差异化的优势，提高辨识度，立足戏剧，同时跳出戏剧，多维度拓展姚剧的文化外延。

1. 打造姚剧主题园或游览区，为姚剧提供在地体验空间

在余姚市域选取合适地段，建造姚剧主题园或游览区，为姚剧提供在地体验空间。这样的主题园也是姚剧传承的物质载体。主题园内规划姚剧广场，设置姚剧演出区、姚剧历史陈列馆、姚剧服饰展示厅等区域，塑造一批富于姚剧元素的情境小品景观。园区内外配置姚剧主题民宿、酒店、餐厅。

与之相应，设计姚剧标识；开发经典姚剧戏剧人物形象衍生品；制作姚剧明信片和戏剧人物挂饰小品等；成立姚剧戏迷俱乐部。另外，由地方文化部门牵头策划，每年举办戏剧节，地点设在姚剧主题园，以姚剧演出团队为主，邀请省内外地方剧种团队参加，提升游客流量。

2. 制作姚剧版电影，扩大影响范围

作为一种小型的地方剧种，姚剧表演语言以余姚方言为主，表演形式也更接近当地风俗。这在一定程度上限制了姚剧的传播范围，短时间内难以在全国范围内形成影响。

戏曲与电影结合的方式可以提升公众对于姚剧这种传统戏曲艺术的认知度。如利用电影独特的表达方式，对优秀戏曲剧目进行重构，将戏曲的舞台表现形式与电影表演融为一体，最大限度地发挥电影镜头的艺术表现力，最大限度地展现戏曲唱腔、功架的美学。在后期推广上，还可以充分运用电影等影视作品的发行渠道和营销网络，扩大代表性剧目的知晓度，提升戏曲名角的知名度，再借助代表剧目的吸引力和名角的号召力来扩大姚剧的影响力和传播范围。

3. 组织传统戏曲与群众文化活动，丰富人民群众的日常生活

如今姚剧与时俱进、求变创新，表现出一种极为强烈的时代精神。姚剧关注民生百态，表现当代主题，剧本日益更新，新作不断产出。但由于当代文化娱乐模式的变化，网络数字媒体的冲击，姚剧甚至在余姚当地的影响力也有所削弱。要逐步深化戏曲在群众文化活动中的内容，拓宽戏曲形式，为广大人民群众提供优质的戏曲表演；邀请戏曲界名家带领表演团队深入基层，向基层观众呈现一流的演技，让坊间百姓领略姚剧的艺术魅力；在传统戏曲文化内容上，既要贴近广大人民群众的日常生活，又要去糟取精，着眼长远发展，追求雅俗共赏，以隽永清新的戏曲面貌呈现给大众，积极弘扬与和谐社会相称的人文精神；加强经济滞后地区的文化设施建设，拓展戏曲活动空间、拓宽戏曲影响圈域等，关注偏僻乡村、老旧社区以及弱势群体的文艺需求，想人所未想，为人所未为，切实让姚剧贴近基层百姓；利用抖音、哔哩哔哩等数字媒体传播平台，拉近公众与姚剧之间的距离，使大家爱谈姚剧、爱看姚剧、爱唱姚剧。

4. 组织姚剧进学校、进课堂，以新媒体平台传播传承姚剧文化

"80后""90后"及"00后"是传统戏曲传播最主要的目标受众。不过，

现实状况是，目前传统戏曲的粉丝基本上集中于中老年群体，年轻一代的兴趣点主要在各种新形态的娱乐方式上。必须指出，由线下转线上，由共幕共屏变分幕分屏，是一个不可逆的时代趋势。若要将部分新生代群体拉回到戏曲舞台前，共享幕布开合之乐，不仅需要高光呈现传统戏曲舞台之美，而且必须让年轻人理解传统戏曲的魅力。

在姚剧教育方面，可以在中小学课堂和高校课堂中适时植入姚剧学习内容。面向中小学生举办寒暑假戏曲培训班，并对家长进行汇报试演。针对高校学生群体，可以在校内增设姚剧等浙东地方戏选修课，邀请姚剧名家开设讲座，组织学生姚剧社团。同时，要让姚剧进入校园文艺晚会和文艺比赛，使青年学生知姚剧、学姚剧、爱姚剧。

在姚剧推广方面，要顺应时代变化、接受新的传播模式、利用网络推送平台，化整为零，组织团队打造姚剧明星、姚剧学者、姚剧铁粉的自媒体专号，以点带面，形成传播矩阵。在姚剧自媒体矩阵建设过程中，充分发掘姚剧唱腔、念白、功架、剧情桥段等方面的魅点、趣点、爆点，制作短视频、游戏、表情包，吸引粉丝，扩大流量。另外，可以制作"姚剧一点通"App，介绍姚剧知识，展示精彩剧目片段。

参考文献

1.方其军：《筚路蓝缕芳华梦　玉汝于成姚邑魂　余姚市姚剧保护传承中心 20 年成长记》，《宁波通讯》2018 年第 22 期。

2.何喆：《论政府在地方剧种传承与发展中的作用——以浙江姚剧为例》，西北农林科技大学 2014 年硕士学位论文。

3.侯丽娜：《传统戏曲与群众文化活动的结合研究》，《戏剧之家》2021 年第 1 期。

4.莫霞：《戏曲的剧种气质——以姚剧为个案研究》，上海戏剧学院 2014 年硕士学位论文。

5.王璐佳：《姚剧的历史溯源及其生存发展概述》，《艺术大观》2020 年第 16 期。

6.邬玮砾：《浙江的摊簧沿革及其保护现状》，中国艺术研究院 2016 年硕士学位论文。

7.张宏波：《姚剧进课堂的实践与思考》，《音乐天地》2020 年第 3 期。

余姚土布展示馆（鲁弯弯摄）

六、余姚土布

余姚土布是余姚传统纺织文化活着的历史见证，背后反映的民俗民习对研究江南一带的民俗文化、农耕文化和传统商业文化，具有很高的研究价值。余姚土布以棉花为主要原料，工艺细致，花色繁多，品种多样，实用美观，用途广泛，制作工艺复杂，分为十多个环节，上百道工序，需 50 多项织布工具。2011 年，余姚土布制作技艺被列入第三批国家级非物质文化遗产保护名录。

（一）余姚土布核心文化基因解析

1. 物质要素

余姚土布的主要原料为棉花。余姚北部平原近海，土壤母质为近代浅海沉积物，土层不仅深厚，且质地呈粉砂性，pH 值呈弱碱性。其优越的地理和土壤性质，利于棉花的种植与生长，故在历史上余姚曾是全国重要的产棉基地。余姚旧属绍兴（会稽）越地，故余姚土布又称"越布"。据《后汉书》记载，早在东汉时期，余姚土布便成为皇家贡品。南宋前，余姚土布以麻、葛为原料。南宋时，余姚一带开始大规模种植棉花，迄今已有 700 多年历史。自宋之后，余姚棉花种植面积进一步扩大，原料产量的增加也带动了土布出产量的大幅上升。元代，全国设四大木棉提举司，其中最大的浙东木棉提举司便设在余姚。这充分反映出余姚在全国产棉地的重要地位。明代，余姚进一步扩大了棉花的种植面积，整体产量竟达全浙三分之一以上，引得明代大学士徐光启在《农政全书》中感叹道"浙花出余姚"。清代，余姚棉花生产进一步扩大。

20世纪30年代，余姚棉花种植面积70余万亩，棉产量20万担，占全省的40％，为国内著名棉区之一。当地民谣有云："姚北三件宝，棉花、白盐、凉草帽。"可见棉花在当时是名副其实的支柱性产业之一。

2. 精神要素

（1）简约朴素、尚俭恶奢的价值准则

余姚的自然环境自古有"五山三水二分田"之称，虽水源充足，生态环境优良，但山地亦多，导致耕地资源较少和交通不便，因此，为了更好地生存与发展，余姚人民形成了简约朴素的生活习惯。余姚土布是本地产品，简单易得且价格不高。

余姚自古名士辈出，又多有世家望族，社会风清气正。上至官宦下至平民，皆以勤俭节约为荣，以奢靡浪费为耻。故以服装而言，皆喜着由当地土布裁剪而成的衣服，因而布衣之风颇盛，价格低廉、结实耐用的土布成为人们日常着装的首要选择，据《余姚六仓志》载，"平民不论贫富，皆衣粗布，贵族亦不盛饰"。此种社会实情深刻地反映出余姚地方简约朴素、尚俭恶奢的价值准则。

（2）追求实用、倾力实干的精神品格

土布价廉质优、结实耐用、柔软舒适，无论寒暑，均可着用。农家穿着土布在田间地头耕种劳作，士人亦穿着土布在窗边案上读书钻研，一整年下来也不过几套布衣轮换使用。

除了基本的服饰功能之外，余姚土布在人们的生产活动和日常生活中还有许多其他的用途。余姚土布作为包袱布，用于打包十分可靠。工人们还可将其来当垫货物的垫肩布，休息时的坐垫，铺在地上躺的铺盖等。在日常生活中，土布可以用来做棉被的被里或床单，具有相当好的保暖和吸潮功能。并且床单破了还可以给小孩子做尿布。做衣服剩下的土布边角料，可以用来纳鞋底，松软、轻便、透气性好。在葬礼上，逝者所穿的寿衣寿裤，灵堂所挂的孝帘，生者穿戴的孝服、孝鞋、孝披、孝带、孝帽等，都是用余姚土布中的净白布制作的。有花色图案的花纹布可用来做窗帘等。这都是余姚人民实干派的一个缩影，直接反映了余姚人民凡事追求实用、倾力实干的精神品格。

3. 语言与符号要素

余姚土布相较于各种色彩和花样的运用，更加注重于线条格纹的创造，色织花纹有十余类近百种，其中斜纹、方生纹、空心十字纹、桂花纹等最常见，花色素雅，走线含蓄。因此，余姚土布外观上也具有大自然的亲和力、乡村质朴的气息，能给心灵以踏实与放松，体现出余姚土布更加深刻的文化内涵。

4. 规范要素

（1）工具繁多，工艺复杂

余姚土布式样品种繁多，传统织造工艺复杂，从棉花加工到产品制作，其间需要用到摇车、织布机、经架等 20 多种织布工具。就整体而言，余姚土布制作的难度较大，棉花需要晒干，用纺花车纺成纱线，纺完的线需要经过染色、上浆等工序，最终变成五彩纱线。纱线卡入梭，自此开始在织布机上来回穿梭。就具体工序而言，从棉花的原材料处理到纺纱、拨纱、染纱、浆纱、调纱、摇鱼管、经纱、织布，织造工艺流程复杂；从采棉纺线到上机织布，需要经过轧花、弹花、搓条、纺纱、调纱、染色、浆纱、经布、织布等多道工序。

（2）手法含蓄、拙朴古雅

余姚土布相较于其他一些纺织品，在图案、纹饰的选择和应用上明显更简洁大方，原布色彩淡雅，表现手法含蓄，不喜用明色花样，呈现出拙朴古雅的风格。这固然不乏原材料和制作手法的影响，但在整体上更突出表现为余姚本土文化中素洁典雅的审美倾向。

（二）余姚土布核心文化基因的提取与评价

余姚土布作为余姚本土独具特色的布料，千百年来深受余姚人民的喜爱，广泛使用于各个生活场景，在余姚人民的生产生活中扮演了关键角色，是余姚历史文化不可或缺的一部分。

1. 生命力评价

余姚土布价格低廉、品质优良，自出现起一直延续至今，未曾出现过明显的中断。旧时随着纺织业的发展，当地开设了许多棉纱和土布行庄，每当天色黎明，开门收、卖棉纱及收、卖土布的人络绎不绝，热闹非常。他们将棉纱、土布运到姚南甚至四明山区等地，换稻谷或其他物资；或运往温州、福建等地，获得丰厚利润。抗战胜利后，美国剩余物资大量倾销，棉纱、土布销路锐减。新中国成立前，仅存姚城的复兴、中孚、鸿祺、民生等 7 家小棉织厂，年产量仅 620 匹。改革开放以来由于受到机器织布的冲击，从事余姚土布手工织造的人数便大幅减少。目前，虽然仅有以王桂凤老人为代表的个别传承者仍在手工产出余姚土布。但是，就土布本身的制造而言，相关的制造工具大部分都得到了很好的保存和流传，如传统的摇车、织布机、经架等；土布的制造工艺亦得到了较为完整的传承，如纺纱、拨纱、染纱、浆纱、调纱、摇鱼管、经纱等织造工艺流程都能运用如故。在文献资料方面，严芸和刘华等合著的《余姚土布制作技艺》一书，图文并茂，内容翔实，全面地记述了余姚土布的历史发展，介绍了余姚土布的制作工艺。

2. 凝聚力评价

自东汉以来，余姚土布作为余姚当地主流的布料，广泛运用于衣着、家居等多种生活场景。无论是达官显贵还是平民百姓，对于土布的喜爱都十分深厚，日常所穿的衣服大多是由土布裁剪而成的布衣，即使远出家门，也要带上几块家乡的土布。可以说，土布是余姚的一种极为深刻的文化印记，表征着余姚人民求真务实的内在人格，彰显着余姚人民尚俭恶奢的精神品质。衣着土布既促进了良好社会风气的形成，又增强了余姚人民的文化归属，广泛地凝聚起力量，极大地推动社会经济文化的发展。

3. 影响力评价

李贺有诗云："北别定沾臆，越布先裁巾。"作为一种历史悠久、工艺精妙的纺织品，余姚土布的经济价值是显而易见的，其曾是余姚地方的核心产业，真正的影响区域不限于长三角地区，而是广泛行销于全国各地，在民国时期更是远销海外。

4. 发展力评价

余姚土布的特性集中反映了余姚人民尚俭恶奢、倾力实干的精神品质，与我国社会主义文化建设的要求与社会主义核心价值观是相契合的，是我们在实现中华民族伟大复兴的征程上必不可少的精神力量，对于余姚乃至浙江的文化建设、精神文明建设有着积极的促进作用，能够引导人们形成正确的价值观，值得我们广泛弘扬。

（三）余姚土布核心文化基因的转化利用

1. 着力打造传承载体，建立新织娘土布展示传承馆

设立非物质文化遗产传承技艺传习所、复原原生态技艺；建立研习交流平

台，探寻土布保护传承之路。场馆建设上，要通过场馆建筑空间及其附件、藏品展示、辅助情景等的组合景观，使土布与相关文物、标识形成组合式陈列，进而将观众对于土布的历史、事件、经历和记忆等的感知，与其对地方历史、集体记忆与观展体验串联起来，使土布景观具备能够为观众提供完整的土布认知以及解读非物质文化遗产技艺的文化生态及其社会意涵的效能。布艺传承上，开辟展演与体验区域，让观众不仅了解手工棉纺织的每一道工序，还可坐上织机亲自织布。土布馆以手工坊的方式引入非物质文化遗产传承人工作室，为各参观团体、行政单位、学校团体甚至个人提供不同主题的织、染、绣课程体验。打破非物质文化遗产传统的口传心授学习方式，开发非物质文化遗产课程送进社区、学校、商务区写字楼，努力使不同职业背景、不同年龄层次的群体成为棉纺织非物质文化遗产的潜在传承人，拓展传统技艺的受众群体，促进传统文化与非物质文化遗产知识的传播。制作技艺上，进一步深挖土布的文化内涵，以更贴近时代的手法，力求改变土布在工艺制造和效果呈现上较为单一的现状。条件成熟时，以土布非物质文化遗产传承人为核心，招聘一批青年女子，以师带徒，培育一批"余姚新织娘"。鼓励传承人及"新织娘"参加国家级以及省市级等多种培训学习与交流展览，并在相关知名院校进行纺织非物质文化遗产项目培训学习。

2. 整体呈现浓厚氛围，开辟新织娘土布一条街

在土布展示传承馆附近，开辟一条传统、古朴的步行街——新织娘土布一条街。为了繁荣街市，必须丰富土布的花色、品种，同时要整体呈现街区的"土布氛围"。一是可将土布的绿色、健康、质朴与乡村旅游结合，设计开发出具有浓郁乡村文化的手工纪念品。二是使用土布对景区展厅、餐厅及住宿房间进行特殊的装饰和设计。三是将土布制作成体现四明精神的服装、陈列馆摆件等，如制作四明山抗战期间农民服装、军服、军被等供旅游者参观和体验，在展现浙东抗日根据地的同时也宣传了余姚土布文化及产品。同时，根据不同年龄段、不同顾客群体的需求，开发相应的产品。譬如针对儿童群体，以开发布艺玩具为主，通过对土布的二次设计活动，丰富儿童的视觉，活跃儿童的思维。年轻群体是消费潮流的引导者和主力军，一定程度上主导着社会时尚的发展，可将刺绣、衍缝、水洗、扎染、手绘等工艺引入土布产品的开发中，研制出迎合年轻人心理的产品，例如帽子、抱枕、窗帘、壁画、包等。老年群体产

品的开发要迎合老年人实用、怀旧等心态，对土布面料无须做过多处理，产品多以家居服、床品为主。同时，随着"一带一路"建设的推进，中式文化在世界上掀起了一阵热潮。中式文化元素作为一种新风尚正行走在时尚的前沿，以中国结、刺绣、盘扣、中华立领等元素为代表的服饰文化再次流行起来。可结合服饰发展流行趋势，将中式文化元素嵌入现代设计思维与方法，设计开发富含中式文化韵味的土布服饰，不断推动产业发展，为土布产品在服装设计领域的发展注入新的活力。

3. 发扬土布文化精神，开展中国新织娘布艺文化节

搜集、征集全国土布工艺、布料、布艺产品，研究其历史渊源、布艺流程、布艺特色，解构其文化基因，提升余姚土布的制作技艺，丰富余姚土布展示传承馆的内容。整合余姚的物质和非物质文化遗产资源，围绕余姚土布文化的物质要素、精神要素、语言与符号要素、规范要素，传承、研究、展示基因，形态凸显"余姚新织娘"。在展馆、传习所、步行街区辐射范围建立植棉、采摘，以及观光、民宿、娱乐等相关联的产业项目。以布艺展示传承馆、新织娘土布一条街为依托，研发、丰富布艺文化节活动项目和内容。通过中国新织娘布艺文化节，使余姚土布逐步发展成为一个集吃、住、游、娱、购于一体的全产业链，不断为土布技艺的传承、保护和发展注入新的活力；同时，把"余姚新织娘"打造成为素洁典雅、朴实无华、尚俭恶奢、含蓄务实、倾力实干的新时代精神符号。

参考文献

1. 崔小明、陈敏健：《余姚土布能否在创新中传承？》《宁波日报》2017 年 10 月 27 日。
2. 屈萍：《基于可持续发展理念下余姚手工土布创新设计研究》，《流行色》2020 年第 2 期。
3. 王洪、于亚楠、孙晓毅：《非物质文化遗产成果在茶文化布艺衍生品设计中的应用——以余姚土布为例》，《福建茶叶》2021 年第 2 期。
4. 虞琦、陈心远、程胤胤：《基于宁波余姚土布织造工艺的生活产品设计与推广》，《智库时代》2018 年第 48 期。

七、余姚科举文化

余姚自古以来便是人才辈出，自科举制度实行以来更是"科名鼎盛"，形成了浓厚的科举文化。自唐代至清代，有明确历史记载的余姚籍进士658名，其中状元5人，不乏王阳明、谢迁等名士大家。

余姚科举文化的兴盛有着多方面的因素。余姚地方经济发达，为教育和科考提供了充足的物质保障。余姚成熟的地方教育系统为其科举文化的产生与发展提供了可靠的资源保障。一方面，余姚早在唐代便已开始设立官学，教育历史悠久，基础坚实；另一方面，余姚自宋以来便有开设书院，盛行讲学论道之风，以私人化和社会化的形式扩大了教育范围。余姚私家藏书之风的兴盛和各大藏书楼的设立推动了底层教育的建设和文化的传播。余姚人民在科举制度下好学笃志的精神品格和崇贤尚能的价值取向则是余姚科举文化得以长久发展并传承千年的核心内因，也是余姚科举文化真正的价值内涵。

（一）余姚科举文化的核心文化基因解析

1. 物质要素

（1）发达的地方经济

在中国封建社会，由于社会保障体系的长期缺失，读书并不是一项轻松的事务，而是需要有坚实的物质基础作供给。因此，余姚科举的兴盛与其发达的地方经济有着紧密联系。余姚位于浙东平原，连山临海，自然条件优越，自两汉时便开始发展地方产业，其中尤以盐业和棉业为重，明代时已成为浙东盐业

余姚科举文化博物馆（鲁弯弯摄）

中心。余姚种植棉花的历史最早则可追溯至西汉，在宋元时期达到鼎盛，并由此带动了纺织业的迅猛发展。正是在这些地方产业的支撑下，余姚的社会经济一直保持在较高水平，为地方教育及科举提供了厚实的物质支撑。

（2）怡偲书院

怡偲书院在余姚书院的创办历史上必有一笔。怡偲书院位于余姚四明乡（今梁弄镇）东明山，是南宋时期余姚最早的书院。黄宗羲在《四明山志》中载："东明山四明之水口，有东明寺，有怡偲书院，宋孙一元建，以为炉溪文社，黄东发、方达材曾读书于此。"另有康熙《余姚志》记："怡偲书院在四明乡，宋修职郎孙一元建，别有文会之所，曰炉溪文社，今废。"怡偲书院内建有文社，吟诗会文，定期展开学术研讨，一开余姚文社之先河，而渐成姚江文林盛会。

（3）中天阁

中天阁是王阳明的讲学之地，是余姚地区最早传播阳明心学的讲会之所。王阳明在余姚的讲会盛况空前，"聚八邑彦士""环坐而听者三百余人"，来学之人来自五湖四海。王阳明亲自在中天阁讲学授业，并制定了《书中天阁勉诸生》学规，书壁告诫学生。王阳明开启了余姚书院的讲学风气，学术氛围浓厚。阳明心学反对深奥抽象的理论论证与琐碎、繁芜的训话，追求简易直接的顿悟，极容易被平民大众所接受，故心学对书院讲学的通俗化和大众化具有极大推动作用。

（4）余姚科举文化博物馆

现余姚科举文化博物馆位于谢阁老故里泗门镇，以清代地主庄园成之庄为基础，由原来的看云楼科举文化博物馆升级改造而来。科举文化博物馆位于成之庄西偏房，总面积达 1000 多平方米，共有 10 间展厅，宽敞明亮。常列展览以"中国科举制度溯源""科举时代的余姚""科举文化遗存""科举文化习俗"四大主题为基础框架，以 700 余件馆藏文物为有力支撑，将中国 1000 多年的科举历史尽收其中，更将余姚乃至浙东地区的科举文化展现得淋漓尽致，是民众探寻中国古代科举文化、了解余姚科举文化的首要学习基地。

2. 精神要素

（1）好学笃志的精神品格

余姚科举文化的兴盛充分体现了余姚学子好学笃志的精神品格。古代科举考试不同于现代社会的考试形式，层级设置更多，考试持续时间更长，知识范围更加广博；以每三年举行一次，天下学子一并参加为计算，若想最终进士及第，难度可谓巨大。余姚自古以来便重视读书教育，民间文风浓厚，无论贫富，皆以读书第一。在明代，余姚人爱读书是出了名的。明末清初文学家张岱在《夜航船》一书中说："余因想吾八越，惟余姚风俗，后生小子，无不读书，及至二十无成，然后习为手艺。故凡百工贱业，其《性理》《钢鉴》，皆全部烂熟，偶问及一事，则人名、官爵、年号、地方枚举之，未尝少错。"是说余姚学风浓厚，众生向学，直至20岁，如果科举无望，才会改习手艺。由此可见，余姚子弟大多会接受启蒙教育，保证最基本的读书识字之功。

嘉靖年间，士风昂然，民风朴实无华，"其民知耻，好修善让，俭而不陋，华而不费，勤而不匮，质而不俚。其思深，其虑远。非有虞氏之遗风，岂能若是"。万历年间，好学之风更是遍及巷户，"好学笃志，尊师择友，诵弦之声相闻，下至穷乡僻户，耻不以诗书课其子弟。自农工商贾，鲜不知章句者"。由此可见，学风已蔓延至整个余姚，教育和学术不再仅是传统世家大族的专利，而是广泛影响到社会下层阶级，士农工商各个阶层都以好学为尚。如明代三状元之一的韩应龙，自小家境贫寒，生活困苦，然而他一心向学，边砍柴边读书，直到34岁时高中状元，人称"柴火状元"。正是凭借着这样一股强大的精神力量，余姚学子们才能在科举之路上不断克服困难，成就自我。

（2）崇贤尚能的价值取向

余姚科举文化兴盛的背后实际上反映了余姚人崇贤尚能的价值取向。余姚人极其重视教育，将教育视作培养贤能的有效途径。科举考试的出现则为这样一种价值理念的现实化提供了空间。以中国古代传统社会的眼光来看，科举考试按照严格的要求，通过相对公平的形式在全国范围内选拔官员，实际上也就是在选拔贤才能人。所有得中科举者，必定是诗书饱读、才能具备的当世贤良。因而，可以说崇贤尚能的价值取向也是推动余姚科举文化发展的潜在因素。

3. 语言与符号要素

余姚历来有"姚江人物甲天下"之赞誉，是余姚科举兴盛的写照。余姚还有"文献名邦""东南名邑"之称。在中国科举历史中，明确记载在册的余姚籍进士便多达600多名。据统计，明朝时期以县为统计单位，余姚进士人数占全省进士人数的9%，是浙江省各县级行政区划中第一，为388人，其中状元3人，榜眼4人，探花2人。嘉靖十四年（1535）乙未科，全国共录取进士325人，余姚一个县就考取了17人。这17人中，有状元韩应龙、榜眼孙陞，余姚科举教育之盛，由此可见一斑。借助科举制度，余姚不仅培养了一大批优质学子，而且向国家和社会源源不断地输送各类人才，如谢迁、孙燧、王阳明等人都是栋梁之材。

4. 规范要素

（1）私人藏书的社会风俗

中国传统科举考试所涉及的知识范围十分广博，并不是若干官方指定书目所能涵盖的，考生往往需要自行阅读大量的典籍著作。同时，受限于技术等条件，古代书籍资源并不丰富，这也为考生应试增加了难度。然而，余姚自古以来便有私人藏书的社会风俗，余姚明代状元谢迁曾感叹："吾余姚以文献称久矣。"凡是读书人家皆有藏书，逐渐形成了许多大规模的藏书场所，如有"浙东第二藏书楼"之称的四明梁弄"五桂楼"、四明孙氏的"七千卷楼"、泗门诸氏的"半草堂"、泗门谢氏的"丛桂书院"、横河孙矿的月峰藏书、明代大学士吕本的"御书楼"等等。这些私人藏书体量巨大，内容繁多，为余姚学子们提供了宝贵的书籍资源，间接地推动了余姚科举文化的兴盛。

（2）成熟的地方教育体系

余姚在历史发展过程中逐渐形成了一套相对合理、规范的人才培养模式，使不同的学子都能各得其教，顺利迈入科考。古代地方教育体系有地方官学和私学之分，但余姚官学、私学的发展并驾齐驱，且完备成熟，教育资源相对充裕，社会教育的覆盖范围较广。这就意味着，即使有学子无法进入官方教育系统，也可通过学塾、书院等途径获取相应的教育，同样能够参与科考。在这种各得其教的人才培养模式下，不同年龄段、不同出身背景的人都有机会、有能力接受教育，如此便创造了辉煌兴盛的科举文化。

有记载县学始于宋庆历七年（1047），由县令谢景初所建，一直持续到明清，有增无减，因而余姚官学实际上有着极为良好的历史积累和教育基础。以明初而言，余姚县官学共经前后12任知县的累计修建，扩大了整体规模，完善了内部设施，极大地促进了余姚官学的发展。但官学必然覆盖范围较小，涉及群体较少，因此地方书院的开设可在一定程度上弥补官学的短板，以私人化和社会化的形式扩大教育范围，贯彻儒家"有教无类"的原则。南宋有怡偬书院、高节书院。明代，余姚书院的发展渐至高潮，先后共建有阳明、复初、姚江三大书院。据统计，明代浙东五县有书院 29 所，其中余姚 5 所。到了清代，余姚书院数增至 7 所。宋代书院讲学的对象主要是士人与学者，而到明代中后期，随着阳明心学与书院的结合，书院讲学对象进一步扩大化，听讲者不仅有士人学子，也有不少来自社会下层的市民、农夫、工匠等。一些书院甚至以社会下层民众为主要目标，书院讲学在内容上走向通俗化，在对象上呈现大众化的特点，使得文化教育真正下沉基层，面向群众。余姚书院的兴盛引领着一股强烈的学术社会流动大潮，促进了明代中后期余姚社会底层寒门进士的涌现，助推了余姚文化的兴盛不衰和科举及第的期望。

（二）余姚科举文化核心文化基因的提取与评价

余姚兴盛的科举文化与其成熟的地方教育体系密不可分，以官学和书院为主体的地方教育系统不仅为余姚提供了优质的教育资源，还培植了当地浓厚的向学风气。余姚科举文化的兴盛充分体现了余姚学子好学笃志的精神品格。面对科考路上的重重困难，学子们坚定志向，刻苦学习，不断成就自我。余姚科举文化兴盛的背后实际上反映了余姚人民崇贤尚能的价值取向。余姚作为虞舜故里，自古以来便贤才能人辈出，逐渐形成了崇贤尚能的社会风气，人民皆以贤能为首要。科举考试的出现则为这样一种价值理念的现实化提供了舞台和空间。

1. 生命力评价

余姚科举文化自出现以来就保持着相对稳定的状态，其所包含的文化基因未曾有过明显变化，且一直延续至今，呈现出强大的生命力。尤其是余姚科举文化中好学笃志的精神品格以及崇贤尚能的价值取向依旧对余姚人民产生着深刻的影响，推动着余姚教育事业的发展，助力余姚人才培养。在近现代，余姚亦是贤能辈出，如蒋梦麟、楼适夷、王仲荦等大家，身上无不闪烁着好学笃志的精神品格，彰显着崇贤尚能的价值取向。如今余姚的教育体系和教育成果仍为人称道，为地方经济和社会发展培养、输送了优秀的人才。

2. 凝聚力评价

在历史上，余姚科举文化曾广泛地凝聚起余姚地区的群体力量，显著推动过社会经济文化的发展。在科举制的作用下，余姚地区的官学和书院逐步发展壮大,形成了相对成熟的地方教育体系。同时,科举文化的兴盛也在一定程度上加强了余姚当地重视教育,尊崇贤能的良好风气。而这些都直接或间接地帮助余姚培养了一大批优质人才,极大地推动了社会发展。

3. 影响力评价

余姚科举文化具有强烈的地域特征,属于一种高度收缩的区域性文化,因而难以主动地对外传播,也无法为本土区域之外的地方及其人民所认同、接受。

4. 发展力评价

目前余姚境内与科举名人相关的历史遗迹,如王阳明故居、中天阁、谢氏宗祠、五桂楼等,都得到了完好的保存,以物质载体的形式保留并传承了余姚的科举文化。其中所展现的好学笃志的精神品格以及崇贤尚能的价值理念都是社会主义精神文明建设中所极力提倡的,能够转化为社会主义先进文化的一部分,助力社会发展。

(三)余姚科举文化核心文化基因的转化利用

以余姚科举文化中好学笃志的精神品格以及崇贤尚能的价值观念为核心内涵,深入挖掘其中与时代精神相契合的部分,并通过创新载体、形式、功能等手段,将其融入文旅产品的策划与开发过程中。可以余姚科举文化博物馆、王阳明故居、谢氏宗祠、五桂楼等为实物载体,通过资源整合、载体创新、营销包装等方式,打造一系列既富有审美情趣,又饱含精神意蕴的文创产品、旅游项目、旅游活动等,既充分展现余姚科举文化,又突出其应有的价值引领作用,对文化基因进行传承利用和开发。

1. 对余姚科举文化博物馆进行创新,集中性展示余姚科举文化

目前,余姚科举文化博物馆全面且生动地展现了余姚乃至浙东地区的科举文化,是研究余姚科举文化的重要基地。首先,应进一步对余姚科举文化博物馆进行提质改造,扩大博物馆整体规模,适当增加现代化配套设施,添加前沿科技的展陈方式,健全博物馆功能体系,增加可参观趣味。其次,依靠媒体等加大博物馆的宣传力度,扩大知名度,吸引群众目光。最后,与全国各地的科举主题博物馆开展交流互动,与省级乃至国家级的大型博物馆建立合作关系,丰富活动形式,充实文化内容。

2.打造余姚科举文化主题景区，通过娱乐形式体验科举文化

余姚科举文化博物馆作为单一的旅游景点相对孤立，可以博物馆为核心，打造一个综合性的主题景区，以感性化、具象化的形式展现余姚科举文化。就总体布局而言，景区将以一片历史街区为主体，在街区的重要地段设立各式各样的主题景点，包括余姚官学、书院、科举考棚、余姚科举名人蜡像馆、余姚科举文化展馆等。就具体应用而言，景区以娱乐体验感为主，在旅游参观的基础之上开展多种多样的文化体验活动。包括在科举考棚以中国传统文化为主题进行模拟考试（比如诗词填空），评选前三名；在文化展馆提供状元服饰试穿和摄影；与当地传统姚剧等艺术形式结合，开发有关余姚科举名人的戏剧表演；展示余姚历代以来重要科举人物的相关展览；等等。另外，开发关于余姚科举文化的旅游产品和文化产品，包括主题明信片、文具用品、挂饰小品、特色美食，如状元饼、状元酒等。

3.举办"余姚科举文化节"，集中展示余姚科举文化

每年固定日期举办"余姚科举文化节"，集中展示余姚科举文化，打造一个集艺术性、经济性、娱乐性于一体的节目，助力文化传播和经济发展。第一，举办科举文化主题论坛，邀请全国各地乃至国外科举文化研究的学者和专家共同参与，研讨中国科举文化和余姚科举文化中的特色和个性。并根据研究成果，拍摄制作纪录片《科举文化名城余姚》和以余姚科举名人为题的影视作品。第二，依托余姚境内有关科举文化的自然与人文景观，联合书院、藏书楼、科举名人相关遗迹等地点，通过合理规划、科学开发，打造一条"余姚科举文化"研学游路线，也可融入余姚阳明文化游中。

参考文献

1.王标：《姚江教育》，浙江古籍出版社 2011 年版。

2.王志强：《学术、学派与文化传承：文化传播视野中的宁波古代书院研究》，宁波出版社 2017 年版。

3.谢建龙：《朱舜水的故事》，吉林文史出版社 2018 年版。

4.张国源：《梁弄流韵》，鹭江出版社 2015 年版。

八、梁弄五桂楼

五桂楼乃余姚境内最大的私人藏书楼，现为浙江省级文物保护单位，坐落于余姚梁弄下街洞门弄，建于清嘉庆十二年（1807），是诸生黄澄量的藏书楼，鼎盛时聚书 5 万余卷，有"浙东第二藏书楼"之称。五桂楼不仅是中国古代明清藏书楼建筑的杰出代表，还是中国藏书文化的重要载体。作为浙江乃至全国传统私人藏书文化近代化演变的先行者，五桂楼的发展实际上就是中国传统私人藏书文化向着开放化和社会化的一大嬗变，对了解和研究中国藏书文化史的发展具有重大价值。

（一）梁弄五桂楼核心文化基因解析

1. 物质要素

（1）设计巧妙，布局得当

五桂楼是中国古代明清藏书楼建筑的杰出代表，作为一座藏书用的木质建筑能够历经百年风雨而保存完好，得益于其总体建筑设计巧妙，布局得当，且创造了优越的保管书籍的条件。

五桂楼为三间二层的五马影木结构楼房，占地面积达 107 平方米。其坐北朝南，凡三开间，通面阔 10.3 米、通进深 10.38 米、明间面阔 4.30 米、次间面阔 3.00 米。五桂楼通高约 10 米，是穿斗和抬梁相结合的梁架结构。屋顶设计奇巧，呈"众"字形，设暗阁，起防漏、防盗作用。据传，凡遇战乱，善本多藏于千顶上的暗阁。暗阁中至今仍保留有长 9.8 米的"柱百竿"一根。竹竿上记载着当时建楼的各种尺寸数据和梁架构件的符号，酷似现代的建筑图纸。

正楼一楼为三楹统间，前后分隔，前厅为讲学之所，正中悬挂的"七十二峰草堂"匾额为清代书法家吕迪所书，笔力雄健，遒劲挺拔。二楼朝南设花格窗、板窗和玻璃窗三道，可以根据气候调节温度。横梁正中悬挂着"五桂楼"额，为清代书法家胡芹所题，字迹苍劲有力。二楼前后分隔共六间，除一间为楼梯通道外，一共五间书库，设置书橱二十四架，所藏古籍按经、史、子、集顺序排列。

登五桂楼极目眺望，更可一览四明七十二峰，北岭、南峰、东岩、西谷，秀峰玲珑，翠浪起伏，故五桂楼又名七十二峰草堂。草堂是讲学之所，聘请鸿儒名流来此延馆授课。因而五桂楼不仅是藏书楼，还是民间自筹的传道授业解惑的书院，对余姚的文人学子起过重要作用。

（2）用材讲究，注重装饰

五桂楼兼具清代浙东民居建筑特色，用材讲究、结构繁复、注重装饰，有硬山屋顶和高大的风火山墙。楼前进门便是卵石砌成的庭院，南端筑有雕花石板砌成的花坛，饰有《八骏图》《麒麟送子图》，且花坛中栽有桂树、柿树等。精美的石刻木雕，满目的花草竹木，绿荫婆娑，清香袭人，显得分外幽静、古朴、优雅。楼后为一天井。另外，五桂楼西侧原有书房两间，名曰"爱吾庐"，后扩建为五间，雕梁画栋，卷蓬饰顶，建造讲究，名为"梦花书屋"，与五桂楼相互辉映，为黄澄量居室和会友、写书之所。东侧有平房五六间，为当时工匠雕版印书所用。

2. 精神要素

（1）尚文重教、藏书研读的良好家风

在尚文重教的价值取向下，黄澄量初建五桂楼。黄澄量，字式筌，号石泉，生于清乾隆年间，余姚梁弄人。一生嗜求藏书，"截缣以购，鬻产而求"。师事孙磐，笃志力学，于书无所不窥。博学多艺，擅长丹青。历十多年之工，藏书5万余卷。嘉庆十二年（1807），于故居四明梁弄构藏书楼，两年后落成，署名"五桂楼"。缘黄氏在宋代有一远祖，兄弟五人皆学识渊博，同科中举，殊著清望，世称"五桂"。黄澄量极为远慕，因而得名。

黄氏先祖颇有雅名，据《姚江四明黄氏修谱序》载："……越州姚江黄氏世称巨家，其显于汉者若黄香（56—106，东汉大臣，官至魏郡太守）、黄琼（86—164，东汉大臣，累官尚书仆射、太尉、司空），其著于宋者若黄裳（1044—1130，北宋大臣，元丰五年状元，官至礼部尚书）、黄中（1096—1180，南宋大臣，绍兴五年进士，官至兵部尚书）、五桂诸公，而其家于四明梁弄者……"五代后唐时，其始迁祖黄宗远（官至越州别驾）在梁弄安家，传至第六代孙黄汝楫（1096—1170，字巨济）时，拥有家财万贯，且仗义疏财。黄汝楫官任朝仪郎，知浦江县，赠开府仪同三司。黄汝楫生了8个孩子，其中出了5个进士，其他几个也都步入宦途。金榜题名，蟾宫折桂的五子被统称为"五桂"。五桂楼之得名亦由是。据《余姚梁弄横街黄氏家谱》记载，"五桂"分别是：绍兴二十四年（1154）同中进士的长子黄开（1190—1119，字必腾，历任秘阁修撰、崇安县令），三子黄阅（1127—1169，字必谦，官至文思院监），四子黄阁（1130—1182，字必升，官至诸军审计司军器监），绍兴三十年（1160）中进士的七子黄闻（1137—1213，字必明，历任秘书丞，睦州开国男）与乾道五年（1169）中进士的五子黄闓（1134—1201，字必诚，官至海盐县令）。五兄弟先后中进士，衣锦还乡时，宋高宗赵构还特意御笔《送五子还乡诗》并序相送："卿昆季辞朕而归，欲留不可，偶成数语为赠，一以表君臣临别眷恋之私，一以为卿子孙后日之光耳！不德作民王，贤良在朕旁。普天夫子铎，仙籍桂枝香。昔日燕山窦，今朝浣水黄。雁行当不乱，衣锦好还乡。"黄氏家族世代尚文重教，正是这股藏书研读的良好家风，为黄澄量建楼藏书奠定了坚实的思想基础。

（2）*广罗善本、敬畏知识的文化收藏精神*

就五桂楼的藏书构成而言，大体包括了以下四个基本部分：其一，黄宗羲的重要遗藏，诸如《明夷待访录》《思旧录》等。其二，明朝历代400多家文集和命官奏议，多半是《四库全书》没有收入的罕见文稿、编集和善本，其中包括清朝历代禁书特别是不少全毁本。其三，地方文献和史志类书，诸如地方志、余姚先贤著述、碑文等。其四，黄澄量及其子孙们的研究成果，诸如黄澄量编撰的《今文类体》、黄安澜编印的《姚江黄氏五桂楼书目》等。其中特别值得注意的是，《姚江黄氏五桂楼书目》由黄安澜在祖父辈编撰的基础上，经过细致的核对、刊印，是对五桂楼藏书规模、品格、品位最重要的记录。

最初，黄澄量已编有《五桂楼书目》4卷，收录藏书5万余卷。黄澄量去世后，其子黄肇震继承父志，继续收集图书，为五桂楼增加1万余卷藏书。据光绪志记载，五桂楼此时"聚书五万余卷"。清咸丰十一年（1861），太平军东进浙东，途经梁弄，五桂楼藏书遭到部分散失。黄澄量之孙黄联镖、曾孙黄安澜重新搜集散失的图书，又添买善本，经多年搜集，终于使五桂楼藏书基本恢复原有规模。清光绪年间，五桂楼编印《姚江黄氏五桂楼书目》，藏书分经、史、子、集及各类书籍1514部，其中颇多宋、元、明的善本。黄安澜参照祖父黄肇震所编的书目，依据五年来重新整理藏书的实际收藏情况，重新编订了《姚江黄氏五桂楼书目》，于光绪二十一年（1895）刊印。据该书目计，当时五桂楼总计收录藏书1514部，3666种，6万余册。藏本大多为清代刻本，亦有宋、元、明善本。《姚江黄氏五桂楼书目》分类明确，著录详尽。

黄澄量以个人和家族名义始建五桂楼，广罗天下书文以善藏。他曾亲言："积财与子孙，不若楹书与子孙。"在他看来，书籍对于后世子孙的帮助远胜于物质财富。其又在《五桂楼藏书目》中坦白了建楼藏书之初衷："尝见世之谋子孙者，求田问舍，计非不周至，然数传之后不免窭贫，重念籝金之教，此余藏书之本意也。"黄澄量清楚地认识到物质财富的有限性，而为子孙后裔谋以无限之文化财富。

（3）不计名利、广播善缘的慈善教化精神

五桂楼在保留藏书所有权的基础之上极大地让渡了藏书的使用权。其不仅是黄氏一家藏书之所，更是社会民众借书之地。黄澄量藏书不仅是为了自用和传与子孙，也是为了嘉惠世人。在清光绪乙未刻本《五桂楼书目》，书前有黄澄量的题识，言道："今世藏书之家，惟宁波天一阁为最久。其制：厨门楼钥，子孙分房掌之，非齐至不得开，禁书下楼梯及私引亲友。擅开，皆罚不与祭，故历久而书不零落。余既构楼三间以藏此书，盖欲子孙守之，后世能读楹书，可登楼展视，或海内好事，愿窥秘册者，听偕登焉。"五桂楼作为藏书楼重共用而不重独藏，没有陷于故步自封的藏书陷阱，在彼时的社会、历史条件下将书籍的文化教育功能最大化。五桂楼基本上做到可以让家族、亲友、外来异姓者登楼、入室、借读，十分注重藏书在家族内外的平等分享。

后近代风云迭起，西方启蒙思想涌入，五桂楼更是进一步对外开放，俨然成为半公共性质的图书馆。在黄澄量在世时，五桂楼不仅对家族亲友而且对社会上普通读者主动开放。考虑楼处深山，交通不便，食宿不易，虽然不能借出书楼，但是外来求读者可以免费在书楼借宿用餐。这在当时十分少见。

至黄澄量曾孙黄安澜时，中国、浙东乃至余姚都处于经济社会近代化的根本转变过程之中，传统封建主义的经济关系和政治体制不断瓦解，近代资本主义的经济关系和启蒙文化则不断渗透。在新的历史条件下，黄安澜不仅刻印五桂楼重要藏书和完备书目，特别是刻印黄宗羲重要代表性遗著，对外向社会传播，而且扩建和更名书房，特别是持续提供相应无偿供给服务，进一步推进五桂楼比较全面地对外向社会开放。由此五桂楼成为余姚当地乃至浙东一大文化传播与文化教育基地，众多学子和学者慕名上访，借书参阅，聚集了一大批有学之士，有力地推动了余姚当地文化教育事业的发展。

（二）梁弄五桂楼核心文化基因的提取与评价

五桂楼初始是黄氏家族名义上的私家藏书楼，后期逐渐转变为具有公共性质的图书馆。其发展代表着中国传统私人藏书文化向着开放化和社会化的一大嬗变。作为文化传播与文化教育的实践基地，五桂楼具有较高的生命力、凝聚力、影响力、发展力，推动了当地文化教育事业的发展。

1. 生命力评价

五桂楼作为黄氏家族名义上的私家藏书楼，自建成之日起就得到了妥善保护与定期修缮，主体建筑在历史上未曾遭受较大毁损，其中藏书虽因历史原因，经多次散佚，但也未曾有过断绝。同时，五桂楼所内含的藏书文化与余姚当地自古以来崇尚读书、重视教育的文风一脉相承。黄氏子孙正是秉持着这一价值原则，百余年来苦心经营五桂楼，不仅将其作为藏书场所，还作为文化传播与教育的基地，主动向余姚及各地人民开放，力求将书籍的文化价值最大限度地实现出来，进一步推动了余姚当地自古以来崇尚读书、重视教育的民风。时至今日，五桂楼及其藏书文化仍旧发挥着自己独特的作用，对于我国古代历史文化研究和余姚文风传承都提供了巨大的帮助。

2. 凝聚力评价

五桂楼的逐步开放，令众多学子和学者慕名上访，借书参阅，从而聚集起了一大批有学之士。此外，五桂楼的建立与发展也进一步推动了余姚既有的藏书文化的发展，带动了大量书籍的交易流通，形成了一定规模的藏书经济。

3. 影响力评价

五桂楼自建成以来，便已有"人间琅嬛"的美称。如《五桂楼书目》前所附邵瑛《登五桂楼看藏书》诗："总少人间未有书，洞天深处竟何如。名山盛业君都擅，不数琅嬛福地居。"海盐人徐用仪更是在跋文中写道："曩余官京师，与余姚朱肯甫太史友善。肯甫沉酣经籍，因言其乡人黄石泉先生插架甚富，药溪先生继之，积书至六万余卷，为越中藏书最。余心窃慕之。去年衔恤家居，石泉先生之曾孙芝生茂才以五桂楼藏书目录寄示，展阅一过，如入琅嬛……"五桂楼藏书之巨，类目之多，保存之完善以及家族式的藏书活动持续之久，放眼浙东，无有其他，实无愧于"浙东第二"。同时，五桂楼长期以来都实行开放式管理，允许社会公众在遵守规范的前提下参观楼阁并借阅藏书，由此成为余姚当地乃至浙东一大文化传播与文化教育基地，推动了余姚当地文化教育事业的发展。

4. 发展力评价

一方面，五桂楼是浙江省级文物保护单位，具有很高的文物价值；另一方面，与天一阁一样，五桂楼还是我国藏书文化和崇文传统的物质载体。五桂楼及其藏书文化向来主张读书为重、教育优先，提倡藏书共读共用，其所内含的"尚文重教"的价值取向不仅是余姚千百年来崇尚读书、重视教育的重要体现，还与社会主义核心价值观高度契合，对于新时代高素质公民的培养和社会主义精神文明的建设都有着重要的借鉴意义，值得传承并大力弘扬。同时，五桂楼在中国藏书文化发展史和图书馆发展史研究上的地位是重要且独特的，已引起学者的关注和研究。

（三）梁弄五桂楼核心文化基因的转化利用

1. 恢复五桂楼藏书功能，还原昔日荣光

五桂楼早在 1989 年便被浙江省人民政府列为省级文物保护单位，经过保护和修缮，基本保留了百年前的原有面貌。至于其中藏书，未曾有过断绝，除20 世纪浙江省图书馆抽调的 7000 余册方志古籍善本和部分散佚外，楼内原有藏书 1 万余册，现均完好保存于余姚市文物保护所。如今的五桂楼更是作为文化传播与教育的基地，发挥着自己独特的作用。

除了建筑功能外，应重新审视五桂楼的藏书功能和教化作用，尤其恢复五桂楼藏书功能，建设成现代版的大型藏书楼和图书馆，长期实行开放式管理，力求将书籍的文化价值最大限度地实现出来，吸引浙江及周边各地的有学之士

前来参观及借阅。

2. 建立藏书文化博物馆，展示中国藏书文化

除了恢复五桂楼昔日藏书功能和教化功能，还可在五桂楼旁建立五桂楼藏书文化博物馆。博物馆可分为藏书展示馆和文房四宝制作体验馆等。主馆为藏书文化展示馆，包括三大板块，分别以中国传统私人藏书文化、中国近代藏书文化嬗变、浙东地区藏书文化为主题。在每一文化板块，均以五桂楼为中心，借助文字、影像、模型等形式，以全景视角回顾中国藏书文化千百年来的历史发展。文房四宝体验馆重点打造游客沉浸式体验，还可加上古代和现代书籍制作的展示和体验。

3. 开发"五桂楼"App，深度融合数字媒体

五桂楼目前藏书近万卷，但这些书籍大多只是收藏于其中，除专业的文史研究需调用之外，难以实现自身价值。这不仅与五桂楼建设初衷相违背，更是社会大众的一大文化损失。如何使这些书籍能够用起来、"活"起来是在对五桂楼文化基因进行转化利用的过程中所必须考虑的。现代性的文旅产业不应仅仅停留于外表，更应深入内里，将其真正的价值实现出来。因而不必局限于传统形式，可大胆借助现代科技，以一种更加积极的姿态主动融入互联网。

五桂楼App是一款以阅读为主的移动端应用产品。它将收录五桂楼现有的图书资源，使五桂楼所藏书籍以电子化的形式重新出现在用户面前，供社会大众阅读使用。此外，五桂楼App所主打的是古籍特色。它将通过与各大图书馆、出版社以及藏书楼的合作，收集并整理各类古籍的电子资源，建立起一个全面的古籍查阅系统，在线上建成浙东"人间琅嬛"。

参考文献

1.鲁怒放：《五桂楼藏书及其建筑特色》，《东南文化》1999 年第 6 期。

2.叶树望：《藏书之富甲越——黄澄量与五桂楼》，《图书馆杂志》1986 年第 4 期。

3.俞芙蓉、范晓鹏：《五桂楼考述》，《宁波大学学报（人文科学版）》1998 年第 2 期。

4.俞芙蓉、范晓鹏：《余姚五桂楼考述》，《北京图书馆馆刊》1998 年第 3 期。

5.诸焕灿：《飞岚回带峙五桂——浙东藏书楼五桂楼考略》，《中国典籍与文化》2000 年第 3 期。

余姚中国塑料城

九、中国塑料城

中国塑料城是国内最大的集塑料原料销售、塑料信息发布、塑料会展、塑料机械、塑料模具、塑料制品及其他辅助材料于一体的专业生产资料市场。中国塑料城位于余姚市区北部，成立于1994年，总规划占地面积3.25平方千米，现有建筑面积33.78万平方米，市场交易牌号超2万种。2019年，中国塑料城实现市场交易额1029亿元，交易量970万吨。2021年10月，余姚中国塑料城位列"第十二届中国商品市场综合百强榜单"第12位。中国塑料城在电商平台发布的价格指数和每日价格行情，已成为全国塑料行情的"风向标"和"晴雨表"。

（一）中国塑料城核心文化基因解析

20世纪80年代初，国营余姚县化工建材公司以及张庆鉴个体经营的余姚镇城北物资调剂商店，率先在新建北路萧甬铁路道口附近经营塑料原料生意。伴随余姚及周边慈溪、上虞等地塑料制品行业的快速发展，塑料原料的需求也大量增加，加之此地段交通便利，从事塑料原料经营的店家越来越多，经营区域也不断向北延伸，逐渐在新建北路萧甬铁路道口至子陵路联盟桥之间形成一个塑料原料集散地，人称"塑料一条街"。至1991年10月，"塑料一条街"上从事塑料原料及再生塑料交易、回收的全民、集体企业和个体工商户共72家（不含物资系统企业）。

1991年11月，余姚市政府决定在"塑料一条街"基础上，建立余姚市塑料市场，由余姚市工商局组织筹办和管理。1992 年 5 月 1 日，塑料市场开业，各类经济性质从事塑料经营活动的企业 108 家。次月，余姚市工商局向市财政税务局建议，对进场经营的国营、集体企业给予税收优惠，个体工商户则享受差额缴税。至该年末，进场企业增至 150 家。

1993 年末，塑料市场有各类塑料经营主体 227 家，其中企业 167 家、私营企业 9 家、个体工商户 51 家，塑料交易品种 1000 余种，塑料原料存量折价 8000 万元至 9000 万元。1994 年 9 月 8 日，中国塑料城一期工程竣工开业，经营户全部迁入中国塑料城。

1. 物质要素

（1）塑料市场

中国塑料城东距国际远洋深水港北仑港 60 余千米、宁波栎社国际机场 40 余千米，西距杭州萧山国际机场 80 余千米，沪杭甬铁路复线横贯境内，329 国道、甬余一级公路和沪杭甬高速公路分别从境内的北部、中部、南部通过，水陆交通十分便利。

中国塑料城自成立以来，依靠正确的战略规划和有效的决策部署，把握住时代发展的脉搏，乘风破浪，创造出了良好的经济效益。截至 2019 年，中国塑料城实现市场交易额 1029 亿元，交易量 970 万吨。其中，其中现货市场交易额 702 亿元，同比增加 9.7%；交易量 595 万吨，同比增加 15.5%；网上交易额 327 亿元，交易量 375 万吨；甬易支付完成支付结算额 315 亿元，实现营业收入 1830 万元，净利润 500 万元。

（2）功能平台

经过 20 多年的发展，中国塑料城在产业布局上逐渐呈现出完备的形态，几乎涵盖了塑料产业的所有方面。自 2010 年以来，按照"转型升级、跨越发展"的总体要求，中国塑料城抓住浙江省政府"三位一体"港航物流服务体系建设机遇，深入实施"外部拓展与内部改造相结合、产业延伸与市场提升相联动"的发展战略，推动市场向原料经销、商品展销、信息集散、电子商务、产业集群、产城联动等复合型、多功能方向发展，建设核心商务区、原料机械交易区、展览展示服务区、仓储物流配套区四大功能区块，真正成为中国重要的塑料原料交易中心、塑料机械展销中心、信息发布中心、价格形成中心和资金结算中心，确保了在全国塑料市场中的龙头地位和塑料行业的价格风向标地位。

目前，中国塑料城已成为国内最大的集塑料原料销售、塑料信息发布、塑料会展、塑料机械、塑料模具、塑料制品及其他辅助材料于一体的专业生产资料市场。同时，中国塑料城不断延伸涉塑产业链条。特别是在影响未来市场竞争的两大核心产业——电子商务和科技研发上，中国塑料城获得了先发优势，而且拥有较大的提升空间，十几年间，打造出浙江塑料城网上交易市场和中塑在线两大电子商务平台，实现了有形市场和无形市场的结合。浙江塑料城网上交易市场发布的中国塑料价格指数和中塑在线发布的中国塑料城每日价格行情，已成为全国塑料行情的"风向标"和"晴雨表"。

2. 精神要素

（1）敢为人先的精神品格

中国塑料城之所以能够在短短20多年间取得如此辉煌的成就，与其敢为人先的精神品格密不可分。首先，20世纪90年代中国经济刚刚开始提速，各大产业方兴未艾，风险和机遇并存，余姚市政府和相关企业凭借着敏锐的时代嗅觉，率先在塑料产业领域发力，以极大的魄力斥巨资建设了中国塑料城；其次，在我国传统产业转型升级的关键时刻，中国塑料城又以非凡的决心和毅力率先进行了探索与实践，在功能拓展、企业改组、资产整合、模式转换等方面大胆创新，取得了极佳的效果；最后，中国塑料城在网络信息、电子商务等领域也扮演着开拓先锋的角色，早在2004年便已创立浙江塑料城网上交易市场。

（2）抱诚守真的精神品格

人无信不立，商人和企业更是如此。诚信就是企业在市场上的准入证和通行证，也是企业发展的基石之一，丧失了诚信的企业是不可能长久的。中国塑料城自成立以来，一直高度重视企业的信用问题，采取严格的管理手段，先后出台了《中国塑料城信用评价指标（试行）》《中国塑料城企业信用监管等级评价管理办法》等制度，坚持维护诚信经营的市场环境，为自身打造了一块诚信的金字招牌，彰显出抱诚守真的精神品格。尤其是近年来，塑料城管委会秉持诚信经营理念，联合市场监管、公安等部门，开展严厉打击和遏制销售假冒产品、商标侵权、发布虚假信息等违法行为的专项行动，取得了显著成效，有力遏制了假冒违法行为的嚣张气焰，得到了市场内广大企业的一致好评。

（3）科技兴业的价值理念

科学技术不仅是国家和民族发展的根本动力，也是产业和企业发展的必要条件。中国塑料城自成立以来一直秉持着科技兴业的价值理念，在科技领域率先布局，重点投资，取得了丰硕成果。

依托中国塑料城信息中心，形成了国内规模最大、辐射面积最广、最具权威性的塑料信息服务网络——浙江中塑在线有限公司，能够满足各种消费层次的需求，发布面已遍布全国，漫游国外；余姚市科恒塑料测试有限公司通过浙江省质量技术监督局的计量认证（CMA）评审，标志着中国塑料城有了自己的塑料原料专业检测机构。2006 年 11 月，中国塑料城网上市场成功编制并发布了中国首个大宗商品价格指数——中国塑料价格指数（简称中塑指数）。每日两次通过中塑交易网、中塑资讯网向全球发布。中塑指数反映了国内的塑料价格走势和行业景气状况。2007 年 7 月起，新华通讯社实时发布中塑指数，使中塑指数在更高层次、更大范围上发挥作用，被业界称为"塑料行情风向标"。2007 年 11 月，中国塑料城成立了塑料研究院，让中国塑料城从普通、单一的塑料集散市场，跨越为一个以科学技术为支撑，具有自主创新能力，集科研、开发、生产、信息、检测、展示和销售于一体的新兴市场。此外，与中国兵器集团五三所合作成立的塑料科技创新服务平台塑料研究院，则通过研究开发、成果转化、标准制定、分析检测等服务，成为全面推动塑料城产能升级的利器。

（4）开放合作的价值理念

随着经济全球化进程的不断加深，各行各业都迎来了一个全面开放、合作共赢的新时代。中国塑料城通过举办中国塑料博览会等国际性活动，以开放的心态和积极的姿态不断寻求对外交流与合作，开辟自身发展的新空间。

中国（余姚）国际塑料博览会（简称塑博会），自 1999 年以来已连续成功办了 24 届，现已成为中国塑料行业具有相当行业知名度和影响力的品牌会展之一，并在 2016 年成为国际展览联盟认证展会。塑博会作为塑料行业的经贸盛会，是由国内权威行业协会和石化行业生产及流通企业联合主办的专业性展会，集结了一大批国内外塑料原料、配料、机械、模具、制品等行业领域的著名企业，展示了塑料产业的最新材料、最新装备、最新工艺。因此，塑博会既是国内外行业企业寻找新商机的绝佳平台，也是消费者深入了解塑料产品的精准入口。在后续的规划与开发中，面对国内日趋增多的相关展会，塑博会更加注重打造自身的品牌特色，加大对电子商务平台的使用，同时也适当融入余姚本土文化元素，积极地转化利用文化优势。通过定期举办塑博会，邀请国内外著名塑料企业参展，以及定期举办中国塑料产业高峰论坛，邀请各大企业高层、专家、学者共同参与，促进塑料产业的发展与提升。

3. 语言与符号要素

"中国塑都"已成为中国塑料城的象征符号。中国塑料城经过 20 余年的蓬勃发展，年交易总额已突破千亿大关，生产经营范围覆盖塑料产业全域，入驻企业近 3000 家，且在金融、电子商务等焦点领域深耕多年，独占鳌头，其所创立并发布的中塑指数更是全国塑料产业发展的"风向标"。可以说，余姚中国塑料城目前已成为中国最具影响力的塑料产业市场，是当之无愧的"中国塑都"。

4. 规范要素

（1）强有力的战略支持

为进一步加快发展中国塑料城，实现"做大、做强、做专"中国塑料城市场这一目标，自 2006 年以来，余姚市委、市政府对中国塑料城的加快发展作出了一系列重要的战略决策：调整了中国塑料城原有的管理机构，成立了中国塑料城管理委员会；研究制定了中国塑料城十年发展战略规划；出台了《关于加快推进中国塑料城发展的若干政策意见》等配套扶持政策；成立了余姚市塑料行业协会（中国塑料城商会）组织；成立了宁波科技公共服务平台——中国塑料城塑料研究院；进行塑料网上价格指数的课题研究并成功发布；陆续兴建中央商务区、中央世纪大厦、中塑商务楼等重大项目；2010 年，《浙江海洋经济发展示范区规划》全面实施，中国塑料城项目被列入浙江省政府"三位一体"港航物流服务体系重点建设项目；2011 年市委又作出了《关于进一步加快中国塑料城转型升级跨越发展的决定》，进一步促进了中国塑料城的发展。

（2）科学的管理模式

中国塑料城之所以能够取得如此巨大的成功，其中一个重要原因在于，它具备了科学的管理模式。2011 年以来，在余姚市政府的支持下，中国塑料城公司实现从国有独资到国有控股改组，实行管委会和股份公司两块牌子、一套班子，进行企业化管理；发起成立由国有资本、社会法人（战略投资者）、管理者团队共同持股的余姚市中国塑料城股份有限公司，实现投资主体多元化。管委会继续作为市政府的派出机构，行使行政管理职能；公司经营与市场具体运作则由余姚市中国塑料城集团有限公司进行。把做大、做强开发主体作为中国塑料城提升发展的关键，加快帮助指导各下属公司制定发展战略，积极探索新的盈利模式，培育新的利润增长点，不断壮大企业规模和实力。

第一，着力推进空间功能布局拓展。把握余姚新型城市化快速推进的新趋势，坚持把中国塑料城建设与城市有机更新再造相统一。第二，着力推进产业链拓展。在原有塑料市场交易的基础上，大力培育壮大相关产业链。第三，着力引进国内外塑料机械设备的知名品牌和大型企业落户。积极吸引国内外高端塑料经营企业、大石化企业，建立区域性乃至全国的营销中心，实现总部经济效应。第四，着力推进交易平台功能拓展。建设涉塑半成品全球网上采购平台，推进资金结算中心建设，大力发展中塑网上创业园，打造网上中国塑料城。努力拓展网上市场交易品种，壮大中塑现货、中塑仓单的会员数量，不断扩大无形市场的规模和效应。同时，还应以研发平台建设提升产品开发能力，以产业园区平台建设增强产品生产能力，以专项交易平台建设提高产品市场占有率，加快要素保障体制建设，建立创新人才引进、使用、激励机制，鼓励引进高层次实用专业人才，形成能引得进、留得住、用得好的良性人才循环局面。

（二）中国塑料城核心文化基因的提取与评价

中国塑料城自成立以来，依靠正确的战略规划和有效的决策部署，成功地把握住时代发展的脉搏，创造出了巨大的经济效益。而且经过多年发展，中国塑料城在产业布局上呈现出完备的形态，几乎涵盖了塑料产业的所有方面。中国塑料城之所以能够在短短 20 多年间取得如此辉煌的成就，与其敢为人先、抱诚守真的精神品格以及科技兴业、开放合作的价值理念密不可分。这些都是中国塑料城的核心文化基因所在。

1. 生命力评价

中国塑料城自 20 世纪 90 年代建立以来，一直秉持敢为人先、抱诚守真的精神品格以及科技兴业、开放合作的价值理念，不曾有过动摇和改变。也正是在这样的精神理念的支撑和指导下，中国塑料城 20 多年来不断开拓进取，不仅形成了完备的产业布局，也创造出了巨大的经济效益。这些都是中国塑料城文化基因强大生命力的体现。

2. 凝聚力评价

中国塑料城作为一个集塑料原料（配料）、塑料制品、塑料机械的加工、交易，以及信息交流、展览展销、技术开发于一体的高层次、综合性、多功能、广辐射的全国性塑料专业市场，以其先进的经营理念、科学的发展规划和高效的管理方式吸引了国内外近 3000 家企业入驻，经营品种多达 4000 余种，年交易总额高达千亿元，可以说，是广泛地凝聚起了区域群体力量，显著地推动了社会经济发展。

3. 影响力评价

经过 20 余年的发展，目前塑料城已经成为国内最有影响力的塑料原料专业市场，被商务部列为第一批全国重点联系市场，先后获得了"中国商品专业市场竞争力 50 强""全国最具品牌价值商品市场 50 强""中国生产资料创新兴市场""全国重点示范市场""全国诚信示范市场""浙江省现代服务业集聚示范区""2017 年全国最具影响力品牌市场""改革开放 40 年全国最具影响力品牌市场""中国商品交易市场综合百强""全国商品交易市场系统十大著名品牌市场"等荣誉称号。

4. 发展力评价

中国塑料城具有良好的发展力，得到了当地政府的大力支持，其所体现的敢为人先、抱诚守真的精神品格以及科技兴业、开放合作的价值观念为我国其他产业及企业的发展提供了范本。为了更好地发挥中国塑料城的集聚辐射作用，促进区域经济的发展和繁荣，推进塑料特色产业壮人，余姚市委、市政府根据塑料行业发展前景广阔和余姚及周边地区涉塑企业高度集中的优势，提出了用"高起点，大手笔"，建设一个全国一流、东南亚屈指可数的塑料专业化大市场的总体发展目标。建设投资 4.5 亿元、建筑面积达 11.5 万平方米的商务大楼；筹建改性塑料产业园区和第五期市场扩建工程；城内设有工商、税务、公安、邮政、银行、信息服务及物业管理等机构，为市场安全、高效的运作提供了保障。因此，中国塑料城还分别被国家市场监督管理总局和浙江省政府命名为全国文明市场和浙江省重点市场，发展前景良好。

（三）中国塑料城核心文化基因的转化利用

中国塑料城在自身发展过程中勇于摸索，大胆创新，并且重视企业信用，坚持严格管理，诚信经营。此外，中国塑料城自成立以来一直在科技领域率先布局，重点投资，取得了丰硕成果，同时以开放的心态和积极的姿态不断寻求对外交流与合作，开辟自身发展的新空间，体现出科技兴业、开放合作的价值理念。因此，可以充分挖掘中国塑料城的内涵，突出其时代意义，塑造"中国塑都"形象，对其文化基因进行传承利用和后续开发。

1. 建设中国塑料城改革开放主题教育基地

中国塑料城是中国改革开放40多年来成功的典范，更是优秀的精神样本，彰显了改革开放的重要成果。据此，将中国塑料城开辟为改革开放主题教育基地，面向社会各界开放，以创新性的载体和形式，举办各类主题教育，如实地参观走访、网络慕课、座谈会、宣讲会等，大力弘扬并有效传承改革开放伟大精神，助力社会主义先进文化建设。

为此，可在中国塑料城内合适地段建造一个综合性文化展示中心，全面展现中国塑料城的文化内涵。整个文化展示中心将分为"历史发展""精神理念"两大板块。在"历史发展"板块，将以相关图文与影像资料为主要展陈内容，同时穿插实物展出，包括产品原件、机器设备复原件等，以多维度、多视角全景回顾中国塑料城的发展之路。在"精神理念"板块，将以中国塑料城敢为人先、抱诚守真的精神品格和科技兴业、开放合作的价值理念为导向，设置不同的展示资料，生动全面地展现中国塑料城的时代精神，凸显其价值引领作用。

2. 将中国塑料城核心基因融入文旅产品

以中国塑料城在发展过程中所形成的精神理念为核心，创新载体和表现形式，将其核心基因融入文旅产品当中。

通过影视产品展现中国塑料城发展历程与内在精神，制作《中国塑料城》系列纪录片，全景展现中国塑料城的文化与发展。也可以将中国塑料城作为影视剧取景基地等，拓展其在文化领域的影响力和关注度。

以产业文化为核心，打造塑料产业研学之旅。通过参观中国塑料城文化展示中心、中国塑料城，对中国的改革开放有深度了解。将中国塑料城文化展示中心作为研学基地，将中国塑料城这一文化元素列入全市各大中小学的思政教育"第二课堂"，定期组织师生前往中国塑料城开展主题教育类研学活动；也可以作为常规展厅，面向社会开放，并作为旅游接待点。

利用"中国塑都"名气，开发旅游商品和文创产品，打造中国塑料城品牌。整合现有的电子商务资源，开发一款"中国塑料城"移动端 App；以中国塑料城文化基因为内容制作明信片、纪念封等；以中国塑料城所产的优质原料制作带有相应标识的挂饰小品；以中国塑料城所产的优质原料制作带有相应标识的模型等纪念品；以中国塑料城的优质产品为原料，设计一系列带有"中国塑都"标识的益智拼装玩具；等等。

3. 建设文化会展业新模式

强化会展业与其他产业联动发展。会展业与余姚地方特色产业、城市文化、旅游资源相结合，完善以"中国塑料博览会"为龙头，以"中国机器人峰会""中国小家电博览会""四明山旅游节""中国杨梅节""中国裘皮服装节"等专业展会为支撑的多层次、全方位、远辐射文化会展业格局。促进会展从传统的产品陈列向集商务洽谈、旅游观光、文化娱乐等项目于一体的新型会展模式转变，不断拓展会展项目，增强产业联动效应，推动文化会展业的转型升级。

整合提升会展场馆资源。整合中塑国际会展中心等余姚展馆资源，优化展馆功能和展馆服务能力，建立会展服务的协调机制，改善文化会展业发展软硬环境。提升文化会展业精细化服务能力，构建从展会策划、申报、承办、宣传到接待一体化服务通路，形成完整的文化会展服务产业链。

参考文献

1. 奚明：《从四个方面提升发展中国塑料城》，《政策瞭望》2012 年第 12 期。

2.《余姚市文化产业发展"十四五"规划》，余姚市人民政府官网，http://www.yy.gov.cn/art/2021/7/14/art_1229550749_3752396.html，2021 年 7 月 14 日。

3.《中国塑料城》，余姚市人民政府官网，http://www.yy.gov.cn/art/2023/1/28/art_1229133687_47739332.html，2023 年 1 月 28 日。

十、余姚"道德银行"

　　"道德银行"是余姚首创的一项道德与信贷挂钩的制度。"道德银行"以个人道德品质为依据，借助科学、合理的标准与规范，以及有效的程序，将道德品质量化为道德积分，进而给予其现实价值，将无形的精神财富转化为有形的物质财富。具体而言，在"道德银行"的制度下，有信贷需求的农户可提出需求，银行再根据道德积分决定是否放贷。道德评分先由村民自评，再由自然村道德积分评议小组、行政村道德积分管理办公室、乡镇（街道）三级网络分别打分，最终确定符合"道德银行"信贷资格的农户名单。

　　在"道德银行"的制度关怀下，道德不再是虚无缥缈的说教字眼，而变成了实实在在的有形福利。这对群众的道德实践具有巨大的推动力，不断激励着人们向善、行善，从而凝聚起一股强大的精神文明力量，营造出良好的社会风气。同时，"道德银行"向村民提供高效低息的信贷，助力乡村经济振兴，对社会经济发展的推动作用显著。这一做法也为新型乡村治理提供了思路，表明现代乡村治理的创新可以从村民的资金融通需求入手，通过普惠金融与乡村治理的体系共建来实现乡村重建，同时实现经济富足与乡村和谐。

（一）余姚"道德银行"核心文化基因解析

　　2012年5月，余姚市文明办和余姚农村商业银行以临山镇邵家丘村为试点，联合开设"道德银行"，称作"'道德银行'1.0版"。即从道德评价量化入手，以"遵纪守法行为文明""热心公益支持发展""诚实守信勤劳致富""家庭和睦邻里团结"4 项、15 条细则以及 3 个"一票否决"项目为评分依据，每户农户每季度进行自评和互评，道德积分高于 80 分、未出现刑事犯罪和信用不良等情况、创业项目通过审核的农户，可获 50 万元以内的信用贷款。

2018 年起，"道德绿卡"推出，被称作"'道德银行'2.0 版"。即把道德评议与好人评选相结合，创新推出一星级、二星级、三星级"道德绿卡"，分别为村级、乡镇（街道）级、市级及以上好人所持有。持有人除享受银行优惠贷款外，还可享受 300 余项社会关爱礼遇。

2020 年 8 月，为顺应数字化时代发展要求，由余姚市委宣传部、余姚市大数据局、余姚农村商业银行三家单位合作开发的"道德银行"基于区块链技术的移动服务平台建成，实现道德评议智能化、移动化，使道德评议更加便捷，被称作"'道德银行'3.0 版"。"道德银行"成为余姚城市文明的"金名片"。

1. 物质要素

（1）道德财富

"道德银行"的建立使得"道德"与"财富"结下了美好姻缘，开创性地在制度上构建了一个可实践的道德与信贷相结合的方法体系。在"道德银行"制度下，个人道德品质有形化为道德积分，从而具备了潜在的财富价值，并且通过一系列的规范化程序，道德积分便可转化为现实财富。具体而言，即有信贷需求的农户可主动提出贷款要求，"道德银行"根据农户的道德积分决定是否放贷。

"道德银行"用打分的办法，将道德量化，为信贷提供基本依据。道德评分先由村民自评，再由自然村道德积分评议小组、行政村道德积分管理办公室、乡镇（街道）三级网络分别打分，到了第三级网络乡镇（街道）打分阶段，需要经过乡镇街道党（工）委和公安、税务、市场监管、余姚农村商业银行支行等"三堂会审"，最终确定符合"道德银行"信贷资格的农户名单。

（2）"道德绿卡"

2017 年，"道德银行"在原有的信贷业务基础之上，不断开拓道德激励形式，创新地推出了"道德绿卡"。"道德绿卡"是指面向道德品质优秀的村民所发放的道德福利卡。其中三星级的"道德绿卡"可以享受最高级别礼遇，其中包括金融服务开通绿色通道、免费乘坐市内公交、享受每年最高 2000 元营养午餐补助、余姚市内景区景点免费，以及购物、养老、医疗、法律援助、税收等一系列公共服务的绿色通道和优先服务。

"道德绿卡"的发放使得道德积分的实现形式不再局限于信贷，而以社会福利的形式更加贴近村民的日常生活，进一步扩大了"道德银行"制度的影响范围，推动了道德文明的集体建设。

2. 精神要素

（1）"以德为先"的精神品格

"道德银行"以个人道德品质为依据，借助科学、合理的标准与规范、有效的程序，将道德品质有形化为道德积分，进而给予其现实价值。在此过程中，"道德银行"有力地推动了社会道德文明建设，在广大人民群众当中培植起了"以德为先"的精神品格。

村民们若想要获得更加高效低息的信贷或者具备多项礼遇福利的"道德绿卡"，就必须要以自身较高的道德素养作为条件。道德便以一种激励性的形式在村民心中得到重视，并且为其日常的道德行为提供了巨大的现实推动力，使道德能够真正落实到村民生活的方方面面，真正做到"以德为先"。

（2）"德者有得"的价值理念

真正的道德不应局限于"做好事"，而应让道德行为者"有好报"，追求德福一致的终极伦理价值。长久以来，社会都只是片面地强调单向性的道德行为，只求"做好事"，不讲"有好报"，甚至将对"报偿"的考虑错误地理解为伪道德的"功利主义"。这样使道德只能成为一种抽象的形式原则，在实践层面缺乏说服力。

余姚"道德银行"清楚地洞察到了"做好事"与"有好报"之间的脱节，倡导"德者有得"的价值理念。在"道德银行"的制度下，凡是自身道德品质足够优秀的村民，在满足一定量化标准的条件下，便可以获得信贷、市民礼遇等诸多福利。这一做法有效弥补了道德文明建设中"现实性"的长期缺失，为道德实践注入了现实力量，对完善和健全社会主义道德体系具有很好的推动作用。

（3）"利德相生"的基层治理智慧

余姚"道德银行"以"德者有得"的价值理念为导向，在社会大众身上培植起了"以德为先"的精神品格，不仅有效地推动了社会道德建设，还直接带动了一大批村民创业致富，极大地促进了农村经济建设，深刻地反映了"利德相生"的基层治理智慧。

"道德银行"在道德建设方面为人们提供了崇尚道德的激励平台，鼓励更多人做好事；在经济建设方面则将无形的"道德资产"变成有形的信贷资本，带动了村民创业致富。它找到了物质需求和精神需求的结合点、平衡点，使过去只在精神上得到认可的道德行为，能够获得现实的物质回报，让社会主义核心价值观在潜移默化中成为百姓日常的行为准则。

"道德银行"的建设既符合我国社会主义初级阶段的道德现状和发展路径，也符合人民群众对于道德生活的要求和愿望。它让道德变得更有含金量，是践行社会主义核心价值观的样板，为基层社会治理注入了现实的道德力量。

3. 语言与符号要素

"道德银行"制度实行的关键在于将无形的"道德资产"转换为现实的物质产品，通过激励性的方法推动社会道德和经济建设。其中最重要的一步就是将道德标准有形化，从而为"道德银行"的工作提供根本依据。这一有形化的标准便是道德积分。它象征着"道德银行"的客观性与合理性。以道德积分为基础，定期评选行政村（社区）级"好人"、乡镇（街道）级"好人"、市级及以上"好人"，分别授予不同星级的"道德绿卡"，持卡人可凭卡享受道德礼遇。

4. 规范要素

（1）体系化建设

余姚"道德银行"着眼于整体，推行市级、乡镇（街道）级、村（社区）级三级联动式的战略布局，着力构建全面、规范、有效的"道德银行"体系。

市级层面组建"道德银行"总行，并成立由市纪委（监察委）、市委宣传部（市文明办）、市金融办、市发展和改革局、市大数据发展管理局、市公安局、市财政局、市税务局、市市场监督管理局、人民银行余姚支行等相关部门为成员单位的建设工作领导小组，由市委书记、市长兼任组长。

乡镇（街道）级层面组建"道德银行"支行，并成立由乡镇（街道）相关负责人、各行政村（社区）负责人、相关部门派驻机构负责人组成的"道德银行"支行工作小组。

村（社区）级层面组建"道德银行"网点，并成立由村（社区）负责人、党员代表、村（居）民代表、先进人物、德高望重者等组成的道德评议小组。

结合新时代文明实践中心建设，"道德银行"总行、支行和网点分别设在市新时代文明实践中心、乡镇（街道）文明实践所和村（社区）文明实践站内，落实专兼职工作人员，打造标准化公共服务窗口。

（2）道德评议机制

按照标准性与灵活性相结合、评分制与推选制相结合的原则，在全市上下推广道德评议和"身边好人"评选活动，为"道德银行"关爱礼遇提供重要依据。全市行政村（社区）依托道德评议室、道德评议小组，每季度开展道德评议活动，评议推举身边好人好事，抨击身边不文明、不道德行为。建立健全"市—乡镇（街道）—村（社区）"三级"好人"评选机制，各村（社区）依据道德评议情况，每季度评选若干名村（社区）级"好人"；各乡镇（街道）每季度从村（社区）级好人中评选若干名乡镇（街道）级"好人"；市级层面每季度从乡镇（街道）级"好人"中评选10名左右"余姚好人"。道德评议结果除了评选身边"好人"外，也作为有关评先评优、个人考核、提拔聘用、奖励分红的重要依据，着力增强广大群众的道德荣誉感。

（二）余姚"道德银行"核心文化基因的提取与评价

余姚"道德银行"的核心文化基因包括以下三点：首先，"道德银行"有力地推动了社会道德文明建设，在广大人民群众当中培植了"以德为先"的精神品格。其次，"道德银行"清楚地洞察到了"做好事"与"有好报"之间的脱节，倡导"德者有得"的价值理念，有效弥补了道德文明建设中"现实性"的长期缺失，为道德实践注入了现实力量，是对我国社会主义道德建设体系的健全、补充和完善。最后，"道德银行"深刻地反映了"利德相生"的基层治理智慧。在道德建设和经济建设两个层面双管齐下，既提供了道德激励平台，鼓励人们行善积德；又将无形的"道德资产"变成有形的信贷资本，带动了村民创业致富。

1. 生命力评价

余姚"道德银行"作为深化农村公民道德建设、支持农民创业致富的创新服务平台，从道德评价量化入手，根据道德积分管理办法进行道德评议，"存入"道德，取出贷款。自2012年在邵家丘村首次试点以来，"道德银行"受到农民群众热烈欢迎，为余姚乡村的精神生活与物质生活带来了翻天覆地的变化，是余姚乡村振兴的一大法宝。

在近10年的发展历程中，余姚"道德银行"一直秉持着"德者有得"的价值理念，不断健全道德评议机制并完善有关制度设计，拓展道德激励形式，持续贯彻落实社会主义核心价值观。如今，"道德银行"已经成为余姚新时代道德建设与乡村治理的典型代表。

2. 凝聚力评价

"道德银行"将道德建设与经济建设有机结合，使道德回报的可能性与生活需求的现实性相对接，从制度层面有力地回答了"做好事"如何"有好报"，为社会主义道德建设注入了强大的现实力量。

在"道德银行"制度的关怀下，道德不再是虚无缥缈的说教字眼，而变成实实在在的有形福利。这对于人民群众的道德实践有着巨大的推动作用，不断激励着人们向善、行善，凝聚起一股强大的精神文明力量，营造出良好的社会风气。

3. 影响力评价

余姚"道德银行"建立和发展10年来，在余姚全市各村、各社区都收到了较好的效果，不仅深化了道德文明建设，也有力地推动了乡村经济的发展。余姚"道德银行"建设是中国基础社会治理的一大创新实践，也是践行社会主义核心价值观的优秀范本。近年来，随着社会主义精神文明建设的深入开展，余姚"道德银行"作为杰出代表也愈发受到全国各地、社会各界的关注，影响力不断扩大。

对于余姚"道德银行"建设取得的成果，时任浙江省委书记车俊与时任宁波市委书记郑栅洁先后作出重要批示给予肯定。中央电视台《新闻联播》及《人民日报》《浙江日报》《宁波日报》等各级主流媒体先后进行宣传报道。此外，余姚"道德银行"还作为首批典型，入选《中国之治》系列纪录片，展示党的十八大以来基层社会治理中的丰硕成果。

4. 发展力评价

余姚"道德银行"成立伊始，便以制度设计受到了广大群众的欢迎，取得了不错的成效。在此后的发展过程中，余姚"道德银行"并未局限于眼前之功，而是放眼未来，结合社会现实，依据时代要求，不断开拓进取，力求更好地推动乡村基层治理与社会道德建设。

2018年，余姚"道德银行"提出建设"升级版"，进一步提高覆盖面，推动全市所有行政村和社区开展"道德银行"建设，面向所有银行推行道德信贷，逐步形成凭"道德绿卡"办理信贷业务"一卡通"局面。

2020年，余姚"道德银行"又一次创新性地提出建设"道德银行"3.0版，探索开发了基于区块链技术的"道德银行"线上服务平台。"道德银行"3.0版在道德自评、村（社区）评议的基础上，通过余姚市大数据局调入政务数据共享介入道德评议环节，强化数据共享，完善评估机制，实现了道德评议智能化。从"人工评议"到"数据跑腿"，如今村民可以通过手机登录"道德银行"微信小程序，随时随地自主完成道德自评、村社评议、道德贷款、道德码应用，改变了原先线下逐级评议、人工审核、纸质传阅等带来的烦琐手续。

从"道德信贷"到"道德绿卡"，再到"道德银行"升级版和"道德银行"3.0版，可以说余姚"道德银行"一直都保持走在时代最前沿，关注社会最基层，全心全意地为人民服务。围绕着"道德银行"，受惠各村深入开展道德建设，大力弘扬社会主义核心价值观，形成了诚实守信、遵纪守法、爱岗敬业、睦邻友好的村风与民风。

（三）余姚"道德银行"核心文化基因的转化利用

"道德银行"是余姚在建设社会主义道德文明过程中的一个创举，也是对社会主义核心价值观的重要实践，应有效提取其文化基因，在转化利用的过程中突出其所蕴含的"以德为先""德者有得""利德相生"的精神理念，注重发挥其道德教育功能，形成社会大众所乐见的道德文化元素。通过宣传普及，展现"道德银行"的基本内涵，弘扬"以德为先"的精神品格、"德者有得"的价值理念和"利德相生"的基层治理智慧。在文旅产品的策划与开发中，通过寓教于乐的方式充分彰显其道德内核并向外转化为现实的道德力量，起到引领社会大众的作用。

1. 树立道德榜样，评选年度先进道德人物，加强宣讲研讨

树立道德榜样，根据一年内的道德事迹、道德积分以及在"道德银行"贷

款后的创业情况等，通过村民选举、村委会推荐等方式，在"道德银行"实行的各个村评选出若干年度道德人物。此后，再由余姚市委、市政府组织开展全市范围内的评议活动，最终评选出10位余姚"道德银行"年度人物，在向社会各界宣传"道德银行"的同时，也为社会大众树立起道德榜样。

定期举办道德文明建设主题研讨会，邀请浙江省内外各地相关部门以及专家共同参与，交流经验；开展"道德文明下乡进村"主题宣讲会，由研究专家、政府部门代表、先进人物等组成团队，定期下乡进村，展开有关"道德银行"的主题宣讲会。

2. 弘扬道德文化，设立"道德银行"主题教育基地

在"道德银行"实行的示范村（社区）设立主题教育基地，展出先进事迹和先进人物，弘扬道德文化。这些基地都将免费向社会各界开放，旨在广泛传播道德文化，树立社会新风，有效推动社会主义道德文明建设。

第一，在余姚城区适当地段建造一座以"道德银行"为主题的文化展览馆。该展馆将以宣传、展示余姚"道德银行"为主要任务，通过实物展出、文字介绍、影像放映等形式，向游客和参观者全面展示余姚"道德银行"的发展历史、文化内涵以及建设成果，使其对"道德银行"这一抽象概念有进一步认知。在具体建设方面，该展馆将以"德者有得"的价值理念、"以德为先"的精神品格和"利德相生"的基层治理智慧三大精神要素为指向，设立相应的三大板块，分别展现"道德银行"对于人民群众道德实践的引领作用，以及"道德银行"对于乡村经济振兴、乡村基层治理的巨大贡献。在"道德银行"实行的各个示范村，分别设立"道德银行"主题教育基地。各个基地应配备一个基本的文化展厅或展览室，其中展示与"道德银行"有关的文字、影像和实物等资料，向参观者介绍"道德银行"开展的具体情况。第二，在基地内应特别开设一项体验类服务，主要以"道德银行"的服务流程为内容，令参观者能够深入了解"道德银行"的运行机制和价值理念。第三，各个基地应定期邀请村内"道德银行"的代表人物参加集体座谈会，现身说法，以当事人的视角阐述"道德银行"的实际情况。

3. 利用"道德银行"知识产权，发展文旅产业

将"道德银行"相关题材与地方戏曲相结合。以"道德银行"为题材，汲取相关事迹元素，编排制作姚剧《道德银行》。积极、有效地利用姚剧这一余

姚本土的特色文化，以其为特殊载体，以具象化的形式生动地展现"道德银行"所蕴含的精神品格和价值理念。在余姚全市各个"道德银行"实行地区，选取具有代表性的人物和事迹，根据具体内容进行适当的艺术加工，重点突出"道德银行"促进余姚乡村道德建设和经济建设的双重作用。同时要发挥姚剧贴近日常生活的特点，注重在舞台上讲好"道德银行"的故事，将"道德银行"及其精神理念推向社会，深入人心。还可以制作"道德银行"系列科普动画，面向青少年群体进行宣传弘扬。

利用"道德银行"文化展览馆等主题教育基地，寓教于乐，设计旅游线路和参观内容，开展道德文明研学之旅。在全市各大中小学的思政教育中插入"道德银行"主题教育"第二课堂"，定期组织师生前往"道德银行"文化展览馆等地开展与主题教育相关的研学活动。也可以作为常规展厅，面向社会开放，并作为旅游接待点。

利用"道德银行"元素，打造旅游商品和文创产品。比如以"道德银行"为内容制作明信片；以"道德银行"相关元素为主题制作挂饰小品，如迷你版道德绿卡；结合中国历史上传统美德故事，制作道德故事系列立体绘本；与伴手礼制作相结合，在伴手礼商标、外包装等处融入"道德银行"文化基因，设计文化标识；等等。

参考文献

1.方敏：《道德银行　存储涓涓善行》，《人民日报》2016年7月4日。

2.顾小立：《浙江余姚："道德银行"助推良好乡风》，新华网，m.xinhuanet.com/2019-10/19/c_1125125105.htm，2019年10月19日。

3.王曙光、王彬：《"道德银行"与中国新型乡村治理》，《农村经济》2020年第2期。

4.谢建龙：《浙江文史记忆·余姚卷》，浙江人民出版社2022年版。

第一章

慈溪市重点文化元素基因解码及转化利用

宁波
文化基因解码

慈溪，因治南有溪、东汉董黯"母慈子孝"而得名，向以慈孝、青瓷、围垦、移民四大地域文化为盛。慈溪最早的人类活动可以追溯至7000年前的河姆渡文化时期，境内有童家岙、茂山等多处史前遗址。慈溪是中国瓷器的发源地之一，青瓷的烧制时间上始于汉，下终于宋，窑火传承千年。慈溪也是"海上陶瓷之路"的重要起点。以上林湖青瓷为代表的越窑珍品，在唐宋之际，通过明州港远销海内外。上林湖生产的秘色瓷，是唐宋时期国内制瓷业顶级的产品。为保护传承青瓷文化，慈溪市与浙江省文化和旅游厅连续六年举办越窑青瓷文化节，注册"慈溪秘色瓷"国家地理标志证明商标，"千年越窑 秘色慈溪"入选"浙江文化标识"培育项目，上林湖越窑遗址列入"海上丝绸之路·中国史迹"联合申遗点，上林湖越窑国家考古遗址公园成为宁波市第一、浙江省第二个国家级考古遗址公园。此外，全市现有非物质文化遗产项目104个，其中国家级项目2个、省级10个；宁波市级以上非物质文化遗产传承基地30个，其中省级生产性保护基地4个。

　　截至2022年，慈溪共有A级景区9家（其中AAAA级2家）、旅行社及分支机构27家、星级饭店12家（其中五星级饭店2家）、特色民宿31家（其中省等级民宿银宿1家），省级风景名胜区1个，宁波市级以上工业旅游示范点等"旅游＋"融合基地（点）36个。"百千万"景区化工程有序推进，现有景区村191个、景区镇13个，占比分别为69.5%、72%。2021年，慈溪市正式获评浙江省第二批全域旅游示范市。本章展示的是慈溪市10个重点文化元素基因解码及转化利用情况，其中优秀传统文化7个、革命文化1个、社会主义先进文化2个。

一、达蓬山

达蓬山位于慈溪南部翠屏山脉的最东部，相传秦代徐福率领 3000 名童男童女及各色工匠从这里启航，为秦始皇寻找长生不老之药。时至今日，达蓬山仍有诸多遗迹可寻，也有很多民间传说流传至今。其中，"徐福东渡传说"于 2007 年 6 月被列入浙江省非物质文化遗产名录，2008 年 1 月被列入国家非物质文化遗产名录。达蓬山气势巍峨，山势峻峭，登顶远眺，海市蜃景若隐若现，气象万千。在达蓬山的山脚下，南有九龙湖，北有沈窖湖，东有凤浦湖，西有灵湖，形成了四湖拱卫的布局，自然风光秀丽。遗迹、遗址、名人、传说与达蓬山旖旎风光交相辉映，勾勒出一幅跨越 2000 年的绚丽画卷。

（一）达蓬山核心文化基因解析

达蓬山，原名香山，因山上盛产香草而得名。它位于慈溪市龙山镇，达蓬山重峦叠嶂、林木葱郁，登山远眺，浩瀚东海尽收眼底。改名为"达蓬"，意即从这里出发可以航海到达蓬莱仙境。据《史记》记载，公元前 209 年，秦始皇为求长生不老之药，第五次出巡。也许是前四次出巡没有到达蓬莱仙境的缘故，这第五次他便不再从沿海进发，而是"过丹阳，至钱塘，临浙江……上会稽，祭大禹"，最后来到达蓬山，也在这里留下诸多传说故事。距今 2000 多年前的达蓬山东边，尚是一望无际的大海。公元前 210 年，徐福就是在这里出发，为秦始皇去寻找长生不老之药。渡口就位于如今的凤浦岙村。

达蓬山与窖湖

1. 物质要素

（1）自然风光

达蓬山海拔436米，山谷幽深，峰峦簇拥，溪流蜿蜒，满目苍翠。山上岩石奇峭，呈香炉、石笋、伏虎、偃龙之状，令人目不暇接。达蓬山上有个天然洞穴——佛迹洞，洞口高达十余米。在洞穴右边的斜壁上，留有一个巨大的足迹，五趾清晰。民间传说与普陀山的观音跳足迹正好是一左一右，故名佛迹。山上还有乌龟石，是一只天然形成的石龟，石龟身上有贝壳和海螺的化石，证明了它原系"海底居民"，能到这里来"做客"完全得感谢大自然的恩赐。天水岩水池由山顶蜿蜒穿过整个景区，远望去天水一线，池内流水淙淙，鱼儿自由游弋，彰显出和谐迤逦的自然风光。

（2）徐福东渡文化遗址、遗迹

达蓬山与徐福东渡文化相关的遗址、遗迹众多，包括摩崖石刻、小休洞、斗鸡石、望火塘、求仙亭、秦渡庵、秦皇别苑、祈福阁、徐福庙等。

在达蓬山上有一方高1.2米、宽3.5米的摩崖石刻，是迄今为止在众多出海遗址中发现的唯一实物资料。石刻以一个神龛为中心，分为左右两组画面。左边一组有麒麟、长尾鸟、人马过桥等；右边一组以一仙翁倒骑梅花鹿为主，旁边有海浪、海船及人物等图案。据考证，这幅画所反映的就是徐福到达蓬莱仙境时的场景。这幅石刻的年代基本可以断定为宋代。

位于佛迹洞前方不远处，有一个形似眼睛状的山洞，名叫小休洞。据说当年秦始皇来到达蓬山，曾在此洞边休息。从小休洞往东有一山岙，名斗鸡岙。据说原来在斗鸡岙的上面有两块巨石，高数十米，形如鸡状，相对而立，因此得名。现在这两块巨石已不见踪迹；在达蓬山的山巅，有一处用乱石围成的形似水塘的方形石塘，称为望火塘。据传当年在山上筑起了这个方形石塘，每天晚上都有人负责拾柴点火，作为徐福船队归来时的坐标。位于达蓬山上的求仙亭是根据民间故事《秦皇求仙到达蓬》而建，据说是徐福根据周易八卦的方位和原理选择的祭祀之地。

在达蓬山山顶有一凹陷处，原来有一座唐代建筑——秦渡庵。相传徐福出海前曾带人住在这个山坳里。到了唐代，徐氏后裔根据先辈遗留下来的传说再次登上达蓬山，发现这里地势平坦，视野开阔，旁边还有一条小溪，一年四季潺潺不息，于是就筹银在这里建了一座庵堂，取名秦渡庵，以此来纪念先辈东渡的壮举。1995 年 5 月，日本前首相羽田孜以徐福后裔的身份专门题写了"秦渡庵"庵名。

达蓬山上还建有秦皇别苑，展示秦始皇当年驻跸达蓬山时生活、休息和理政的场景。在达蓬山之巅，还有一座雄伟壮观的阁楼——祈福阁。在这里可以一览周边山水全景。在祈福阁前面的空地上有一只大鼎，高 63 厘米，重 212 千克，是仿照秦皇宝鼎原样复制的。秦皇宝鼎是目前所有遗世青铜器中最大、最重的庙堂重器，是秦代最重要的礼器，充分显示了秦王朝一统山河、雄霸九州的豪迈之气。大鼎四周用石砌栏杆围住，五根图腾柱分别代表五行和五个方位，形象地展现了当年徐福出海前的祭天场景。

在达蓬山下凤浦呑呑底徐家村有一座徐福庙，庙坐西朝东，对面就是碧波荡漾的凤浦湖。徐氏一姓大约从宋末元初迁徙至此，至今已有 800 余年。徐氏尊徐福为始祖，在村口立庙祭祀。这是徐福庙的来历。徐氏在此定居后，开荒种地，出海捕鱼，繁衍生息，生活虽然艰辛，但也十分安逸。他们认为，这样的生活就是仰仗祖先徐福的庇佑，于是在徐福的神像上方专门挂上了一方匾额，上面黑底金字写着"徐福之福"四个大字。随着时间的推移，徐福庙名气越来越大，成为三北一带祭祀徐福的祖庙。

（3）徐福纪念场馆

徐福宫与徐福文化展示馆两幢建筑是为了纪念徐福从达蓬山启航成功到达日本九州岛而兴建的。徐福宫里面陈列的是徐福的塑像。徐福文化展示馆内容非常丰富，通过图片、实物等反映徐福数次东渡的地点、中、日、韩等国对徐福东渡的研究成果等。

达蓬山下还建有一座徐福纪念馆，系日方友好人士与中方合资建设。馆主是一位名叫田岛孝子的日本女士。在达蓬山下建一座纪念馆，是为了表达日本学人对徐福的缅怀之情。徐福纪念馆建筑面积 300 平方米，馆内陈列着许多珍贵的资料，许多与徐福有关的研究成果和研讨、考察等活动的资料，都可以在这里找到。当年徐福东渡时经过的地方，凡有文献可稽的，也都拍成照片，存于馆内。来自世界各地的徐福研究者也把纪念馆当作一个基地，进行探讨和交流。

（4）寺庙

达蓬山上有佛迹寺和伏龙寺两座古寺。

佛迹寺由佛迹洞而来。唐天宝元年（742），达慧禅师云游至此，见山上佛迹粲然，风光如画，便有心在此结庐，后在八方民众的助力下建成佛迹寺，香火鼎盛。为照顾远道而来的香客在上山时有个休息之处，宋代又有人在半山腰和山脚下建了两座寺院，分别称为中佛迹寺和下佛迹寺。到了清代晚期，因遭遇天灾和人为破坏，中佛迹寺和下佛迹寺已成废墟，唯有山上的佛迹寺尚存，但不复旧貌。现佛迹寺已由达蓬山文化旅游区的投资开发商宁波雅戈尔集团恢复原貌，建造完成。

位于伏龙山上的伏龙寺始建于唐咸通三年（862），由鉴诸禅师策划筹建，是国内早期净土宗禅院之一。在伏龙禅寺所在山上，有众多与佛教相关的故事和传说。历代文人慕名而来，留下很多诗文，如宋代的黄震、元代的戴良、明代的戚继光、张溥等。弘一法师也曾多次到此。此外，伏龙山上自古就有号称"龙山八景"的"莲塘春晓""蓬苑秋香""霜凝丹樨""云亭残照""横玉叫天""白虹凌空""后岭层松""杰阁飞帆"，还有"安知县斩妖"等传说故事。为保护伏龙山上的生态环境，清光绪年间还立有一块《护生禁石》碑，劝导民众积德行善，戒杀放生，倡导人与自然和谐共生。

2. 精神要素

（1）一往无前的开拓精神

达蓬山因徐福成功东渡而闻名，并留下了足以激励后人的开拓精神。几次东渡均未成功后，徐福并没有轻言放弃，而是以孜孜以求的态度，依然探索不停。当他发现洋流与季风对东渡有着决定性的作用时，就将渡海的出发地从北方移向了南方。这种对海洋奥秘的探索精神和一往无前的开拓精神，为达蓬山及其脚下那片热土上居住的人们留下了宝贵的精神财富。在徐福精神的浸染下，定居于山下的居民从唐宋时期开始就有了向大海求生存的胆魄和勇气，率先在滩涂开辟了盐场。到了宋元时期，人们开始围涂造田，拒海浪潮水于堤外，保庄稼物产之平安。这是徐福开拓进取精神的延续。

（2）不畏艰险的闯荡品格

藐视困难、勇往直前，用智慧和勇气去探索未知世界，是徐福当年通过自己的行动留给后人的又一种品格，也是被当地民众所传颂的精神坐标。这种品格的可贵之处是以坚韧不拔的毅力、排除万难的决心，直面人生，直面困难。这种闯荡品格的最大特点是，他们从不留恋在已有的成绩上，而是用更广阔的视野、更博大的胸怀去审视世界。龙山一带有很多人外出谋生，经商做生意，不断壮大自己的事业，在跌宕起伏的时代变局中从不妥协，取得很大的成就。这就是不畏艰险的闯荡品格带给他们的支点和勇气。当然，闯荡并非蛮干瞎闯，需要智慧，需要团结，更需要相互帮助。这一点，可以从当地众多外出谋生者身上得到印证。

（3）敢作敢当的实干精神

既富于想象，又崇尚实干，是徐福身上的另一种境界。如何突破时间和空间的局限，不被固有的思维模式所困囿，无论对于古人还是今天的人们都是难能可贵的。在山与海的相互映照之下，习惯以种植和滩涂捕捞为生的人们很快发现，原来海洋是如此的浩瀚无涯。丰富的资源为人类生存提供了更多的可能性，尽管风浪险恶，但有徐福出海为先例，他们也把目光瞄准了大海。于是乎，自明代以来，出海捕捞业和运输业便开始出现了。他们使用的沙船是把沙包放在船底以压舱，防止船在海中航行时被风浪打翻。但船主们很快发现，沙船虽然稳重，但严重影响了货物运载，于是又出现了另外一种船型——鸟船。尽管这两种船型并非龙山一带所发明，但他们善于吸收学习别人的成果与经验化为己用，在与海洋的搏击中始终掌握了主动权。在待人接物中，他们同样不尚空谈，不说大话，一是一、二是二。这种诚恳待人的处世原则，就是他们的实干精神所涵养。乡风所及，世代相传。

（4）播撒友谊的桥梁

作为一个友好的使者，徐福留下了众多的遗迹。国内的启航地有山东的蓬莱、龙口，河北的秦皇岛，浙江慈溪的达蓬山等；在日本也有不少徐福登陆地，如佐贺县的诸富町、福冈县的八女市、歌乐县的熊野等；韩国也有徐福经停之地。徐福开了中国航海史上的先河和对外文化交流的先河，成了中、日、韩三国的"和平使者"，对建立和谐的国际环境具有启迪意义。2007年，以徐福为纽带，慈溪市与日本佐贺市结为友好城市。

通过中、日、韩长时间的学术交流和互访，彼此间相互了解，也促使以徐福为纽带的民间交往活动大大增加。1994年11月，浙江电视台国际部与慈溪电视台合作拍摄的专题片《达蓬寻踪》，于1995年春在日本举办的"浙江电视活动周"上播放，在日本引起了热烈反响，由此拉开了交流互动的序幕。1997年5月，日本徐福会一行五人专程来达蓬山考察，之后交往更趋频繁。

2000年3月，徐福纪念馆开馆，使类似的交流成为常态。此后，日本方面先后有8批次，共200余人来慈溪参观访问或参加学术研讨；慈溪方面也先后有4批次50余人去日本考察。2011年9月，以慈溪市徐福会名义制作的徐福石雕立像被赠予日本佐贺市徐福会。2010年10月，由王迪、杜立岗主编，方印华撰写脚本，沈醉绘画的《徐福东渡的故事》连环画由浙江人民美术出版社出版后，2012年5月在日本再版。

通过上述一系列活动，不但推进了对徐福东渡的研究，确立了达蓬山在人们心目中的地位，还使得中、日、韩三方的民间交流空前活跃，使达蓬山成为友谊的桥梁。

3. 语言与符号要素

达蓬山是传说中徐福东渡出海的地方，这一带流传有很多与徐福东渡相关的传说，大致可分为景物类、风物类和人物类三大类传说，共80余篇。景物类传说以达蓬山自然景观和人造景观为依托，讲述这些景观的来历及徐福东渡前后的变化，有40余篇；风物类传说是反映徐福东渡与当地风俗的变迁，也有讲述当地特产及独特的地理环境促使徐福最后选定在此出海东渡，有20余篇；人物类传说除了秦始皇和徐福这两个主要人物，还有与此传说有关的众多人物，如打虎将军黄天琼等，约20篇。这些传说故事短小精悍，内容生动，情节复杂，朗朗上口，在民间流传十分广泛，人民群众喜闻乐见，使其得以生生不息，流传至今。

（二）达蓬山核心文化基因的提取与评价

达蓬山丰富的自然、人文资源，徐福所留下的开拓、闯荡、实干精神对后人影响深远。开拓是以一种积极进取的姿态去从事各项活动，闯荡则是离开原居住区到另外一个陌生的地方去探索。这两者之间既相互依存又各有侧重。从徐福东渡所留下的文化基因看，两者可以说是兼而有之。但是，无论是开拓还是闯荡，如果没有实干精神做底色，成功的可能性就会大打折扣。徐福的船队从达蓬山下扬帆起航，就是实干精神最有力的证明。这与后世的人们出海谋生、抗击倭寇等行为有着必然联系。先辈征服海洋的雄心壮志，对后世的影响深刻而深远。达蓬山的核心文化基因可以表述为：山的情怀、海的胸襟；向往美好、克难前行。

1. 生命力评价

巍峨的高山和浩瀚的大海自从刻上徐福东渡的文化基因后，就显示了其强大的生命力。2000 多年来，"向往美好、克难前行"的精神看似断点，其实一直绵延不绝。以修筑观海卫至龙山的海塘为例，早年曾由乡贤沈允明受命筑塘，但被潮水所毁后，居民纷纷逃离。明洪武二十一年（1388），当地人黄谊昭的妻子孙氏，毅然进京面君。一个妇人克服种种困难，长途跋涉，在当时需要何等的勇气。进京后她指出，"塌塘已长达 780 丈，而且位处要冲，每年需要修补。近年来因海涂坍塌，潮流紧逼，西至龙山一带已多残缺，东至石坛山一带塘基尽毁，百姓深受其害"。最后，在盐课司沈昂的共同努力下，朝廷终于下诏筑塘。东段因潮水湍急，用木石为基，其余仍用泥筑，并修建了金墩、镇龙两座闸门以泄洪防潮。这就是"向往美好、克难前行"达蓬山精神的演绎与真实写照。

2. 凝聚力评价

作为国家 AAAA 级景区，近年来，达蓬山每年游客都在 250 万人以上。能有如此大的凝聚力，其原因有三点：第一，达蓬山自身的知名度。1980 年，沉寂多年的达蓬山在文物普查和地名普查中被重新发现后，引起了相关人士的关注。1989 年 1 月，徐福研究专家、徐州师范学院教授罗其湘专程到达蓬山考察后，于同年 3 月赴日本考察时就宣布，慈溪的达蓬山是徐福东渡的启航地之一。这一消息立即在学术界引起轰动，达蓬山也由此而闻名于海内外。第二，以徐福文化为媒介扩大了知名度。1997 年 11 月，日本东京歌剧协会和中国歌剧舞剧院合演的《蓬莱之国——徐福传说》在慈溪演出两场。其间，《人民日报》、中央电视台及日本的《朝日新闻》、东京广播公司等几十家中外媒体做了集中报道。1998 年 10 月，18 集电视连续剧《徐福东渡传奇》拍摄完成并上映。这一切都有助于扩大达蓬山的影响力。第三，2000 年 1 月，达蓬山公路修筑完成并通车，为上山寻踪访迹者提供了方便。之后，随着达蓬山景区建设的推进，并通过各类活动的举办，使达蓬山名声与日俱增，吸引了来自海内外的游客。

3. 影响力评价

徐福东渡传说对当地经济和社会发展具有积极的促进作用，达蓬山作为徐福东渡传说的流传地影响力也不断递增。徐福东渡传说本身的影响力，对作为徐福东渡启航地的宁波来说，极大地丰富了城市的历史文化内涵，对其建设

"名城名都"具有积极的意义；徐福东渡之举所开启的中国远航之路，对今天的"一带一路"建设也具有积极意义。徐福东渡传说所体现的是中华民族寻求海外世界、探索海洋秘密的幻想和愿望，展示了一个坚韧顽强、一往无前、抱负宏远、足智多谋、博学不穷、具有冒险精神的徐福形象。这些都印刻在广大民众心里，而且对民族性格的形成产生了重大的影响。徐福东渡传说中蕴含的和平与发展主题，对中、日、韩三国和平的促进，对今天处理国与国之间的关系具有积极意义。

慈溪市、龙山镇二级政府已举办了数届"徐福东渡文化艺术节"大型活动，并构建了相关的平台，从而加深了老百姓对该项目的了解和认识，促进了全社会的共享；1999年，慈溪和岱山合拍的电视连续剧《徐福东渡传奇》，在国内外播映受到好评；2017年，宁波市排演原创历史越剧大戏《徐福东渡》，在国内外演出；等等。这些都扩大了徐福文化的影响力。

4. 发展力评价

徐福东渡涵盖了很多中华传统文化的优秀特质，其中尤以追求美好生活，自强不息、负重致远，发扬坚韧不拔的精神最为可贵，无论是在当下还是将来，这些精神元素都应该好好继承与发扬。达蓬山徐福东渡的精神内涵必将会在达蓬山保护、开发、利用的实践中发挥更大的作用，成为今天的达蓬山的重要发展力。在保护发展的过程中，把优秀传统文化与当代发展理念相结合，做到古为今用，推陈出新；同时牢记习近平总书记关于"绿水青山就是金山银山"的嘱托，在旅游开发中坚持生态环境保护，使达蓬山成为人们心目中向往的旅游胜地。

（三）达蓬山核心文化基因的转化利用

1. 传说故事与遗迹、遗址相结合，建设达蓬山徐福东渡展示平台

与非物质文化遗产相关的物质文化形态是非物质文化遗产传承的重要佐证，具有重要的历史文化价值，并往往与该项非物质文化遗产成为不可分割的共同体。比如徐福东渡传说和与传说相关的遗迹、遗址，互为佐证，提升了彼此的内涵和价值，成为良好的展示平台，也为与非物质文化遗产相关的旅游开发提供了丰厚的资源。

在达蓬山上，至今仍留有与徐福东渡有关的遗迹10余处。在山岗上有跑

马岗，平坦而宽敞，是传说中秦始皇车马行驶之道；十八磨坊，是徐福东渡前囤粮加工之处；埋马山，又称马坟，是秦始皇驾骑倒毙后埋葬之地；千人坛，是徐福东渡前举行祭天祭海仪式的场所；秦渡庵，是后人为纪念徐福而专门建造的庙宇；佛迹洞内有摩崖题刻三方和大足印一个；小休洞，据传是秦始皇休憩之处；石刻画像反映了徐福东渡场景，及在海外定居后的田园生活。还有山下的徐福村和徐福庙，山腰的望火塘和棋盘石，均与徐福东渡传说有关。

为充分发挥遗迹、遗址的价值，达蓬山上建起了中国徐福文化园，文化园不但包括徐福东渡摩崖石刻、秦渡庵、小休洞、跑马岗、饮马潭、御马坟、千人坛、龙门坊、方士石、灵台石、风洞岗、望父石、徐福祠、求仙亭等与徐福东渡有关的历史遗迹，还重建了东渡遗址秦渡庵，整修了徐福东渡摩崖石刻、炼丹洞、小休洞等遗迹，新建了祈福阁、秦皇别苑、徐福像、童男童女群雕等人文景观，并用现代的多媒体技术重现了徐福东渡的壮观场景。

自 1984 年以来，来自江苏、北京、山东、河北、江西、广东等地的徐福研究学者曾来慈溪考察和交流。日本、韩国等国家的徐福研究组织和研究人员也对徐福传说和达蓬山遗址产生极大的兴趣，每年均有访问团来慈溪参观考察，达蓬山的影响力不断扩大，文化资源得到有效的转化与利用。

2. 利用达蓬山自然人文资源，建设休闲健康养生场所

达蓬山历经千万年的沧海巨变，山上岩石多具海生奇观，不仅奇峭成香炉、石笋、伏虎、偃龙之状，且岩石上密布贝类、虾蟹等海生物化石。山间植被丰富，金钱松、朴树、水杉、大叶油茶形成具观赏性的四大树种树林，杨梅、竹、笋、茶是重要的物产，雪景、雨景、云海、朝晖、夕阳、佛光、气象台是达蓬山不可错过的景观。

2005 年以来，由雅戈尔集团全资子公司宁波雅戈尔达蓬山旅游投资开发有限公司出资近 2 亿元对达蓬山仙佛谷景区进行了整体性、保护性开发重建，先后打造了国际最大的徐福文化展陈公园——中国徐福文化园，重建了存世稀缺的唐式全木结构寺庙——佛迹寺。达蓬山仙佛谷以其婉致俊秀的自然风光、仙佛共存，以其千百年养生文化的传承，呈现给人们一个集自然、文化、运动于一体的综合性休闲健康养生场所。

3. 恢复传统民俗，开发文化体验项目

恢复传统民俗，开发体验项目，模拟古代炼丹场景；观看祭天祭海实况，

感受民俗文化之盛；与周边村镇连同开展特色旅游，品尝龙山特色小吃、水果、海鲜，购买当地特产；等等。

达蓬山的重要民俗是徐福东渡前的祭天仪式。在2009年9月的一次徐福国际论坛上，专家、学者按照古籍中的记载初步恢复了祭天仪式和祭海仪式。这些出海前最为重要和隆重的仪式，通过一系列的活动得到了有效的保护和传承。此外，当地还有药王会、元宵灯会，可在此基础上组织民俗体验活动。

设计文化体验项目，渗透"山的情怀、海的胸襟；向往美好、克难前行"元素，拍摄与达蓬山相关的影视作品，重点突出"徐福东渡"的故事；创作小游戏达蓬山探秘、徐福东渡；征集网络音乐制作达蓬山主题歌曲、徐福东渡音乐；征集网络文学创作达蓬山故事、达蓬山游记；等等。通过上述举措，把达蓬山的自然风貌和文化内涵充分挖掘展示在世人面前，可在达蓬山建设沉浸式影院或展厅，让游客在观影或网络数字化互动中对达蓬山有深入的了解。

通过旅游项目的设计，融赏景、娱乐、非物质文化遗产体验、美食品尝等为一体，让游客深刻体验达蓬山自然风光和风物人情。达蓬山旅游路线包括达蓬山环游地球乐园、仙佛谷景区，区域合作一日游路线包括"达蓬山风景区＋方家河头村""达蓬山风景区＋鸣鹤古镇"，其间可结合年糕饺、老鼠糖球、番薯捏盘、清明果（艾草果）、梅干菜、兰花香干、灰汁团、糟三样、盐焗马铃薯等民间小吃体验，以及三北石刻、老鼠糖球、篾器制作等非物质文化遗产项目体验活动，在游客尽兴的同时也有效带动周边经济的发展。

参考文献

1.《中国千年养生文化传承地（发源地）达蓬山仙佛谷景区——仙佛同存，天人齐福》，《宁波经济（财经视点）》2011年第9期。

2.庄丹华：《民间文学保护和传承探略——以徐福东渡传说为例》，《天一文苑》2018年第1辑，中国文史出版社2018年版。

二、鸣鹤古镇

鸣鹤古镇历史悠久，文化积淀深厚，山水风光秀美，素有"鹤皋风景赛姑苏"的美誉。早在唐五代时期，鸣鹤古镇以靠近越窑中心上林湖的地域优势，成为中国最大的青瓷贸易中心。慈溪靠海盛产海盐，唐代时已具有相当规模，宋元时期鸣鹤成为两浙地区最大的盐场，宋代时产盐量占全省产盐的32%。盐在古代是政府的主要税收来源，因此当地人又称鸣鹤为鸣鹤场、鸣鹤场盐仓基，当时人称"东南赋税之最"。明清以来，这里成为中国国药的发源地。叶天霖、叶心培兴办国药业，开创了慈溪国药贸易之先河。从鸣鹤古镇走出去了一家家名震全国的著名国药号，因此有"中国国药出浙江，浙江在慈溪，慈溪首推鸣鹤场"一说，繁荣的国药业铸造了鸣鹤当时的辉煌。1999年，鸣鹤古镇被列为浙江省历史文物保护单位。

（一）鸣鹤古镇核心文化基因解析

鸣鹤古镇形成于8世纪末。唐元和年间，乡人虞九皋，字鸣鹤，第进士，殁于京，乡人哀之，称其故里为鸣鹤。宋以降监千，鸣鹤以错番乡建制监千，北宋咸平年间，设鸣鹤场。明洪武二十五年（1392），置鸣鹤盐场课司。民国时期仍以乡建制；1952年改乡为镇；2001年与观城、师桥合并为观海卫镇。鸣鹤不仅以历史悠久见著，而且人杰地灵。自东晋始，在这片土地上以虞、叶望族为首，名人志士辈出。东晋杰出的天文学家虞喜于330年发现了"岁差"现象，在天文历法领域做出了贡献。东晋思想家、史学家虞太撰《晋书》，著

鸣鹤古镇

《父倡会黄尼稽典录》，对史学的发展产生了积极影响。初唐名臣虞世南以"德行""忠直""博学""文辞""书翰"而享有盛名。"杜洲先生"童居易，所治之域"夜不闭户，狱室笔适无屡参爷空"，政绩卓著，被传为佳话。明嘉靖年间，抗倭义士杜文明、杜槐舍生取义，壮烈殉国，名垂青史。至清康熙时，叶氏一族崛起，举人、进士、诗人、巨贾层出不穷，尤其是叶天霖兴办国药业，开创慈溪国药贸易之先河。之后，慈溪人经营的药店在各地纷纷开设，极大地推动了浙江乃至全国的药业发展。一方水土育一方人，1000 多年来，鸣鹤名人荟萃，独领风骚。

1. 物质要素

（1）国药

明代中后期以来至新中国成立前夕，国内知名国药店大多为鸣鹤人所开或担任主要负责人，比如清代南、北两大国药店"北同仁堂""叶种德堂"分别为鸣鹤乐氏和叶氏所开。鸣鹤叶氏在温州开设同仁堂，后成为东南第一药铺，与北京同仁堂合称"南北同仁堂"。

在鸣鹤叶氏、同仁堂乐氏的影响和辐射下，鸣鹤国药业在全国各地纷纷开张，形成了众多的著名药铺，如北京同仁堂、温州叶同仁、杭州叶种德堂等都出自鸣鹤。还有湖州慕韩斋、绍兴震元堂、台州方万盛以及上海苾天一等。其中杭州叶种德堂创建于清嘉庆十三年（1808），比胡庆余堂早 66 年。1955 年，叶种德堂实现公私合营；1958 并入胡庆余堂国药号。

鸣鹤药材馆现位于湖滨广场内，馆内四周现挂有 150 多家国药老字号品牌，创始人大多是慈溪鸣鹤人。

（2）海盐

鸣鹤古镇在唐宋时为浙东主要盐场，自北宋设鸣鹤场到民国八年（1919）废场近千年的岁月里，盐是鸣鹤古镇商贸活动中最大宗商品。这里成了当时慈北盐的集散地，官塘（大古塘观城段）以南盐场区域内的盐民都到鸣鹤售盐。古镇鸣鹤盐业商贸活动时间长，内容丰富，也带动了周边其他商贸活动的发展。

（3）古街

古镇主要由三条长街组成，分别为上街、中街、下街。其中以中街最盛，长约 1500 米，曾是鸣鹤的精华，是昔日的商肆繁华之地。古街自宋代起便形成集市，后每逢一、三、五、八为集市日，是三北农副产品重要集散地。依河成街，店铺林立，人来人往，沿街设有廊棚，上街不愁日晒雨淋。

在清末民初之际，这里有经销美商美孚火油的同信孚，经销英商亚细亚火油的锦恒泰；由徽商经营生漆的永泰鸿号；生产和经销酱油的致和酱园、润和酱园、中存仁酱园；磨坊协和、协泰；以及经营百货的张同德、琴信康、茂和成，经营宁式糕点为主的泰来、永大昌，经营国药业的天芝堂、滋德堂，还有肉店、糖坊、典当行、蜡烛店、贳器店等。在20世纪30年代，有米粮、蔬菜、家禽、鱼鲜等贸易行30多家、店铺80多家。民国初年，鸣鹤古镇是慈溪重要的"三白"（棉花、白布、大米）集散地，当时停泊在街河的船有200多只。

最能体现古镇特色的是上街。上街的"廿四间走马楼"是嘉庆十四年（1809）国药巨商叶心培之子叶锡凤所建，已有200多年的历史。该宅是七间两弄两层，总共24间，并且楼屋四周都有走廊可通行，甚至骑马可以在里面畅行无阻，所以称为"廿四间走马楼"。楼内部做工细致，枋柱上刻有花卉、鸳鸯、花篮等表示吉祥如意的装饰，门窗、扶梯都用花格，墙上有砖制花窗、龙凤、蝙蝠图案，是我国南方古四合院民居中很有特色的建筑。

清代豪宅银号（沈氏大屋）是两层多进院落式走马楼，系徽派建筑。整个建筑面积约1855平方米。屋共三进，每进五间，呈狭长形。此屋主人姓沈，据说是沈氏先人曾在北京开银楼，积财后捐官，故可在此建五马山墙大屋。门头隽朗优雅，砖雕门楼上书有"云渚分华"四字，代表着主人当时的气魄和展望。

鸣鹤小五房又叫叶氏小五房。叶氏共六房大屋，是鸣鹤国药业巨商叶天霖为6个儿子所建，小五房是其中保存比较好的一幢，占地面积约1700平方米。大屋用料上乘，结构考究，有高耸的围墙、马头墙，门前有旗杆、照壁、石凳、石狮等。

（4）寺庙、祠堂

金仙寺创建于南朝梁代，距今已有1400多年历史，几经毁葺，风貌依然。近代曾有太虚、谛闲、虚云、弘一、芝峰、静权、静安、大醒等高僧，先后驻锡于此。1930—1932年，弘一法师曾4次云游金仙寺，他的《清凉歌集》《华严集联三百》即在金仙寺脱稿。1989年，慈溪籍旅港信众姚云龙夫妇发心捐资重修寺院。现有各种殿堂房舍 172 间，占地 42 亩。殿宇恢宏，佛像庄严，成为浙东地区一处较具规模的寺庙。

五磊寺位于鸣鹤古镇 13 千米的五磊山象王峰南麓。据光绪《慈溪县志》等有关史料记载，五磊寺的雏形崭露于 3 世纪。相传三国赤乌年间，吴主孙权之母吴国太坐船途经五磊山，深夜发现山上有隐隐火光，探知印度梵僧在此结庐静修，念其传道虔诚，下令建造了一座寺院。五磊寺由此而来。此后几经变迁。宣统三年（1911），天台宗四十三世法师谛闲莅寺主持，弘扬天台宗教义，改寺额为"灵山讲寺"，五磊寺于是成了天台宗道场。1915 年，炳瑞法师由金仙寺迁五磊寺任主持，重建大雄宝殿，修葺倾圮梵宇 80 余间。1941 年，日本侵略者占领慈溪，在扫荡中炸毁山门和天王殿，佛事从此凋零。1985 年，慈溪县人民政府批准开放五磊寺为佛教活动场所，并定名"五磊讲寺"，赵朴初、沙孟海为寺题额。

彭惠安公祠，又称彭侍郎祠。彭公原名彭韶，明弘治年间任刑部侍郎兼佥都御史整治浙东盐政。他亲眼见到盐民生活的惨状，上奏朝廷，指出所谓"灶民叛乱"实为"官不恤民，驱民为盗"所致。他把灶民的痛苦遭遇绘成盐场、山场、草荡、淋卤、煎盐、征盐、放盐、追赔八图，每图配诗，淋漓尽致地反映了灶民的痛苦和当时官场的"盐弊"。之后他力排众议，整盐事，革流弊，逐盐霸，换盐官，承诺盐民后代可以肄业念书，使盐场恢复了生产信心和动力，被盐民尊为再生父母。明嘉靖三十二年（1553），经盐民请奏，在鸣鹤场建造了"彭惠安公祠"。明万历三十四年（1606），宁波知府魏良贵来到鸣鹤，立石碑一方，记述了彭韶功勋。每逢彭韶生辰，百姓顶香上供，虔诚祭祀。

（5）红色革命遗址

鸣鹤古镇的红色革命遗址有三北游击司令部成立处、三五支队秘密机关旧址——鸣鹤教堂、毛契农中将墓、慈溪市革命烈士陵园。其中三北游击司令部成立处旧址在金仙寺内。1942 年，抗日革命武装就在这里成立了第三战区三北游击司令部，金仙寺也因此成为敌后抗日活动的重要场所。1942 年 9 月 22 日，中共浙东区委在盐仓基东侧大塘俞家弄 21 号召开会议，并作出了"坚持三北，开辟四明"的重大决策。

三五支队秘密机关旧址——鸣鹤教堂位于鸣鹤场上街，教堂传教士王纪良及其妻唐杏仙很钦佩共产党领导的三五支队，主动帮助部队机关传递信件，保管军需物品，掩护地方同志从敌岗哨转移，使教堂成为三五支队秘密机关的所在地。

慈溪革命烈士陵园坐落在慈溪市观海卫镇白洋湖的西南岸，始建于1958年1月，占地面积5328平方米，内设烈士生平陈列室。大门与墓穴间为600平方米瞻仰广场，可容数百人凭吊祭扫。广场南端正中的碑台上矗立着一座梅园石纪念碑，高3.1米，宽1.2米，上刻毛泽东手书"革命烈士永垂不朽"，气势非凡。花岗岩碑座正面镌刻着698位慈溪革命烈士的英名。墓群面北，共4列，安葬烈士114名。土地革命战争时期牺牲的浙东工农红军第一师师长费德昭，大革命时期党员、宁绍台农民协会特派员沈邦祺等葬于园内。还有68位无名烈士也合葬于此。慈溪革命烈士陵园现是慈溪市爱国主义教育基地、慈溪市重点文物保护单位、浙江省重点烈士纪念建筑物保护单位。陵园建成60多年来，一直是慈溪东部地区祭扫革命烈士主要场所。

（6）地方特产

鸣鹤古镇的地方特产有越窑青瓷、宁波大曲、杨梅、雷竹笋、湖鲜，以及手工年糕饺、老鼠糖球、青麻糍、宁式糕点等糕点小吃。其中宁波大曲以优质糯性高粱为原料，大小麦为糖化发酵剂，引用四明山脉天然的白洋湖水酿制而成，具有无色清亮、醇香浓郁、醇和爽适、回味香甜的浓香型白酒特色，俗称"烧酒"；"四明山"宁波大曲曾荣获国家轻工业部优质产品称号。据清雍正《浙江通志》记载，杨梅"出白沙、杜湖、云湖诸山，有紫、红、白三种，而黑者最佳"。目前，慈溪杨梅重点分布在横河、观城、龙山等镇，共49300余亩，占水果总面积的69%。杜湖、白洋湖、上林湖，统称"三湖"，位于鸣鹤古镇东西两侧，相距方圆十多里，湖泊中资源丰富，尤以湖鲜最为出名，有白条鱼、银鱼、湖虾、螺蛳、大闸蟹等，都是当地的上品。宁式糕点以传统糕点为主，目前古镇以"甬旺斋"为正宗，制作的传统糕点主要有橘红糕、玉和酥、连环糕、油枣、麻花等。

2. 精神要素

（1）厚重的历史文化底蕴

鸣鹤古镇自然景观优美，人文内涵丰富。古镇迄今已有1200多年历史，著名的历史人物有初唐名臣虞世南，三国时期著名易学家虞翻，三国时期著名天文学家虞耸、虞喜，"杜洲先生"童居易，抗倭义士杜文明、杜槐，同仁堂创始人乐显扬，等等。五磊山风景区素有"小桃园"美誉，内有古刹五磊讲寺、白龙潭瀑布、百年古树等。众多的历史人物和丰富的文物古迹充分展现了鸣鹤古镇厚重的历史文化底蕴。

（2）敢为人先的闯荡品格

鸣鹤形于盐而盛于药。明清以来，这里成为中国国药的发源地，闯荡出几位杰出的中医药界的领军人物。尤其是叶天霖、叶心培兴办国药业，开创了慈溪国药贸易之先河。之后，慈溪人经营的杭州叶种德堂、温州叶同仁堂、绍兴震元堂等国药店纷纷在全国开设，极大地推动了浙江乃至全国的药业发展。在鸣鹤叶氏、同仁堂乐氏的影响和辐射下，鸣鹤国药业在全国各地纷纷开张，形成了众多知名药铺，如北京同仁堂、温州叶同仁堂、杭州叶种德堂，还有湖州慕韩斋、绍兴震元堂、台州方万盛以及上海岱天一，等等。繁荣的国药业铸造了鸣鹤当时的辉煌，而这辉煌离不开鸣鹤人敢为人先的闯荡品格。

（3）扶困济世的精神

鸣鹤古镇还滋养了一大批商业界精英，不仅把生意做遍了全国各地，还做到了国外。

吴锦堂是慈溪市东山头乡西房村人，少时贫困，31岁东渡日本，后经商致富，名重中外，成为日本明治、大正年间关西实业界的十大巨头之一。他捐资家乡水利事业和教育事业，捐银修建杜湖、白洋湖水利工程，规模巨大，花费五六年心血才完成。他认为教育是国家求生存、争富强的必要途径，投资创办锦堂学校，资金累计达22万银圆。姚云龙出生在观海卫镇鸣鹤场姚家。1985年以来，姚云龙多次向家乡捐资助建云龙中学、鸣鹤中学、鸣鹤中心小学、三北书画院、鸣鹤卫生院、鸣鹤自来水厂、鸣鹤敬老院，修复浙东名刹金仙寺，设立云龙中学发展基金等，并投资成立多家企业。1988年6月，姚云龙与浒山友谊羊毛衫厂合资成立联兴羊毛衫有限公司，所得利润全部作为云龙中学发展资金。他们致富不忘乡梓，积极建设家乡，回报社会，至今为人们广泛传颂，充分体现了鸣鹤人扶困济世的精神。

（4）红色革命文化

抗战时期，金仙寺里的僧人面对国难当头，也表现出了强烈的爱国之情。1938年春，青年僧人竺摩、化庄、暮茄等从金仙寺动身，西行赴延安参加革命，虽然因中途受阻未能到达目的地，但爱国之心可嘉，周恩来题词"上马杀敌，下马念佛"。

鸣鹤古镇还是浙东红色革命文化的策源地和根据地。1942 年 7 月 8 日，中共中央华中局决定由谭启龙、何克希主持浙东工作，由谭启龙任浙东区委书记，何克希任区委军事部长。28 日，中共中央华中局决定谭启龙、何克希、杨思一、顾德欢组成中共浙东区委员会。7 月 18 日，浙东敌后第一次干部扩大会议在慈北宓家埭召开，谭启龙在会上作了《目前国内外形势与我党发展浙江敌后游击战争建立根据地的方针》的报告，明确了发展浙江敌后工作的具体政策。1942 年 8 月中旬，第三战区三北游击司令部在慈北鸣鹤场金仙寺成立。抗战时期，鸣鹤古镇附近还发生过几次著名的战斗，如阳觉殿战斗、宓家埭战斗、七三房战斗等，每次战斗都得到了当地老百姓的支持和配合。

3. 语言与符号要素

鸣鹤古镇作为中国国药业的发祥地，被业内誉为"国药首镇"，这可以看作是鸣鹤古镇的象征符号。据《慈溪县志》记载，鸣鹤居民十之八九外出经商，江浙一带均有鸣鹤人涉足，尤以国药业著名，鸣鹤古镇自明清以来就是中国国药业的发源地，从鸣鹤古镇走出了由鸣鹤人创办或主要经营百年以上的老字号 150 余家，北京同仁堂、天津达仁堂、杭州胡庆余堂等名震全国，影响深远。目前，鸣鹤尚存众多明清时药商所建深宅大院 10 万余平方米，列江南古镇前列。

（二）鸣鹤古镇核心文化基因的提取与评价

开拓精神是以一种积极进取的姿态去从事各项活动，而闯荡则是离开原居住区到另外一个陌生的地方去探索，鸣鹤从一个从事晒盐为主的盐场，发展到商贸重镇、国药重镇，这两者之间既相互依存又各有侧重。他们曾努力地利用茫茫四明山脉，采药治病，探索中医药奥秘；他们依托三北重镇联结杭州、上海等大城市开拓市场，使沿海村夫成为商贾大户，在中药界有了一定的名望，迎来了一个新的繁荣的商业时代。当然，不论是开拓进取还是闯荡南北，也不管是脚踏实地抑或是重商崇文，归根结底只有一个目的，那就是为自己也为后代子孙创造更加美好的生活。综上所述，可以把鸣鹤古镇的核心基因表述为"国药首镇"。

1. 生命力评价

鸣鹤古镇处于慈溪最美丽的杜、白两湖的环抱之中，河流纵横，古迹众多，集古街、寺庙、山、湖、水于一体，东靠五磊山风景区，西倚上林湖风景名胜区，围绕国药、青瓷、佛教、古建体现古镇魅力。

鸣鹤古镇具有六大特色：一是名人辈出的厚重历史。"鸣鹤"一名始于唐朝，为纪念虞世南之重孙虞九皋而得名。鸣鹤名人辈出，如前所述，有三国易学家虞翻、天文学家虞耸、东晋思想家虞预、唐初名臣虞世南、南宋"杜洲先生"童居易、同仁堂创始人乐显扬等。二是依山傍水的自然禀赋。杜湖与白洋湖两湖环绕，古镇依山成景、因河成街、枕湖成居，是长三角独具一格的山水古镇。三是源远流长的青瓷文化。鸣鹤是中国越窑青瓷的发源地，也是"海上陶瓷之路"上最大的青瓷交易集散地。四是堪称传奇的国药底蕴。目前，鸣鹤是浙江省中医药文化养生旅游示范基地。五是保存完好的古旧建筑。境内有超过10万平方米的庞大古建筑群，还有河上横跨明代古桥七座，其中多栋被列入文物保护点。六是彰显佛文化的千年古寺。镇南有浙东最古寺院五磊讲寺，镇内白洋湖畔有千年古刹金仙禅寺。

依托丰富的自然、人文资源，鸣鹤古镇作为AAAA级景区具有强劲的生命力。随着交通工具、景点设施、环境的不断改善，古镇更具发展潜力。

2. 凝聚力评价

鸣鹤古镇总占地面积约40平方千米，核心区2平方千米，境内现有28个古迹和34个景点。慈溪市委、市政府高度重视鸣鹤古镇的保护开发工作，自2009年正式启动打造以来，已斥资5.8亿元用于鸣鹤古镇开发。旅游集团紧紧围绕中心工作，将鸣鹤古镇创建国家AAAA级旅游景区作为工作的重中之重，2016年底通过景观质量评审；近3年又对古镇在软硬件上进行了进一步的完善提升，目前创建工作初显成效，各项工作按照评定标准基本完成。古镇民众依托古镇开发从事商贸活动，创造美好生活，民众勤劳致富，邻里和睦，市面繁华，使整个古镇呈现出一派繁荣的景象。

3. 影响力评价

慈溪鸣鹤古镇位于鸣鹤—上林湖省级风景名胜区，兼具山水和历史人文资源，是中国历史文化名镇、浙江省旅游风情小镇、省中医药文化养生旅游示范基地、宁波市休闲旅游基地，素有"鹤皋风景赛姑苏"的美誉。近年来，慈溪市相关部门积极参加各类推介会展示古镇魅力。为向社会大众宣传推介古镇，慈溪市积极组团参加国际旅展、世界旅游博览会、中东欧国家旅游合作交流会、浙江省旅交会、旅游商品博览会等，利用各类平台进行宣传推销；还利用中央电视台、浙江卫视、上海电视台、阿拉旅游及各级媒体平台宣传旅游产品，提升鸣鹤古镇整体形象。同时，对接旅行社，出台政策做好团队推广，针对上海、杭州、苏州、宁波等市场集中推介鸣鹤古镇旅游产品。通过上述举措，进一步提升了鸣鹤古镇的影响力。

4. 发展力评价

鸣鹤古镇管委会通过互联网新媒体整合宣传营销模式，将宣传和节庆活动相结合，深挖古镇内涵，做深推介文章，将鸣鹤古镇推向世界。近年来，鸣鹤古镇精心组织富有特色的旅游文化节庆活动，举办了中央电视台《味道》节目拍摄、慈溪养生旅游节、国际名校赛艇挑战赛、重大项目签约仪式、慈溪市民幸福体验日、"小时光·慢旅行"媒体达人深度体验之旅、杜洲书院中国传统山水画教学研讨会、五磊山风铃祈福节、鸣鹤古镇休闲养生系列活动、2019中国（宁波）特色产业博览会、第四届袁可嘉诗歌颂奖活动暨献礼新中国成立70周年"为人民读诗"朗诵会等，推进文化旅游精品活动建设，打造特色文化旅游品牌，促进文化旅游多业态跨界发展，激活文化旅游演艺，切实做大、做强品牌。

同时，进一步优化区域联动品牌，通过合理发展布局，拓展延伸空间，扎实推进以鸣鹤古镇为核心，串联五磊山风景区、伏龙山旅游区、上林湖越窑青瓷传承园、方家河头、杭州湾湿地、方特神话等景点为一体的旅游线路，突出重点，推出适合游客喜欢的旅游线路，以产业化旅游促进区域发展，以大品牌战略促进古镇走市场化路线。2020年，鸣鹤古镇游客接待量突破120万人次，接待旅行团队75个，营业额5000万元。鸣鹤古镇发展前景可期。

（三）鸣鹤古镇核心文化基因的转化利用

在核心基因的转化与利用上，鸣鹤古镇遵循"突出主题，创新载体；丰富内涵，开发利用"的总体思路予以布局，对鸣鹤古镇周边有价值的文化要素进行进一步挖掘与利用，将山水景观、国药文化、佛教文化、商帮文化、红色文化等与鸣鹤古镇开发结合起来进行通盘考虑，从而扩大鸣鹤古镇的发展空间。

1. 利用国药资源发展康养文化

以国药康养和展示为主题，鸣鹤古镇每年会组织古镇养生旅游节、鸣鹤名中医专家义诊、鸣鹤国药论坛、鸣鹤国药膏方节等活动；将"廿四间走马楼"老宅布展为慈溪国药人文展示馆，重修古镇东入口药王殿；以国药膳食为载体，研制开发杨梅酥等养生糕点；以百草园为模板，在湖滨广场等景区主要节点种植银杏等中草药植物，逐步营造国药氛围。以"国药"为主题，将鸣鹤古镇打造成面向宁波、长三角乃至全国的集国药文化、旅游度假、都市农业、养生养老产业于一体的国药康养古镇。古镇将通过名医传承、康养服务、中医体验等形式，助力中医药传承，同时发展将传统中医药文化展示、中医药景观观赏、中医药调理疗养服务等功能融于一体的健康产业。未来，还将在慈溪开设传统古方研发平台，充分发挥民间力量弘扬传统中医药文化、慈溪药商文化、康养文化。

2. 古建筑的现代利用

银号（沈氏大屋）目前由投资商浙江三碧酒店股份有限公司建设成为古镇古典式养生酒店。通过现代和传统的有机结合，造就新的经典。酒店保存并再现建筑原来的风貌，通过新材料的运用，加上灯光、软装设计等，为老房子增添一份新魅力。在承受重大生活压力的现代社会里，让人回归自然，享受安静的古典老宅。

小五房现由投资商宁波九莲盛和文化传播有限公司开发，拟建成集茶道、香道、琴艺、珍玩鉴赏、艺术沙龙、国学讲座、养生等休闲项目于一体的养生休闲馆。馆内设置标间、套房、禅房等30多间，打造一山一水一清风，一月一竹一流云的意境，给人以自然、简洁、高雅、高端、禅意、创新、轻松的感受。

3. 发展体验式旅游

突出"国医国药"主题，利用古镇资源，将非物质文化遗产体验与物质文化遗产欣赏相结合，以风采、意趣、韵味打造旅游休闲体验新高地。如逛古街，体验传统中医药，品尝双湖特色湖鲜，感受闹元宵习俗等。

通过体验项目的设计，渗透"国药首镇"元素。拍摄与鸣鹤古镇相关的影视作品，重点突出"国药首镇"的创业故事；体验年糕饺、老鼠糖球、艾青麻糍、清明果（艾草果）、湖鲜、杨梅等特产；亲身体验箍桶工艺、三北糕点制作、棕棚制作等非物质文化遗产项目；亲身体验彭公祠庙会、元宵灯会等民俗活动。

通过旅游项目的设计，体会"国药首镇"元素。鸣鹤古镇旅游路线：徙塘桥—运河桥；区域合作一日游旅游路线：五磊寺—金仙寺—鸣鹤古镇，鸣鹤古镇—浙东抗日根据地旧址。将体验项目渗透到旅游中，在古镇游玩体验的同时，还可购买各类民间小吃、特色腌制食品和竹木制小件工艺品，将杨梅、糟鸡、"甬旺斋"三北糕点等特产馈赠亲友。

参考文献

1.方煜东：《慈溪：明清及近现代国药业之发端》，上海交通大学出版社 2014 年版。

2.观海卫镇：《观海卫镇红色史迹：慈溪市革命烈士陵园》，慈溪市人民政府网，http://www.cixi.gov.cn/art/2020/4/7/art_1229043101_46705726.html，2020 年 4 月 7 日。

3.孙佳丽、厉晓杭、陈敏：《鸣鹤古镇：重焕"国药古镇"风采》，《宁波日报》2021 年 5 月 20 日。

三、观海卫城

观海卫城，简称观城，是中国沿海重要卫所之一，位于慈溪市观海卫镇，是明朝抵御倭乱的海防城池。观海卫城城墙长3057米，护城河长3370米，有四座城门、四座水门和两道水关。站在观海卫四城楼或浪港山（卫山）台墩上，浙东的湖光山色，田园海景，尽收眼底，是浙东三北平原独特的天地契合、天人感应的奇妙形胜。观海卫镇是浙东地区历史文化悠久的古镇，有1200多年的建镇史和600多年的建卫史，又因为抗倭名将戚继光声名远扬。经过600余年的历史沉淀，观海卫城为后人留下了丰厚的卫城文化遗产，形成了古镇璀璨的人文景观和纯朴的民情风俗。至今，"爱国、智慧、勇敢、包容、进取"的"卫文化"仍然激励着人们。2010年4月，观海卫被列入宁波市首批卫星城。当年底，观海卫新城启动建设。如今，"卫文化"又转化为一种城市精神，成为推动观海卫发展和辐射周边镇村的"内动力"。

（一）观海卫城核心文化基因解析

1. 物质要素

（1）地理环境

在观海卫城的北部，浪港山（卫山）如屏风横立、障卫于后，为玄武垂头向下望；左面泽山、岐山、伏龙山逶迤，势若青龙在地面上下潜伏；右面吴山、蔡山、虎屿山挺立，好似白虎卧踞拱卫；而前面"明堂"一马平川，福山黄山罗立其间，杜湖之上又有翠屏山脉群峰翔舞；山顾盼有情，水曲折有致；

观海卫城（慈溪市文化和广电旅游体育局供图）

开敞与遮蔽、直露与含蓄，均相得益彰；达蓬山、五磊寺、栲栳山诸峰，呈奇献媚、辉映错峙，仿佛朱雀振翅欲飞。站在观海卫四城楼或浪港山（卫山）台墩上，浙东的湖光山色，田园海影，尽收眼底。

（2）城墙与护城河

城墙是观海卫城抵御外来侵略的重要的防御设施。结合史料记载及当地流传，观海卫城墙基本符合北宋《营造法式》。城墙在初建时剖面呈梯形结构，外立面与墙底面约为 80 度夹角。为增强城墙体后推力，便于兵马在马道斜坡上城通行，内立面坡度稍缓，与墙底面约为 60 度。城墙高为 7.2 米，上面宽约 3.5 米，底部宽约 9 米，有马道斜坡处则底宽 12—14 米，城墙内马道台地宽为 3—5 米。

与国内其他卫所城池不同的是，观海卫拥有双护城河的防护水系。卫城正方形的护城河总长 3370 米，宽 18—20 米。并行环绕的二河，当地百姓俗称为泥河（应为二河的谐音），总长 2993 米，宽 5—20 米。至今，在观海卫的护城河外，仍可见多条二河遗存。观海卫护城河和二河之间有 5—10 米宽的堤塘，二河并不连通，每百余米有泥路相隔。如若发生战争，敌方攻打观海卫城，只能先通过泥河间的泥塘小道，再攻渡护城河。这样，即使攻城兵力再多，也难以得到有效展开。根据史料零星的记述与工程土方量的计算，二河的开掘应该在明永乐十六年（1418），由都指挥谷祥督建，开掘的二河之土用于增高城墙。明嘉靖三十五年（1556），总兵官卢镗建议在城墙之上增置木栅。同年的观海卫指挥使孙荣又重浚护城河。清康熙十年（1671），观海卫城曾奉文修筑。

（3）城门与水门

观海卫作为东南沿海重卫，城门是防御的重点。明洪武二十年（1387），观海卫城筑成后，最初设置了东南两城门。南门称来薰门，取"薰风南来"之意，语出《吕氏春秋·有始》"东南曰薰风"；东门称司晨门，意为雄鸡报晓，语出晋陶潜《述酒》"流泪抱中叹，倾耳听司晨"。明永乐十六年（1418），为加强防备，增高观海卫城墙，环置敌楼，增建西北两门。其中东门改为迎曦门，西门为振武门，南门仍为来薰门，北门为拱宿门。观海卫 4 座城门与瓮城门均不在一条中轴线上，城门与瓮城门相互错向，避免敌军洪水般的长驱直入。4 座城门出城道路都向左转（古代左右，左为大），形成"卍"字路形，有生生不息、回旋不断的含义。观海卫的 4 座城门为条石砌筑的拱券门洞。瓮城门洞高度分为内、外两层，外低内高，即拱券内门洞要比外门洞高出 1 米多，以使城门开启自如，加强密封度。4 座城门外原各有吊桥，东门为青龙桥，西门为忠孝桥，南门为天一桥，北门为拱宿桥。民国时期，4 座吊桥均已改建为四板两栏的石桥。1941 年 5 月，日军占领观海卫后，拆除石桥，改建为木板桥，上设铁栅门。抗日战争胜利后，当地百姓找来原有石桥板，4 座城门外木桥都重建为三板石桥。

根据明嘉靖《观海卫志·水利篇》记载，"卫城水利，本非为灌溉而设"，主要是为了物资运输的便捷。观海卫的水门，据记载共有 4 座，类同于城门，可供舟船进出通行；水门由两道条石砌筑的拱券组成，外低内高，以利内道的铁栅门或木栅门开合。从光绪《慈溪县志》收录的观海卫城区图中可见，4 座水门的遗址分别位于仓后街与东城边街交接处、东城边街原草庵村队办厂（东城边街 145 号）位置、东城边街今慈溪市第二实验小学后护城河对面、今南央路千家百惠购物中心（原观城商场）后门。这 4 处水门遗址，在清末至民国时期，城内城外各还有 5—10 米宽的河道存在。据传，在明中期，因出现河渠淤塞、池塘侵填、霸占田产、水利不畅等现象，为有利于城内河池排水防涝，4 座水门被改建为条石大阴洞。

（4）军伍与装备

观海卫早期士兵是从附近余姚抽籍而来。但由于两地相隔仅 20 多千米，常出现军士私逃回家的现象，军纪松散且不利于海防。为此，朝廷从福宁卫抽调军队替换余姚兵。据《观海卫志》所记：旗军 5630 名，内设左、右、中、前、后 5 个千户所，外辖龙山千户所。防卫体系以三山所为右翼，龙山所为左翼，卫所之间设有淞浦、向头、三山、眉山 4 个巡检司，滨海山头高地各置烽堠。

观海卫城东西南北 4 座城门，各门城楼除了常规的刀枪钺斧、旗灯杆扒等，特别配备了诸多的备御火器、兵器及火药、铅弹。其中，城门正中放置铁将军炮 1 座，两边各放置一座铁佛朗机炮；瓮城正面放置铁碗口炮 2 座，两边有神机箭 4 架。观海卫东西南北城墙上共有 36 座警铺，间隔 70 米设一警铺。警铺也称窝铺，一般为方形或六角形砖石建筑，是守城士兵执勤、休息、放置守城器械的临时住所，面积大多为两三平方米。每个警铺除了刀枪弓箭外，配备有铁碗口炮 2 座、鸳鸯铳 2 架、神机箭 2 架。观海卫将士的武器装备除常规兵器外，在火器方面已拥有铁将军炮 4 座、铁佛朗机炮 20 座、铁碗口炮 80 座、神机箭 88 架、小型铳枪喷筒 750 余把（支）。在巡海战船方面，根据嘉靖《宁波府志》记载，观海卫配有 200 料（载重约为今 20 吨）战船 1 艘，载旗军 75 名，备军火器上百件和火药 40 斤；载旗军 50 名的八橹哨船 10 艘，载旗军 25 名的 10 桨飞船 10 艘，分别备有军火器、火药若干。

（5）戚继光铜像

观海卫有着极其深厚的历史文化底蕴。抗倭名将戚继光的部队曾在此打过不少胜仗。如今从宁波沿 329 国道往东进入观海卫时，在三岔路口上就立有戚继光将军的铜像雕塑，塑像用青铜铸成，高 11 米。戚继光将军身披战袍，右手牵马，左手平挥一侧，双眼注视着前方，仿佛指挥着千军万马。整座雕像栩栩如生，气势恢宏。

（6）卫山烽火台（炮台）

卫山烽火台在卫山之巅，是古代军事上重要的通信报警设施。观海卫下辖龙山、三山二所。明代沿海孤山峰顶多设烽火台，卫山烽火台即为总台。据嘉靖《观海卫志》记载："总台卫北一里，西至西龙尾二里，东至向头墩三里，五所（卫内分前后左右中五所）发军人十名守之。"卫山烽火台四周陡峭，堆土全部采用山土夯筑，平面呈长方形，上下呈梯形，底部边长 14 米、宽 10 米，顶部边长 7 米、宽 5 米，墩高 4 米，墩顶有长 3 米、宽 2.5 米的燃烟坑，坑西侧留缺口，以利人员登高或燃烟堆薪时通风之用。岁月流逝，有些烽墩被当地误称为炮台，因此卫山亦称炮台山。

烽火台是慈溪先民们抗击外寇入侵的见证。卫山烽火台"夜举烟火日举旗"，遍传烽歌，左右策应，曾为抵御外寇入侵发挥了不可低估的作用，是爱国主义教育的生动教材。1986 年 8 月，当时的慈溪县人民政府将卫山烽火台公布为第三批文物保护单位。1995 年，慈溪市人民政府将卫山烽火台遗址命名为爱国主义教育基地。1996 年，在遗址建成 64 平方米的仿古炮台，供游人凭吊。

2. 精神要素

（1）坚强不屈的抗争精神

由于观海卫地处海陆之交，宋代就在这里设寨驻军、控扼海道，明代时屯兵设卫。观海卫声名鹊起，成为沿海"四大名卫"之一。卫是一段历史，记录着观海卫人勇抗外虏，保卫家乡的壮举。从洪武年间信国公汤和卫山脚下筑城建卫，到抗倭名将戚继光在此横刀立马，抗击倭寇，再到近代三北儿女挥洒热血，奋勇抵抗日本侵略者，卫山脚下的古炮台、练兵场，鸣鹤浙东抗日根据地旧址，都见证了这一段段历史。这是一座英雄的城池，在这里始终洋溢着抵御外侮、坚强不屈的抗争精神。

（2）内涵丰富的卫城文化

观海卫与它所驻扎的城镇共同构筑了独具特色的卫城文化，以"爱国、智慧、勇敢、包容、进取"为核心，主要包含了六大文化要素：抗倭文化、古镇文化、人文文化、建筑文化、民俗文化及红色文化。

抗倭文化，是观海卫镇乡土文化的最主要部分；古镇文化，以鸣鹤古镇为代表的江南特色小镇文化；人文文化，在以"五绝名臣虞世南"为代表的历代先贤，以及近代吴锦堂等爱国侨领身上得到集中体现；建筑文化，如"汤家大屋""胡总兵府""姜家洋房"等，形成了具有卫城特色的建筑文化；民俗文化，即观海卫百姓在劳动和生活中形成的多种别具风格的民间习俗，如"十番古乐""师桥高抬阁""卫里头燕话"等。观海卫还流传着左手棍、金锁拳、栲子拳三种武术套路，是当时戚家军抗倭的必杀技。

尤其值得一提的是红色文化，可以说是观海卫人民不畏强暴、坚强不屈的抗争精神的延续。1926年，慈北阴雨连绵，洪水肆虐，庄稼颗粒无收，自然的灾害、地主的铁租以及财主的高利贷"三把利刀"同时架到了劳苦大众的脖子上。走投无路的农民奋起反抗、斗争，最终矛盾对准了警察机关，并遭到镇压。慈北农民闹荒暴动虽以失败告终，但培养了一批无产阶级的先进分子，为日后地方党组织的建立打下了阶级基础，有力地推动了各地农民运动的蓬勃开展。

3. 语言与符号要素

（1）燕话

燕话，又称卫里话，是慈溪市观海卫城内的一个闽东语/军话方言岛，形成于明代的卫所制度。现在燕话的使用者主要分布在观海卫镇西北角，即卫西村、卫北村一带，使用者不足千人。

对于观海卫燕话的来源有两种说法。第一种说法是，观海卫建卫时，征调的福建省福宁卫旗军将当地方言带入观海卫，逐步形成了燕话。第二种说法是，明代将领戚继光在浙江沿海抗击倭寇时，带领的福建军人将家乡话带到了观海卫。但燕话在戚家军尚未形成的百余年前就已经存在，且戚家军流动性很大，主要的活动也不在观海卫一带。所以第一种说法更可信。

燕话由于其独有的特点，曾作为秘密用语。如著名宁波帮人士虞洽卿曾经使用燕话作为证券交易的暗语；抗日战争时期，中国共产党领导的抗日力量三五支队也曾经使用燕话作为秘密联络的话语。

（2）地名传说

在观海卫，流传着一个有关地名的传说。明洪武年间，倭寇屡屡进犯我沿海各地，烧杀抢掠，为所欲为，当地百姓深受其害。朱元璋派信国公汤和再次出征，抗击倭寇。汤和督察三北沿海一带地形时，发现这里曲折回旋，水脉充沛，是个上选的设卫建所之地，便决定在此设立一卫（观海卫）两所（龙山所、三山所），抵御倭寇的侵袭。由此引发了唐家和鸣鹤场两地村民对于卫所设置地点的争论。后经唐家人唐长明献计，采用称土这一古老的办法，最终选定了唐家为造卫地址。

造卫地址确定后，紧接而来的是建造城墙需要大量的材料，尤其是筑墙用的泥土问题。经过众人日思夜想、多次讨论均无果，急白了汤和的头发。后汤和无意间看到村民把原来墙里挖出来的泥挑去填新房房基，由此得到灵感，制定了一套合理又便捷的城墙建造、布局方案。在军民的齐心协力、艰苦劳动下，工程进展得很快。不到半年时间，便挖通了护城河，采石于黄山（今留下采石后的石孔潭），筑起坚固的城墙。随后，汤和又带领大家在护城河上造了4座吊桥。从此，观海卫城墙高高耸立，犹如一道道坚不可破的抗倭屏障，有力地抵御了倭寇的侵犯。因为登上浪港山就可见到北边的海，所以就把这卫叫观海卫，山也随之变成了卫山。

（二）观海卫城核心文化基因的提取与评价

观海卫城为宁波东南名城，有着这座城市特有的文化基因，支撑着它的发展、壮大、生生不息。基于对观海卫城发展历史、历史遗存等有关资料的全面、深入分析，得出观海卫城核心文化基因是"卫文化"。

1. 生命力评价

"卫文化"起于保家卫国，抵御外侮，具有强烈的爱国色彩和勇敢坚毅的精神；卫城的建设，又离不开军民的智慧、包容与进取。今天，在和平年代里，"卫文化"在构建和谐社会、推进现代化发展，尤其是新农村建设中，也有着不可替代的作用。对于观海卫人来说，观海卫"卫文化"是一项宝贵的精神财富，是支撑这座城镇发展、壮大、生生不息的灵魂和源泉。"卫文化"被视作观海卫的"根"与"魂"进行发掘和传承，多年未变。"推进新型城市化，绝不能断了历史文脉。"可以说，"卫文化"赋予了观海卫城不息的生命力。

2. 凝聚力评价

"卫文化"是观海卫城的灵魂，贯穿于城市发展的整个过程，凝聚着观海卫的人心，让他们共同为了更好的生存和发展而奋斗。自商周先民在这片沃土上留下第一个脚印开始，观海卫人就开始了精卫填海的壮举。从秦海、唐涂、宋地，到现在的宁波卫星城市，围一塘造一地，历沧海变桑田……观海卫的发展史，是一部抗争史，记录了观海卫人民齐心协力与自然抗争、向海要地的围垦史，也记录了观海卫人团结一致勇抗外虏、保卫家乡的壮举。

3. 影响力评价

自 2010 年观海卫镇被列入宁波卫星城市后，推出了"8350"三年行动计划，为观海卫的建设、发展、改革指明了方向。"四横四纵"骨干路网体系，拉开了城市发展的框架。"一核双区"的发展战略，绘就了城市发展的"蓝图"。工业立城、农业稳城、三产强城、旅游兴城的产业发展战略，为卫星城市建设和发展提供了强劲的产业支撑。城乡一体的规划建设体系、公共服务体系和社会保障体系，不断开创着卫星城市建设的新局面。着力打造现代产业发达、城市功能齐全、人居环境优美、辐射带动较强的浙东生态休闲文化名胜区、宁波北部综合性工贸城市和现代服务业发达的示范卫星城市。现如今，观海卫作为"浙江省小城市"培育试点镇，持续性跨越发展是观海卫的代名词。从"区域中心镇"到"宁波卫星城"再到"浙江省小城市"，观海卫城镇能级不断提升，不断向外展现它的影响力。"卫文化"深深影响着生活在这片土地上的每一个人，为美好的未来而不息奋斗。

4. 发展力评价

独特的区位优势和"卫文化"中不息的进取精神赋予了观海卫持续发展的能力。观海卫作为链接杭州湾湾区的桥头堡，被纳入了"一带一路"建设及长三角一体化、杭州湾大湾区、义甬舟世界超市三大战略。如今，观海卫的区域资源吸附能力将与日俱增，这座实力强镇不仅在宁波大都市区北部核心，还在长三角的版图上愈发耀眼，腾飞之势已然箭在弦上。在政府的支持、各种优势条件的汇集和全体观海卫人的共同努力下，观海卫将借势发展，奏响再度崛起的强音。

（三）观海卫城核心文化基因的转化利用

1. 整体规划线上平台，定制个性化文旅服务

观海卫城文化资源丰富，包括六大文化要素，文旅发展潜力大，但缺乏整体规划。为此，搭建观海卫城文旅线上平台，针对不同类型的客户，提供线上定制个性化旅游服务。如制定抗倭文化、古镇文化、民俗文化、建筑文化和红色文化研学游、特色夜游等多条主题鲜明的旅游路线，将所有主题游路线置于观海卫文旅线上平台；并根据不同关键词进行分类，让游客可以在使用时，通过感兴趣的关键词输入，找到专属的个性化主题游路线，将分散的景点联系在一起，为游客提供更加便捷的出行建议。

2.5G赋能观海卫文旅，提升游客互动体验感

可通过加设增强现实（AR）、虚拟现实（VR）、人工智能（AI）等多种新科技体验，增加用户体验感。例如用AI智慧导览，增添科技所带来的现实乐趣；通过聊天机器人、个性化智慧解说，突破交流层面的界限，将现代科技与文旅自然结合。除此之外，由于观海卫文化资源丰富，可创设文化知识产权形象以及语音包，运作于平台，和用户交流互动。游客也可以依照喜好，选择"私人角色"，以提供具有观海卫特色的定制服务。打造AR私人管家和AR智能导游，集中体现定制模式在科技使用发展中的优势，让用户足不出户也能将观海卫城尽收眼底。结合目前很多年轻人对古典文化的喜爱，可构建一个"VR＋古风"模块，以古城为摄影背景，通过在线选择服装搭配或录入古风装扮，以第一视角得到游玩古城最直观的感受，同时也以第三视角观看甚至操作"另一个自己"在古城里的行动，让自己能在方寸之地实现纵览古今。此外，还可模拟出观海卫的"过去、现在和未来"的状态，让观海卫城的六大文化要素得以传播。

3. 体验线上文旅项目，创新智能文旅形式

线上主题游的设置可以很好地传达出观海卫城的文化内核，同时也可根据

游客的选择，挖掘出受部分游客喜好的小众景点，并为此进行具有针对性的旅游路线设置。其中"云研学""云演艺""云制作"体验等创新之处更是智能文旅融合时代潮流和发展的一个重要体现。如"云研学"，以围绕观海卫城多种文化主题活动为主线，推出一系列观海卫城研学在线课程，在线模拟定制研学路线，开设专属的"研学之路"；可以按照用户需求，勾勒出个性化路线；可以设置线上模拟地图，以第一人称亲身感受研学之路。又如"云演艺"，创作一些具有地方特色的剧目，并在演艺过程中穿插互动环节，给观众一种身临其境的交互体验。再如开启"云制作"体验，进行交互性的手工制作活动。通过网络红人的特色讲解，传统手工艺人的专心制作，让受众在观看过程中参与，提高制作与购买的真实感。此外，多家店铺之间还可进行联播，增加产品的可选择性，带动其他商铺的销售，旺盛整体市场活力。

4. 打造特色文创，促进地方经济文化发展

观海卫城有诸多景点，也有不少历史名人。可以此为切入口，以观海卫城的景点和历史人物为主要元素，讲述每一个景点和人物背后的故事，让更多的游客了解观海卫城，喜欢观海卫城。此外，还可设立线上与线下同时联动的文创馆与文创工坊，邀请游客自制纪念品，独特且具有参与性，从而在宣传观海卫文化的同时，有效增加当地旅游收入，打造文化经济圈。同时，还可与动漫角色扮演活动、影视配音、游戏公司等合作，实现线上数字场景与线下实地景色的共融。

参考文献

1.吴华清、余方觉、孙云东、胡晨晓：《观海卫：千年古镇"根"的传承》，《宁波日报》2014年8月13日。

2.莫非：《观海卫城池考略：城门与水门》，《慈溪日报》2020年4月19日。

3.莫非：《观海卫城池考略：军伍与装备》，《慈溪日报》2020年6月7日。

4.莫非：《观海卫城池考略：城墙与护城河》，《慈溪日报》2020年3月29日。

5.沈新军：《传承"卫城文化"助推乡村振兴——以慈溪观海卫镇为例》，《新农村》2022年第3期。

6.魏爱萍、张芝琰、刘怡：《文旅融合背景下5G赋能绍兴文化旅游的途径与措施》，《当代旅游》2022年第12期。

7.项一嶔、徐闪闪、杨恩浩《"卫文化"点亮观海卫镇社区教育》，《宁波日报》2017年4月26日。

四、方家河头古村落

方家河头村又称河头村，位于慈溪市龙山镇，在四明支脉翠屏山脉东首，灵湖与窖湖之间，三面环山，溪涧绕村。村庄坐南朝北，依山势而建，层层向上。村内古井古树随处可见，古街古道四通八达，明清建筑错落有致，辅以古朴幽深的殿庙祠堂以及优美动人的民间传说。历经千年的方家河头村，曾一度颓败。2011 年，宁波启动了"美丽乡村"建设，方家河头村又迎来了复兴的曙光。它仿佛一颗明珠，美丽风景与美好生活正诗意相连。

（一）方家河头古村落核心文化基因解析

方家河头村以方姓为主，是目前国内较大的方姓聚集村落。追溯其历史，河头村从秦朝时期就开始有人居住。相传秦始皇上会稽山祭大禹，登达蓬山，巡至灵绪山，见该地秀色迷人，便以妃子兰屿之名命之，兰屿之称由此而来。宋代，方绅、方天柱父子迁至桃花岭脚下。北宋末年，方轸不畏权贵，向皇帝揭发蔡京。方氏后人秉承忠义孝孺的传统，讲述着方家河头兴盛罹难的故事。明朝时期，方绅子孙迁居至河头村，并渐渐成为当地的望族，因此河头村也被称为"方家河头村"。新中国成立以后，河头村先后隶属于河头乡、龙山乡、东方红人民公社、龙山人民公社、龙山区、龙观地区、龙山区、龙山公社、龙山区、龙山镇。现存的方家河头村的基本格局是由明朝的开国功臣汤和在 1387 年建成的。

方家河头

1. 物质要素

（1）古屋

方家河头村古民居数量多，分布密，古村内保存格局完好的传统民居主要为清末民初的建筑。建筑形制和装饰细节各具特色，幢幢古宅，均烘托出不同历史时期河头先民的审美取向，显示了方家河头昔日的辉煌。例如刺史第始建于明弘治年间，为当时河头进士官掌管学院方志登宅第。建筑主体坐南朝北，为重檐歇山顶，布局呈"凹"形，总占地面积约1000平方米，东、西建筑各8间，均匀对称，南端建筑四间亦为重檐歇山顶，北为刺史第正门。整个建筑用材粗壮讲究，部分构件精雕细琢，是河头众多古建筑中规模最大、保存较好的古代宅院。其中最耐看的当属坐落在大桃花岭起点的兰屿书院，相传其为清代进士方启昆等所创办。书院面向青山，前有碧溪流经，四周翠竹环绕，与山色水景融为一体。如今，方家河头村的古建筑大多还有村民居住，高墙黑瓦之间，岁月的气息依稀可闻，无不彰显着河头的悠久历史和深厚底蕴。

（2）古道

方家河头村现有桃花岭古道和兰屿古道两条。古道可连接周边乡镇，以及达蓬山、五磊寺等景点。相传古道形成至今已有上千年历史，是当时村民、商贩往来的重要交通要道和商贸通道。沿着古道行走，可以见到桃花凉亭、仙人洞、摩崖岩刻和古寺庙等景点。目前，古道已经成为浙东著名的文化旅游古道和健身古道。每到节假日，吸引大量游客来此观光旅游，强身健体。

（3）古树

与古屋相伴相生的是郁郁葱葱的参天古树。方家河头村三面临山，溪涧绕村而行，使得村中地下水脉流畅，养育了遍布全村的古树群。村里有数百株树龄在200年以上的各类古树。年岁最长的要数位于村口的大樟树，相传是五代吴越国时期围筑海塘时所建，估计树龄已在千年以上，是"三北第一樟"。在老街旁的一棵千年古槐树，也颇有来头，据传为王安石所植，曾在1956年大台风中被拦腰折断，一度枯萎，30年前重新长出新叶。此外，还有高30余米、树龄700余年的银杏树；连理并枝、被当地村民视为爱情寄托的500岁的"鸳鸯樟"；300多年树龄的桂花树……共同构成了一首优美动听的生态交响曲。

（4）古井

历史上河头村民的用水依靠挖井取水，随香溪源头顺溪而下，有许多井泉景观，有仙人潭、生儿泉，据传是徐福东渡时在此待渡所筑的长生井，以秦始皇的妃子兰妃命名的兰池，还有浣纱池、双眼井、施家井、大天井、小天井等。其中方井为慈溪境内三大古井之一，与魏洪桐井、邱王沙井齐名。该井建于明永乐年间，位于水沟弄与长街的交汇处，井深5米，口径1.1米，水甘冽，冬暖夏凉，久旱不枯，久雨不溢，数百年来一直为河头居民的重要水源。

（5）古寺

正觉禅寺位于仙霞岭岭脚，原寺院前后三进，有藏经阁、钟鼓楼等。自明初起，正觉禅寺逐渐成为方氏宗祠的家庵。新中国成立前后，寺院破败。现今正觉禅寺已有1000多年的历史，但留下的只有北首五间厨房和僧侣的起居室。

（5）古街

河头老街始于宋代，形成于明代，一直延续至今。20世纪80年代末，因在村外侧建了新市场，老街露天交易市场才退出历史舞台。老街分横、竖两条：一条是村大会堂旁的横路，另一条是沿着方井向南顺坡蜿蜒而上的方家路。数百年来，这两条老街是方家河头的贸易中心，每逢集市日，周边的商贩云集而至，人潮如流。如今，村庄向北扩建，店铺和菜市场陆续外移，老街虽然完成了它的历史使命，但古韵犹存，气度仍在。

2. 精神要素

（1）天下为公的义门精神

青阳上田义门事略是方氏家族对中国古代社会的一大贡献，是其进行的以"大道之行，天下为公"为旨的社会制度的积极探索。"大道之行，天下为公"出自西汉戴圣《礼记·礼运》。河头方氏作为中国传统社会的一个组成部分，对上田义门事略极为推崇，自建村起就以背诵义门诗的形式传颂这一精神。

（2）刚正不阿的家族传承

据《横塘方氏宗谱》载，慈溪方氏始祖为方轸。方轸是中国历史上一位有名的不畏权贵的忠直之士。北宋末年，内政外交出现很大危机，而蔡京等人迎合皇帝纵情玩乐，专政乱权。作为一位有正义感和忧国忧民的朝廷官吏，方轸不顾自身安危，向皇帝上奏揭发蔡京，同时希望皇帝能不受蒙蔽而振作有为，但却受到严重的打击报复。他毫不屈服，从大观元年（1107）到靖康元年（1126）近20年间3次上奏。河头方氏是方轸后裔。南宋末年，方轸第九世孙桂四公方天柱从风浦迁居河头，至今已近800年历史。每当民族危难关头，方氏族人总以大义为先、勇于自我牺牲、敢于担当责任，不计个人得失，挺身而出，把河头古村"义"的元素彰显得更有特色、更有分量。

（3）救亡图存的革命精神

每当国家处于危难之时，方家河头的方氏族人都以自身的努力去救亡图存。翻开近代方家河头的历史，我们看到无数爱国志士：普通妇女阿能嫂以热情的态度迎接新四军，及时传递国民党行踪，帮助新四军转移到安全地带，组织妇女做纸花、搭彩牌塔迎接解放大军；方兴小学师生开展抗日救亡活动，在河头大街、黄杨岙等举行抗日示威游行，宣讲以及演唱抗日歌曲等；商店职员方锡根、方以源等40人成立灵湖乡民众抗日救亡宣讲团，编导剧目，围绕抗日内容，揭露日本帝国主义残酷杀害东北同胞罪行，激发民众的爱国热情。

（4）"天人合一"的人居理念

方家河头村从古至今都遵循着"天人合一"的人居理念。古村选址依山而居，东靠达蓬山，南依翠屏群峰，被三山四湖环抱。古村粉墙黛瓦，建筑层层跌落，村庄与山体浑然天成。村内随处可见的流水清泉，众山吞中龙潭溪、桃花溪、香溪、黄龙溪、青龙溪、沙溪顺流而下，使得依山而建的古村水脉旺盛；遍布村落的古树名木，生长丰茂，数百年的香樟树与银杏树默默矗立；色彩斑斓的田园风光，与环山林木、村内的古树构成绿色的总基调。

方家河头村的山水灵气，与村里人数百年来自发自觉地保护也是分不开的。例如，对于古树的保护，早期是写在方家河头村人的家训里，近几年又直接写进了村规民约，并在村民大会上通过。从20世纪80年代开始，在几十年的村落开发建设中，村里人从未砍过一棵古树。2003年，方家河头村建设慈溪唯一的历史文化保护区时，开发资金十分有限，但为了保护兰岵大屋附近的40多棵古树在开发中不受伤害，村里把有限的资金首先投入这块区域，建成了兰岵生态公园。2011年，美丽乡村建设规划时，古村的"四古"——古树、古屋、古井、古道，被视作方家河头村的核心价值所在，古树保护被列在"四古"保护之首。为了最大限度地保留古村韵味，早在美丽乡村建设开始时，村民们已经达成了共识，大到村里的公共设施建设，小到路边的一只垃圾桶的设计，首先要考虑如何跟周围环境保持协调。

3. 语言与符号要素

（1）始皇传说

相传2000多年前，秦始皇派遣方士徐福等人从达蓬山南麓下海，寻找长生不老仙药时，曾御驾亲临来到此地。其间，游遍河头山水，流连忘返，留下"万龙亭""黄龙山""方塘""兰屿"等景点。

（2）民俗

100多年前，方家河头村就邀请外来戏班演戏。冬至日这天在珍一房前广场演冬至戏，在河头庙里演还愿戏。20世纪20年代后，河头村民春节文化活动开始兴起，都是村民自编自演的节目。30年代后，开始兴起以祭神为主题的"神赛会"：有"都神会"，祈求村民无病痛；有"龙王会"，祈求龙王降甘霖；有"药王会"，祈求灭除病虫害。村内也涌现出一批民间艺人，并开始组织自己的艺术班子，在村内、村外演出，宣传爱国抗日，形成一些地方曲目。

（3）宗族文化

方家河头村内有河头庙、方氏宗祠、上皇庙等庙宇宗祠。河头庙内供奉"武圣候"赵子龙，河头人称"虚空菩萨"，已有200多年历史。庙身坐南朝北，呈长方形，正殿大堂神龛上悬"武圣候"匾，庙内有戏台，做工精美。方氏宗祠位于河头庙南侧。历史上因方家孝孺代王监国殉难，所以在平叛后追谥其忠贞，钦赐庙前后祠堂，中堂上悬"河南望族六桂堂方"大匾。上皇庙供奉上皇庙药皇大帝（神农氏）。历史上，上皇庙会风行，每年阴历四月初八，上皇庙菩萨生日，村民唱《药皇》《天医》《华佗》三支歌曲，载歌载舞，燃放烟火，祈求健康。

（二）方家河头古村落核心文化基因的提取与评价

方家河头村有着悠久的发展历史和厚实的文化积淀，是慈溪目前唯一一处古村落文化遗产，也是宁波市域内数量不多的保存较完整、价值较高的古村之一，国家级历史文化名村，被誉为"三山四湖环抱的生态明珠"。方家河头村民风淳朴、刚烈，教育传家的儒学根基深厚且包容；方氏族人刚正不阿、敢于牺牲、勇于担当，革命精神在他们身上表露无遗；他们世代守护着古村落，保全了村内原汁原味的明清古屋、古树、古道、古井、古街、古寺。基于对方家河头村的历史遗存、发展历史和村风民俗等有关资料的全面、深入分析，得出方家河头古村落核心文化基因为"崇文重义"的方家河头精神和"天人合一"的人居理念。

1. 生命力评价

方家河头村在漫长的历史长河中，延续着"崇文重义"的文化主脉，坚守"天人合一"的人居理念。如陈永富拒绝高价购买雕花柱基石的诱惑，悉心保存思本堂遗址。2011年，宁波"美丽乡村"建设启动。2012年6月，打造方家河头村作为慈溪市美丽乡村示范村，正式列入慈溪市及龙山镇各级政府的工作计划。同月，市规划设计研究院开始为古村编制建设规划。方家河头村结合自身特点和发展脉络，以"四古"元素为特色，对古村进行了保护性修缮，提升基础设施建设。通过挖掘、打造、突出古村深厚的历史文化，不断促进河头历史文化和生态环境的融合提升。一个方姓先祖们遗存的"桃源仙境"正以崭新的面貌出现在人们的面前，不断焕发着新的生命力。

2. 凝聚力评价

坐山拥水的方家河头村，文化底蕴深厚，生态环境优美，一代又一代的河头人，在地方政府大力支持和村民们的不懈努力下，用汗水与实干成就了现在美丽富裕的方家河头村。遵循传统村落"建设性保护、保护性建设"的原则，方家河头村投入大量资金用于古村落入口环境提升、方家路老街路面和两侧民居立面改造、古屋修缮、兰屿公园提升、香溪和两侧环境改造、藕池环境提升、古村路线指示牌设置、国家级登山健身步道和景观改造等十项工程建设，赋予古建筑以新的生命，让生活在古村落的村民同样享受到现代化的生活，乐于居住，享受生活。

3. 影响力评价

方家河头村后人从"崇文重义""天人合一"的文化基因中不断寻求美丽乡村建设的思路：拓宽村庄发展视野，以旅游业为龙头构筑河头美丽乡村的核心内涵，将产业重组落实到空间层面，形成方家河头村"一心、一轴、两片"的开放型的空间发展格局。2012年以来，通过美丽乡村建设，方家河头村成为浙江"网红旅游打卡地"之一，还先后获得多项荣誉：浙江省特色旅游村、浙江省美丽宜居村、浙江省历史文化名村、浙江省美丽乡村特色精品村，并入选第七批中国历史文化名村、第五批中国传统村落名录。那承载着千年乡愁的古村，已美成诗画，让人们感受到了它的整装待发。

4. 发展力评价

中华优秀传统文化是中华民族的血脉和基因，培育和塑造了诸多宝贵的精神品格和崇高的价值追求，诸如"天人合一"的哲学智慧，"义利并举""以义为先"的道德品质等。方家河头村人一以贯之地对优秀传统文化的尊重，既是方家河头的文化主脉，也体现了中华民族的精神追求。这是方家河头当下以及今后都需坚守与传承的主题，有利于激发方家河头古村人民的大局观念与责任担当，有利于方家河头村的全局规划和科学发展，有利于进一步推进美丽乡村建设，对方家河头的保护与未来发展有着深刻的意义。

（三）方家河头古村落核心文化基因的转化利用

1. 打造 IP 化主题特色乡村，构建"IP ＋乡村旅游"融合模式

方家河头古村落可依据所具备的人文资源、自然资源、产业资源等特点，将 IP 的优势与村落的资源互为联动，形成共同价值。从前期策划到后期运营都需围绕方家河头村的特征，围绕特色乡村的 IP 主题全方位打造原创 IP 和互动休闲娱乐等系列项目，实现原创 IP 文化价值转化为效益收入，并以多渠道的平台营销推动特色乡村 IP 价值提升，从而增强旅游的跨业态发展。其中，IP 化主题村落需要创新特色乡村的 IP 故事文化来引导受众的认知。比如方家河头村的起源故事、优美动人的民间传说等，对此进行深度挖掘和创新，打造旅游 IP。通过特色文化底蕴的比拼，寻求方家河头村差异化、特色化发展的优势竞争力，实现 IP 核心价值的输出。

2. 推进数字经济乡村布局，构建"数字经济 ＋乡村旅游"融合模式

2020 年，国家发布了《数字农业农村发展规划（2019—2025 年）》，明确指出要严格按照党的十九届五中全会要求部署，促进数字经济与农业农村经济深度融合发展。方家河头村，也应加快数字技术基础设施建设，打造乡村旅游智慧服务，实现乡村数字化管理、重塑方家河头村数字品牌。如会同村里的思本书画社，设置数字阅览室、VR 体验室，吸引青年群体，形成良好的带动效应；推广"数字＋民宿"网红产品；推出微田园乡村科普、传统手工艺、特色小吃等数字场景体验活动。同时，借助短视频等社交软件进行精准营销，加大与电商平台的合作，带动方家河头村旅游发展迈上新台阶。

3. 探索乡村养生产业体系，构建"康养产业＋乡村旅游"融合模式

方家河头村生态环境优美，生活节奏自然和谐，古屋、古寺、古道、古街汇集村中，发展康养产业优势十分明显。可以通过发展"候鸟"养生、生态养生、饮食养生等多种业态，辅助田园生活、农作生活，培育回归自然、修身养性、享受生活的健康养老生活方式，构建乡村养生产业体系。如引入养老机构、联合养老民宿，发展中长期家庭养老产业；整合周边农业资源，导入四季果蔬种植，以果蔬种植体验，带动"以动养身"，让康养者通过农耕锻炼修身养性；还可以结合方家河头村的历史人文资源，发展传统节庆和民间习俗活动，带动"以和养生"。产业特色可延伸至休闲农业、健康食品、户外运动等。

4. 提升品牌文创整体优势，构建"文创品牌＋乡村旅游"融合模式

方家河头村的文创产品的开发，需从古村的历史文化传承与发展角度出发，进一步完善文创产品种类，实现对产品体系的丰富，从而形成品牌化和系列化，充分凸显出整体优势，以满足不同层次民众的文化需求。具体来说，首先，应加强对方家河头村文化资源的梳理。从基本信息维度、物质文化维度和非物质文化维度三个维度出发，进行系统梳理。在此基础上，借助网络技术，构建方家河头村文化资源数据库，为文创产品的开发，提供素材支持。其次，以整体文化识别系统为主，系列性地开发方家河头村文创产品，对文创产品的形象、风格进行统一。从产品的包装、广告的宣传角度，突出古村落产品的品牌效应，形成完善的文创产品体系。最后，在开发文创产品时，除与当地文化相结合外，还需进一步提高产品本身的实用性。可结合用户需求，将日常生活用品作为基本导向，与现代设计理念相结合，进一步提高文创产品的实用性，使文创产品能够被带走，并真正融入大众的生活中。

参考文献

1.胡珊：《锦绣河头 高歌远行》，《宁波通讯》2018 年第 4 期。

2.张丽娜：《乡村振兴战略背景下农业聚落发展乡村旅游业探究——以浙江省慈溪市方家河头村为例》，《湖北农业科学》2019 年第 13 期。

3.张若、俞华波：《方家河头村：千年古村 桃源仙境》，《宁波经济（财经视点）》2014 年第 2 期。

4.周叔扬、徐亮：《方家河头村 好一个"桃源仙境"》，《宁波通讯》2013 年第 12 期。

孙家境祠堂（王孙荣摄）

五、孙家境

孙家境，地处慈溪市横河镇建成区南面（旧属余姚县梅川乡），东邻东畈村，西连伍梅村，南接龙南村，北至东上河村，行政区域面积1.8平方千米。千年前，五代后唐明宗朝三司使孙岳卒葬烛溪湖，拉开了"横河孙家境，纱帽八百顶"的序幕。千年孙家境，既是簪缨世家，又是忠孝世家、文化世家，素有"一门三孝子，五代九尚书"之说，以"忠孝、政事、风节、文章"称誉天下，是"姚江文化现象""姚江人物群体"的重要组成部分，堪称中国文化史上的奇迹。它不仅是一个家族的历史，还是宋明时期浙东文化士族的一个缩影。其辉煌昌达之中，融合了儒家的入世精神，又浸润着道家的出世哲学。

（一）孙家境核心文化基因解析

孙家境因卜居于此的孙氏宗族而得名。孙家境孙氏在五代后唐时从睦州徙居余姚烛溪湖西北，奉五代后唐明宗朝三司使孙岳为始祖，世称"烛湖孙氏"。历经千余年的繁衍生聚，孙氏宗族，显宦名士，人才辈出，发展成为姚江望族，其支脉遍及全国，远达海外。孙氏家族很好地贯彻了修身、齐家、治国、平天下的理念，以"孝"修身、齐家，以"忠"治国、平天下，形成"出为忠臣，入为孝子"的优秀家风，成为家族持续辉煌的内生动力。

1. 物质要素

（1）烛溪湖

据杭州湾海陆变迁的历史推测，烛溪湖应属海湾演变而来的潟湖，形成年代为 2000 多年前的秦汉时期。据光绪县志记载，烛溪湖位于龙泉二都，周围约 2000 亩。嘉泰《会稽志》引旧经云："昔人迷道，忽有两人执烛夹溪而行因得路，故名烛溪。"烛溪湖东西南三面环山，北面尚有孤山（现称伍梅山），唯东北一隅筑有限湖之塘，称"漾塘"，设有两陡门，即东、西两个放水闸门。东门位于孤山以东，与漾塘相连；西门在孤山以西。由于灌区内地势高低不等，按古《湖经》设置堰闸为上、下两原。上原大致东到匡堰，西至横河堰，北以近浒山的罗墅桥闸为界，以东门灌之；下原在横河堰以西，沿东横河一带，近余姚县城冶山，用西门灌溉。上原地势较高，灌区面积大，一遇干旱往往供水不足，易受旱；相反下原虽面积较小，因地势较低，水源足却易涝。上下原两地民众时常发生水事纠纷。明成化十三年（1477），梅川儒士胡礼提出"分湖供水"方案，分东、西两湖，湖中所筑之土塘称为"中间湖塘"，又称"腰塘"。嘉靖十四年（1535）湖塘由于自然和人为等原因毁坏，胡礼之孙胡东皋官居都察院御史中丞，"复以言，令有司率民修之。利今如故云"。胡礼祖孙两代之功勋维持了烛溪两湖的稳定。千百年来，烛湖之水灌溉了万亩田地，滋养了一方百姓，也哺育了具有地域特色的烛湖文化。唐宋以来，衣冠望族接踵而至，成世家渊薮，其中姚北望族首推孙家境孙氏。进入 18 世纪以后，烛溪湖出现占湖为田的现象。民国烛湖西湖被废。新中国成立后建成梅湖水库，烛溪东湖改湖为田。如今的梅湖水库是在旧湖之上的涅槃重生，焕发出了更大的活力。

（2）古建筑

孙家境村有敬义堂、先字地、钦士地、皇门第、狮子墙门头、祠堂跟等古建筑，都有一定的历史文化积淀。敬义堂为明代正德年间右副都御史、江西巡抚孙燧故居。孙燧一门六世盛名，祖孙、父子、叔侄、兄弟先后选翰林，任尚书，煊赫半个大明王朝，称海内望族。明末清初，敬义堂毁于战火。先字地原作逻字地，为孙家境第二十世逻字行十八堂兄弟居住地。钦士地原作清字地，为孙家境第十八世清字行十三堂兄弟居住地。皇门第原作黄门第，为孙家境第十八世孙、都给事中、福建按察司佥事孙矗故居。明代给事中雅称黄门，故其居称黄门第。狮子墙门头原为旧时官宦府第，具体为何人已不可考，明清时等级森严，不到一定品阶，不可能在门口安置石狮。祠堂跟指孙家境大宗祠周边一带。现存宗祠为硬山顶砖木结构庭院式建筑，平面布局呈长方形，占地面积 1500 平方米。坐北朝南三进七开间带厢房，依次为台门、前厅、后厅，两侧各三开间两层楼厢房。前两进为清康熙初年孙延龄倡资修建，第三进"燕翼堂"为民国重建。经族人悉心维护整饬，2017 年，孙家境祠堂已成为浙江省文保单位，为省内保存较为完整的古代祠堂建筑之一。

2. 精神要素

（1）事国以忠直

孙家境始祖、后唐重臣孙岳一贯忠君爱国，因反对谋逆而被害殉难，但忠直的节气传承了千余年，被其后裔恪守不替，进而成为家风门楣。正德十年（1515），孙燧以右副都御史的身份巡抚江西。宁王朱宸濠要挟江西官员随同谋反作乱。孙燧要维护国家的安定统一，不肯相附。巡抚江西 4 年间，他一方面密查官员、寻找盟友，另一方面则积极进行军事部署，在南昌附近的九江、广信等地驻扎重兵，还借讨伐盗贼的名义把兵器运出南昌，防止被宁王夺去。最终被宁王杀害。孙燧虽死，但他的前期部署却发挥了重要作用，死后被追赠礼部尚书。

（2）事长以孝悌

余姚龙泉山南忠烈祠西建有"三孝祠"，纪念的便是忠烈公孙燧的 3 个儿子：孙堪、孙墀、孙陞。孙燧被宁王杀害后，兄弟三人星夜兼程直赴南昌。孙堪见到父亲的遗体时，悲恸欲绝，竟然哭聋了双耳。后兄弟三人为父守墓 3 年，丧期满后又守孝 3 年。孙陞痛恨宁王害死父亲，终生不写"宁"字，也不为人写祝寿文。母亲 92 岁高龄去世，孙堪哀悔不胜，在回乡途中倒在母亲的灵柩旁边，再也没有醒来。孙堪、孙墀、孙陞被时人称为"三孝子"，他们的故事誉满海内。

（3）事友以贞信

孙陞风节高尚，有口皆碑，有"孝友天植"和"笃行君子"的美称。他口不言人过，对待同僚亲友常常"出粟为助"。同乡状元韩应龙英年早逝，他主动抚养韩氏遗孤。华州王维桢死于地震，他收集遗文刻印出版。他常告诫子女养德、养身、养学，三者须日日体验，不可缺一。

（4）事政以勤廉

在家族的价值观导向和孙燧事迹的影响下，其子孙在为政中，都能够勤政事、持清正。孙燧次子孙陞虽是严嵩的门生（严嵩是主考官、孙陞是考试及第者的关系，非真正的师生关系，类似的概念如"天子门生"），却对严嵩敬而远之，主动要求离开京城外任，从此不再回京。其孙孙鑨，在嘉靖朝担任吏部尚书，求贤若渴，考绩朝官杜绝请托，力持公正。他罢黜了自己的外甥吕胤昌，起用不少刚直忠贞的东林党贤士清正朝纲，被誉为"东林肇基者""浙中贤太宰"。南京兵部尚书孙矿，在国家危难时刻不计个人荣损，经略朝鲜抗击倭寇。他拟定《防海图说》，实事求是主张积极防御，又笃行实学，足迹遍及抗倭前沿，根据实地考察分析写成《兵食机宜》，条陈内容涉及形势、设兵、聚粮、额饷诸事，极为详备。孙氏六世中第四代刑部主事孙如法，在万历"争国本"一案中当庭直谏，据理力争，万死不悔。他被贬到潮州当一挂名小吏，且终生没有被起用。第四代孙如游，历仕神宗、光宗、熹宗三朝，累官至太子太保、礼部尚书、文渊阁大学士，深受三代君王的信任和赏识。在晚明"三大案"中，孙如游执掌朝政，以正直忠善之心，不畏奸邪，维护正道。明末政局崩坏，孙如游心痛如焚却回天乏力，年逾古稀告职回乡前还上陈十事以献：保圣躬、勤典学、操主权、时召对、肃纪纲、挽世风、惜老成、通言路、饬边防、苏民困。忧国忧民，不因离职而轻忘。

3.语言与符号要素

（1）艺文

绵延千年的血脉传承，孙家境积淀起文化世家的美名。文章、书画、戏曲也尽得风流。开姚江孙氏文学之先河的是南宋烛湖居士孙应时。他传世的《烛湖集》20卷，是现存孙境孙氏最早的诗文集，具有十分珍贵的史料和文学价值。孙氏先贤有《孙文恪公集》《孙孝子文集》《孙夫人集》《父唱子随五百首》等诗文集传世。在孙氏六世中，孙堪以画菊闻名，乾隆《绍兴府志》称他"性本爱菊，所居辄种菊，日夕玩之，故画每得其神，其画格亦与众别，黄紫参差间出俨如庭植"。孙矿更是孙氏家族在文化领域的集大成者。孙矿书法清净绝伦，行草及楷法都非常精工。他的书画理论著作《书画跋跋》被收入《四库全书》，广为后世学人所征引，读书著述现存的有100余种，1000多卷，其种类之多、数量之大、范围之广，在中国历史上都是罕见的。孙氏家族成员也具有极高的戏曲造诣，于古今剧戏，靡不购藏，是晚明戏曲史上的一个亮点。孙矿从选材、音律、词采、教化等10个方面提出了南戏的"十要"理论。明代曲论的"双璧"《曲律》和《曲品》撰写者都得到过孙如法的指点。其对晚明戏曲界贡献独特，历来为戏曲史坛所赞赏。在读书著述的同时，孙氏家族还热衷于校书、刻书和藏书。此外，孙氏后人有强烈的文献保存意识，非常重视家族文献的收集整理，许多先人遗著被子孙精心保藏，代代传承。2019 年，孙家境依托悠久的历史文化传统资源，通过慈溪市文联、横河镇文化站的指导，成立了孙境烛湖诗社。内有诗碑 16 块，由全国有名的书法家根据孙家境先贤所作诗词碑刻而成。

（2）谱牒

谱牒是伴随着家族制度而来的记录家族血缘关系的文献。孙氏宗谱，不仅将宗族中的人收录其中，以长幼有序的原则编排，还收录了宗族中值得尊敬的人的事迹，让后人瞻仰。孙家境孙氏的辉煌成就，与其深厚的家学渊源、严明的家法族规息息相关，这当中孙氏家训对后人的启示起到了关键作用。孙氏家训全文 1 万多字，由南宋孙介根据其师胡宗伋寄给兄长孙畴的两封书信，以及莫氏后人提供的师母的手札，整理辑录而成，在当时和后世兼具极大社会影响。朱熹曾评论此家训道："立家规百余款，皆有至情，虽吕氏《童蒙训》、颜氏《家范》、李庄简之《家则》，未有若此之明且尽，切且易也。人能熟而诵之，便是圣贤。凡得此见此者，其可忽诸？"该家训历经元、明、清，多次刻板重印，虽年代久远，但其对修身治家、待人接物均有广泛涉及和精辟议论，可供当代人汲取和鉴戒。

（二）孙家境核心文化基因的提取与评价

孙家境始祖孙岳忠君爱国，忠孝的节气被其后裔恪守不替，进而成为家风门楣。忠臣孝子，历来并称，其中脍炙人口的"一门三孝子，五代九尚书"之说，更令后人敬仰并传颂。事国以忠直，事长以孝悌，事友以贞信，事政以勤廉，精神代代相传。基于对孙家境的历史遗存、发展历史和村风民俗等有关资料的全面、深入分析，得出孙家境核心文化基因为"出为忠臣，入为孝子"的家风。

1. 生命力评价

一方水土，一座宗祠，一脉传承，是慈孝之风薪火相传的千年，也是忠孝节义不断传唱的千年。在这 1.8 平方千米的土地，自五代后唐定居时起，历经宋元明清四代，人才辈出。历史上诞生过 40 余名进士，其中状元、榜眼、会元等人物辈出。仅在明清两代，就出了1位三朝元老、2位大学士、9位尚书，百余位文、武举人，在朝文武杂职共609人。尤其在明代中后期辉耀150多年，享六世盛名。这一罕见的成就，与孙氏家族"出为忠臣，入为孝子"家风分不开。清朝建立后，对汉族缙绅的限制和打击，致使孙家境孙氏遭受重创，不复昔日的辉煌。但族人追缅先辈遗风，将这一家风代代相传，生生不息。

2. 凝聚力评价

在孙家境孙氏家族如此庞大的官宦群内，虽然出身各有不同，或科举，或荐举，或荫或纳；所任官职也是各色各样，上至阁老大学士、六部、九卿、三法司，下至知府、知县、教谕、巡检、驿大使；唯有"忠孝"二字始终相通，一般无二，已经成为植根于家族血脉之中的一种基因，真正形成了出为忠臣，入为孝子的家风。孙家境的核心文化传承至今，对村民的团结精神起到了积极的作用。每年的中秋佳节，孙氏后人都要相聚一起缅怀先辈，对家庭困难的族人进行帮扶，对村内的孤寡老人、残障家庭提供物质保障，为村庄的建设出钱出力，大大提升了整个村庄的向心力和凝聚力。

3. 影响力评价

2013年，孙家境开始筹建村文化礼堂，将农村文化礼堂和孙家境宗祠文化有机结合，按照现代、千年孙家境两个板块设计，一部分是以宗祠为主体的古建筑，另一部分则是展现近现代本村人文历史的乡风文明馆。在宗祠西侧按宗谱记载重建"浴心书屋"，用以千年孙家境历史文化陈列，通过千年孙家境纪录片，以及先人的画像、碑刻、书画、书影、宗谱等形式，展现姚江望族的辉煌历史。礼堂的另一半，静静守望着村人近现代的发展。乡风文明馆展示村史村情、民风民俗、尚德励志、发展成就和文化艺术。"五廊"以图片、文字以及实物等形式，重点展示新中国成立以来孙家境村历史沿革、村庄发展、村容村貌及道德榜、能人榜、寿星榜等。在展柜中陈列传统的票据、器皿、农具、书画与珍贵的历史资料等，充分展现近现代孙家境的人文历史。目前，孙家境宗祠文化礼堂已成为浙江省文物保护单位、宁波市清廉教育基地、慈溪市青少年社会实践教育基地、慈溪市爱国主义教育基地、慈溪市开放式组织生活基地等，每年外来参观人员逾2000人。

4. 发展力评价

千百年来，我们中华民族就是一个重视血缘和家族的民族。孙氏一族忠孝传家，在不断发展的过程中，吸收了"孝"文化的精髓，并把其作为立家之本，代代相传，塑造了良好的家风。同时，家族的发展眼光不仅仅是向内的，而是一直与国家同呼吸、共命运。明末名臣、学者袁可立做了一个解释："为亲而出，为亲而处。出不负君，移孝作忠。"所谓的"移孝作忠"，在"家"和"国"两级共同体之间建立起沟通桥梁，把个体、家和国凝结成一个有机整体，加强个体对"国"的认同，成为维持大一统中国的认同基础。

（三）孙家境核心文化基因的转化利用

孙家境历经千余年，文化底蕴深厚，古村落特色资源丰富，其转化利用的思路是：推进文旅融合发展，在乡村、游客和旅游项目三者互动中保持均衡关系，吸纳与整合不同关联度的消费者，促进乡村与旅游的协同发展。

1. 重构乡村共同体符号，激活与外出流动主体的联系

从孙家境走出去的群体，既是乡村文旅融合产品的消费者，也是乡村文旅市场的建设者。他们和孙家境之间有着较强的关联，有着共同的记忆和情感纽带。文旅融合的路径如获得他们的认同，使他们划归为文旅融合发展中的资源，则更有利于促进孙家境的发展。通过外出流动主体既有的文化记忆，唤醒他们对孙家境的认同，如祠堂等公共符号的修缮和恢复、宗谱的修订和完善，使村民和游客在形式上形成一定认知，并感受到孙家境的独特。此外，还可以开发其他文化活动。例如，烛湖杨梅远近驰名，长年在外的旅人每到杨梅成熟时节，便会顿生莫名的思乡之情。为此，建议在杨梅季举办大型杨梅节，由村集体号召，通过各种途径，联络孙家境走出去的群体。外出的村民带着家人、朋友回乡参与节日活动，从而带来连锁的社会效应。

2. 解构"乡愁"，拓展与有乡村经历的群体的连接

有乡村经历的群体，主要指那些曾干过农活、有乡村生活经历，但当前的生计与农村没有直接关联的群体。他们对乡村的认知和理解多停留在记忆之中，却对乡村的自然作物、农用工具、生活起居空间、乡村小吃、乡村生产实践等，有着天然的情感。在现实生活中，这些符号也成为社会界定的"乡愁"。对于孙家境文旅融合发展来说，以"乡愁"符号为索引，通过重建和修缮记忆中的器物，利用乡愁符号的社会性特征拓展文旅融合发展的市场空间。通过解构"乡愁"，在消费者与孙家境文旅项目之间建立关联，让消费者将"乡愁"

付诸实践，形成主动消费意愿。

3. 塑造社会连接符号，建构与一般消费者群体的关联

一般消费者群体是孙家境在文旅融合发展中需主动争取的消费对象。这一群体的消费者规模越大，市场空间才会越大。在具体实施中，孙家境可依托乡村社会中的人、物等不同社会性特征来建立与消费者之间的关联。可强调内在的文化特色，如在杨梅节期间，重现孙家境具有当地风俗特色的场景，使游客亲身参与体验；如在当前较为提倡社会实践的情境下，孙家境可运用自身的资源优势，例如家风文化、古村落资源、农耕文化、山水条件等，利用已建立的相关基地，将其打造为学习、游览、参观的去处，使孙家境成为实践教育学习的平台，从而受到一般消费者群体的认同。与此同时，游客进入孙家境参观游览，增强了对孙家境资源及历史的了解，也从中得到了学习体验，从而构建起经常性的关联关系，推进文旅融合的持续发展。

参考文献

1.陈文超、林源聪：《社会性关联与乡村文旅融合发展中的地域特色营造——以川北坪村为例》，《江汉大学学报（社会科学版）》2022年第5期。

2.慈溪市地方史志编纂委员会：《慈溪县志》，浙江人民出版社1992年版。

3.《千古风流孙家境 忠孝清正韵绵长》，慈溪人民政府网，http://www.cixi.gov.cn/art/2020/9/1/art_1229247503_55983722.htm，2020年9月1日。

4.《千年孙家境》，慈溪人民政府网，http://www.cixi.gov.cn/art/2008/1/17/art_1229225166_5.html，2008年1月17日。

5.《孙家境祠堂》，慈溪人民政府网，http://www.cixi.gov.cn/art/2008/1/30/art_1229036200_43663065.html，2008年1月30日。

六、锦堂学校

锦堂学校旧址位于慈溪市观海卫镇锦堂村，由爱国华侨吴锦堂先生于1905年创办。100多年间，锦堂学校几经颠沛辗转，十迁其址，十易其名，但始终弦歌不绝，即使在艰难的抗日战争时期，也未曾中辍。1992年7月，慈溪市人民政府在锦堂学校的原址兴办教育局直属的锦堂高级职业中学。在百余年的办学过程中，锦堂学校始终与民族命运共沉浮，始终与时代脉搏同起伏。现如今，在"锦堂精神"的传承下，在"修身立世，修能立业"的校训指引下，开启了锦堂学校的新篇章。

（一）锦堂学校核心文化基因解析

20世纪初，吴锦堂抱着实业兴邦、教育救国的宏愿，在家乡兴办锦堂学校。学校建筑秉承融洋为中用的理念，整体采用西洋建筑风格，而装饰局部又有中国文化因素，为近代中西合璧式建筑的典范。时至今日，学校初建时的护堂河、学堂桥、口字形教学楼、水池、楼前广场格局基本保存。1984年，为表彰吴锦堂先生爱国、爱乡的办学壮举，经宁波市人民政府批准，学校恢复"浙江省慈溪锦堂师范学校"校名，同时慈溪县政府斥资对锦堂学校旧址教学设施进行维修。1986年，慈溪县人民政府公布锦堂师范学校为第三批文物保护单位。1991年，浙江省慈溪锦堂师范学校迁址浒山镇，旧址更名慈溪市锦堂职业高级中学。2002年，慈溪市教育局出资50余万，对口字形教学楼进行维修。2005年3月，浙江省人民政府将锦堂学校旧址公布为省级文物保护单位。

锦堂学校内景（慈溪市文化和广电旅游体育局供图）

锦堂学校（慈溪市文化和广电旅游体育局供图）

1. 物质要素

（1）学校建筑

锦堂学校旧址位于观海卫镇、吴锦堂故居旁。学校整体工程规模宏大，整个校舍占地 50 余亩，建"口"字形教学楼一幢，还辟有操场、花园、蓄水池、学堂河。"口"字形二层楼主建筑北与小山之间是一个人工水池，山后一大片桑园，楼前也是桑园。整个校园一面靠山，三面绕着新开小河。1911 年，锦堂学校改名为锦堂农业中学堂，学校规模到达顶点。在《慈溪锦堂农业中学堂遵造册报呈请》中开列的设备有备堂 10 间、自修室 11 间、寝室 33 间、职教员室 18 间、食堂 6 间，还有其他房间 67 间。学校另有农事实验场、桑园约76 亩。今留存下来的为主体建筑、欧式风格"口"字形二层教学楼。建筑每间进深 6.6 米，前有檐廊 1.6 米；中间正方形大天井栽花植树，形成了一个独立而幽雅的学习环境；楼上木地板、铁护栏、梁柱间以拱形装饰；屋顶披小青瓦，墙体青砖错缝平砌，白灰嵌缝。

（2）吴锦堂故居

吴锦堂故居坐落于慈溪市观海卫镇锦堂村，与锦堂学校仅数百米之隔，建筑面积 360 平方米，坐北朝南，西墙紧靠大路。故居为硬山顶砖木结构六柱七檩二层楼房。总体为五开间布局，前设檐廊，梢间与两间厢房连接，形成三明二暗的建筑格局。天井石板铺砌，前筑围墙连贯东西厢房，围墙正中置砖石门楼，门楼镌砖雕题额，外书"日升月恒"，比喻事业日趋兴旺，内作"兰芬桂馥"，比喻德泽长留后世。明间正中悬挂吴锦堂像、建筑构件和内部装饰庄重朴实。

（3）中共东山头支部成立处旧址

1938 年 5 月，中共慈溪县工委建立。之后，在基层积极开展党的组织建设。为在观城地区建立党组织，1938 年 8 月，县工委派委员邵明，以锦堂师范附设农民教育馆干事的公开身份，到慈北开展工作。经县工委书记周朴农介绍，邵明与锦堂师范校工、党员王惠良和锦堂师范附设民教馆长、党员王鲁戈接上了关系，三人在锦堂师范校内成立了中共东山头党支部，邵明任党支部书记。这是抗战时期慈北地区的第一个党支部。9 月，县工委又派朱洪山到慈北加强工作。12 月，慈北战时任务大队成立，邵明和朱洪山分别担任正副大队长。支部以这个合法组织为依托，领导抗日救亡运动，发展党组织。战时服务大队在 1940 年春遭顽固派的破坏而解体，支部活动趋于隐蔽。后东山头支部改为东山乡支部，一直坚持到浙东游击纵队北撤。现今，中共东山头支部成立处旧址已拆除改建为民房。2018 年 7 月，中共观海卫镇委、慈溪市新四军研究会联合在锦堂职高（原锦堂学校内）内立碑，以示纪念。

（4）东山头抗日联络点旧址

当地青年方信秧，家穷无房，住都神殿。他因患先天性关节瘫痪，双下肢残废，靠摆凳行走。他顽强地坚持自学文、史、医、法，学习革命理论。用学得的医术为群众治病，用学得的法律知识为群众打抱不平，赢得当地群众的尊敬。方信秧的许多义举，受到慈北地下工作者的关注。1943 年 5 月，在时任慈姚县委宣传部部长李乐山同志的介绍下，方信秧加入中国共产党，积极投身于抗日运动。此时，锦堂师范附属小学在停办几年后又恢复办学，受当地士绅们推荐，他出任了校长。白天他是教书先生，晚上就发动群众开展对敌伪顽反动势力的斗争，挫败了国民党教育科霸占锦师附小的企图。1943 年春，他带头斗倒一个顽固派。1944 年 9 月，他与锄奸小组一起，镇压了一名地头蛇、日军密探。同年 11 月 2 日傍晚，方信秧被逮捕，后被押解至观海卫伪中警团营部。几经用刑，体无完肤，宁死不屈，最终壮烈殉国。2018 年 7 月，中共观海卫镇委、慈溪市新四军研究会将都神殿旧址立为东山头抗日联络点旧址，并立碑纪念。

2. 精神要素

（1）爱国、爱家的乡贤文化

乡贤文化植根于乡土社会，是中华优秀传统文化的重要组成部分，也是寄托乡情的精神家园。吴锦堂早年居于乡里，少时随父耕作，壮年东渡日本，经商致富，名重中外。他"身虽在外，而对于祖国实未尝一刻相忘"。吴锦堂在清末最后六年，六度回国，以极大的热情广泛参与国内各项活动。多次救济国内灾荒，治理家乡的杜湖、白洋湖，兴修两湖水利工程；重建西界漾塘，遇汛期可借以堵截姚北平原东流的洪水；加固两湖大堤，以增加蓄水量；增设减水坝，用以控制水位；疏浚通海大浦，增设大小桥闸，以完善排灌系统。从 1905 年开始，吴锦堂"竭五六年心血，费七万余金钱"才基本完成。在家乡捐资兴办锦堂学校：初为两等小学，续办初等蚕业学堂，再办中等农业学堂，六年将锦堂学校办成"浙省私立各学堂之冠"。吴锦堂还捐助学校优秀学生留学日本，为国家培养农业人才。为振兴祖国实业，他还倡议成立浙省农业公司，投资汉冶萍公司、宁绍轮船公司等，并开办义生洋行和镇江义生火柴厂，涉及农垦、商贸、矿冶、火柴、铁路、轮船、水电业等领域。吴锦堂与中国近代著名人士孙中山、康有为、梁启超、张謇、盛宣怀、虞洽卿等多有交往，积极支持孙中山的革命事业。其活动涵盖经济、政治、社会公益，乃至海防。作为宁波帮杰出代表人物的吴锦堂，"闯荡世界、造福桑梓"是宁波帮的重要特征，被后人赞为"成大业而非为身家，振远图而借扶祖国"。

（2）德技并重的办学理念

吴锦堂一生为近代教育的发展所做出的贡献是巨大的。在其捐资办学的过程中，逐渐地形成了他自己的办学理念，即思想道德教育与技术教育并重。

一是注重学生技能培训。《慈溪锦堂农业中学堂遵造册报呈请》第一条规定了学校的设学宗旨："本学堂因地利之便，设中等农学，分农蚕两科。……亦足谋生活以自立为宗旨。"可见，其办学注重培养学生技能，即"勤劳朴素、手脑兼施"。二是重视学生思想道德教育。《锦堂国民兼高等小学校改订章程》第三章第十二节学科及科目中明确规定："一、高等之学科目凡十二：一修身、二经学、三国文、四英文、五算术、六历史、七地理、八理科、九图书、十手工、十一歌乐、十二体操。二、国民之学科目凡八：一修身、二经学、三国文、四算术、五图书、六手工、七歌乐、八体操。"故不论在高等之学，还是国民之学中，都把修身放在第一的位置。在章程的第十三节的科目程度及教授时间中规定："修身期限为每年必学，内容为道德之要旨。"从中可见，吴锦堂对学生的思想道德教育的重视。

（3）"修身立世，修能立业"的校训

2009年，锦堂学校迎来了它生命中的第一个百年华诞。时任校长谢柏南在总结百年校史，传承"锦堂精神"的基础上，结合时代对职业教育的要求，提出了新时代下锦堂学校的校训"修身立世，修能立业"，并将其编入校歌。"修身立世，修能立业"借鉴儒家"修身、齐家、治国、平天下"的理念，结合当代职业教育的人才培养目标，阐明做人的根本道理，学技的根本目的。

"身"即"品德"，包括品行和德行两大块。修身先"修德"，"德者，才之主也，才者，德之奴也。有才无德，如家无主而奴用事矣，几何不魑魅猖狂"。立世先要修身，品德的修养是人生的基础，决定着人的善恶、事业的成败。修身须"修行"。教育要以德为先，厚德而载物。修德与修行同步，学生才有可能成长为有价值的人，一个有利于国家、有利于人民的人。

"能"即"才能"，包括专业技能和综合素质两大块。修能的前提是"修技"。最重要的是学好技术和本领，提高技艺、增强技能。这是个体立业之根本。"修技"不仅要求师生自身上进，在专业技术方面精益求精，还要学他人之长，互相合作，取长补短。修能的关键是"修质"。"质"是学生综合素质的集中体现，是学生能力的外在彰显，包括自我觉察能力、情绪调控能力、自我激励能力、控制冲动能力、人际公关能力、思维能力、管理能力、身体素质等。现代教育体现了"以人为本，促进人的一生发展"为核心的教育理念，体现了综合能力培养的重要性，是个体发展的源泉。

"修身"与"修能"是职业教育的重要内容，立世和立业是社会人生存的最终目的。修身方能立世，修能方能立业，两者相辅相成，缺一不可。

（二）锦堂学校核心文化基因的提取与评价

锦堂学校历史悠久，底蕴深厚，学校建筑拥有较高的历史、科学、艺术价值，基于对锦堂学校的历史遗存、办学历程和人才培养等有关资料的全面、深入分析，得出锦堂学校核心文化基因是传承锦堂精神，修身立世、修能立业。

1. 生命力评价

锦堂学校自 1909 年正式开学以来，至 1911 年改为锦堂农业中学堂，学校规模达到顶点，招生规模为 320 名。在旧时办教育，能够提出勤劳朴素、手脑兼施、学习自强的同时，注重思想道德教育，实属不易，进而培养了一大批优秀的人才。

吴锦堂逝世后，其子吴启藩于 1930 年呈请浙江省政府接收锦堂学校。1931 年 8 月，锦堂学校改名浙江省立锦堂学校；1933 年，改为浙江省立慈溪锦堂乡村师范学校。在艰难的抗日战争年代，其仍内迁办学未曾中辍。新中国成立后学校曾几经改名，始终未中断。到 1984 年 4 月，其经批准恢复浙江省慈溪锦堂师范学校原名。1994 年后，在原址建立慈溪市锦堂职业高级中学，继承了吴锦堂举办学传统，规模大为扩展，为国家建设培养中级专业人才。百年遗泽，今日更显其辉煌。

2. 凝聚力评价

20 世纪初，吴锦堂抱着实业兴邦、教育救国的宏愿回乡办学。他的一腔热情和抱负挥洒在慈北大地上，他的精神融入锦堂学校里，在一代代锦堂学子的传承中，形成了强大的凝聚力。后人对吴锦堂的纪念，旨在学习他艰苦创业、与时俱进、爱国爱乡的精神，继承他奋发有为、励志图强、振兴中华的壮志，以进一步传承和弘扬宁波人的优良传统，一心一意谋发展，齐心协力绘蓝图，共创宁波美好的明天。"句余之北东山阳，宏开讲肆遗泽溯锦堂，田庐弥望，海桑苍苍，吾侪学习当自强，朝乾夕惕同生活，勤劳朴素守我常，手脑兼施齐努力，祖鞭先着趁晨光。"锦堂校歌以其慷慨热情、坚实质朴的精神，哺育、滋润着师生，进而升华成点缀世人灵魂的精神瑰宝。在传承锦堂精神的基础上，结合锦堂学校的办学理念，根据时代要求，慈溪锦堂高级职业中学提出了"修身立世，修能立业"的校训，现如今，已经成为慈溪培养技能型高素质劳动人才的重要基地，造就了一大批优秀人才，为当地经济社会的发展做出了重要贡献。

3. 影响力评价

学校继承锦堂先生实业兴邦、服务社会的宏愿，致力于汽修、轻纺两大专业建设，其下设 9 个小专业。其中汽车检测与维修技术等 3 个专业还和浙江经济职业技术学院、浙江纺织服装职业技术学院、浙江农业商贸职业学院合作，设立五年一贯制和"3＋2直升班"，升学成绩优异。通过依托"车·锦堂"（汽车专业和锦堂学校）连锁教学工厂及与奔驰、宝马、大众的联合办学，打开产教融合新局面。此外，积极为企业开展短期培训。学校现是慈溪市汽车维修行业协会副会长单位，内设慈溪市锦堂职高职业技能鉴定站，负责慈溪市内外汽修大类的初、中级考核鉴定和服装制作工鉴定，学校每年举行大型毕业生就业洽谈会，同时参加合作高校的洽谈会，毕业生就业率在90%以上，就业率高，社会满意度高，社会影响力不断提升。

4. 发展力评价

在百十余年的发展历程中，锦堂学校为民族的解放、国家的繁荣发展，做出了积极的贡献。如今，学校现有班级 33 个，内有国家级重点文物日式"口"字楼洋房一幢。学校教学设施齐全，规模宏大，拥有汽修实训面积 7212 平方米，轻纺实训面积 3525 平方米，专业设备均达国内先进水平。现有教职员工

162 人，其中高级教师 27 人。学校积极开展职业教育改革，推行"锦堂精神"和"爱的教育"双德育模式和"校企双循环项目教学""连锁教学工厂"的专业实践探索，教学质量得到较大提升。以创"国家级汽车特色学校"为办学战略，秉承"车·锦堂"品牌战略，以"服务长三角地区汽车制造和维修行业"为办学重点，办学水平达到浙江省乃至全国一流。学校坚持"德育为首，教学为主，技能训练为核心"的育人原则，以传承"锦堂精神"为核心文化，以"传承百年文化，打造锦堂品牌"为学校口号，不断书写着锦堂学校的发展新篇章。

（三）锦堂学校核心文化基因的转化利用

1. 立足历史，深挖名人文化内涵，打造文化旅游品牌

锦堂学校的创办人吴锦堂，是宁波人的典范人物。在文旅资源的开发过程中，在锦堂学校单独开发的基础上，可围绕吴锦堂这个名人进行拓展，以更多样的手段，重塑名人内涵，弘扬名人精神，传承地域文化，注重联合开发，结合路线和主题形式，形成多元化名人文化发展格局。如打造"寻找吴锦堂足迹"的旅游品牌，追寻他生前的人生轨迹：慈溪—宁波—上海—长崎—大阪—神户，根据其不同时期的轨迹，设置主题线路，最终以点连线，由线成面，将整个人生轨迹串联，向人们展现一个立体而生动的吴锦堂。例如，在慈溪段，引导游客游览参观吴锦堂生前的故居、两湖水利工程和锦堂学校旧址，讲好吴锦堂情系桑梓，在家乡大兴公益的故事。此外，在联合开发过程中，尝试植入文化产业的新思路、新发展，串联乡村振兴、"研学游"等，充分发挥故居特色、锦堂学校的历史底蕴、修建水利工程的艰辛历程，激活锦堂精神的历史文化活力。

2. 线上联合，强化教育服务功能，构建云上虚拟旅游

锦堂学校与其他学校相比，又多了一份责任和使命：传承与体现吴锦堂生前事迹，发扬与深化锦堂思想，融入和配合地方文化建设，共同为社会大众提供教育资源服务。为此，锦堂学校和吴锦堂故居合作，联合高校，成立吴锦堂研究中心，系统梳理、深入研究，保持名人事迹的原真性，深度挖掘其所包含的文化价值，并将其置于宁波历史发展和变迁的背景下来进行，为后续的全面开发积淀理论素材。鉴于目前信息科技发达，可全方位引进并落实数字化技

术，同时最大限度地保障数据的安全性和易维护性，确保系统在应用发布、数据加工等任何一个环节的变动都不影响到其他部分，也便于今后系统的扩充。对于吴锦堂故居内某些极具教育价值的部分，可通过制作影视作品，形成音像并茂、内容丰富的吴锦堂教育事迹资源库，帮助大众更加直观地了解名人事迹。锦堂学校建设线上校史馆，与故居相互配合，融合发展。两者可尝试性建立"馆校"服务网，探索合作模式。合作成熟后，"馆校"服务网可拓展至宁波各高校及中、小学校。当数字化条件具备后，搭建吴锦堂云游平台，与新媒体合作，推出数字产品、打造沉浸式体验馆、虚拟场景漫游、全息影像视觉欣赏，提供个性化、精准化的文旅服务。此外，还可推出智慧导览小程序，通过提供导览、手绘地图、AI智能导游、云直播、语音讲解等智慧服务，为社会大众提供优质的学习资源以及研学需求。

3. 创新理念，找准持续发展定位，开发品牌文创产品

以吴锦堂为主线，将锦堂学校、吴锦堂故居和两湖水利工程打造成文化综合体，并在此基础上，开发品牌文创产品。为此，需注重市场调查与受众调查：了解受众的年龄结构和地域分布，了解公众对文创产品的需求和期待，充分考虑受众消费观念、消费能力和消费趋向等，以帮助自身提升公众服务品质与能力，设计出更加贴合受众心理预期的产品。此外，在开发文创产品时，产品本身需承载独特文化内涵，拥有自己独有的文化符号，或者是地域文化，或者是行业文化，或者是藏品、旧址等背后的故事，推出具有高度辨识度的文创产品。同时，将文化内涵与实用功能相结合，坚持主题化、系列化、多样化、生活化的产品风格，使文创产品真正融入生活，实现"带回家"的目的。

参考文献

1.纪立新：《吴锦堂的国内事业与活动述论（1905—1910年）》，华东师范大学2007年硕士学位论文。

2.《锦堂学校旧址》，《钱江晚报》2013年5月24日。

3.刘艳萍：《爱国华商吴锦堂的历史贡献》，《兰台世界》2013年第28期。

4.沈碧荷：《锦堂学校复学轶事》，《慈溪日报》2021年2月28日。

5.徐文永：《吴锦堂与辛亥革命》，《中共宁波市委党校学报》2012年第1期。

6.杨孟其：《锦堂职高：修身立世 修能立业》，《宁波通讯》2015年第11期。

虞洽卿故居

七、虞洽卿故居

虞洽卿故居是融合中西建筑精华的活化石，也是一部波澜壮阔的民国史书。时代纷扰，过眼云烟，动荡年代过后的虞洽卿故居，渐渐归于平静，但它的魅力随着时光的积淀越发深邃。

（一）虞洽卿故居核心文化基因解析

虞洽卿故居位于龙山镇山下村，背依伏龙山，前临镇龙浦。整个院落，楼宇琼阁，规模宏大。五进院落，多种风格相互融合，既有庭院深深的深宅大院风格，也有高大的明清古典建筑风格，还有法式风格，是近代建筑中西合璧的成功范例，具有很高的艺术价值和建筑史料价值。2001年，国务院将虞洽卿故居公布为第五批全国重点文物保护单位。在故居宅院的角角落落，都能感受到时代留下的印记。

1. 物质要素

（1）故居建筑

虞洽卿故居面阔59米，进深94米，共由五进院落组成。第一进系大门侧楼、围墙；第二进中间三间通厅，系高大的明清古典建筑风格；第三、四、五进系法式二层楼房，外有"天桥"相通，内有"壁炉"可供冬季取暖。高墙内左边是三列平房，右边是花圃，筑有圆形西班牙式小别墅一幢，供达官贵人来访居息之用。正厅中原挂有"天叙堂"匾，取"叙天伦之乐"之意，后成为虞氏旧宅的代称。天叙堂外的配套建筑，大门左边有小发电厂、电报房，右边有"洽卿小学"、虞母桥、虞母亭。天叙堂占地 20 亩，建筑面积 6000 多平方米，房间 136 间。

虞洽卿故居是研究中国近代经济发展史和中国航运史极其重要的实物史迹，还是中国近代建筑的成功典范。新中国成立后，天叙堂为教育界所用，开办全市"小教训练班"，后为龙山中小学教职工宿舍。2001 年，国务院公布虞洽卿旧宅为全国第五批重点文物保护单位之一，从此成为慈溪市重要景点之一，前来参观者络绎不绝。

（2）地理环境

龙山镇位于杭州湾南岸，秦朝时这里还是一片汪洋，唐时是淤涂，宋时始成陆地。明洪武二十年（1387）筑龙山所土地，清时属镇海县灵绪乡。1954年划归慈溪县（1988 年撤县建市）。山下村东北有座伏龙山，以其形状如拱状的巨龙而得名；南首邱王有座石塘山，两山之间有一极小的蛏子山，状如蛏子；西首有达蓬山和凤浦湖。全镇三面环山，东为海，西有湖，山秀水清。靠山面海的地理环境，使当地形成了农业、渔业和商业三种谋生方式共存荣的经济文化格局。

2. 精神要素

（1）包容并蓄的开放理念

虞洽卿故居是近代建筑中西合璧的成功范例。历时 6 年建成，由上海名建筑师赵仲高设计，虞洽卿参与设计，赵贵记营造厂承包建造。其规模结构、庭院布置、奇花异草、水池楼阁，均为主人匠心独运。不同风格的建筑都呈左右对称结构，位于同一中轴线上，主体突出，过渡自然，具有很强的整体感。主楼融中国传统建筑风格于一体，于深宅大院内营造了一个相当精致和谐的环境。同时在外观上用灰墙青瓦，与周围民宅相协调，体现了 20 世纪 20 年代中国的建筑设计师对建筑文化的理解和把握能力。此外，建筑用料讲究、精工细作，至今很少有开裂、脱落等现象；建筑工艺精湛、装饰艺术独具特色，各种类型的装饰梁、枋、门楣、柱子等，或富丽堂皇，或精致秀丽，均具有相当的艺术价值。一座旧宅展现了当年中西文化交融的特殊文化背景。不同文化交织相融，成为宝贵的历史及建筑财富。它把中国传统建筑文化和外来建筑文化有机地结合在了一起，并能够和谐矗立于中国江南乡村的建筑环境中，成为近代中国文化转型时期极具代表性的历史例证。这种中西两种风格强烈对比的建筑群，在全国也实属罕见，具有很高的历史、科学、艺术价值。

（2）孝子爱日的传统美德

虞洽卿故居是虞洽卿经商发迹后为母亲建造的私邸。落成后，虞家母亲、姐弟都搬入新居。虞洽卿故居的建设，既是虞洽卿对母亲满满的爱和孝道，也是留给家乡最好的文化遗产。历经多年风雨，它就像一个看尽世事的老者，守望着这座美丽又古老的村落。

（二）虞洽卿故居核心文化基因的提取与评价

虞洽卿故居已有百年历史，有着丰富的历史文化底蕴和艺术价值。它将浓郁的中国传统文化与新式西方文化相融合，与虞洽卿传奇跌宕的经商经历和经商理念相符。

1. 生命力评价

虞洽卿故居从 1916 年至今，尽管遇到了一些波折，如年久失修等，但在后人的坚持以及政府的支持下，基本保留了原来的样貌。新中国成立后，天叙堂为教育界所用，开办全市"小教训练班"，后为龙山中小学教职员宿舍。1997 年，慈溪市人民政府将虞洽卿故居公布为第四批文物保护单位。2001 年，国务院将龙山虞氏旧宅建筑群公布为第五批全国重点文物保护单位。2004 年，慈溪市人民政府拨款 500 万元，对龙山虞氏旧宅进行全面维修，恢复其历史原貌，随后将设立文保所，增辟相关的史迹陈列，向公众开放。

2. 凝聚力评价

靠山临海的山下村拥有得天独厚的区位优势，一代又一代的山下人，用汗水与实干开垦出一片属于自己的新天地，也成就了现在美丽富饶的山下村。近年来，山下村以文明村建设为重要抓手，挖掘自身潜力，全力加快发展，走出了一条特色发展之路。如今山下村不仅是龙山镇实现乡村振兴的典型示范村，也正实现着村强、景美、民富的现代化生态宜居的美丽乡村。

3. 影响力评价

山下村因虞洽卿故居坐落于此而闻名。它留存着"爱国爱乡、开拓创新、包容并蓄"这一厚重的文化根脉，后人从历史文化中寻求发展建设新农村的思路。山下村以"一轴贯通、双心映辉、四驱协同、多廊并展"的结构布局，正有条不紊地推进美丽乡村建设。以景观化理念改造风貌和环境，以园林化理念装扮山川田野，突出了生态环境的保护、山水的魅力、乡村风情和特色民俗文化的展示；从建美丽乡村到建精品景区，通过梳理、改造村庄空间肌理，挖掘提升商帮文化的内涵，整治村落环境和完善配套服务设施。近年来，山下村在经济和村庄建设上都取得了较好的发展，村庄形象日益提升，先后荣获浙江省卫生村、浙江省旅游特色村、宁波市文明村等荣誉称号。承载历史人物的百年乡愁，让人们感受到了山下村的蓄势待发。

4. 发展力评价

"爱国爱乡、开拓创新、包容并蓄"既是虞洽卿故居的核心文化基因，也是山下村的文化主脉，更体现了中华民族的精神追求。这是虞洽卿故居当下以及今后都需坚守与传承弘扬的主题，有利于激发山下村人民的大局观念与责任担当，有利于山下村全局规划和科学发展，对山下村的保护与发展有着深刻的意义。

（三）虞洽卿故居核心文化基因的转化利用

名人故居是体现地方文化魅力的一笔宝贵的文化遗产，能很好地体现地方的历史文化特色、满足人们精神文化方面的需求。虞洽卿故居所蕴含的"爱国爱乡、开拓创新、包容并蓄"的核心文化基因，具有较高的内在功能禀赋和良好的外在开发条件。对虞洽卿故居进行保护性旅游开发，正确处理好保护与开发利用的关系，既是实现名人故居保护与可持续发展的需要，也是促进宁波文化旅游产业改革发展、更好地满足人民精神文化生活的需要。在此基础上，通过优化资源，整体布局，提升品质，打造具有观赏功能的文旅实景、生活体验的民俗风情、可玩可宿的休闲品牌以及特色鲜明的文创产品等。

1. 实现"泛文化旅游"互动，整合周边文化旅游景点资源

虞洽卿故居的转化利用，仅靠故居本身来拉动一个地区的旅游是不够的。还应保持周围的有机环境和整体氛围，充分融合当地原有的风土人情，利用当地的民风、民俗打造独特的人文景观；贯通故居周边商业圈及旅游景点，打破各景区各自为政的状态，与周边景区实现串联；规划区域观光旅游路线，推出各色主题旅游线品牌，如"方家河头村＋虞氏旧宅景区"一日游、古建筑群旅游精品线、宁波商帮文化旅游特色线等；引导当地村民参与，利用鲜明的地域文化特色、文化艺术、手工技艺、特色小吃等，让旅游者体验到山下村的民

俗、民风。如古建筑群民宿体验、端午龙舟等民俗体验、泥螺腌渍技艺等非物质文化遗产体验、品味龙山黄泥螺等美食体验；开发旅游周边产品，设计特色伴手礼，如民国彩瓷、船模等；以春节、元宵、端午、中秋等传统节日为契机，举办一系列精彩纷呈的节庆活动。

2. 推进智慧建设布局，提升故居吸引力

虞洽卿故居在原有展品陈列的基础上，可利用现代科技，尝试将AR、VR技术在藏品展示、导览服务中有所体现。故居可提前着眼未来高速网络应用技术，从观众对旅游服务的现实需求出发，加快智慧旅游建设，加强人脸识别入园统计应用、增强现实技术在导览系统的应用，打造故居特色的"无形导览"，保证虚拟现实技术在展览参观、物品展示等应用上的提前规划、部署及稳步推进。

3. 深挖故居文化属性，开发特色文创

深挖虞洽卿故居内涵的文化元素，包括故居建筑本身所包含的文化元素、虞洽卿本人及其相关文化元素，以及其他文化元素，作为故居特色文创产品开发利用元素。在文创产品开发策略上，注重以藏品展示研究为依托，以举办展览为契机，以讲好故居故事为方法，从小做起，以单品为切入点，打造网红爆款产品。深入挖掘名人效应、故居文化、建筑特色等各种优势资源，以点带线，以各种主题线展开逐渐成面的扩散式发展模式，以单品爆款延伸出系列产品。

4. 拓宽故居宣传渠道，加大推介力度

虞洽卿故居的转化利用，宣传是关键。故居的宣传，可以借助其本身的资源特色，运用多种途径和方式，营造有利于虞洽卿故居保护的大环境，促进文化旅游开发。一方面，可以在虞洽卿故居街区和路口设立设计新颖、醒目的故居游览路线图、指示牌、景点标示、景点介绍触摸屏等；也可以借助媒体宣传，在《宁波市地图》《宁波市交通图》《宁波市旅游图》等纸质和电子地图上标注虞洽卿故居的具体位置；还可以在《宁波日报》《宁波晚报》等报纸媒体上开辟名人故居栏目。另一方面，通过新闻报道、文艺作品、纪念画册、影视创作、网站建设等多样化形式，打造展示与交流的平台，开展观众喜闻乐见的活动，如征集虞氏旧宅标志设计；利用大众"微博热"和自媒体传播方式，通过游客点评、游记软文、播客微拍等手段，在年轻受众中传播相关信息。同时配合旅游促销而举办的专项活动等，激发人们参观故居的兴趣。

参考文献

1.《慈溪 慈孝为先，坚守社会核心价值》，《浙江日报》2015年4月21日。

2.崔诚亮：《青岛名人故居文化旅游开发》，《人文天下》2020年第3期。

3.丁日初、杜恂诚：《虞洽卿简论》，《历史研究》1981年第3期。

4.丁日初、汪仁泽：《五卅运动中的虞洽卿》，《档案与史学》1996年第5期。

5.金普森：《虞洽卿研究》，宁波出版社1997年版。

6.唐黎标：《故居类历史文化建筑在旅游业中的应用》，《上海房地》2017年第4期。

7.陶水木：《孤岛时期虞洽卿调节民食述论》，《宁波大学学报（人文科学版）》2019年第4期。

8.庄丹华：《宁波商帮文化教程》，北京理工大学出版社2016年版。

八、杨贤江故居

杨贤江于 1895 年 4 月 11 日出生，1931 年病逝于日本长崎。他是我国著名教育家、早期卓越的马克思主义教育理论家、杰出的青年运动领导人之一，还是第一位宁波籍共产党员。在极其短暂的一生中，他以坚定的革命理想、忘我的革命意志和无畏的牺牲精神践行着他的共产主义革命理想。

杨贤江故居是杨贤江诞生和青少年时期居住的地方，位于慈溪市长河镇贤江村。这是一座普通的砖木结构小院，由建筑主体东西厢房围合而成，天井宽7.5 米。西南角有一棵桂树。故居院落东南角为如意门面，面南向东，门上有托匾，主体建筑为穿斗式悬山顶。檐口有瓦当，檐下有两个大缸以防走水。东厢房由门房、储藏室等组成；西厢房都为客房，建筑的木结构略有花纹，但都较简单。整个建筑造型简朴，保存完好，是典型的慈溪"三北"民居。故居基本恢复了杨贤江烈士生活时的原始面貌。西次间陈列了杨贤江的生平，东次间布置了他在家生活时的情景。故居北边是新建的陈列室，以文献、图片、雕塑、绘画等形式展示了杨贤江由一个农民的儿子成长为我国最早的马克思主义教育理论家、杰出的青年运动领导人、坚定的共产主义战士的革命生涯。2004年，长河镇人民政府对杨贤江故居进行了较大规模的维修，并在故居西北侧增辟了"杨贤江纪念馆"，馆内陈列杨贤江的著作、稿件、日记、照片、档案等珍贵文史材料，生动地展示了他战斗一生的光辉经历。后来，在 2011 年和2019 年分别对杨贤江故居进行了进一步修缮，并对故居中的展览内容进行了充实。

杨贤江故居内景

杨贤江纪念馆

（一）杨贤江故居核心文化基因解析

1. 物质要素

以杨贤江故居为主体建筑，衍生出以杨贤江姓名而命名的地名文化建筑，以展示不忘先烈的优良传统，传承红色基因。1985年，为纪念杨贤江诞辰90周年暨全国杨贤江教育思想研讨会在余姚召开，为纪念杨贤江烈士，原长河乡图书馆更名为"贤江图书馆"。1995年，为纪念杨贤江诞辰100周年原分江市村被命名为"贤江村"。2018年，贤江村被慈溪市新四军研究会授予"红色名村"称号。近年来，该村挖掘有关史料，排摸红色资源，按照史料入册、展板入堂、史迹入眼的要求，考证和整理了各类资料，目前已完成了红色史料的汇编工作。同时，以著名教育家杨贤江先生所命名的"贤江小学""杨贤江中学"更是肩负着教育历程中继往开来的历史使命和"全人生教育"的教育理念。

2. 精神要素

（1）"孺子牛"精神

杨贤江把每天的时间都安排得十分紧张，什么时间学习，什么时间工作，什么时间参加活动，什么时间写文章，总是有条不紊地进行。当时有人曾笑他是"牛"，他也笑而不辩。他给自己取的一个笔名就是"牛犇"。他的确是在像"牛"一样地工作，来实践自己的崇高信念，在马克思主义教育理论和实践上留下了足足300万字的精神财富。他也像牛一样坚定踏实地面对革命工作，杨贤江出身于一个成衣匠家庭，1919年的五四爱国浪潮，让"教育救国"的思想深深扎根在他心底。他一面学习科学知识，一面探求救国真理。1922年5月，他在沈雁冰和董亦湘的介绍下，加入了中国共产党。自此，他从教育万能论者、民主主义者转变为具有坚定信仰的共产主义者。他积极参与革命运动，与恽代英一起组织参与了五卅运动和上海三次工人武装起义。就算面对着大革命的失败，白色恐怖笼罩着中国，杨贤江对革命的信念也不曾动摇，作为坚定的共产主义战士的他保持镇静乐观的态度，有计划地完成党交给他的每一项任务。

（2）无产阶级人生观

虽然杨贤江短暂的人生只有36年，但留给后人不止300万字的理论著作，他超前、科学的教育理念影响了一代又一代教师和学者。杨贤江是20世纪初期卓越的马克思主义教育理论家，是现代素质教育的先驱、教育创新理论的倡导者。他在教育领域里的独到研究、重大突破及卓越建树，为中国社会主义教育理论体系奠定了重要基础，也确定了他在中国现代教育史中的特殊地位。杨贤江的晚辈、天津财经大学马克思主义学院教授张健华，长期深入研究"杨贤江教育思想"，出版了相关论著10余册。她这样阐述杨贤江的教育思想："杨贤江认为青年学生要成为完人，必须进行个人改造，而进行个人改造首先要回答人生目的是什么？确定一个正确的人生观。他说人生的目的在于对全体人类有所贡献，来促进人生的幸福。因此正确的无产阶级人生观就是为实现全人类的利益和幸福而不懈奋斗的人生观。"

（3）红色家风文化

杨氏家族的"家风"在历史中逐渐形成，代代相传，持之以恒。他们追求的是："爱国敬业、勤学勤劳、书香门第、清正廉洁"的红色革命家庭门风。杨贤江的家庭成员中有八人走上革命道路。他们有着同千百万普通中国家庭一样美好的情感和操守，也有着同千百万普通中国家庭一样的酸甜苦辣、困难坎坷、悲欢离合。那里有欢笑有眼泪，还有白色恐怖时代难言的苦涩。杨贤江的家庭，有着5000年中国传统文化和20世纪时代浪潮共同熏染的斑斓底色，也有着革命领袖家庭独特的韵味和风采。这种韵味和风采，是中国传统的家国观念、革命时代要求的家国关系，也是根植在杨贤江家族每一位革命者骨子里的红色爱国热血。以杨贤江为突出代表的杨氏的红色家风，是他们留给中国人民的宝贵精神财富之一。

3. 语言与符号要素

杨贤江在中国共产党创建初期就参加了革命斗争，以宣传之姿呼唤革命热情，引导青年提高警觉，走向革命。1921年杨贤江任《学生杂志》编辑，与沈雁冰一起对《学生杂志》进行了大胆的创新，使之面貌一新，成为宣传革命道理、团结教育青年的阵地，与恽代英编辑的《中国青年》配合呼应，深受青年们的欢迎。他经常为刊物撰写社评，揭露帝国主义的文化侵略，抨击封建军阀的黑暗统治。在他编辑《学生杂志》的6年间，发表社评、文章和译文230篇、通讯100多则、答问1650条。许多青年学生把《学生杂志》看成是"指导青年走向光明道路的航灯"。除主编《学生杂志》外，还协助恽代英编辑《中国青年》。1923年秋，杨贤江任中共上海地区兼区国民运动委员会委员，同时以《学生杂志》为掩护，负责中共中央与各地党组织的秘密通信与联络工作。因决心同国民党反革命文化围剿进行不屈斗争，杨贤江在 1929 年底接到编写教育书籍的任务后，便日夜兼程地写作，平均每天撰写 5000 多字文稿，一部近 20 万字的书籍仅用一个多月就完成了初稿，后经修改、润色，定名为《新教育大纲》，1930 年 3 月公开发行。这成为我国第一部用马克思主义原理阐述教育理论的书籍。之后，他又编著了教育专著《教育史 ABC》，另有《世界史纲》《今日之世界》等译著，奠定了中国教育理论体系的重要基石。这是中国最早以马克思主义观点编写的教育著作。杨贤江认为，教育是上层建筑，同经济基础有依存关系；教育既受生产方式也受政治制度制约，又对经济的发展、政治的变革起促进作用；教育由于社会生产劳动的需要而产生，并在生产劳动过程中发展起来；教育的"本质"，是与生产劳动密切结合，为全社会所共享的；但是，到了阶级社会，教育成为剥削阶级统治的工具，所实施的教育同生产劳动相脱离。他批判了"神圣说""教育清高说""教育中正说""教育独立说"等观点，并驳斥了"教育万能说""教育救国论""先教育后革命论"。他认为，要变革当时不合理的社会制度，只有进行革命；在革命中，教育应当作为革命武器之一；革命胜利之后，教育便应当促进建设社会主义社会。

4. 规范要素

杨贤江先生"以全人生指导"的思想和规范，指导教育事业发展和革命斗争工作。他教育青年，一定要明确人生目的，这个目的就是："要对于全人类有贡献，来促进人生幸福。"为实现这个目的，当务之急要参加革命，"为改造社会"奋斗。他善于从青年最关心的切身问题入手，具体分析，循循善诱，使青年认识到根本出路所在，引导青年提高警觉，走向革命。"全人生指导"思想是他在长期从事教育管理工作和指导青年运动的过程中，针对当时社会的教育问题和青年学生实际需要，以马克思主义的人的全面发展理论为理论基础，吸收借鉴古今中外优秀的教育理论而提出的新的教育思想和教育规范。杨贤江认为，要按照青年身心发展的规律，因势利导；主张对青年人生旅途上的各种问题都要全面关心，正确引导。青年的生活是丰富多彩的，兴趣爱好是多种多样的，在树立革命人生观的前提下，使他们在德、智、体、美、劳等方面求得全面发展。他要求青年注重思想品德修养，培养良好习惯，把树立革命精神同继承发扬中华民族传统美德结合起来。它不是对某一种思想的翻版或者移植，而是杨贤江结合中国教育实际，对马克思主义教育理论的继承和发展，以及对古今中外教育理论的取精用宏。

（二）杨贤江故居核心文化基因的提取与评价

杨贤江是一位对党无限忠诚的革命旗手，"贤江"精神自形成起便显示出其顽强的生命力。虽经战火蔓延、时代变更，"贤江"精神所代表的坚定不移的共产主义奋斗精神、孜孜不倦的孺子牛精神，永远闪耀在中华大地上，植根在中国人民的心中。杨贤江的故事，代代传颂，以红色的印记激励着所有的青年朋友们。"全人生指导"思想更是素质教育的先驱，也孕育出一代又一代新乡贤和新市民。

1. 生命力评价

杨贤江先生用他短暂的 36 年的生命，不仅谱写了革命的战歌，也通过提出"全人生指导"思想影响着一代又一代的青年。他是青年学子的导师，深受学生和同仁尊崇，其超前、科学的教育理念，时至今日仍被不少教师引为经典。新中国成立后，郑振铎、夏衍、沈雁冰、叶圣陶、周建人、潘汉年等多次撰文纪念，对杨贤江本人及其教育思想进行高度评价。夏衍手稿中有这样一段文字："但是毫无疑问，我们的党失去了这么一位坚韧的导师，的确已经十八年了。""但是我敢于说，由贤江同志奠定了初基的人民教育事业，已经由他的后世在发扬光大，而他在廿年前写下的'新教育大纲'，到今天依旧是中国教育思想史上的一本不朽著作。""在白色恐怖笼罩着整个中国的时候，我从他的这种安详镇定的态度中，深切地感到了一个共产党员的革命知识分子的气概与庄严，这一深刻的印象，直到十八年的今日，在我也还是异常明晰的。"郑振铎称其"一个真实的伟大的人物"；潘汉年称其为"革命知识分子的楷模"；在1995 年杨贤江同志诞辰 100 周年纪念会上，李岚清赞其为"国之瑰宝"。贤江精神作为文化基因的存续时间自出现起延续至今。杨贤江不仅是马克思主义火种的传播者，也是传承红色精神的引路人。他不仅让一批批血气方刚的青年怀抱远大志向，积极投身革命，也成为现代青年最好的指导者，让青年永葆报国之心和爱国之情。

2. 凝聚力评价

杨贤江通过教育宣传把青年紧紧团结在党的周围。从五四运动到 1926 年，杨贤江除了编辑《学生杂志》外，还积极参加社会活动，并在上海大学社会系、上大附中、上海景贤女中、上虞春晖中学等地兼课。他充分利用上课与学生直接见面的有利时机，引导学生端正思想，从处世交友、婚姻恋爱等个人琐事到国家命运、民族前途等大事，无不予以热情的指导与关怀。为发动更多的热血青年投身革命事业，他在《学生杂志》上组织过两次"学生干政"和"学生入党"的大讨论，不少青年由此走上了革命道路。五卅惨案发生以后，杨贤江与沈雁冰、侯绍裘、董亦湘等人组成"上海教职员救国同志会"，印发传单，成立演讲团，去大街、商店、工厂、学校宣传反帝救国的道理。杨贤江以其出色的演讲口才、渊博丰富的学识、高瞻远瞩的预言在群众中产生了极大的轰动。同时，他所编著的《新教育大纲》是中国第一部用马克思主义的原理阐述教育理论的书籍，揭露了教育上种种错误、欺骗的东西，许多内容、观点在中国都是第一次提出，在中国教育史上具有重大意义，同时也帮助时代青年们树立了革命的人生观。

3. 影响力评价

杨贤江在《青年的立志》中曾言："个人的立志，须确切的适合于其人实际生活上发展的要求，当随前进的环境和时代而变迁。"这也正是他一生的写照。杨贤江最初走上教育之路并非为了追求自己的理想，而是为了基本的谋生。但在其从事教育工作的过程中，他逐渐认识到要想"应世界之潮流，挽多年之狂"，必须通过教育救国。在他看来，教育对人的改造是思想上的改造，"而人的思想，是足以支配其政治以及经济活动的"。在经历了五四运动的冲击与肇庆之乱后，他更是将"教育救国"这一思想在具体的实践之中不断完善。他认真学习马克思主义理论，用马克思主义的观点看待教育问题，撰写《教育史ABC》《新教育大纲》等著作。他也成为中国最早的马克思主义教育理论家和青年教育家，为马克思主义理论在中国的传播、为中国无产阶级教育理论体系的创立做出过重要贡献。与同时代教育家相比，杨贤江的独特建树表现在两个方面：其一，他致力于中国的马克思主义教育理论建设，创造性地阐述了教育本质问题，并贡献出像《教育史ABC》《新教育大纲》这样影响深远的名著。其二，他致力于中国的青年教育，提出了"全人生指导"思想，对青年一代的健康成长乃至中国社会教育事业影响至深。

4. 发展力评价

作为教育理论创新的倡导者的杨贤江，面对艰难困苦的环境也坚持写作，凭借顽强的意志与坚忍的毅力在理论阵地上战斗，呕心沥血地为党工作。然而就在《新教育大纲》问世后不久，杨贤江便因劳累过度、积劳成疾，在日本长崎逝世，终年36岁。虽然英雄早早地离开了我们，但是他的革命精神和教育思想依旧在历史长河中熠熠生辉。他所走过的革命道路，是革命知识分子叩问教育之门、探求救国真理的必经之路；他所展现的不屈精神，至今仍激励着人们为共产主义、为社会建设而奋斗；他所倡导的教育思想，至今仍存有深远的借鉴意义。革命的火种生生不息，人民不会忘记同杨贤江一样的先行者，历史也将永远铭记这位于漫漫黑夜中引航的摆渡人。杨贤江先生"脚踏一天星斗，手摇万里江山"的崇高革命精神一直激励着后代，同时家乡人民在乡村振兴的道路上也将奋勇向前，将红色基因代代相传。近年来，慈溪市长河镇坚持以党建为引领，结合杨贤江故居的红色文化基因，擦亮"红色名片"，深入挖掘红色革命文化，在美丽乡村建设和村庄整治中凸显红色主题和红色元素，着力打造既有红色革命故事又有当代蓬勃风貌的"红色名村"。打造"红色名村"的目的不仅是要传承和弘扬革命精神，还是要激励广大党员为人民谋幸福、为民族谋复兴、为世界谋大同。

（三）杨贤江故居核心文化基因的转化利用

1. 建设独具魅力红色乡村

杨贤江故居于1997年8月被浙江省人民政府公布为浙江省文物保护单位；1997年5月被中共宁波市委、宁波市人民政府公布为宁波市爱国主义教育基地；2005年6月被中共宁波市委公布为宁波市中共党史学习教育基地。可根据杨贤江故居现有功能及周边现状，开发以贤江村为中心的红色文化旅游线路。贤江村拥有丰厚的红色历史文化底蕴，又可以依托"浙江省红色美丽乡村"建设，深入挖掘红色革命文化，以党建为引领，擦亮"红色名片"，在美丽乡村建设和村庄整治中凸显红色主题和红色元素，着力打造既有红色革命故事，又有当代蓬勃风貌的"红色乡村"。在开发的过程中，以杨贤江故居为主要宣传平台，努力讲好革命故事，传承红色基因，大力弘扬贤江精神。同时，注重挖掘史料事实，打造特色红色教育基地，从而打造红色文旅新高地。

2. 策划传承红色基因系列项目

创作以杨贤江为革命事业奋斗、为教育事业奉献为主题的相关文艺作品；结合杨贤江的"全人生指导"思想的史料发掘研究，组织贤江文化周，开展"在故居讲党课""贤江小剧场"等原创品牌活动，定期举办全民读书会、理论研讨会等文化活动，让贤江精神以更接地气、更符合时代特色的方式深入人心。除了以上重点策划项目以外，还将设计"忆江贤居"系列文创产品、特色标志系统、主题设计等一般策划项目。通过文旅产品策划开发，将进一步推动红色基因传承；通过瞻仰英烈、倾听革命故事、学习党的历史，让心灵跨越时空与历史契合，使革命精神永不消逝。同时，通过对革命故居的资料查找、实地调研、人物采访等，探索数字化在革命故居传承中的应用，助力探索数字变革"红色方案"。目前，杨贤江故居的数字化应用较少，故居内仍以传统的旧物展览方式为主。故居内的旧物在工作人员的精心保护下虽能保持其基本风貌，但仍需数字化建设的协助。后期可通过数字化手段，运用声、光、电等多种形式，把杨贤江故居打造成为一个守革命精神、传先驱遗志、扬爱国情怀的"开放式组织生活基地"和数字化爱国主义教育基地。

3. 推进文旅资源融合

"贤江故里践初心，草编之乡展新颜。"长河镇是中国早期马克思主义教育理论家、坚定的共产主义战士、杰出的青年运动领导人、首位宁波籍中共党员杨贤江的故乡，也是传统的草编工艺品之乡。可以在开发文旅文化与产业发展的同时，统筹、融合基层各领域党建的资源与功能，突出红色引领，坚持特色化发展，发挥党建示范线的辐射带动作用，将杨贤江故居、贤江村、贤江小学等党建示范点串点成线、连线成面，促使红色特色贯穿党建示范线。一方面，加快内部红色资源的再挖掘；另一方面，通过打造行走中的红色课堂、组织征文比赛、志愿讲解员招募等活动，使"红色"教育资源突破时空界限，更好地育人。同时，以杨贤江故居为中心进一步优化提升杨贤江故居内部空间功能，增设声光电设备，优化参观体验，丰富教育培训载体。同时，考虑近年参观人数增幅较大的实际，长河镇计划统筹周边闲置土地资源，在贤江大道与贤江支路交叉口建设面积约600平方米的小型停车场及面积约2000平方米的贤文化党建公园。并且，将以贤江支路两侧立面改造作为红色文旅线路一期工程重头项目，形成"1＋3＋6"建设项目，即建设一条贤江支路沉浸式红色美丽步道，打造贤江电台、贤江影院、贤江诗社 3 个衍生品牌，在贤江支路上设置"贤言贤语""贤人贤事""贤暇时光""崇贤扬善""求贤若渴""见贤思齐" 6 个节点，涵盖宣传、教育、娱乐、服务等多项功能，进一步营造沉浸式、体验式的片区红色文旅氛围。最终以发挥红色文化的实践育人功能，引导当地居民和各地游客通过感受杨贤江故居的核心文化基因，进一步传承红色基因、厚植爱党情怀、汲取奋进力量。

参考文献

1.吕忠堂、王为君：《杨贤江：一个真正的马克思主义教育理论家——兼论马克思主义教育理论家的品质》，《泰安师专学报》1997 年第 2 期。

2.杨贤江：《杨贤江全集》，河南教育出版社 1995 年版。

3.咏党岩、杨亮：《杨贤江故居》，《宁波通讯》2021 年第 8 期。

4.张辉：《杨贤江故居》，《宁波通讯》2017 年第 22 期。

5.张健华、钟彬、陈泽等：《杨贤江"全人生指导"思想与实践研究》，天津人民出版社 2020 年版。

九、慈溪小家电

慈溪小家电企业主要分布在慈溪市周巷镇新城北部，地处沪杭甬金三角的中心地带，是慈溪、余姚和杭州湾新区三地组团的核心区，现被规划为小家电智造小镇。小家电智造小镇总规划面积约 3.38 平方千米，集聚了卓力集团、月立电器等小家电企业 52 家，产品主要涉及电熨斗、电吹风和厨房家电等 50 多个类别、上千个品种，形成了较完备的小家电产业链和智能制造平台，已成为全球最大的电熨斗生产基地、中国最大的饮水机生产基地和中国最大的电吹风生产基地。

近年来，慈溪小家电智造小镇围绕"小空间大集聚、小平台大产业、小载体大创新"和"小家电大梦想"的建设要求，突出"智能"和"时尚"两大特色，形成"核心引领、双轴联动、分区发展"的总体布局，成为集研发设计、智能制造、智能商贸、智能管理、旅游体验于一体的"中国小家电硅谷"。慈溪小家电智造小镇于 2016 年 11 月被列入宁波市首批特色小镇创建单位；2017 年 8 月被列入浙江省第三批特色小镇创建单位。目前，慈溪市享有"家电之都"的美誉，拥有中国家电产业基地、中国家电产品出口共建基地和国家火炬计划智能新型家电特色产业基地等。

（一）慈溪小家电核心文化基因解析

慈溪小家电初创时，企业大多为上海等地国有企业加工零配件、贴牌生产，并在他们的技术帮助下起步。电熨斗就是起步时的主要产品。20 世纪 70

慈溪小家电智慧小镇（慈溪市文化和广电旅游体育局供图）

年代初，村镇公社、大队开始兴办企业，周巷的周唐、上庵东、谢家弄、大道地、杨叶等五个村创办联办厂，主要为上海红心、成都彩虹等国有品牌提供配套。至 20 世纪 70 年代末，慈溪无线电专用设备厂、慈溪云城家用电器厂等企业开始正式生产、销售自主品牌电熨斗。另一主打产品是电扇。1979 年，原樟树公社成立慈溪风扇厂，并聘请上海华生电扇厂技术师傅指导；1986 年，企业走向高峰，年产值 1800 余万元，利润 140 多万元，产值荣居全市"五朵金花"之首。同期，奇乐电器、双羊电器、长河转页扇厂等纷纷开发电风扇等小家电。

1990 年之后，慈溪小家电企业抢抓机遇，开创跨越发展新局面，特别是 20 世纪 90 年代中期产权体制改革催生块状经济发展，市场主体呈爆发式增长。1993 年先锋、1995 年公牛、1996 年方太等企业开始涉足厨电、民用电工、两季小家电的产品。这一时期，同样也是周巷电熨斗企业的爆发期，1994 年卓力和爱佳、1996 年凯波和月立、1997 年华裕等企业纷纷崛起。由于龙头企业的示范引领和裂变效应，全市涌现出了周巷、观海卫、新浦、附海等产业集群，以"小产品大市场、小企业大协作、小产业大集聚"的经济模式释放无穷创新活力。1998 年之后，慈溪市"国字号"品牌实现突破性发展。

1. 物质要素

（1）产业基础

慈溪小家电智造小镇位于慈溪市周巷镇新城北部约 2 千米。小镇范围内的中横线、余慈连接线、周西公路等主要骨干道路已经建成投用。小镇可通过余慈连接线便捷对接杭甬高速复线和杭州湾跨海大桥，对外交通极其便利。而且周巷是浙江小城市培育试点镇和宁波卫星城市试点镇，地处沪杭甬经济金三角中心地带和杭州湾跨海大桥南桥头堡，东南紧靠东方大港宁波，北与上海相望，是长三角环杭州湾产业带规划体系中的五级小城市、宁波北部余慈中心的核心区，交通和物流都极为便利。

慈溪是中国三大家电生产基地之一，具有较好的智能家电、时尚家具产业基础。慈溪在全国家电行业首创了"政企联动、工厂抱团、市场化运作"的慈溪家电馆全网营销平台，成功打造了"互联网＋家电"全国区域品牌。小家电智造小镇所处周巷镇素有"中国小家电之乡"之称，全镇拥有小家电整机企业 300 余家，配套企业近千家，小家电产值占全镇工业总产值超过 65%。行业分工细致，产业链完整，已经形成了一条从家电主体到配件等一体化的产业链企业群体，对外物流配送也建立了专门的物流合作中转机构，以优化家电生产产业链和成本预算。慈溪市还先后引进深圳创新设计研究院、浙江省经信智慧城市研究院的专家团队和杭州腾仁智能科技有限公司，组建三大智能制造平台，为周巷小家电企业提供产业升级、智能制造服务。

（2）品牌建设与智能制造

慈溪高度重视品牌建设，与深圳创新设计研究院合作共建的宁波慈溪小家电创新设计研究院与21家企业在成果转化领域开展了产品设计、资源推介、产业化路线定制等方面的合作，致力于提升小镇创新研发及成果孵化能力；月立集团研发的小适A8电吹风无论是颜值还是性能，完全有底气对标国外一线大牌；在2020年中国电子家电出口百强发布仪式上，卓力、凯波、月立等24家周巷家电企业名列百强企业榜单。中央电视台财经频道、东方网、《浙江日报》等媒体对小镇内企业进行专题报道，网红客户直播专场、公益带货等一系列直播活动时常在小镇开展，小镇企业品牌日益响亮。

同时进行的智能制造主要包括两个方面，一是推进产业数字化改造。加快6个省重点技术改造项目和24个市级技改项目建设进度，着力推进小家电、汽车零部件、轴承行业等传统产业制造环节数字化改造，持续提升企业两化融合及信息技术在企业中的集成应用。其中，月立被评为智能制造示范企业，卓力电器、凯波集团、华裕电器、爱佳电器等16家企业参与技改项目，禾隆木塑、一彬电子等12家企业实施信息化应用项目。二是推动本地产业链、供应链基础高级化和配套本地化。排摸"123"产业集群龙头企业和工业强基产业链上下游企业，形成产业链配套名单；开展单项冠军企业培育库和制造业关键核心进口替代产品（技术）排摸，建立推进机制、加强服务。例如：华裕电器、奥云德电器、卓力集团等5家企业参与产业链项目；月立、长华、禾隆申报单项冠军示范（培育）企业；耀华、月立、卓力申报浙江制造精品；等等。

（3）跨境电商

慈溪的各个地区城镇紧跟时代发展潮流，使小家电朝着国际中高端市场迈进。小家电产业主要集中在附海、观海卫、周巷等地区。其中，附海镇以电风扇、饮水机为主要产品线，观海卫镇以电冰箱、洗衣机为主营生产，周巷镇则以熨烫机、个人美容器等产品闻名国内外。慈溪市各区域小家电产品发展各有侧重，相互依托，争相在国际舞台上大放异彩。涉及的贸易国家和地区主要有欧盟、美国、日本、印度、韩国、澳大利亚等。

宁波韩电电器有限公司是慈溪市小家电企业开展跨境电商的佼佼者。通过将冰箱与酒柜合二为一，实现了跨界整合，打造出韩电BCD-558WTP3智慧型门中门冰箱，颠覆了人们对传统冰箱的观念，具有历史性的变革。2016年，韩电电器对法国、英国、德国等国家出口的冰箱同比增长20%，占到企业总出口额的50%左右。慈溪小家电外贸订单逐年上升，产品覆盖全球160多个国家和地区，每年出口量平均增长率在30%以上，领跑国际市场。

为了节约货物运输时间，减少物流成本，越来越多的小家电企业纷纷与国外的物流服务商进行合作，通过建立海外仓的方式，来加快商品跨境运输的速度，解决大量货物堆放造成的爆仓等问题，以此来提高国际竞争力，获得国外市场的本土化竞争优势。海外仓的建立，既能加快产品的出单效率，同时还能为境外客户提供完善的售后服务。考虑中小家电企业单独建立海外仓成本太大，慈溪市小家电共同组建了慈溪家电馆，先后在美国、英国、俄罗斯等国家建立了海外仓。将货物提前运送至海外仓，为慈溪市众多"小而美"的小家电出口开辟了一条新道路。

2. 精神要素

（1）市场应变能力强

慈溪家电企业的生产规模虽相对不大，但经历数十年历练，组织形式简约，管理经验丰富，响应速度较快，与今后市场的多品种、小批量、个性化、差异化需求趋势恰好吻合。小型企业的灵活性、快速反应能力、较低的运营成本等在未来追求个性化、差异化的市场格局下，有很大的发挥优势的空间。从慈溪家电行业的发展过程中，不难发现慈溪家电企业都具有较强的市场应变能力，市场反应敏锐，善于发现商机。慈溪家电企业加大市场调研力度，采取差异化、专业化和国际化的企业竞争战略，逐渐在竞争中使慈溪家电居于全国家电行业中的重要地位。

（2）富有创新创业精神

从慈溪家电行业的发展历程来看，企业家的创业精神和市场意识在其中起着决定性作用。慈溪企业家有浙商的典型特征，思路开阔，思维敏捷，善于学习、善于交流，愿意接受新事物，注重企业未来战略规划，肯在产品创新上投入，不甘简单模仿，不愿屈尊人下。除了研究院的助力外，当地企业也在不断加强自身的科研创新能力。比如：卓立集团近几年的自动化改造投资占了企业技改总投资的80%以上；月立吹风机在全球范围内已拥有283个专利，还成立了全球高端品牌的"设计研发中心"，起草制定了多项行业标准。

随着工业4.0、"互联网＋"的持续推进，越来越多的慈溪家电企业正加速追"云"逐"网"，为产品注入互联网基因，驱动产业加速更新，在迭代过程中实现蜕变。方太"水槽洗碗机"顺利摘得首届中国设计智造大奖金智奖，"高效静吸"技术荣膺中国轻工业联合会科技进步奖一等奖；公牛的"Wi-Fi智能插座"和"智能开关"引领了社会潮流。随着跨境电商步入2.0时代，慈溪家电先试先行，从B2C模式转而发力B2B，把供应商组织到国外，与当地的供应链相结合，实现商品输出。家电企业抱团建立的海外仓，已在美国、英国、法国、德国、韩国、日本、俄罗斯等12个国家和地区设立。海外仓建成后，不仅将货运时间从原本的一个月左右缩短至一星期以内，也将利润空间从原有外贸出口的5%提升了近4倍，甚至可达到40%。

3. 规范要素

家电产业作为慈溪经济的支柱产业，慈溪市委、市政府高度重视，家电产业的发展被列入慈溪市国民经济发展规划。政府相关部门不断充实完善相关产业政策，基本形成了覆盖规划、科技、人才、专利、电子商务、财税、金融等多个方面的完整的产业政策体系，为慈溪家电行业的发展营造了良好的政策环境。另外，政府主导或支持的产业服务体系已基本形成，慈溪家电馆的创建，工业设计服务平台、协同创新研究院、留创园等服务平台的建立，为推动慈溪家电转型升级发挥了重要作用，也提供了进一步发展的动力。

（二）慈溪小家电核心文化基因的提取与评价

围绕"秘色瓷都，智造慈溪"建设目标，慈溪小家电智造小镇通过"抢抓机遇、开创跨越、转型升级"，取得了非常好的成效。目前，该地已集聚了卓力集团、月立电器等小家电企业52家，产品主要涉及电熨斗、电吹风和厨房家电等50多个类别、上千个品种，形成了较完备的小家电产业链和智能制造平台。慈溪小家电智造小镇通过"小空间大集聚、小平台大产业、小载体大创新"和"小家电大梦想"的建设要求，突出"智能"和"时尚"两大特色，形成了"核心引领、双轴联动、分区发展"的总体布局，是慈溪市首个省级特色小镇创建单位，也是中国家电产业基地、中国家电产品出口共建基地和国家火炬计划智能新型家电特色产业基地。"抢抓机遇、开创跨越、转型升级"可谓是慈溪小家电发展的核心文化基因。

1. 生命力评价

在"抢抓机遇、开创跨越、转型升级"的理念激励下，慈溪小家电自出现起延续至今，未曾明显中断，在发展过程中保持相对稳定的状态，而且一旦政策许可就会迸发出强大的生命力。2005年，方太油烟机、先锋电风扇首获中国名牌；2007年，方太炊具，沁园、浪木、奇迪3个饮水机产品一举夺得中国品牌称号。2005年，方太还成为全市首个官方认定的家电类中国驰名商标。同期，全球电熨斗"周巷独造"基本定局。2006年，卓力集团电熨斗全球产销第一，至今已连续保持15年。月立以产品、制造、供应链三大领先优势成为全球美发器产品制造的"隐形冠军"，约占全球市场15%销量和20%销售额。在此期间，净水设备制造由浙江沁园水处理科技有限公司在2004年首创启航，行业内企业整体共享发展红利，沁园、鼎安、祈禧等品牌和产业链配套企业联动发力，实现了水家电行业从"饮"时代向"净"时代的新跨越。

2. 凝聚力评价

慈溪小家电以集群的形式凝聚起区域群体力量，对社会经济文化的发展产生影响。慈溪小家电智造小镇于2016年11月被列入宁波市首批特色小镇创建单位，2017年8月被列入浙江省第三批特色小镇创建单位。这是慈溪市首个省级特色小镇创建单位，同时还是中国家电产业基地、中国家电产品出口共建基地和国家火炬计划智能新型家电特色产业基地。小家电产业既有一些龙头企业，也有非常多的配套工厂。一些小规模的工厂就是从作坊做起来的，直到现在还有一些小企业以家庭作坊的工作模式为主，但因为整个产业链非常完整，从零件到整机应有尽有，市场竞争力很强，充分体现了群体的力量。

3. 影响力评价

慈溪小家电制造具有全国性乃至世界性的影响力。慈溪全市有家电整机企业近2000家，配套企业近万家，产品涉及油烟机、电熨斗、饮水机、净水器、电风扇、电吹风、烘烤器、果汁机、墙壁开关等30多个系列上千个品种，其中电熨斗、饮水机、取暖器、电源连接器等14个产业已成为全国"单打冠军"，电熨斗销量占全球市场份额的三分之二。周巷镇目前是电熨斗、电吹风、取暖器等多个细分行业的"全国冠军"，同时也是"世界冠军"，是全球最大的电熨斗生产基地和电吹风生产基地。当地电熨斗年产量近 3000 万台，约占全球市场份额 50%；电吹风年产量 2500 多万台，约占全球市场份额 30%。镇上的月立电器是全球个人护理电器制造的"隐形冠军"，为飞利浦、松下等多家世界知名厂商提供服务；全世界最大的电熨斗生产商卓力集团同样坐落于此。从上述数据中不难窥见慈溪小家电的全球影响力。

4. 发展力评价

"抢抓机遇、开创跨越、转型升级"的理念与慈溪企业家强大的市场应变能力和创新创业精神相结合，真正实现了"小产品大市场、小企业大协作、小产业大集聚"，使慈溪小家电产业呈现出无穷的创新活力。

最近 10 年，随着消费担当起"三驾马车"的主角，"无内不强、无内不大、无内不快"的品牌竞争趋势成为新常态，慈溪小家电呈现出强劲的发展势头。方太集团在 2017 年度成为慈溪区域内首家突破百亿的企业；公牛集团创造了每 2—3 年业绩翻番增长的"公牛现象"，2022 年度总营收已突破 140.81 亿。如前所述，目前慈溪全市家电整机企业近 2000 家，配套企业近万家，产品涉及油烟机、电熨斗、饮水机等 30 多个系列上千个品种。目前，慈溪家电与广东顺德、山东青岛家电齐名，并称全国三大家电基地。此外，慈溪还是中国家电采购基地、中国家电产品出口共建基地、国家火炬计划宁波慈溪智能新型家电特色产业基地、中国电源插座产业基地、"中国厨房之都"和家电质量安全国家级示范区，发展力显而易见。

（三）慈溪小家电核心文化基因的转化利用

"抢抓机遇、开创跨越、转型升级"理念作为慈溪小家电智造小镇的核心基因，在慈溪小家电智造小镇得到很好的践行。慈溪小家电智造小镇还建设了一些展示馆，如月立工业旅游展厅、慈溪小家电智造小镇展厅等，展示了小家电企业的发展理念和发展历程。基于此，可以创新载体，转化利用核心文化基因，优化资源，提升品质，打造具有观赏功能的工旅实景、生活体验的工业旅游、可玩可宿的休闲品牌以及工旅艺术产品等。

1. 发展特色工业旅游

建设商贸文化博览中心。通过建设小家电博览中心、家电品牌展示馆，打造家电商贸与文化博览基地，结合滨水公园、绿道七星与健身公园等基础设施，丰富小镇休闲文化旅游功能。

建设工业旅游体验中心。紧紧围绕"家电文化博览""工业体验"进行主题建设，打造"工业体验游""家电文化购物游"和"商务休闲游"。开放卓力、月立品牌展示馆和万洋众创展示中心，建立工业旅游体验节点，并通过智能化语音讲解和小镇旅游宣传App的开发运用，让游客、商务休闲人士能够更全面地了解小镇工业企业文化及雄厚的产业基础。

策划工业旅游项目。开发小镇旅游路线，沿线节点包括小镇广场、展示馆、天元古玩街一条街等。

2. 发展特色文创产业

利用慈溪强大的制造业体系，开发生产具有地方特色和时尚元素的各类小家电产品、工业旅游商品，比如迷你版的电吹风、电熨斗、电风扇等，作为伴手礼、纪念品等。

挖掘小家电智造的人文内涵，制作影视作品，加强宣传推介。比如拍摄与古玩街区相关的影视作品、慈溪小家电智造小镇旅游宣传片、家电小镇纪录片等，以及相关短视频、主题歌曲、网络故事、游记，等等。

3. 打造文艺精品

整合全社会文艺创作资源，围绕"秘色瓷都，智造慈溪"城市形象建设，加强现实题材创作，从而提升慈溪地域文化影响力。再如，吸引网络作家围绕慈溪小家电元素，创作一批题材独特、形式新颖的文艺精品。

参考文献

1.华畅：《慈溪小家电区域品牌建设中地方政府作用研究》，中共浙江省委党校 2018 年硕士学位论文。

2.王丹镭、蔡筱霞：《慈溪市小家电跨境电商发展现状及对策分析》，《吉林广播电视大学学报》2017 年第 10 期。

方太

十、方太厨具

方太厨具有限公司（以下简称方太）创建于1996年。通过20多年的发展，方太取得两大成绩：一是成功打造了第一个"中国高端厨电领导品牌"；二是导入以儒家文化为核心的中华优秀传统文化，成为把传统文化与现代管理相结合的典范，形成了"中国特色的方太文化"。近年来，方太以"人品、企品、产品三品合一"为核心价值观，以"为了亿万家庭的幸福"为企业使命，以使命、愿景、价值观驱动，以25年来对高品质厨电的专注与坚持，向着"成为一家伟大的企业"宏伟愿景大步迈进。截至2020年，方太以独特的创新模式、优越的品牌价值连续七年荣登亚洲品牌500强。

（一）方太厨具核心文化基因解析

自1996年创建以来，方太始终专注于高端厨电领域，坚持"专业、高端、负责"的战略定位，已成为厨房领域成功的生产厂家之一。方太专注于集成厨房、吸油烟机、燃气灶具、电磁灶具、消毒碗柜、燃气热水器等领域，通过持续投入和努力，成为厨房品牌的全球领先者。目前方太已在全国设立了117个分支机构，并建立了涵盖专卖店、家电连锁、传统百货、橱柜商、电商、工程等的全渠道销售通路系统，拥有员工近1.6万。除了雄厚的本土设计实力，方太还拥有来自韩国、日本等国的设计力量，以及高端厨房生产设备和国际工业制造先进技术。方太坚持高价值专利支撑高质量发展，坚持每年将不少于销售收入的5%投入研发，拥有包含厨房电器领域专家在内近900人的研发人才团队，同时在国内外设立研究院。截至2021年8月，方太拥有5500余件授权专利，其中发明专利数量超1000件，上榜"2020年全球智慧家庭发明专利排行榜（TOP20）"。

方太文化发展包括四个阶段：一是传承与发展期（1996—2000），销售规模0.3亿—3亿元。方太创立之初，继承的是以茅理翔先生为核心的初代企业家的艰苦奋斗的创业精神，以及飞翔集团重视党建、关爱员工的传统等。主要发展的是品牌文化，做中国家电行业第一个中国自主的家电高端品牌，确立了专业化、高端化、精品化定位。二是西学优术期（2001—2007），销售规模4亿—15亿元。从2001年导入卓越绩效管理模式开始，在方太内部的各个领域逐步引进各种西方先进管理理念和500强公司的职业经理人。通过全面学习和了解西方管理和现代管理体系，奠定了现代化公司的基础。三是中学明道与模式初成期（2008—2017），销售规模15亿—100亿元。2008年导入中华优秀传统文化，开始了传统文化与西方管理相结合的尝试，并确立了"中学明道、西学优术、中西合璧、以道御术"的文化总纲。到2018年初，在一年一度的"方太杯"上发布了全新的方太文化体系，标志着这一中西合璧的、富有中国特色的方太企业文化体系正式成型。四是文化弘扬与模式完善期（2018年至今）。2018年，方太企业文化体系初步成型后，具备了对外传播的条件，开始面向全国企业家传播中华优秀传统文化和方太企业文化，立志实现"中国特色、中西合璧、内圣外王、全球领先"的企业文化建设总目标。

1. 物质要素

（1）品质优秀的家电

对方太而言，品质是企业的生命，企业着重培养全体员工对顾客的仁爱之心、对质量的敬畏之心、对不合格的羞耻之心，从而形成了"视顾客为亲人，视品质为生命。坚持零缺陷信念，人人担责，环环相扣，把事情一次做对，用仁爱之心和匠心精神，造中国精品"的全员深入的品质理念。而且在质量创新与文化变革上永无止境。近年来，方太又提出了"为了亿万家庭的幸福"的新使命，将质量工作从产品延伸到服务，从基础服务升级到幸福服务。

做好品质，还离不开先进的技术、方法、工具和体系。除了企业初期导入的ISO9000质量管理体系，方太在2001年开始导入卓越绩效模式，并将各种可靠的方法、工具创造性地运用到质量管理中，升维质量管理方法。2011年，方太荣膺中国质量协会颁发的第十一届全国质量奖。该奖项是对方太在产品质量、企业管理、品牌价值及行业实力等方面的认可和肯定。2015 年和 2017 年，方太又两次获得中国质量奖提名奖。

（2）全球领先的原创技术

方太以"为了亿万家庭的幸福"为创新驱动力，打造全球领先的原创技术。目前，方太已成为厨电行业首家牵头和主导"十三五"国家重点研发计划项目的民营企业、全国吸油烟机行业标准化工作组组长单位；行业内唯一参与国际电工委员会（IEC）国际标准修订的企业，为全球厨电注入"中国基因"；与中国科学院合作成立"烹饪环境与空气治理联合实验室"；拥有厨电行业唯一的省级重点实验室（浙江省健康智慧厨房系统集成重点实验室）；拥有 5500 余件授权专利，其中发明专利超 1000 件，在厨电行业排名第一，是厨电行业唯一进入"2020 年全球智慧家庭发明专利排行榜（TOP20）"的企业；方太还多次获得代表国际至高设计奖的IF 奖、红点奖；"三合一"水槽洗碗机获得首届中国设计智造大奖（DIA）"金智奖"、中国外观设计金奖；"方太风魔方"自 2014 年起，连续 6 年位居油烟机市场畅销机型榜首，获得国家制造业单项冠军产品称号；在行业内首家通过国家企业技术中心认定；是第一批国家级知识产权示范企业；2020 年，还斩获浙江省政府颁发的"浙江省专利金奖"，成为第一家收获金奖的家电企业。

方太作为全国吸油烟机标准化工作组组长单位，参与制定、修订各类标准 124 项，其中已发布 82 项，成为行业标准的领头羊。由方太主导 IEC 国际安全标准，重新定义吸油烟机安装高度，突破了标准制约，成功释放了中国特有的侧吸式油烟机的市场，乃至后续出现的低吸等市场趋势。方太作为《家用和类似用途电器的抗菌、除菌、净化功能通则》等 8 项标准项目的《吸油烟机》"浙江制造"标准项目，荣获 2018 年浙江省标准创新优秀贡献奖。近几年，方太主导或参与国际、国家技术标准修订，取得显著成果。方太是行业内首家被认定的国家级企业技术中心、博士后科研工作站。中国人民大学发布的"中国企业创新能力百千万排行榜 2019"，方太在总榜单中排名第 47 位。同时，在"2019 年度浙江省国家高新技术企业创新能力百强排行榜"及浙江省首次发布的 2020 年《浙江省创造力百强企业名单》中，方太均排名第五。

2. 精神要素

（1）"人品、企品、产品三品合一"的核心价值观

方太坚信作为一家追求卓越的企业，不仅要为顾客提供世界一流的产品和服务，还要积极承担社会责任，做一个优秀的企业，同时也要让自己的员工成为德才兼备的有用之才，与企业共同成长。这三者相辅相成，缺一不可。为此，方太提出了"人品、企品、产品三品合一"的核心价值观。人品，即坚信合格的方太人一定具备包括传统美德、职业道德、职业精神及职业能力在内的四大品质。企品，包括社会责任、卓越管理、一流业绩。社会责任是企业存在的理由和价值所在；卓越管理是实践社会责任的方法和过程；一流业绩则是必然的结果。产品，即始终坚持领先设计、卓越品质、超值服务。

方太通过吸取中华优秀传统文化精华来构建自己的核心价值观。儒家思想强调道之以德，齐之以礼，以逐步实现小康社会、和谐社会，最终实现大同理想。这与方太成为一家伟大企业的愿景是一致的。方太努力吸取儒家思想的精华，同时也吸取佛家、道家、法家等的思想精华，再与西方现代管理成果相结合，以实现方太的使命和愿景，实现全体方太人物质和精神两方面的幸福，并为人类社会的真善美做出应有贡献。同时，他们也坚信这就是中国企业管理之道。

（2）方太"家"文化

方太立足于培养爱岗敬业、诚实守信的员工，创造性地把儒家文化引入日常的管理工作，开设国学讲堂，发放《方太愿景与文化》《方太价值观》《日行一善》等文化手册 2 万余册，对每位员工进行中华传统美德的教育熏陶；并建立健全职工关心关爱机制，全面推动社会保险、住房公积金、带薪年休假、工作补贴、定期体检、企业身股制"六个全员覆盖"，着力打造具有方太特色的"家"文化，不断提升员工对企业的归属感。每年"七一"，公司党委书记都会给全体党员讲党课，传导"家"文化，使党员成为企业先进文化的引领者。同时，积极引领企业和员工秉持"担当""感恩"的儒士情怀，把提升社会责任感作为重要任务，做到诚信经营、依法纳税，并开展慈善捐助、志愿服务等公益活动，主动回报社会，为企业发展树立良好外部环境。近 3 年来，公司在村企结对、公益慈善事业等方面的捐助支出达 3000 余万元。

（3）奋斗者文化

奋斗者文化是方太企业文化的基因之一，是支撑战略达成的人员因素。方太认为，幸福（成功）＝能量×奋斗×能力。方太使命需要奋斗者去实现，圆满幸福的人生需要奋斗。奋斗者行为就是一切与方太价值观保持一致，围绕"以顾客为中心"而进行的工作行为，以及为这个工作而进行的相应学习行为。

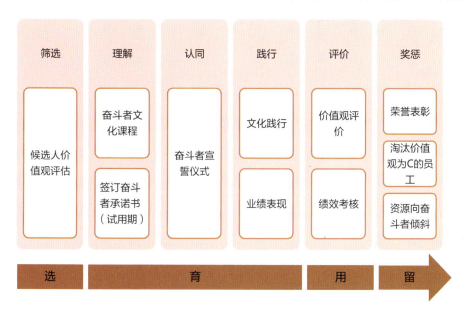

以员工个体为管理对象的奋斗者文化落地流程

3. 语言与符号要素

（1）捍卫雕塑

在方太迎宾广场的正中间，建有一座名为"捍卫"的雕塑。在雕塑中，老、中、青三代人共举一面旗帜，在旗帜的上方可以看到一个三角形的标志，代表着方太"人品、企品、产品三品合一"的核心价值观。老、中、青三代人努力拼搏，始终捍卫的是方太的核心价值观，体现了尽心尽责、齐心协力、专注极致、创新突破的方太精神。

（2）文化传承宝鼎

2017年，方太厨电销售收入突破百亿元，成为行业内首家突破百亿元的公司。同年，核心高管团队在曲阜尼山立志，明确了"为了亿万家庭的幸福"的新使命。文化传承宝鼎契合百亿突破、承载百年基业，肃穆庄重、端庄典雅，鼎文、纹饰完美结合，整体结构、艺术造型和纹饰配制全部围绕方太企业文化的核心理念，整体造型和谐统一。其中鼎颈采用"窃曲纹"浮雕填底，24个"涡纹"均匀分布。涡纹也称火纹、太阳纹，涡即光的意思，形状似太阳，代表着厨电领域的特色。24个涡纹表示日月运行下形成的二十四节气，象征着亿万家庭享受更加美好的生活，实现幸福圆满的人生。窃曲纹根据动物形象简化抽象演变而来，给人一种大气、不拘一格的感觉，有美好愿望、美梦成真的寓意，同时也表示运势顺利，可化灾为福。

（3）孔子堂

2008年，方太开始全面导入中华优秀传统文化，开始了传统文化与西方管理相结合的尝试。当时恰逢公司总部搬迁到杭州湾新址，公司借这个契机建立了一个标志，在园区内设立孔子塑像，孔子堂由此诞生。孔子堂的正前方是孔子像，将孔子诞辰9月28日作为方太教师节。每年的这一天，公司也会开展许多庆祝教师节的活动。孔子堂右墙上展示有十幅书法作品，内容分别是仁、义、礼、智、信、廉、耻、勤、勇、严，通过对儒家思想的解读传递传统美德和职业道德。方太建立这所企业孔子堂，是为了让文化在潜移默化中推进，逐渐转化为员工个人修养与行为习惯。

（4）"五个一"文化践行墙

围绕"立一个志、读一本经、改一个过、行一次孝、日行一善"，方太人每年都要制定自己的"五个一"。"立一个志"，包括成人之志、成事之志、健身之志。成人之志即成为一个什么样的人，成事之志可以是家庭目标或工作目标等，健身之志可以是健身目标。"读一本经"，"经"指中华优秀传统文化经典，如《论语》《大学》《中庸》《道德经》《了凡四训》《六祖坛经》等。"改一个过"，"过"指错误的知见、不善的念头、过激的情绪、偏私的行为等。"行一次孝"，指做一件让父母公婆高兴乃至感动的事情。"日行一善"，尽好本分是首善，每天尽好本分以及至少做一件举手之劳的小善，可以是做一次改善、做一件善事、说一句善言、起一个善念等。就周期而言，"立一个志"可以年或季为单位或视具体内容而定，"读一本经""改一个过""行一次孝"可以季或月为单位，"日行一善"以天为单位。

从2017年开始，方太提升组织能量的主要方法就是全员学习中华优秀传统文化并践行"五个一"。在方太第一工业园的一楼长廊上，有一整面公司管理干部和优秀党员的"五个一"展示墙，"五个一"成为企业文化落地的重要抓手，同时也使全体员工对"文化即业务"有了更深的理解。

4. 规范要素

（1）品质文化建设

方太建立了完善的质量责任体系，包括《产品质量异常问责与处罚管理制度》《质量激励与质量末位管理制度》《"三不"质量管理原则》，其中"三不"原则（质量问题不可商量、安全问题不可商量、底线问题不可商量）更是体现了方太对做好产品质量的决心。

方太作为厨电行业领导者，率先提出5年质量保障，于2008年1月1日起将现有的油烟机、消毒柜、灶具、嵌入式烤箱、嵌入式微波炉的保修期均提高到5年。5年质量保障，方太每年增加服务成本0.72%（占比销售收入），但引领整个行业为顾客提供更优质放心的产品。

（2）品牌文化建设

多元化的方太集团品牌规划。为了实现亿万家庭幸福的企业使命，支撑跨百向千的战略目标，采用多品牌经营的发展模式。方太集团是以健康智能厨电为核心业务的幸福生活解决方案提供商。方太品牌业务范围为高端厨电、米博品牌业务范围为精品轻厨电、柏厨品牌业务范围为专业厨柜与集成家居、方太海外品牌业务范围为全球高端厨电。以上4个子品牌支撑公司业务目标的达成。

国际视野的海外品牌规划。方太秉持"全球厨房的幸福选择"的品牌主张，为人们提供高品质的产品和服务。截至2020年，方太在北美、南美、欧洲、澳大利亚、亚洲等地区的30多个国家和地区进行销售，为超1700万家庭厨房提供幸福选择。连续3年，品牌出口占据厨电行业第一，远超同类竞争品牌。

（3）独特的企业管理模式

从2001年导入卓越绩效管理模式开始，方太在内部的各个领域逐步引进各种西方先进管理工具和500强公司的职业经理人。无论是以卓越绩效为代表的质量管理体系，还是以绩效管理为核心的现代人力资源管理体系，无论是集成产品开发流程，还是集成供应流程，以及发起的营销变革等，其通过全面学习和了解西方管理理念和现代管理体系，奠定了现代化公司的基础。

2008年，在搬迁方太第一工业园之际，方太导入中华优秀传统文化，开始了传统文化与西方管理相结合的尝试，并确立了"中学明道、西学优术、中西合璧、以道御术"的文化总纲。经过 10 年的探索和实践，方太文化体系日臻完善。2018 年初，在一年一度的"方太杯"上发布了全新的方太文化体系，标志着中西合璧的富有中国特色的方太企业文化体系正式成型。2018 年，方太开始面向全国企业家传播中华优秀传统文化和方太企业文化，同时不断打磨和完善方太文化体系与管理模式，致力于实现"中国特色、中西合璧、内圣外王、全球领先"的企业文化建设总目标。

（4）"产品＋文化双驱动"的品牌营销模式

方太以"铸国家名片"为己任，运用引领行业的"产品＋文化双驱动"的品牌营销模式，开展幸福发布会、价值观营销、幸福社区、文化体验营等具有鲜明特色的品牌文化推广活动，成为公认的中国高端厨电第一品牌。方太荣获"亚洲品牌 500 强""中国品牌 500 强""胡润百富高净值人群'最青睐的高端厨电'奖""中国驰名商标""中国名牌产品""中国最有价值品牌厨卫行业第一名""中国行业标志性品牌""浙江制造认证证书"等品牌荣誉。品牌首选率32%、重复购买率 16.7%、品牌认知度 51，在厨电行业排名第一。

方太的品牌定位是"打造全球厨电高端市场的知名品牌"，坚持"要么不做，要做就做高端品牌"的品牌追求，成功走出了一条国产品牌高端化的道路，成为中国家电行业鲜有的比进口品牌更具溢价能力的民族品牌。也正是因为这样的坚持，方太在高端吸油烟机、燃气灶、水槽洗碗机等多个产品市场牢牢掌握着高端站位。

方太一直秉承着"创新的源泉是仁爱，创新的原则是有度，创新的目标是幸福"，以顾客为中心，基于顾客的痛点和需求不断推出创新性产品，在产品营销时围绕"原创、引领、美善"，通过产品和服务将"美善"传递给顾客，然后再逐步传递给社会，最终实现从小家到大家的全面幸福。2020 年，方太达成高端市场份额：5000 元以上的油烟机 39.98%、1500 元以上的燃气灶31.56%、消毒柜 26.06%、水槽洗碗机 96.8%，且战略品类油烟机首选率达到38%，水槽洗碗机达到 31%，均位居行业第一。

（二）方太厨具核心文化基因的提取与评价

方太文化核心包含品质文化、创新文化、品牌文化与优秀传统文化等。这几大文化中，创新文化是第一动力，品质文化是根本保障，中华优秀传统文化是重要源泉。总结方太 20 年来的发展，有两点成绩：一是成功打造了第一个"中国高端厨电领导品牌"；二是导入以儒家文化为核心的中华优秀传统文化，成为把传统文化与现代管理相结合的典范，形成了"中国特色的方太文化"。

1. 生命力评价

创新使方太获得了强劲的生命力。方太坚持以创新驱动发展，并逐步沉淀了自己的"创新三论"——创新的源泉是仁爱，创新的原则是有度，创新的目标是幸福；提出："我们用仁爱之心创美善精品，原创发明了集成烹饪中心、水槽洗碗机、净水机等新科技、新品类；我们坚持有度创新，为用户创造'恰到好处'的智能厨电体验；我们不忘初心和使命，坚持以幸福为目标，持之以恒地研发创新科技。"方太攻克关键核心技术、破解创新发展难题、转化应用技术成果，进而带动了行业高质量发展。同时企业还注重自主研发、产学研合作，关注行业发展趋势和标杆企业先进技术，多项研究成果获得了国家和省级主管部门的认可，引领行业发展。

2. 凝聚力评价

2008 年，方太开始全面导入中华优秀传统文化。基于此，方太的核心价值观为"人品、企品、产品三品合一"，最终实现全体方太人物质和精神两方面的幸福。同时，以党建文化引领企业文化建设，将儒家文化创造性地融入进来，经过多年沉淀，形成了独具特色的方太"家"文化，立足于培养爱岗敬业、诚实守信的员工。方太在将中华传统优秀文化导入到企业管理中后，建设孔子堂、展厅等文化地标，并将文化学习深化到业务场景中，提出"文化即业务"，通过一系列的文化落地活动在公司内部倡导学习中华优秀传统文化。通过价值观的引领，凝聚人心，形成思想高度一致的团队。

3. 影响力评价

方太的影响力从行业和顾客的反映中可以得到明显的体现。方太确立"品质领先"的质量战略，形成"用仁爱之心和匠心精神造中国精品"的品质文化，成为国家市场监督管理总局质量文化培育国际标准的参与单位。产品关键特性指标领先行业，高于竞争对手，油脂分离度达到国际领先水平；核心产品顾客满意度连续 9 年位列行业第一。开展全过程端到端质量管理，在供应商端成立全国首家六西格玛俱乐部，打造供应链生态系统；在过程端建立"1 + 5

"＋N"全流程网络协同智能制造新模式，在服务端建立"首善五到位"和"利他服务十场景"售后服务模式。主导修订1项IEC国际标准，荣获中国标准创新贡献奖标准项目一等奖，拥有国家认定的企业技术中心和厨电行业唯一省级重点实验室。全员开展六西格玛改善，作为唯一一家厨电企业，被评为"全国推进六西格玛管理先进单位"。方太还荣获"亚洲品牌500强""中国品牌500强""胡润百富高净值人群'最青睐的高端厨电'奖""中国驰名商标""中国名牌产品""中国最有价值品牌厨卫行业第一名""中国行业标志性品牌""浙江制造认证证书"等品牌荣誉。品牌认知度在厨电行业排名第一。

方太强化"因爱伟大"的演绎与表达，塑造社会责任感，创造品牌共鸣。用中华优秀文化助力亿万家庭提升幸福感，并确立了"三大目标"：助力1000万家庭提升幸福感；助力10万名企业家迈向伟大企业；助力建设1万个幸福社区。历年幸福发布会不仅发布美善创新的高端产品，发布会主题更聚焦"幸福"的文化：2018年"幸福的智慧"、2019年"幸福共比邻"、2020年"炊烟起处幸福家"。在幸福社区共建上也取得突破进展，共建单位47家，签约508个社区；文化体验营连续举办31期，覆盖1000余家企业、2833名企业家和高管，学习体验中西合璧的方太文化，立志笃行，修身明道。

4. 发展力评价

2020年，方太实现销售收入120亿元，持续保持厨电行业第一，产品万元产值综合能耗优于同行业的平均水平。2014年，方太参与GB/T 36000《社会责任指南》国家标准的起草，获得社会责任标杆企业等荣誉。方太是厨房革命的引领者，不断推出创新产品，为亿万家庭打造健康、绿色、品位、开放、养生与智慧的幸福厨房。引领抽油烟机技术创新，将油脂分离度提高到98%，助力蓝天保卫战，让中国制造超越世界同行业最高水平。建立幸福社区共建公益计划，惠及17个省超500万居民。方太在自身发展的同时还带动了行业领域的共同发展。

（三）方太厨具核心文化基因的转化利用

方太在将中华传统优秀文化导入到企业管理中后，建设孔子堂、展厅等文化地标，并将文化学习深化到业务场景中，提出"文化即业务"，通过一系列的文化落地活动在公司内外倡导学习中华优秀传统文化。

1. 组织开展"国学的力量"研学活动

2010年3月，方太携手《南方周末》，共同发起以"分层次、全系统、可亲近的国学自修平台"为奋斗目标的青竹简国学计划，通过系统而持续的公益活动推动中华国学经典教育。2012年，方太持续推进方太青竹简国学计划、"方太至诚服务城市"主题讲座、方太绿色厨房计划以及方太小雨伞孤独症家庭关爱计划，积极推动价值观和社会责任传播。自2015年开始，方太集团通过在具备传统文化推广条件的学校捐建"国学图书室"，并积极开展多样化的国学教育活动。通过组织大中小学生赴方太开展研学活动，进行"国学的力量"公益推广，每年定期开展针对不同年龄、不同人群的国学活动。比如，在暑期期间特别开设暑期公益活动——《论语》100遍，让国学的思想在学生心中扎根，帮助各阶段学生挺立自我、畅明笃志。

2. 发展工业旅游

将传统美学和现代建筑完美融合的方太理想城于2017年3月动工建造，这是方太打造百年企业、迈向千亿品牌的全新起点。在这里，可以看到方太人对品牌、哲学、人文、审美乃至功能的审慎思考和笃定落笔。理想城一楼是接待会客区，设置接待台、休息/等候区以及报告厅等功能设施。一楼大厅在满足使用功能、布局和动线的基础上，充分结合品牌和文化的内涵，引入"书院"的设计概念，将"理性诗意，沉静气质"注入其中。厅堂整体采用新中式风格，设计元素呈"方圆"结合，与园区建筑设计理念完美契合。一楼的方太展厅全面展示了方太的发展理念、发展历程、科技创新，不同阶段的产品解析，以及高端厨房体验等。

可以此为基础，结合方太工业园区的主题雕塑、景观小品、标志系统、产品展示馆、特色生产线、标志设计、休息设施等，打造工业旅游景区，发展工业旅游、高科技展示等新型旅游业态，开发厨电文化研学课程，同时辅以以方太厨具为依托烧制的餐饮，以方太元素设计生产的礼品，等等。

3. 开展文化艺术创作

以方太用户为原型创作电影《人生百态》；制作动漫《方太童话》，通过动漫的形式推广方太企业文化；开展方太文化研讨会、产品博览会，展示、研究、推广方太文化；加强理论研究，比如出版《理念方太》等与方太企业及其文化相关的书籍，展示、研究方太基因。

4. 拓展幸福社区共建公益活动

"幸福社区"就是使社区居民普遍具有安全感、归属感、尊重感和成就感的社会生活共同体，也是环境整洁、服务完善、文明和谐、守望相助、自主自治的新型社区和幸福家园。方太产品的使用场景离不开家庭，而幸福是每个家庭的追求，家庭和个人的幸福离不开社区建设。"幸福社区共建公益计划"就是方太支撑"十年打造1万个幸福社区"目标的一个战略性长期工程。2020年初，方太联合上海恩派知行社区发展研究院、权威学术机构、社会组织共同起草了《幸福社区共建指导意见书》，为各共建方提供幸福社区的建设方向指引，评估社区的发展状态，找到社区建设方向；也为各共建方的社区实践提供实操方案支持，推进幸福社区建设，弥补社区发展短板。

2020年7月，方太集团联合首批13家共建单位共同发起"幸福社区共建公益计划"，幸福社区共建公益联盟正式成立。联盟的主体包括地产、物业、社区居委会、业主委员会、社会组织等在社区开展服务的社会服务机构和企业。联盟旨在与社区多元主体共同创建一个协商共治平台，为社区建设凝聚多方力量、整合多方资源、协同多种机制，解决社区内部的复杂问题，为社区中的多元化主体创造共享价值，推动完善社区建设支持体系。

至今，联盟已有6家理事单位、52家成员单位，遍布17个省、自治区、直辖市，共计32个城市，签约社区达到2128家，覆盖超过1000万社区居民。目前，首批甄选库已经拥有人文标志、幸福社区文化体验营、幸福社区邻里节、国学图书室等60余个优质社区共建项目，并已经在多地落实，强化了社会公益效益，增进了邻里间的关系，让更多的社区成为"安其居，甘其食，美其服，乐其俗"的幸福之地。

参考文献

1. 胡静波：《宁波方太：将企业愿景与社会责任融为一体》，《中华工商时报》2022年3月29日。

2. 茅忠群：《以道御术，打造方太管理文化》，《企业管理》2022年第5期。

第三章

宁海县重点文化元素
基因解码及转化利用

　　宁海，顾名思义为宁静之海，且山海相济、位置优越，处于中国黄金海岸线之中段，是东海之滨的一颗璀璨明珠。境内有仙山、神泉、碧海、绿岛，素有"天然氧吧"、人间仙境之美誉。宁海历史悠久，人文荟萃，自西晋太康元年（280）立县至今已有1700多年历史，积淀了深厚的文化底蕴，孕育了灿烂的文化精粹。宁海是中国首个古村落文化遗产研究基地，也是中国唯一的古戏台文化之乡和婚嫁文化之乡，还是中国茶文化之乡和中华诗词之乡，2015年被评为全国文化先进县。

　　千秋灵气出名儒。自古以来，宁海儒学广播、名家辈出。孤忠抗大奸的南宋名相叶梦鼎、注释《资治通鉴》的宋元史学家胡三省、风骨傲然的明代大儒方孝孺、左联五烈士之一的作家柔石、一代国画大师潘天寿皆出自宁海。山清水秀、仙气十足的宁海，又吸引了众多的名家望族。东晋著名炼丹家、医药家葛洪隐居宁海深山炼丹制药，并成为宁海西洋葛氏之始祖；600年前孔子后裔择盖苍山下的桃花溪畔而居发展为力洋孔；明代大旅行家徐霞客选宁海作为其名著《徐霞客游记》的开篇地。

　　一方水土养一方人。宁海自古以来，民风淳朴、文脉绵长。宁海不仅仅是"中国旅游日"的发祥地，更是充满古越风情的"十里红妆"发源地，这里有流传500多年的中国唯一以鼓亭抬阁为主的前童元宵行会，这里有传承久远、师法自然的泥金彩漆，这里有被誉为"东方绝技"的平调耍牙，还有中国历史文化名镇前童古镇、中国历史文化名村许家山村和龙宫村，以及遍地散落的古戏台、古寺庙。本章展示的是宁海县10个重点文化元素基因解码及转化利用情况。其中，传统优秀文化7个、革命文化1个、社会主义先进文化2个。

一、宁海平调

宁海平调始于明万历年间，至今已有 400 余年历史，是浙东地区代表性的戏曲艺术之一。宁海平调属于高腔系统，是浙江高腔体系的一个重要支派，是浙江"八大高腔"之一。宁海平调具有高亢而婉约、一唱众帮、锣鼓助节、不托管弦的特点。其音乐风格虽与其他高腔剧种相类似，但所演唱的高腔曲牌却较为平缓，又因其用宁海地方方言演唱，故得名宁海平调。

宁海平调以宁海为中心，曾流行于象山、黄岩、温岭、临海、仙居、天台、奉化等地。宁海平调传统剧目有《小金钱》《金牛岭》《天门阵》《白门楼》《贵妃醉酒》《偷诗赶船》等 100 多出，其中《小金钱》中的一折改为《金莲斩蛟》，因与耍牙技艺紧密结合，成为最富有特色的代表剧目。宁海耍牙是宁海平调表演中的独门绝活，是宁海平调的代名词，被誉为"东方绝技"，其影响力可与川剧变脸相媲美，并称"东牙西脸"。耍牙为同治年间平调艺人杨景岳所创，传承五代人，已有 100 多年历史。如今，宁海平调新生代传承人薛巧萍凭"耍牙"独门绝技获得"国花杯"金奖和山花奖金奖，并数次参加中央电视台的节目。

目前，开展抢救性和保护性传承成为宁海平调最为重要的工作，新生代的传承人培养已经刻不容缓。2006 年，宁海平调被列入首批国家级非物质文化遗产名录；2012 年，宁海成立了平调艺术传承中心；2013 年，15 名青年演员被选派到绍兴艺术学校代培，成为宁海平调的新生力量。

宁海平调耍牙
（徐培良摄）

宁海平调《金莲斩蛟》
（徐培良摄）

（一）宁海平调核心文化基因解析

宁海平调是浙江省古老的汉族地方戏曲剧种之一，关于宁海平调的起源有多种不同说法。综合分析，宁海平调可以溯源至中国四大戏曲古腔中的余姚腔、昆山腔乃至弋阳腔。虽然至今没有确切的文献资料记载宁海平调的起源和形成，但这也恰恰反映了宁海平调是不同剧种互相影响、互相渗透的产物。

早期的平调艺人主要是以家庭组合挑米箩唱"贺彩词"，在三门湾一带"吃跳板头饭"；后以活跃于乡村的草台戏班"山坑班""乱弹戏"的形式存在，经过多年的演变自成一派——宁海平调。职业戏班不断成熟发展，也是宁海平调不断成熟的标志。新中国成立后，人民政府一直致力对民间艺术的挖掘、整理和保护。宁海平调这一古老剧种以其强大的生命力在时代变迁中起起落落，在宁海这块深厚的土壤中获得艺术的生命力。

1. 物质要素

（1）曲牌

宁海平调，又称宁海本地班，唱腔非常具有地方特色。一般老生发音较高亢、洪亮，多用鼻音；小生较挺拔、有力，多用假嗓；净角较粗犷、雄壮，声带振幅大。演员一人前台唱，后场众人帮唱。宁海平调的唱腔以曲牌体为主，多为阴平、阳平两声结合。宁海平调曲牌有300余支，现尚保留有100余首，常用的有"点绛唇""新水令""山坡羊""锁南枝""一江风""风入松""一支花""江儿水""锦堂月""急三枪"等40多支。宁海平调唱词用韵为十三辙韵，因为戏曲的创作和演唱一般都是采用十二辙韵，且包含宁海话在内的台州方言保留了许多古音。

（2）乐器

"不托管乐，以鼓击节"，宁海平调的伴奏以打击乐器为主，主要有"四大一小"的大锣、大鼓、大钹、大喇叭和小锣，另加板，因此以前的平调戏班也称"滴答班"。打击乐器的伴奏较有规律，节奏平缓，适于小生、花旦的演唱。同一节奏如用大锣、大钹，则较粗犷、豪放。大喇叭，即唢呐，是唯一管乐器，专设"正吹"与"副吹"，既用以表现较为准确的音阶，又为名曲牌之间的连接起引导作用，更为演员上场、下场、大幅度动作和更换地位等渲染气氛。鼓师为平调戏班的灵魂，平调大鼓的打法，锤、拳，乃至手脚并用，宁海人素有"十四夜的肚，山坑班的鼓"之说。其中，以拳代槌，又开五指能迅速打击出不同音色的鼓点堪为绝技，是平调独一无二的音乐风格。宁海平调以前没有琴弦伴奏，管乐器也只有大喇叭。直到 20 世纪 60 年代，宁海平调剧团成立后，伴奏增添了板胡、二胡、三弦和笛等乐器，减少小锣使用，以管弦乐过门等。

2. 精神要素

（1）鲜明的地域个性

宁海东连东海之滨，宁海的海既有潮起潮涌的澎湃，也有一抹湛蓝的宁静。宁海不只有海，也有山，其山既有奇峰嵯峨的雄伟，也有清泉滴翠的幽情。山水赋予宁海人在平时更多的平静与和缓，在变乱与动荡时方显个性张扬的内核。这种内核，被人们固化为"台州式的硬气"，同时也使得宁海自古以来的人事篇章演绎得格外刚烈。

宁海平调没有像昆曲那种古代文人风流倜傥的儒雅之风，也没有越剧那种江南女子唯美典雅的灵秀之气，而有一股乡里巴人雄放粗朴野性的韵味，它棱角分明、铿锵有力，犹如天台山间的溪唱松吼。宁海平调采用墩硬的宁海官话来演唱，高亢厚实的风格是其他方言与普通话所无法取代的，因此宁海平调剧团被誉为"天下第一团"。宁海平调的对白极有个性，除小丑用苏白外，其余都以宁海官话为准，声音洪亮，铿锵动听。平调的伴奏也极具张扬的个性，粗犷、豪放，多大锣、大鼓、大钹、大喇叭，少缠绵的丝竹。宁海平调的绝技"耍牙"更是张牙舞爪，《金莲斩蛟》中的独角龙上下翻动的獠牙，配上黑底白条的脸谱，把妖怪的狰狞表现得淋漓尽致。准确地说，宁海平调在张扬的个性里蕴含了更多的平和与委婉，与宁海的自然环境融为一体。

（2）博采众长的多元融合

宁海平调蕴含着海纳百川、兼容并蓄的汲取精神。一是汲取当地艺人的表演技艺。宁海平调最早可追溯至明万历年间域内流行的"贺彩词"，彼时三门湾一带的艺人挑着米箩走村串巷，寻找有节庆年会的村庄、有婚丧喜事的农户、有建房上梁的大户人家，然后唱"贺彩词"讨彩过日，逐渐发展成为一个剧种。耍牙也是来自宁海民间的一项技艺。1868 年，宁海南乡柘湖杨"山坑班"的本地艺人杨景岳将其融入宁海平调。二是接纳外来剧种的表演形式。虽然宁海平调是出身低微的下里巴人，但出生海边的艺人们有着海一样的胸怀，先后吸收新昌调腔、乱弹戏，逐渐形成跟新昌调腔相似的"山坑班"。晚清时期，宁波城中京戏和地方小戏勃兴，甬昆"五公座"为生存离开宁波城走向农村。宁海"山坑班"接纳了甬昆班艺人。"山坑班"与"甬昆班"的结合，使得新昌调腔与昆曲一俗一雅的两种戏曲在宁海独特的地理与人文环境中得到融合，产生了新的戏曲样式——宁海平调。

从宁海平调的起源、发展与传承过程中，我们能够发现宁海平调既继承了古代南戏余姚腔、昆腔、弋阳腔的传统，又结合了当地的民间音乐、舞蹈、曲艺、乐器、技艺、美术的特点，还汲取了新昌高腔、台州高腔、象山调腔、台州乱弹、昆曲、京剧、越剧的精华，是一种博采众长的多元艺术文化。

（3）生生不息的艺术传承

宁海平调在发展过程中虽然经历过坎坷，但新中国成立至今，在党和政府的关怀下，平调艺人有过4次抢救性的传承。第一次是1955—1958年，有关部门把流散在各地的平调艺人重新组织起来，成立半专业性的演出队，使宁海平调得到重生。第二次是1960—1966年，成立专业的平调剧团，并成立抢救和整理传统剧目小组，整理出83个剧本和音乐曲牌，同时进行表演技艺挖掘和传承人的培养。第三次是1978—1983年，恢复宁海平调剧团，成立平调整理研究小组，共整理了36部传统剧目，同时创作新剧，对动乱时期造成的破坏进行抢救，挽回损失。第四次是1991年至今，成立繁艺平调剧团，建立平调研究会，申报国家级非物质文化遗产，成立宁海平调艺术传承中心，招收传承班，编排《葛洪》等新剧，使宁海平调再次获得新生。许多技艺不但得到抢救性的传承，而且有了创新性的发展。宁海平调不再只是闻名省市之内而是闻名全国，乃至闻名世界。"硬来硬到底，麦来不吃米"，如果不是宁海人的坚持，那么宁海平调恐怕早已成为一种遥远而遗憾的记忆。宁海平调之所以历经磨难而生生不息，靠的是历代平调人矢志不渝的艺术追求，也靠的是宁海大地上浩气荡漾的人间正道。

3. 规范要素

（1）行当特色

宁海平调角色行当分"三花""五白""六旦"。"三花"指大花、二花、小花；"五白"指老生、正生、副末、小生、外末；"六旦"指正旦、老旦、小旦、彩旦、刀马旦、闺门旦。旧时还有"上四柱"和"下四柱"之分。"上四柱"为小生、花旦、正生、大花；"下四柱"为小丑、二丑、正旦、外末。传统剧目以生旦为主，小丑也常挑大梁。一个演员往往兼演多种行当，如老艺人周明礼、邬学熊，既能演旦、生、末，又能演净、丑、外。老艺人杨先达艺名叫红毛老生，以演老生名扬四里，故其戏班被外界称为"红毛班"，其兼演大花脸、二花脸，尤其擅长独角龙的耍牙。

（2）表演特色

宁海平调较多保留了古代南戏风格，表演形式注重大起大落，寓细腻于粗犷。宁海平调做功别具一格，以武功戏见长，被称为"小京班"。"雀步"与"耍牙""抱瓶滑雪""一马双鞍""吃粥吐红"均为宁海平调的表演绝技，尤以耍牙最为著名，耍牙属于"变口"技艺，被称为"东方绝技"。演员表演时口含4颗、8颗甚至10颗野猪獠牙，在口内，时而快速弹吐，时而刺进鼻孔，时而上下左右歙动，或有两颗刺出鼻孔，尤其是有两颗牙始终藏于口内，仍要唱、做、念、打。"耍牙"表演主要有含、咬、舔、吞、吐5种技法。表演时还需与平调打击乐器大锣、大鼓、大钵、小锣和将军令等多种曲牌配合，加上行当特殊的程式动作，如侧身龙步、转身亮相、高台悬跃、撩袍串椅等，以塑造"独角龙"不可一世的骄横之态。整个表演过程如龙蛇行走。耍牙技艺则给宁海平调锦上添花。

（二）宁海平调核心文化基因的提取与评价

一方水土养一方人，一方水土出一方戏。宁海平调融合了宁海的山山水水，无论其发展历史还是表现形式，都有着鲜明的宁海地方特色，而且始终与宁海的人文相关联。基于对有关资料的全面、深入分析，将宁海平调文化元素的核心文化基因提取为"刚柔相济、兼容并蓄"的平调精神。宁海平调作为国家级的非物质文化遗产项目，不只要保护与传承，更为重要的是深挖其精神内涵，演绎宁海的故事、人物与风物，适乡村振兴之势，合和谐社会之宜，化出一个新的宁海。

1. 生命力评价

宁海平调精神延续至今未曾明显中断，文化基因形态保持稳定。宁海平调始于明万历年间，至今已有400余年历史。宁海平调继承了新昌高腔，又接受了甬昆，糅杂了宁海本土艺人的技艺，逐渐形成了独特的"平调"，并日趋完善。从传承角度来说，宁海平调没有出现过断代现象，从始创之时至今，虽然有过几度停演，但其文脉一直没有中断，尤其是其中的"刚柔相济、兼容并蓄"的平调精神一直在延续，更为重要的是作为古老戏曲那些口口相传、师徒相授最主要的剧目、表演形式绝大多数都保存了下来，并在近年得到了发扬光大，体现了一种顽强不屈的生命力。

2. 凝聚力评价

宁海平调作为首批入选国家级口头非物质文化遗产的项目，曾经凝聚了宁海以及周边地区的大量群众。宁海被称为"中国古戏台之乡"，境内曾有古戏台600多座，现保存有120座。其中，城隍庙古戏台等10座古戏台被列为全国重点文物保护单位。过去，无论宗祠祭祀、乡绅喜庆宴会，还是庙会酬神等民间仪式，雅俗共赏的平调以民俗文化主流的姿态进入并牢牢占据着宁海城镇村落的精神空间，同时在一定程度上推动了宁海的经济发展。但随着时代变迁，特别是改革开放后，多样性的文化形态不断涌入，戏曲已不再是艺术生活的主流。这对于在小农经济土壤中孕育而成的平调带来极大挑战，宁海平调无论是内容还是形式都面临一场洗礼与革新。

3. 影响力评价

宁海平调具有全国性，乃至世界性的影响力，已经被当代学者提炼为精神符号。其地方特色与审美价值堪称国内罕见。因此，在现代时空距离缩短的情况下，宁海平调尽管近年在本地演出的市场出现萎缩，但在省内外的演出市场却得到不断的扩大。特别是通过媒体的宣传，宁海平调在全国乃至世界都有定的影响力。不少当代学者也对宁海平调进行了深入研究，将宁海平调中体现的宁海精神进行了高度概括和总结。

4. 发展力评价

在现代化技术高度发展的今天，传统的非物质文化遗产逐渐失去了市场空间、表演场所，面临青黄不接、人走技绝的困境，亟待保护文化遗产，守护精神家园。宁海平调作为国家级非物质文化遗产项目需要科学传承，在发展中求生存并发扬光大，实现传承保护与产业运作的二元互动和良性循环。"大气、正气、硬气、和气"的宁海精神既是宁海平调的主要基因，也体现了宁海人民的精神追求，是宁海平调当下以及今后都需要弘扬的主题，有利于激发宁海人民的责任担当，有利于宁海平调的传承发展，对宁海平调的保护与发展有着深刻的意义。

（三）宁海平调核心文化基因的转化利用

1. 打造宁海平调旅游风情小镇

作为浙东地区极具代表性的戏曲艺术之一，随着社会的进步，人们生活水平不断提高，对休闲娱乐的需求也不断增加，宁海平调依然为人们所喜闻乐见。打造宁海平调旅游风情小镇，为游客提供一个独具平调特色的旅游场所，不仅能够满足游客闲暇时间的娱乐需求，还能促进宁海地区的经济、文化发展。

整合宁海地区的平调资源，规划并打造一个集中、全面的平调旅游风情小镇是保证平调文化持续发展的重要举措。在平调旅游风情小镇建立宁海平调文化博物馆，将记录平调的文本材料、演出乐器与服饰等器物、演出视频材料和音频材料等陈列于展馆当中，供游客观看、学习。另外，在博物馆的室外搭建一个传统的平调演出戏台，邀请专业的平调演出戏班定时为游客提供平调演出，让游客能够近距离感受平调艺术的魅力。

近年来，网络视频、直播行业发展迅速且普及率高，为各个年龄段旅客熟悉并喜爱。在平调旅游风情小镇内设立平调文化体验基地，并为游客提供服装、道具和拍摄设备等，记录游客参与平调文化体验的全过程，让游客留下美好回忆。同时，平调旅游风情小镇可以运营官方账号来分享和传播小镇内的游客趣事，鼓励游客投稿参与，并定期在小镇的官方账号上举行抽奖、比赛等活动。

游客到此游玩最大的需求在于食宿，打造具有平调特色的民宿和饭馆是非常必要的。民宿是当下非常流行的住宿方式，尤其是在旅游风情小镇里，民宿的居住环境比酒店更加具有亲近感，让顾客在放松身心的同时还有宾至如归的感觉。平调特色饭店主要是在饭店的设计上融入平调元素，在菜品上突出宁海特色风味，让游客在此既能感受平调的文化气息，又能享用宁海的特色美食。另外，还可以举办宁海平调文化节、鼓励设计平调文化纪念品等。以上可见，打造宁海平调旅游风情小镇不仅能够发展和弘扬平调文化，还能凝聚区域力量，推动区域经济发展。

2. 开展宁海平调艺术培训

宁海平调是在宁海这片土地上开出的艺术之花，充满了地域特色，对宁海地区乃至宁波市来说，都是十分难得且珍贵的。因此，当下如何保存与未来如何发展是宁海平调需要考虑的两大问题。

相比于常见的实物艺术传承，戏曲这类无形艺术的传承更加需要依靠人的力量来实现。因此，培养优秀的平调传承人是宁海平调持续发展的首要措施。只有培养出优秀的传承人，宁海平调才能代代相传、生生不息。在培养平调传承人的过程中，挑选合适的培养对象非常关键。作为宁海平调传承人，不仅要有扎实的平调表演功底，还要热爱平调艺术，并且拥有强烈的责任心，愿意为宁海平调艺术的发展和传承做出贡献。

除此之外，宁海相关文化部门或是民间组织可以举办平调培训班，面向广大群众招收学习者，不论年龄及基础，有兴趣的学习者都可以参加。参加人数多时即可分班教学。例如：按照不同年龄分班，或者是按照不同水平分班，也可专门挑选一批年纪适当的学习者进行集中、专业的平调教学。这批学习者在学习到一定程度时，可以进行专业的平调演出。宁海平调培训班的开设能让原本小众的平调艺术进一步普及，在提高当地人平调文化素养的同时，也加固宁海平调的发展基石。

组织宁海平调表演队伍是宣传和弘扬宁海平调文化的重要方法。对于原来从事平调演出的人员，相关部门应该给予肯定并支持，鼓励继续从事平调表演工作，成为平调文化传播和传承的使者。对于当前正在接受培训的平调学习者们，相关部门也应该鼓励进行更加深入的学习，能够真正掌握这门独特的平调艺术。另外，相关部门还可以组织宁海平调表演戏班，定时为不同地区的人们送去平调演出，既能丰富人们的业余精神生活，也能扩大宁海平调的知名度与影响力。

3. 成立宁海平调文化品牌

近年来，国家越来越强调文化自信。宁海平调艺术虽为地方性的小众文化，但也越来越受到社会的关注。成立宁海平调文化品牌，将宁海平调文化以独立品牌的形式向外推广，其影响力将会伴随着相应的产品辐射至各地。成立宁海平调文化独立品牌的第一步是确定宁海平调文化的品牌标志。宁海平调源自宁海民间，是百姓的艺术，若把平调品牌标志的设计工作交给大众，发挥百姓的主人翁精神，必定能够集思广益，征集到合适的品牌标志。平调品牌标志确定后，便可以在与平调有关的场所或是物品上印上宁海平调的专属标志。例如：在平调旅游风情小镇里，摆放印有宁海平调标志的旗帜；在售卖的相关产品上，也都印上宁海平调的品牌标志。

除此之外，宁海平调还可以寻求与其他产业的合作。例如，服装公司。宁波服装产业发展较好，大大小小的服装工厂不计其数，其中不乏雅戈尔、罗蒙等这样的知名品牌。如果服装公司在设计服装时，能够融入宁海平调的元素、添加平调的品牌标志，对服装公司和平调文化来说，是有利于共同发展的。服装公司生产的服饰会因为添加了平调元素而独具特色，平调文化也会因为服饰的外销而走得更远。宁波美食特产颇多，本土的食品公司也发展得相当成熟。将宁海平调文化融入食品的生产当中。例如，在食品的包装设计中，运用一些平调文化的元素，或者将食品本身的形状设计成平调表演中人物或是器具，也是非常有意义的。

将宁海平调打造成一个固定的文化品牌，通过自身宣传或者寻求与其他产业合作的方式向外推广，与原先单一的发展模式相比，不仅增强了宣传力度，同时也增强了宣传效果。

参考文献

1.胡欣富：《浅谈宁海平调》，《大众文艺》2013年第5期。

2.王伯男：《戏剧博物馆与文脉传承》，《戏剧艺术》2011年第4期。

3.友燕玲：《宁海平调生存发展三论》，《中国戏剧》2021年第1期。

4.章亚萍：《宁海民间民俗文化传承保护现状研究》，《大众文艺》2017年第3期。

二、前童古镇

位于宁海县西南的前童古镇，是一个历史悠久、内涵敦厚、环境独特的江南古镇。南宋绍定六年（1233），童潢在慧明寺前结庐定居，从此历史岁月演绎了无数童氏族人大义为先的责任担当。明代大儒方孝孺曾两度到前童讲学布道，奠定前童古镇的儒学根基。其首撰的《塔山童氏族谱》经六度重修，传承600多年，传刻了许多前童古镇兴盛罹难的历史故事。

前童古镇2000多间保存完整的明清时期各式古建民居，虽经风吹日晒但古貌犹存，青砖黛瓦、雕梁镂栋尤为精美绝伦；1000多座小石桥，400多扇石花窗，遍地的石子路，随处可见却又绝不雷同；500年前筑建的杨柳洪砩构成古镇完整的八卦水系，且水路相伴、阴阳相生，不是水乡胜似水乡。

前童塔山童氏崇尚耕读传家，曾被方孝孺认定为"诗礼名宗"。前童古镇是浙东地区保存至今最完整、最具文化底蕴的一座古镇，1999年成为浙江省旅游城镇，2007年评为国家级历史文化名镇，2016年评为国家级"双优"古镇。

（一）前童古镇核心文化基因解析

1. 物质要素

（1）慧明存遗

南宋绍定六年（1233），塔山童氏始迁祖童潢举家从黄岩丹崖上吞迁徙至慧明寺前筑庐定居，这里便被称作"寺前童"，后简称为前童。慧明寺建于距

职思其居
Zhi Si Qi Ju

明经堂
Mingjing Hall

前童古镇（徐培良摄）

今 1400 多年的唐武德年间，后因故搬迁到罗家岙倒骑龙另建寺庙。

如今，慧明寺的山门尚存石门槛、石门枢及一座唐代的小石桥。寺庙的小北门尚留两个石门枢，供寺僧们生活用的水井依然保存完好并可正常使用。慧明寺的部分原物如石鼓、木柱、木梁则留在前童大宗祠正厅里。

（2）小桥流水

500 多年前，前童虽有白溪、梁皇两溪环村，村内却无水流。明正德三年（1508），浙东大旱，颗粒无收，百姓饿死无数。当时，童濠把自家存粮分给族人度饥荒，并率领族人苦战数月修筑了"杨柳洪碲"，使前童 2000 余亩贫瘠土地变成良田。童濠还把溪水引入村中，绕经千家万户的门前屋后，方便生活之用。经过数百年的改造，逐渐形成前童富有特色的"八卦水系"。

前童的小桥流水有着与众不同的景致。古镇内的水系呈八卦分布环绕村庄，从入口到出口绝不倒流，形成独特的奇观。古镇的街巷都是水路相伴，一边是小水流，每户人家都有一条小桥与路相通，这样的小桥有近 400 座；一边是石子路，每隔百米左右就有一口水井。前童的水井方圆大小各异，没有一口重样。这样的水井有 24 口。前童最长的桥只有 2 米多，最短的则不足 1 米，虽迷你但胜在精巧，有雕砌的护栏，也有石刻的桥名。前童的流水叫小圳，挨户环流，"井水不犯圳水"便是前童古镇特有的一景。圳水离路面半米左右，而井水距路面有四五米之高，即使水圳大水漫漫，井水依旧保持原来的水位。

（3）明清古居

前童古镇素有"浙东丽江"的美誉。这里保存的明清古建筑是浙江省规模最大的古建筑群，至今仍保留较为完整的黛青瓦、粉白墙的明清道地 157 个、房屋 2000 多间、石花窗 400 多扇、明代古祠 4 处。前童古镇的古建筑群以宗祠为中心，以九宫八卦布局建造。以"下堂楼""上堂屋""五福楼""明经堂"和"职思其居"为代表的前童古建几乎完整无损地保留了明清建筑的风格。这些古院多为四合院，高大粗壮的庭柱，独一无二的海马鸿梁，从屋脊到地面，从屋里到屋外处处都有雕饰，精美而古朴。独具特色的门楼，高耸的马头墙，民宅书院祠堂各具风姿，老街亭台牌坊交相辉映，处处彰显着童氏族人耕读世家和江南儒乡的风范。

（4）民俗博物馆

前童民俗博物馆建于 1998 年，是浙江省内较早的村级自筹资金建立的专题性民俗博物馆之一。博物馆围绕前童民俗文化分"人之初""五匠之乡""婚嫁习俗""立家业"4个展区，展现了一幅前童人家从出生成长到拜师学艺、婚配嫁娶到成家立业等的生活民俗全景图。前童民俗博物馆现有藏品1100余件，多为明清和民国时期的民间器物。室外西侧走廊布置了四季的农具系列，包括石碾轮、稻桶、水车、犁、耙等生产农具；室内展品有千工床及嫁妆系列和农户的日常生活用品，还有作为五匠之乡特有的木匠、雕花匠、篾匠、箍桶匠、铜匠、裁缝匠的工具和民间精致的工艺品等。2010年，该馆获评"宁波市非物质文化遗产传承基地"。

2. 精神要素

（1）崇文重义的儒学根基

一代大儒方孝孺曾于洪武十八年（1385）和二十二年（1389）两度到前童南岙"石镜精舍"讲学布道。方孝孺在此一面授课童氏子弟，一面著书立说，《逊志斋集》的大多内容就是彼时之作。方孝孺在前童播下许多读书种子，奠定了前童崇文重义的儒学基础。

童伯礼深受方孝孺的影响，做成了三件大事：一是同居共爨举祀田，二是创办书院兴义学，三是修谱建祠立宗法。方孝孺也参与了前童大宗祠的设计，并为童氏制定族规与祭祀制度，首撰塔山童氏族谱，排定了塔山童氏最初"敦孝悌、秉忠贞、广言行、明礼义、达家邦"15个行辈。方孝孺被前童后人尊称为先师，留下的"读书不惟功名可期，亦足变化气质"被塔山童氏作为至理信条，以祖训载入族谱。在大宗祠旁立有方祠，方孝孺当年种下的翠柏（前童人称方柏）今犹葱翠挺立。

（2）大义为先的宗族精神

明清两朝是前童塔山童氏宗族发展鼎盛时期，也是在这个时期童氏宗族经受了四次大劫难：一是"方氏兵梢案"，二是"方氏占亲案"，三是"海匪绑架案"，四是"太平兵灾案"。灾难降临之际，更显现塔山童氏大义为先的宗族精神：童伯礼受"方氏兵梢案"之累充军屯边病死高邮卫，按明朝"勾军"惯例长子童景哲应接替充军，次子童景彝不忍侄儿侄女失去父亲，毅然顶替长兄充军，最后逝世于甘肃。方孝孺在南京被锯骨而死；童雍穆冒死参与收集先生骸骨；童景纯、童景庸兄弟带着先生宏著逃亡他乡；《逊志斋集》大部分内容出自兄弟二人保存的脚本。阮六绑架前童百余青壮村民，童如纶、童时用、童永昌、童永轩等尽管家中也遭海匪洗劫，却变卖家产赎回全部村民。太平军在洗劫前童之际，前童村民奋起反抗，以850多条生命为代价挽救了整个村庄。

翻开近代前童历史，可见前童人唯义是举。童保喧的祖父因军功被清廷皇封"云骑尉"，可福荫三代，但童保喧毅然举起浙江的革命大旗；童中止的父亲是民国首任宁海县县长，但童先林成为前童最早的共产党员；童先林的父亲是蒋介石亲笔签署的烈士，但童先林一门有6人是中共地下党员，并且影响8户亲戚。从1938年中共前童地下支部建立到宁海解放，没有发生过被前童人出卖的事件；相反前童的许多中共地下党同志都受到过国民党员童一秋、童岳川、童日新的保护与推荐。这种大义为先、舍生取义的价值观早已融入塔山童氏族人的骨髓。

（3）宁折不屈的台州硬气

台州的地域文化对前童古镇影响至深。台州强悍、刚硬的民风在塔山童氏族人身上表露无遗。台州的地域与人文，孕育了一代又一代具有"台州式硬气"品性的"前童人"。硬气是守信、守节、守时、守道，是有骨气、能担当、懂廉耻，是坚如磐石的意志，是宁折不屈的牺牲精神。台州的山水环境、风俗民情、历史文化塑造了"硬气"的宁海人。

宋末胡三省基于亡国之痛，誓不食元粟，循迹山林而死；明初方孝孺，坚决不给燕王起草登基诏书，惨遭磔刑并被诛杀十族；近代柔石，身陷囹圄而宁死不屈，被枪杀龙华；当代潘天寿，动乱时期惨遭迫害，愤而作"千古有沉冤"的绝命诗饮恨归西。这《辞海》里的4位宁海人都以"硬气"著称。就前童而言，古代台州两大骨头最硬的文人方孝孺与齐周华，对其有着直接的影响。前者拒为朱棣草诏并痛斥其为叛贼而被夷十族，后者单枪匹马几度为吕留良鸣冤而被腰斩。还有为保童氏血脉及村落而奋勇出战的童保喧。辛亥革命浙江光复前夜，革命党人开会谋划起义。在推选总指挥时，大家推三阻四。代表吕公望开会的童保喧却甘冒杀头的风险和旁人的非议，自告奋勇地站出来愿当临时都督指挥起义，功成之后立即退位。1916年4月，童保喧又在浙江领兵驱逐都督朱瑞，组织护国军讨袁。正因为童保喧的硬气，处处受人排挤，最后忧郁得病英年早逝。可以说前童成为名声响亮的古镇，与前童人民勇敢无畏的精神不可分割。

（4）精益求精的工匠品质

前童古镇素有"五匠之乡"的美称。"差什么也不能差了手艺"，前童历代手艺人都追求精益求精的工匠品质，每一个作品都力求完美精致。前童的古建筑群里无处不在历代五匠令人叫绝的技艺。20世纪30年代，前童人在上海、南京、武汉等大城市开了大批成衣铺，前童的本帮裁缝与奉化的红帮裁缝齐名，"三百把剪刀闯天下"一时传为佳话。浙江省博物馆的镇馆之宝"万工轿"有前童匠人参与，十里红妆博物馆的"千工床"是前童人的作品，当代木雕艺人童献松的作品《盛世龙舟》以乾隆皇下江南为背景耗费千余工成品。龙舟有人物188位、龙凤呈祥图288幅、宫灯188盏，每一个窗花不尽相同，几扇小门开合自如，神龙顺着桅杆盘旋而上，鳞片龙须栩栩如生。该龙舟被中国木雕艺术馆永久性收藏。

3. 语言与符号要素

（1）"前童三雕"

根据童氏族谱记载，20世纪30年代中期，前童有300余裁缝在上海、宁波、台州、武汉等地开设作坊。前童古宅中的木雕、砖雕和石雕，成为前童古镇最具特色的民俗工艺——"前童三雕"。

前童古镇的古宅院融绘画、雕刻、建筑艺术于一炉，集砖雕、木雕、石雕于一身。大门两侧及院子两边马头墙都有文字砖雕，寓意深刻；抬梁、斗拱、雀替、柱饰都有木雕，造型千姿百态；院内窗隔扇上的浅浮雕木刻图文并茂，院外山墙石花窗的镂空石雕精美绝伦。

"前童三雕"在风格上以细腻为上，飞禽走兽、花果虫鱼、山水风光、人物文字无不栩栩如生，图案绝没有一幅雷同，堪称一绝。"前童三雕"尤以木雕出名。北京故宫博物院收藏的一顶花轿和一张木雕嵌镶床皆出自前童，宁海"十里红妆"博物馆的千工床也是清末前童雕匠的代表作品。2005年，前童成立古镇木文化艺术馆。该馆木雕《盛世龙舟》多次拿到国家级大奖，其中一艘被选入人民大会堂浙江厅陈列，龙舟木雕还是宁波市级非物质文化项目。"前童三雕"赋予了前童独有的人文气质，对前童雕塑工艺的传承与发展具有象征性意义，但其真正传承下来的也仅有木雕一项。

（2）"前童三宝"

"前童三宝"源远流长，已有1400多年的历史。其工艺独特，经久不衰，回味无穷，名气响亮，已成为宁海饮食文化的一张亮丽名片。"前童三宝"是老豆腐、香干与芯腐的合称，美味无比，老少皆宜，长期食用，可降"三高"。

前童的老豆腐白、嫩、滑、鲜、香。相传是梁宣帝当年避难梁皇山时，随行的御厨所传。做好豆腐必须要人品好，绝不可以偷工减料。前童的豆腐料是当地的六月豆，水是清澈甘醇的井水，工序有祖传的 21 道，从浸泡、磨浆、滤渣、点卤，一丝一毫都不能马虎。前童的香干香滑细韧、结实耐嚼，密封之后耐藏，已经成为前童古镇的一个特色产品远销海内外。芯腐，又叫空心腐、油豆腐、油泡；中空外结、脆而不碎。色、香、味俱全，可以蘸磨碎的椒盐单吃，还可以烤肉，也可以与肉类、蔬菜配炒。为弘扬千年传统美食文化，前童古镇还推出"豆腐节"。

除了"三宝"，前童还有麦饼、麦糊头、麦浇筒等小吃，也别有风味。据说当年徐霞客出游梁皇山、天台山时，曾把前童麦饼作为旅途中的干粮，因此当地也叫霞客饼。

4. 规范要素

正德五年（1510），前童首次举办了元宵行会。为了庆祝杨柳洪砩开凿后带来的丰收，童氏族人以"结"为单位有序地提着纸灯，一路放着铳花游行庆贺，并毕恭毕敬地把开砩功臣童濠用轿子抬着行走。童濠去世后，族人把他塑成"行公老爷"，依旧用轿子抬着参加行会活动。自此，塔山童氏以"行公老爷"为荣，年年闹元宵举行会，逐渐形成独一无二的以鼓亭抬阁为特色的元宵行会活动，2014 年，前童元宵行会入选国家级非物质文化遗产名录。

元宵行会是塔山童氏最大的盛会。每年从正月初十开始，塔山童氏进行"坐堂会""催丁票""咣铜龙""摆福礼""请老爷"等一系列程式，至正月十四午后行会游行正式开始，连续活动两天。行会的先行是两面大龙旗，接着是五方圣旗，随后是十八般兵器，之后是龙舞、狮子舞、船灯等传统舞蹈队伍。各房年轻人抬出造型精致、风格各异的鼓亭，缓步而行，族中所有的男丁跟随在本房鼓亭之后，最后是红马白马以及"行公老爷"。行会队伍长达数里，一路鼓乐齐鸣，炮声震天，人声鼎沸，浩浩荡荡地穿村走巷，走遍塔山童氏居住各个村落。

前童元宵行会最有特色的是鼓亭，也是有别于其他行会所在。鼓亭包括16 扛鼓亭、2 扛抬阁和 2 扛秋千。2010 年，前童古镇建成鼓亭馆存放鼓亭。

公忠亭为头牌，地位是不可动摇的，因该房派第十五世祖童应斗解粮饷有功，得到天启皇帝御笔亲题"公忠"褒奖；其他鼓亭的顺序则是"坐堂会"时抽签决定。

前童行会流传 500 年经久不衰、历久弥新，原因在于其传承了前童古镇的人文历史，传递着童氏族人亲近自然、欢庆丰收、崇尚礼义等文化信息。它既是对先贤与祖上的一丝感恩，还是对家族兴旺的一种展示。1997 年，宁波市文化局授予前童为"鼓亭之乡"；2006 年，前童抬阁列入宁波市非物质文化遗产代表项目。如今，前童元宵行会早已名噪海内，每到正月十四、十五两天，四里八乡数十万人接踵而至。行会的盛况，浙江电视台、中央电视台等媒体屡有报道。

（二）前童古镇核心文化基因的提取与评价

前童古镇耕读传家的儒学根基深厚，崇尚一切优秀的传统文化；前童人大义为先、敢于牺牲、勇于担当，世代守护古镇，保全了镇内原汁原味的明清古居，使之成为浙江最大的古建筑群。基于对前童古镇的历史遗存、发展历史和村风民俗等有关资料的全面深入分析，总结出前童古镇以善于包容、敢于牺牲、勇于担当的"崇文重义"精神为核心文化。

1. 生命力评价

前童古镇自南宋绍定六年（1233）建村至今，已有 788 年的历史。前童文化主脉清晰，底蕴深厚，延续至今未曾中断，文化基因形态稳定。虽然历经 4 次大劫难，但前童顽强地保存塔山童氏的宗族血脉并不断兴盛、延续崇文重义的文化主脉并日趋完善。千百年以来，前童人对古镇的誓死守望，形成了一种奋不顾身的精神力量，展现了前童文化顽强不屈的生命力。

2. 凝聚力评价

前童文化能够广泛凝聚当地群体的力量，激发保护古镇积极性，显著推动前童古镇经济与文化的发展。近年来，宁海县充分利用前童古镇古建文化、耕读文化、民俗文化和红色文化等有关资源进行重点保护与利用，开展中学生拉练活动、成年礼仪式、全民终身教育学习周活动、红色教育活动和农事体验活动等，每年举办前童元宵行会、前童古镇豆腐节、前童古镇麦饼节，不但吸引了县内各家单位学校，还吸引了国内外大量游客，既有团队也有散客。目前，前童古镇年游客量达到 130 万人次，已经被评为国家 AAAA 景区，正在争创国家 AAAAA 景区。前童古镇旅游业的不断发展，极大地推动了当地的经济发展，增强了当地人民的自创力与凝聚力，提升了当地人民的幸福感与获得感。

3. 影响力评价

前童精神被古代文人士大夫和当代学者提炼为一种独特的精神符号。元末明初，前童塔山童氏遭"方氏兵梢案"重创，命系一线。童伯礼为重振家族而仿效浦江郑义门，方孝孺给予"童君之家，虽未足与富贵盛隆者比，而以礼自饬，以义自正，以经学望于后人，其所以守之者有具矣"的评价。之后，塔山童氏受"方氏占亲案"之累，方孝孺的前童弟子或充军或逃亡（逃亡者是为保先生之宏著）或冒死收集先生遗骸，清代陈大尝为之赞叹不已"非童氏不能知先生之忠，非先生何以见童氏之义"。可见古代文人对前童的"崇文重义"已有正向的定论。

近年，随着前童古镇的开发，当代学者对前童古镇进行深入研究。2014年，宁波广播电视大学宁海学院致力于前童古镇文化研究，先后完成宁波市哲学社会科学规划课题"前童古镇与中国义文化"、浙江省哲学社会科学规划课题"前童古镇崇文重义文化主脉探析"，从学术上论证了崇文重义是前童古镇的文化主脉。由此可见，前童文化的影响力也随着社会的发展不断增强。

4. 发展力评价

崇文重义的前童文化与当代主流的精神追求和价值观念相契合，能够较好地得到转化、弘扬、发展。崇文重义既是前童古镇的文化主脉，也体现了中华民族的精神追求。这是前童古镇当下及未来都需坚守与传承弘扬的主题，有利于激发古镇人民乃至全国人民的大局观念与责任担当，有利于前童古镇的全局规划和科学发展，对前童古镇的保护与发展有着深刻的意义。

近年来，前童古镇重视对传统文化研究，并创造性地对传统文化进行利用与转化，加强了前童文化的宣传力度，专著、课题、论文常有，媒体宣传不断，对促进前童古镇传统文化的发展与推动当地经济文化的发展起了很大作用，让更多人了解前童、读懂前童。

（三）前童古镇核心文化基因的转化利用

1. 优化前童文化旅游线路

文化旅游线路的设计是古镇经济文化发展的重中之重。深厚的文化底蕴、良好的旅游环境及线路规划既可以增加游客量，也为古镇的可持续发展带来更大的经济收入与社会效益。

第一，在文旅线路的规划上，一方面，可利用前童古镇的独特优势，规划前童古镇独立旅游线路。例如前童古民居探幽、前童红色一条街、前童民俗风情之旅等。另一方面，加强区域间的合作，联动区域合作开发"一日游"的双程路线。例如，"前童古镇＋梁皇山""前童古镇＋财神谷""前童古镇＋天河风景区""前童古镇＋南溪温泉""前童古镇＋伍山石窟""前童古镇＋宁海湾"，从而发挥"1＋1＞2"的效果。

第二，建设配套的旅游设施。前童古镇可通过打造主题民宿，推动古镇经济发展。例如，推出古镇民宿、传统工艺民宿、时尚风格民宿、古镇风情民宿、红色文化民宿、现代化公寓，为游客提供可供选择的不同主题的住宿点。

第三，推出古镇文旅伴手礼。古镇的伴手礼是人们爱不释手的产品，是具有纪念意义的物品。对于古镇当地来说，这是一个增强宣传影响的契机。目前，古镇的旅游产品类型比较单一，会导致游客对古镇难以留下深刻的印象。因此，可以推出一些具有前童古镇文化代表性的手工艺品，如手工刺绣团扇、茶巾、小型木雕工艺品、竹器工艺品、扎染作品、泥金彩作品等，并将前童小桥流水、明清建筑等文化元素融入文化产品中，从而在文旅产品中体现前童古镇"崇文重义"的精神。

2. 拓展前童实地体验项目

除了对古镇审美型的体验外，田园农事型和娱乐型旅游产品也是古镇开发利用的一大亮点，但是目前大多数古镇很少为游客提供体验当地居民劳作方式的场所，大多都停留在听故事、看遗迹展览等观赏性旅游体验。这导致很多资源的文化内涵难以展现。因此，古镇开发应避免同质化，利用前童古镇的自然资源和民俗风情资源，来开发特色的古镇文化旅游特色项目，形成相比于其他古镇的优势。

增加前童小吃制作体验项目，在美食的品味中加强宣传，充分展现"千年古镇"传统文化的非凡魅力。增设游客感兴趣娱乐型项目，让游客亲身感受木雕、泥金彩漆、蔑作、扎染、刺绣，在体验中感受非物质文化遗产文化的魅力，兼具视觉效果和互动性，促进前童非物质文化遗产文化传播。

此外，举办具有浓郁地方特色的民俗活动，增强参与体验。开展前童元宵行会、把酒舞、舞狮、舞龙、抬花轿等活动，在传统的民俗活动中融入现代的文化元素。前童元宵行会也可配合一年一度的前童豆腐节活动，包括前童特色豆腐宴品尝、传统工艺制作体验、系列产品展销等。利用前童古镇的特色民俗节庆活动，可拍摄成短视频，开展事件营销传播，扩大自媒体平台的影响力。通过一系列体验项目的创新，渗透前童崇文重义的精神元素。

3. 传亮前童文化艺术作品

文化艺术作品源于文化生活，可以从侧面让社会更加了解前童古镇文化的"前世今生"。面对当下古镇发展"千人一面"的同质化问题，凝练属地特有的自然风景、人文景观、特色民俗、地域文化，构建自身独特的文化意象，并以视觉化的影像方式呈现出来，可通过古镇自然历史风貌微视频、影视剧等方式，充分体现出平民化与大众化，适合古镇特色文化意象的塑造与传播。

目前，前童古镇已拍摄《前童明清古建筑》《印象前童》《山水前童文化古镇》，以及中央电视台《记住乡愁第一季》第 51 集《前童村》、《文明密码·欢天喜地闹元宵·前童古镇元宵行会》、《春节》第五集《前童元宵行会》等纪录片，但关于前童古镇主题的影视剧甚少。可以将文化作品的重点放在拍摄与前童古镇有关的影视剧方面，以适合现代人的快节奏和多样态参与式需求。影视剧主题应积极响应弘扬社会主义主流文化的号召，感受前童古镇红色人物及奋斗历程的力量，增强区域人民的自豪感与凝聚力，增强全国性的影响力。

此外，建设童衍方艺术馆新馆，展示名家童衍方老师艺术作品。童衍方是西泠印社副社长、上海中国画院专职画师与文史研究馆馆员，知名书法篆刻家，在书法、篆刻等方面颇有建树。艺术馆可与知名艺术家联合办展，展陈多形式、多种类的文化艺术作品；也可将艺术馆打造为西泠印社培训基地，使之成为集创作、研究、培训、展览于一体的文化艺术场馆，不断提高古镇的文化品质；或与前童小学等学校合作，开展前童"儒雅教育"，成为学校的艺术实践课堂等。

参考文献

1.陈娓娓、杜建国:《前童古镇崇文重义文化主脉探析》,《宁波大学学报（人文科学版）》2018 年第 3 期。

2.丁洁琼:《宁波特色古镇的文化意象塑造与影像传播》,《青年记者》2019 年第 14 期。

3.沈世伟:《前童古镇旅游发展对策探讨——基于旅游者中心论的研究》,《商场现代化》2010 年第 6 期。

三、潘天寿书画

潘天寿（1897—1971），浙江宁海人，早年名天授，字大颐，自署阿寿、雷婆头峰寿者、寿者。历任上海美专国画系教授、上海艺专教育系主任、杭州国立艺专中国画主任教授、国立艺专校长、浙江美术学院院长、中国美术家协会副主席等，1958年被聘为苏联艺术科学院名誉院士。潘天寿是20世纪中国画大家，杰出的美术教育家，极具个性的诗人、书法家，中华民族艺术传统的坚定捍卫者。潘天寿是中国美术史上与黄宾虹、齐白石、吴昌硕并称中国20世纪传统绘画四大家的一代巨匠，是当代承前启后开宗立派的一代宗师，在中国美术史上有着不可替代的历史作用。

潘天寿是一位有独立思想的艺术家、教育家，精通画史、画论，著作颇丰，一生从事中国画教学，为中国美术教育事业的发展做出了卓越的贡献，是中国画教学的奠基人之一。潘天寿对于中国画教学的最主要贡献在于，旗帜鲜明地倡导和坚持现代中国画教学的民族性和独立性，并形成了比较完整的中国画教学体系，沿用至今，捍卫民族传统，发展民族艺术，呼唤重树人文精神，展现出鲜明的文化自信和中国气派。

（一）潘天寿书画核心文化基因解析

1. 物质要素

（1）别具一格的作画工具

潘天寿曾说过："余作毛笔画外，间作指头画。何哉？为求指笔间运用技

潘天寿故居（宁海县文化和广电旅游体育局供图）

潘天寿作品（宁海县文化和广电旅游体育局供图）

法之不同，笔情指趣之相异，互为参证耳。运笔，常也；运指，变也。常中求变以悟常，亦系钝根人之钝法欤？"潘天寿为了领悟笔墨更深刻的奥义，敢于将自己的手指作为独特的绘画工具，以求得指画跟笔墨画互为对比参照，从而悟得两种不同技法的妙处。潘天寿指头画的题材多为鹰、鹫、猫、梅、竹、松、荷、蛙等，也有山水。特别是以鹰、鹫为题材的作品，既有高瞻远瞩者，也有俯视逼人者，有立，有蹲，有敛翅，也有振羽，从鹰、鹫炯炯有神的双目之中，从生涩老辣、水墨淋漓的挥写中，体现出了潘天寿指头画的非凡功底和独特创造力。

（2）价值不菲的艺术珍品

潘天寿书画作品是书画界的珍品，现存于世不超过 1200 件，更加提升了其价值，代表作有《耕罢》《松鹰》《秋夜》《和平鸽图》等。2008 年，其《春塘水暖图》在西泠秋拍中以 2072 万元成交；2011 年，其《江天新霁》在北京保利秋拍中以 4715 万元成交；2012 年，其《秃鹰》在北京盛天泰秋拍上以 5520 万元拍出；2013 年，其《西子湖中所见》则在嘉德秋拍上以 4025 万元成交；2014 年，其《山斋晤谈》在北京诚轩春拍亮相，成交价为 2553 万元；《耕罢》更是拍出了近 2 亿元。潘天寿书画作品受到了广大书画收藏者的追捧，也体现出了潘天寿高超的书画造诣。

（3）数量众多的理论著作

潘天寿在艺术理论上也有重大贡献，著有《中国绘画史》《中国绘画史略》《听天阁画谈随笔》《中国书法史》《治印谈丛》《无谓斋谈屑》《中国画院考》《中国画题款之研究》《顾恺之》等。在这一系列的学术著作中，其对中国画的教学做了深入全面的思考，并摸索出一套纲领明确自成体系的教学模式。潘天寿先生坚持中国画教学的民族性、独立性，提出人物、山水、花卉、书法分科教学，强调学习中作画，重视传统学习，临摹与写生并重，强调笔线造型，注重传神写意，强调全面文化修养，注重人格教育，博采众长，不名一家。

（4）以诗寄情的诗歌著作

潘天寿也是一位优秀的诗人，但其诗名更多被自己的画名所掩。其诗多收藏于《听天阁诗存》，共两卷，以其中青年时期的作品为主。1991 年，《潘天寿诗存》出版，全书分《诗》《诗存》《诗遗》三部分。这 300 多首旧体诗棱峭横肆，独树一帜，具有较高的文学价值。这些诗既是这位大起大落的艺术家坎坷一生的记录，又是其对人生、对艺术精辟的洞察，具有深刻的学术意义。从中我们可以看到潘天寿对于人生的感悟以及创作的主张。近代艺术大师、杭州西泠印社首任社长吴昌硕曾盛赞他："天经地怪见落笔，街谈巷语总是诗。"

2. 精神要素

（1）传统文化的捍卫精神

20世纪二三十年代，西风来袭，激进的青年认为国画已经落后，要以油画改造国画，潘天寿却表现出一种胸有成竹的坦然和从容，反对这种以国力强弱来判断文化优劣的思想，认为中国的绘画处于东方绘画系统中最高水平的地位，与西方的绘画系统双峰并峙。在潘天寿的画论中也有这样的表述："每一个国家民族应有自己的独立的文艺，以为国家民族的光辉。民族绘画的发展，对培养民族独立、民族自尊的高尚观念，是很有重要意义的。"潘天寿反对仓促地中西融合，主张中西艺术应该拉开距离。这一主张既表现了潘天寿维护民族文化的政治立场，还显示了他对于"越是民族的就越是世界的"艺术真谛的认识水平。

同时，潘天寿还积极将自己的主张付诸行动，挽救式微的中国画教育。自1923年起，他千方百计为学校搜救了大批散落民间的优秀中国古字画，使得浙江美术学院国画系收藏的古字画数量达到全国首位，为之后的教学奠定了基础。20世纪50年代中期后，在潘天寿等一批教授的推动下，中国画系在华东分院顺利成立。潘天寿在担任院长之后，把酝酿已久的复兴中国画教学的宏图尽情地展现，并在体制建设方面推出中国画系人物、山水、花鸟分科教学的重大举措，奠定了中国画教育的基础。

可以说，没有以潘天寿为主要骨干的一批有识之士对传统画作的坚决捍卫，中国画难以获得与油画一样的地位，中国画教育更不可能由式微走向辉煌。中国传统书画可能会在西方文化传入中国之后，生存空间受到极大的挤压，逐渐走向消亡。

（2）注重风骨的儒家精神

潘天寿出身于浙东宁海县冠庄的一个乡绅家庭，自小饱读诗书，受到传统儒家文化的熏陶。宁海名儒辈出，尤以明代大儒方孝孺为最。潘天寿从小熟读的《古文观止》里，就有方孝孺的《深虑论》和《豫让论》。他在之后画风里展示的"强其骨""一味霸悍"，可作为他品行修养的艺术见证。其"骨"，可理解为受到家乡名儒方孝孺影响的耿耿之正气；其"霸"，可理解为受到传统儒家思想教育而立在传统道德的制高点上俯视大地之态势。

（3）孜孜不倦的求学精神

潘天寿的书画艺术成就是在吸收了诸多古今画家艺术的基础上形成的。从临摹《芥子园画谱》开始，潘天寿努力学习揣摩，在前辈艺术大师作品的海洋里，汲取了供自己成长的艺术营养。他师从经亨颐、李叔同等，受吴昌硕、石涛、朱耷等著名书画家们的影响，博采古今，擅画花鸟、山水，兼善指画。其画，远绍宋明浙派与明清个性派，下承金石派，融花鸟、山水为一，丹青点染，意境高远，气势磅礴，笔墨苍劲，俱以大壮刚正之气格表出。潘天寿孜孜求学，最后取得了非凡的成就，提出"作小幅如治大国"，足见其不凡的格局和气度。潘天寿极力倡导的"至大，至刚，至中，至正之气"，包含了中国传统文化的精髓，也成为其作品内涵和形式的写照；而这些艺术主张都是在潘天寿先生进行艰苦学习，博采众长之后提出的。

潘天寿所处的时代，正是西风猛烈的时代。西方的美术思潮不断对中国美术进行冲击。潘天寿认为合理吸取外来美术营养，可以丰富中国画的表现手法，但他自身的创作却坚持传统。因此其追求的雄大、奇险、强悍的审美性格，依然可以归入"壮美"这一传统审美范畴。潘天寿的画作充满了崇高之美、纯正之美、雄壮之美、清新之美、豪迈之美、力量之美。

（4）春蚕吐丝的育人精神

潘天寿是我国美术教育的奠基人之一。其从事中国画教育教学不仅时间早，而且教龄达 40 年之久，可谓终身为之奋斗。其教学涉及中国画创作、书法、篆刻、诗词题跋、画史、画论，甚至最起码的构图、笔墨、用色等具体技法也在其中。在长期的中国画教学过程中，潘天寿创造性地提出中国画教学的五项原则：坚持中国画教学的独立性，走自己的道路；坚持以民族传统为基础，正确理解继承和革新的关系；坚持广博的文化修养，全面理解传统；坚持人格教育，学画先学做人；坚持分科教学，全面培养各科人才。

潘天寿对中国画教学的教育方法和教学经验值得肯定和继承。潘天寿先生能事事处处以国家、民族和子孙后代的利益为着眼点，立得高，望得远，以满腔热情和认真恳切的态度，鞠躬尽瘁，死而后已，致力于百年树人的伟大工作。

（5）推陈出新的创新精神

潘天寿曾说："中国人从事中国画，如一意摹拟古人，无丝毫推陈出新，足以光宗耀祖者，是为一笨子孙。"可见他主张要用创新的观念和审美趣味去重新阐述和发掘传统文化精华。在他的历史研究中出现了大量现代社会学、文艺学观点的分析。这些理念创新使他更好地理解传统，并从时代的需求出发对传统进行再创造。比如他把传统三远山水微缩至近与山花野卉相配合，创造出新的景物韵味，与现代的写实思潮颇为符合。在传统绘画的基础上另辟新境，比如他对传统中的"中庸"，以"一味霸悍""宁可稚气、野气、霸气"表示创新和修正。

面对外来文化，潘天寿坚持一个原则，即不可减去自己的高阔，坚持自身的推陈出新。其绘画没有大量吸收西方艺术的特点，而是遵循着拉开东西方距离，保持中国画自身独立性的观念，包古容今，借古开今，在嬗变中递进，在创新中发展。

3. 语言与符号要素

潘天寿的作品体现出鲜明的"高峰峻骨"艺术特征。潘天寿提倡书画同源，书印同源。其认为，印与诗书画为一体且相通，须同时学习以求进步，且犹须学习古人之优者，通过辨浙皖印学之优劣，赞近代赵之谦、吴昌硕为学习之模范。其书法走的是险峭劲厉的路数，崇尚阳刚与金石气，体现在画上，形成险峻高冷的调性。因为笔画多为方笔，其画给人以霸悍的感觉。1949年以后，潘天寿的作品彰显个性特色，在选材、立意、构图、造型、笔墨、神韵、格调等方面见解独特。从潘天寿平生所创的作品中，可以看出其喜爱展示生活中具有顽强生命力的弱势对象，并且对此加以突出刻画和表现。例如梅兰竹菊和不惹人注意的野花闲草，同时他也青睐于雄鹰、苍松、水牛、危岩等自然物态，形象粗犷、浑厚、老辣，画作高风峻骨。

（二）潘天寿书画核心文化基因的提取与评价

潘天寿书画作品，一边展示着唐宋绘画的博大气象，一边则开拓了中国现代绘画的雄浑之风，呼应了救亡图存、奋发求进的时代精神，实现对古代绘画的有力提升和超越，代表了20世纪中国绘画的高峰。基于对潘天寿生平及其书画作品等有关资料的全面、深入分析，得出其核心文化基因主要为于家为国的爱国精神、推陈出新的创新精神。

1. 生命力评价

潘天寿是一座艺术高峰，将民族绘画提到关乎民族、国家生存发展和民族振兴的高度，并终其一生都在为继承弘扬中华文化而不懈努力。他曾说："一民族之艺术，即为一民族精神之结晶。故振兴民族艺术，与振兴民族精神有密切关系。"他将绘画与民族振兴紧紧结合在一起，通过民族艺术的振兴，带动民族的振兴，与广大知识分子爱国之情一脉相承，因而潘天寿书画在过去也体现出强大的生命力，成为书画界内爱国爱乡的典型代表，至今仍为广大书画爱好者所推崇。作为传统知识分子，潘天寿其浑厚的国学底蕴和持续一生的传统书画教育实践，饱含潘天寿"民族之翰骨，文化之脊梁"的担当精神和文化自信，在中华民族陷入动乱的年代以及中华民族由乱到治，逐步走向富强的道路上都产生了巨大的影响，因而具有强大的生命力。

2. 凝聚力评价

潘天寿作为宁海县的杰出代表人物，对当地的人文发展起到了强大的凝聚作用。宁海历史上名人辈出，尤以明代大儒方孝孺为最。潘天寿早年在宁海接受教育之时，受到当地儒家正统思想的深刻影响，并将这种影响融入自己的绘画作品中去。随着潘天寿艺术造诣的日益提升，其艺术作品中也渗透了越来越多的儒家思想，尤以爱国爱乡、强烈的文化自信体现最为强烈。这也是大儒方孝孺思想的传承，是其为宁海人民留下的强烈爱国主义情怀和文化自信的精神遗产的体现，表现出了极强的凝聚力。

3. 影响力评价

中国美术学院院长许江说："潘天寿是中国美术学院的开创者，中国画教育和书法教育事业的奠基者。他一生两度担任我院院长，在中国绘画面对西风东渐的挑战之时，力挽狂澜，以宏博的视野和坚定的毅力，建构起中国传统艺术在现代艺术教育体系中得以教习与传承的人文系统，奠定了当代中国艺术自我更新的重要的意识基础。"作为中国第一个国画系的创办者之一，潘天寿和他的同道、弟子以及再传弟子完善了中国画教学体系。潘门子弟身影遍布海峡两岸甚至世界各地，在中国传统书画艺术界内具有举足轻重的影响力。

4. 发展力评价

只有民族的，才是世界的。潘天寿感国运之变化，立时代之潮流，以民族之画传承光大民族心志，坚守中国文化本位和特色，在世界艺术的大格局中弘扬中国精神。其艺术追求与艺术特色是根植传统的伟大创新，合乎当今国家层面提倡的民族复兴与文化自信。艺术瑰宝里饱含的文化哲学更是强大发展力的核心所在。在当今世界走向全球化和多元文化格局的趋势中，潘天寿并未囿于国内，而是立足于中华民族文化放眼世界，彰显了中国的文化视野，具有长久的发展力。

（三）潘天寿书画核心文化基因的转化利用

1. 加大投入，开展书画学术研究

潘天寿书画艺术高超，为人品格更是令人高山仰止。对于潘天寿的艺术造诣及生平事迹展开学术研究，有助于后人感悟潘天寿高超的书画艺术和高尚的人格。应借用宁波高校现有资源基础，成立潘天寿书画艺术研究会，在此基础上举办中国潘天寿国际艺术研讨会、海峡两岸潘天寿艺术研讨会等各类纪念活动、座谈会、学术研讨会，开展学术研究，产出学术成果。应面向社会举办潘天寿书画艺术节、潘天寿书画展等活动，设立专项奖金，邀请业界著名行家担任评审专家，营造社会尊崇中国传统书画艺术氛围，传递潘天寿的艺术人文美学思想。应加大资金投入，成立潘天寿书画集编纂委员会，抽调文艺界相关精英力量，收集潘天寿先生生前优秀作品，精心编排，编纂《潘天寿书画集》，面向广大书画爱好者发售，扩大潘天寿书画艺术的影响力。

2. 组织力量，开展相关文艺创作

5G时代到来，互联网与人们生活密不可分，不少传统文化焕发了"第二春"。潘天寿书画艺术想要扩大其影响力，也应当顺应时代潮流，积极运用科技手段，进行文艺创作。

应由相关职能部门牵头，争取财政资金支持，邀请业界著名编剧导演，以潘天寿生平故事为蓝本，进行电影剧本创作，并邀请影视界著名演员担任主演，在国内知名频道播放，在扩大潘天寿艺术影响力的同时，扩大宁波的城市影响力。设立专项资金，邀请甬剧界著名专家，以潘天寿生平故事为基础，进行甬剧剧本创作并组织编排，定期在宁波大剧院等公共文化场所展演，增加宁

波当地人民对潘天寿的了解程度；同时也可作为宁波对外宣传的一张名片，吸引外地游客到此游玩，观看戏剧，了解宁波本地戏种艺术，增加对于潘天寿的了解。引进国内著名短视频拍摄团队，以游览潘天寿生前生活工作地、作品展览等相关地点为主要内容，还可深入基层民间，收集散落潘天寿生前故事，编排小型视频，传播至短视频平台，扩大潘天寿知名度，增加潘天寿书画艺术影响力。与宁波当地高校展开合作，共同选取潘天寿生前书画作品精华，合作共建潘天寿"碑林"，建设宁波市内又一文化地标。与宁波当地中小学展开合作，举办"潘天寿诗歌节"，鼓励中小学生进行诗歌创作，参与比赛；成立赛事委员会，设立专项资金，邀请国内诗歌界专家担任评委，评选出优秀作品，予以奖励；在相关地点进行展览宣传，扩大赛事社会影响力。面向宁波当地高校艺术学院，举办"潘天寿艺术节"，设立专项奖金，鼓励宁波当地书画相关专业学生参加，邀请业界著名专家担任评委，评选优秀作品，予以奖励，并在适当地点予以展出，从而营造书画学习社会氛围；后期可在宁波市试点逐步完善的基础上，转而面向全国各地高校，收集全国各个高校艺术生的参赛作品，扩大赛事影响力。

3. 统筹规划，发展主题文化旅游

潘天寿的巨大影响力不言而喻，对国内外游客有着巨大的吸引力，以潘天寿生前资源为基础，发展文化旅游业势在必行。

应高举潘天寿艺术巨匠名人牌子，整合潘天寿主题旅游资源，串联潘天寿故居、雷婆头峰、潘天寿艺术中心，建设潘天寿艺术中心（美术馆）、潘天寿故居，设计宁海天寿文化研学游（"潘天寿故居＋雷婆头峰＋潘天寿艺术中心"）或杭州天寿文化研学游（"潘天寿纪念馆＋听天阁诗亭"），在冠庄打造天寿居民宿。设立文化研学路线，开展跨区域合作，与宁波市内其余艺术大家故居、相关艺术场所单位展开合作，如沙孟海故居、沙孟海书学院等单位，面向宁波市内中小学学生群体，邀请参观学习家乡名人事迹，学习爱国主义精神；相关职能部门应当完善基础设施，公共交通部门在城市规划、公交线路建设上应当充分考虑这部分文化场所地理位置，努力为游客提供方便的公共交通。在雷婆头峰山脚建设书画写生基地，与宁波本地艺术绘画学校展开合作，完善基础设施，提供良好的写生环境。规划打造潘天寿书画艺术小镇，争创国家画院落户宁海，打造全国书画写生培训基地，并以潘天寿艺术中心潘天寿美

术馆、潘公凯艺术馆为引擎，推进长三角书画艺术产业园区建设，促进宁海文化旅游经济发展。成立潘天寿书画艺术推广委员会，积极保存和拓展现存的相关各类建筑载体，扩大承载潘天寿信息的纪念馆、美术馆、艺术中心、学校、广场等场所宣传力度，展示、传承和弘扬潘天寿文化艺术，打造宁海旅游的新名片。

此外，还可以加大文化创意产品开发力度，充分利用潘天寿书画文化IP，应引进国内知名文创团队，深入挖掘潘天寿书画文化IP，提炼文化符号，开展与国内知名文具产商合作，将潘天寿文化IP融入书签、镇纸、杯子等文具生产中，面向全国销售；应积极招商引资，吸引企业投资，开发销售潘天寿书画印刷品、潘天寿塑像等装饰物件；以政府相关部门牵头，组织传媒力量，搭建合作桥梁，批量生产《潘天寿书画集》，作为外地游客到甬游玩旅游纪念品发售，增加潘天寿书画艺术的影响力和知名度。

参考文献

1.山右美术馆:《国粹四大家》，商务印书馆 2010 年版。

2.严善錞、黄专:《铁铸成山:潘天寿研究》，浙江人民美术出版社 2022 年版。

3.杨成寅、林文霞:《现代美术家　画论·作品·生平:潘天寿》，学林出版社 1996 年版。

四、方孝孺正气精神

方孝孺正气精神是宁海人格精神的代表。宁海地处山陬海隅之间，自古民风淳朴，人们生活艰苦、性格忠耿、资质颖秀，历代多忠义清廉之士出于此。方孝孺是明初大儒，一生坎坷而熟谙民情，因好学重道而被称"文章天下第一"。在明初专制政治极端发展、朱元璋屡兴冤狱的形势下，方孝孺以一个知识分子的道德正气发表了大量有关政治、社会、学术、文学、道德伦理等方面的文章来抨击时弊、直抒胸臆，因而也被后人认为是开创明初学风、士风之先的领袖人物之一。方孝孺在政治上主张"以民为本""以仁为德""以法为治"，在学术上主张养"天地之心""修己治人"。

明初靖难之役，朝代更易。方孝孺因严词拒拟诏书而招致被灭十族的惨祸影响明清两朝直至近当代。在这一事件中，方孝孺所表现出舍生取义、视死如归的铮铮铁骨，深为国人敬仰，尤其是知识阶层。

方孝孺所崇尚和践行的正气精神，实质上是中华优秀传统文化在宁海孕育的硕果，是浙江省文化基因的重要组成部分。作为方孝孺正气精神发源地的宁海，应引以为荣，认真整合并充分利用该文化基因，进一步推动宁海地区的文化建设，增强宁海地区的文化自信。

方孝孺读书处（宁海县文化和广电旅游体育局供图）

（一）方孝孺正气精神核心文化基因解析

1. 物质要素

（1）方孝孺正气精神文献资料

全国各大图书馆和历史档案馆所藏的关于方孝孺正气精神的文献资料较多，包括刊载的方孝孺的书法和绘画作品。方孝孺正气精神保存在各种相关的著作当中，有各个历史时期出版的《逊志斋集》，如：明代成化年间的庚子本，万历年间的壬子本，清代康熙年间的松江重刻本，民国时期的万有文库本，以及日本、朝鲜的一些翻印本，当代宁波出版社的校点本，等等。宁海县文物部门存有方孝孺著作《逊志斋集》的多种版本。除著作以外，方孝孺正气精神还保留在正史、野史和志书的许多传略和记事中，保留在戏剧、电影、诗歌等其他文字中，如《方孝孺全集》《方孝孺》的电影剧本和戏剧剧本。除此以外，还有部分方孝孺的绘画和书法作品被保留下来。

（2）方孝孺正气精神纪念建筑

宁海和全国各地保留了纪念方孝孺的大量建筑物。例如：历代屡毁屡修的方孝孺墓，最初由明代著名戏剧家汤显祖建造，至清代重修时又为两广总督李鸿章所题碑。于今重修，新增半身铜像，再建正气坊和方祠、方亭等，形成一个特别墓区。至于纪念方孝孺的祠堂，明清两代在成都、汉中、江苏，以及浙江的台州、黄岩、鄞县等地均建祠，现已毁。宁海本地的历史遗迹，有县城南门跃龙山的方正学读书处（建于明万历年间，修建于 1927 年）和乾坤正气坊［建于明嘉靖十五年（1536），毁于 1966 年，复建于 1986 年］；位于方孝孺故乡桃花溪畔的方正学先生故里残碑［清光绪十一年（1885）立，后失而复得］；位于前童南岙石镜精舍的无字碑等。县内还有方正学读书处和重建的乾坤正气坊尚存。如今，以方正学命名的场所增多，有正学公园、正学中学、正学路、正学桥等。

2. 精神要素

方孝孺正气精神不仅仅体现在他杀身成仁的壮烈行为上，更是体现在他以民为本的政治理念和求真践行的学术理念上。前者是方孝孺正气之表，后者是方孝孺正气之里。方孝孺正气精神主要表现在以下 3 个方面。

（1）以民为本的"正统"理念

在政治上，方孝孺提出以民为本的"正统"理念。方孝孺提出了扬"正统"、斥"变统"的警示，并提出《君职》《君学》《君量》等治国主张，继承了孟子"以民为本"思想。方孝孺认为"人君之职，为天养民者也""天之立君也，非以私一人而富贵之，将使其涵育斯民，俾各得其所也"。其《正统》理论也是以民心作为天心的，认为："正统之君非吾贵之也，变统之君非吾贱之也。贤者得民心，得民心，民斯尊之矣。民尊之，则天与之矣。"针对明初滥用酷刑的状况，方孝孺还大胆地提出"立法为民"的思想，认为要"非一家之法"，而"立天下之法"。这些观点为黄宗羲等人的近代民主思想开启了先河，故被思想家李贽称为"一等伟大"人物。

（2）求真践行的正学作风

儒家的程朱理学发展到南宋之后日渐颓废，逐渐走进务虚空谈的死胡同。方孝孺对此深恶痛绝，谓："道之不明，莫甚于今。谈性命，则或入乎玄密，而不能措之行事；攻文辞，则或离乎实德，而滞乎记问。"因此，方孝孺提倡"知之欲真、践之欲笃"的务实学风，以拨乱反正。方孝孺的这一主张深得明代学者的赞同，公认方孝孺之学为"正学"，并称其人为"读书种子"。此外，其务实学风直接影响了明代整个学术界，成了明代中后期实学思潮的先声。

（3）舍生取义的正气形象

方孝孺的一生，不仅是"正学"学风的倡导者，更是这种学风的践行者。方孝孺崇尚理想、舍生取义的殉道行为，为后世树立了高尚人格的楷模。明成祖朱棣入京，方孝孺身着孝服被执入朝。朱棣先以劝诱导方孝孺草诏，遭到方孝孺的拒绝后又以灭九族相威胁。当方孝孺以"便灭十族，奈我何"作答后，朱棣震怒不已，便当着方孝孺面逐一杀其亲属，企图毁其意志。方孝孺边哭边骂，直至凶手割其唇舌，仍然以口血直喷朱棣，最后被剐刑而亡。方孝孺案件的残酷和方孝孺的刚烈形象震惊了当时的朝野，并且影响了此后数百年的中国人，尤其是知识界。早在明代后期，王可大就曾说过："二百年来，不问贤不肖，皆知有先生。"可见，方孝孺被公认为正气精神的典范。

（二）方孝孺正气精神核心文化基因的提取与评价

方教孺正气精神作为该文化元素核心基因的表述名称，是基于对方孝孺正气精神相关的物质要素和精神要素进行认真调研并做深入分析，将方孝孺的学术思想和以身殉道的行为进行升华和提炼而得。方孝孺的正气精神，是孟子所说的"浩然之气"，也是宋代爱国志士文天祥在《正气歌》中所歌颂的"天地正气"。方孝孺的正气精神是中国文人骨气的历史延续，具有强大的生命力、深厚的凝聚力、广泛的影响力和久远的发展力。小而言之，方孝孺正气精神是宁海人民优秀文化基因的核心组成；大而言之，方孝孺正气精神将成为推动中华民族复兴大业的精神支柱之一。

1. 生命力评价

方孝孺正气精神具有强大生命力。600多年来，方孝孺正气精神一直流传在中国的知识阶层中，流传在宁海的人民群众中，从未中断。即便是方孝孺被杀之时，朝廷不准收尸，不准藏匿方孝孺文章，但仍有廖镛、廖铭不顾朝廷"违者论死"的禁令，收其尸安葬，也仍有章朴等人冒死藏其文章，还有乡人张岵痛恨朱棣暴政而自沉"尽忠潭"。明代万历以后，禁令渐宽。于是，在浙江杭州、宁海、台州、黄岩，江苏的南京、松江、奉贤，以及四川等地，相继建立了墓、祠、庙、坊、碑等。从皇帝到大臣名士，纷纷为方孝孺题碑、作序、写记、撰联。如明代的董其昌，清代的陈继儒、李鸿章等。即便是到了当代，著名作家鲁迅、郭沫若等也在诗文中多次赞颂了方孝孺的正气精神。1983年，高校古籍整理研究工作委员会将《逊志斋集》列入第一批整理研究的古籍书目，由徐光大教授校点，于1996年由宁波出版社出版。方孝孺正气精神是人类的正能量。它的生命力是永久的，不可磨灭的。

2. 凝聚力评价

正气，即正义之气，是指为道义、真理，或是为国家、民族而忘我奋斗的一种精神动力，目标是"为天地立心，为生民立命"，因而具有深厚的凝聚力，能够唤起民众，积聚群体力量，推动社会的发展和进步。由于方孝孺正气精神的传承和熏陶，宁海地区的民众在社会变革和经济、文化活动中，具有特别强大的凝聚力。如新中国成立后，围海造田、建造百里海塘等经济建设活动，以及为推动文化和旅游发展而创办的"徐霞客开游节"活动等重大事件，都充分显示出宁海人民万众一心、志在必得的强大凝聚力。

3. 影响力评价

方孝孺正气精神具有广泛而深远的影响力，主要有两个原因。一是方孝孺在学术上的前瞻性。方孝孺的学术思想，虽有复古的外壳，却借正统、正学之名，对封建王权的专制制度进行了批判，开启了重民固本的维新曙光，影响了明代中后期的学术思想界。二是方孝孺大义凛然、蔑视刀斧之威的壮烈气节，感动并激发了天下无数人的正义之魂和哀痛之心。方孝孺被杀百余年后，一股追悼、歌颂、建祠、树匾的浪潮袭来，从朝野文士到王公大臣，无不认同方孝孺的忠贞人格。可见方孝孺壮烈气节的影响广泛而深远。

4. 发展力评价

方孝孺正气精神这一文化基因，在明代之后的社会发展过程中，发挥过重大作用。而且，在当前社会主义新时代的文明进程中，也正起着潜移默化的影响。宁海地区提炼出来的宁海精神——"正气、硬气、大气、和气"中，也是把正气精神放在首位。由此可见，方孝孺的正气精神与社会主义新时代精神相契合，显示出久远的发展力。当前，我国民族复兴大业进入了历史新阶段，改革开放进程跨入了深水区，在这紧要关头，摆在面前的还有错综复杂、变幻莫测的国际环境。机遇与风险并存，不忘初心、不畏艰险、勇往直前的正气精神，对于增强文化自信，坚定前进方向，实现复兴大业，都具有深远的意义。

（三）方孝孺正气精神核心文化基因的转化利用

1. 挖掘、阐扬方孝孺正气精神学术价值

方孝孺坚韧不屈、杀身成仁的壮烈事迹及其以民为本的政治理念和求真践行的学术理念，共同构成了对后世影响深远的方孝孺正气精神。后来的人们，包括在当前的生活中，依旧有很多人敬仰方孝孺正气精神，并将其作为自己在生活、工作和学习中的思想和行动指南。人们不仅学习有关方孝孺正气精神的历史故事、阅读有关的文献资料、观看相关的影视作品，还在此基础上创作出了很多与方孝孺正气精神相关的现代文学作品，让方孝孺正气精神持续发展。

目前，关于方孝孺正气精神核心基因的挖掘工作还未完成，其中包括方孝孺正气精神历史遗迹保存情况的调查和方孝孺正气精神文献资料保存情况的调查。可以成立方孝孺正气精神文化研究小组，解决方孝孺正气精神在转化率利用过程中面临的困境，完善并且高效利用方孝孺正气精神的内涵，使其持续、蓬勃发展。首先，方孝孺文化研究小组需要实地考察现存的方孝孺正气精神相关的历史遗迹，并做详细的梳理与记录。其次，方孝孺文化研究小组还要广泛

搜集史志典籍中与方孝孺正气精神相关文字记载以及一些散佚的方孝孺文章，将搜集到的文字材料和文章分别进行整理后编纂成册，便于后人的收藏和研究。最后，进一步研究被完善后的方孝孺正气精神内容，可以更加深入地挖掘方孝孺正气精神的思想内涵，让这一优秀精神在当前社会中发挥出更加实际的作用。

除了完善方孝孺正气精神文化基因的内容保存以外，高效利用这些内容，使其发挥出应有的价值，也是方孝孺正气精神不断发展的重要措施。可以方孝孺正气精神为研究主题，举办相关的学术研讨会。选择体现方孝孺正气精神的历史遗迹作为会议场地，邀请专家、学者以及方孝孺文化爱好者与会，共同探讨方孝孺正气精神的形成原因，挖掘方孝孺正气精神中博学求知、弘道守正、刚毅不屈的本质内涵。这不仅可以倡导高尚人格，还能提升人文素质。

2. 规划、打造方孝孺正气精神旅游产业

方孝孺正气精神植根于宁海这片土地。不可否认，宁海原本就是一个土地肥沃、物产丰富的地区，方孝孺正气精神的形成也必定得益于此。反过来看，方孝孺正气精神的形成对宁海地区来说，是地方精神，是文化支柱，也可谓是一张锦上添花的名片，尤其是在旅游产业的发展方面。

打造以"方孝孺正气精神"为主题的旅游项目，既可以开发一条单独的"方孝孺正气精神"旅游路线，也可以将有"方孝孺正气精神"的特色旅游项目融入当前宁海地区已有的旅游项目中，与其他旅游活动形成合作，彼此交流。这样一来，无论是对方孝孺正气精神的发展，还是对宁海旅游业的整体发展来说，都起到了促进和推动作用。

单独开发具有"方孝孺正气精神"特色的旅游项目，能够紧紧扣住主题，营造出浓厚的方孝孺正气精神的氛围，特点非常鲜明。例如，建造方孝孺文化博物馆。待建成以后，可以收藏方孝孺的手迹、著作，以及其他作家为纪念方孝孺的正气精神而创作的文字资料。在博物馆内播放有关方孝孺正气精神的影像材料。另外，还可以展示当前留存下来的与方孝孺正气精神相关的牌坊、义井的照片等。方孝孺文化博物馆与前童石镜精舍讲学处，跃龙山的方正学读书处、正气坊，大佳何方正学故乡等，都是孝孺正气精神的重要载体。因此，可以统一规划，形成方孝孺正气精神的特色旅游路线。

另外，在当前已经发展得较为成熟的旅游项目中，加入方孝孺正气精神的

旅游活动或是旅游元素，对方孝孺正气精神的发展和传播也具有促进作用。例如：开发关于方孝孺正气精神的文创产品，在浙东大峡谷或是前童古镇等著名旅游景点中售卖；还可以在"橙子节"中，设置一块场地展示有关方孝孺正气精神的内容。开拓方孝孺故乡旅游线路可以进一步增强宁海国家生态县、浙江美丽县城建设试点县的活力，促进宁海经济发展，丰富人民群众不断增长的物质和文化生活需求。

3. 创作、拍摄方孝孺正气精神影视作品

发展和弘扬方孝孺正气精神的方法，除了完善、利用方孝孺正气精神价值和规划、打造主题旅游产业外，让方孝孺正气精神主动"走出去"也是应当考虑的。

当前，网络与技术发展繁荣，若将方孝孺正气精神融入影视作品，传播效果必会大大增加。创作有关方孝孺正气精神的电视剧或电影等，是保存和传播方孝孺正气精神的重要手段。影视公司可以与当地政府文化宣传部门及当地电视台达成合作意向，由当地政府的相关部门进行宣传，在当地的电视台进行播放。如此一来，关于方孝孺正气精神的影视作品能够很好地走进当地民众，再以此为基础，逐渐向外传播。此外，将方孝孺正气精神拍摄成当下流行的短视频，投放到具有较大影响力的网络平台上，其传播效率和传播效果都将大大提升，从而推动更多的观众在网络上了解和学习方孝孺正气精神。

方孝孺正气精神具有鲜明的教育意义，将其拍摄成教育微课，无论是对学生，还是对社会人士，都有启迪和教化的作用。教师可以把方孝孺正气精神的微课视频作为课堂教学的辅助用具。相比于传统的教师"讲"课，微课视频的融入不仅能够调节课堂氛围，还能把"无声"文字以"声画"的方式教给学生，大大提高课堂中"教"与"学"的效果。方孝孺正气精神的微课视频还可以在企业活动或是社区活动中播放，让企业员工和社区百姓也能学习方孝孺的正气精神，提高自身的人格与素养。

4. 组织、建好方孝孺正气精神研学基地

明初专制政治极端发展，作为一个知识分子，方孝孺以其道德正气发表了大量有关政治、社会、学术、文学、道德伦理等方面的文章，抨击时弊，直抒胸臆。明初"靖难"之变，朝代更易，方孝孺铮铮铁骨，严词拒诏。他舍生取义、视死如归的气概，深为后人敬仰。方孝孺所崇尚和践行的正气精神，实质

上是中华优秀传统文化在宁海地区所孕育的一个硕果，也是当前弘扬民族正气教育所强调的重要内容。新时代新阶段，方孝孺正气精神文化必须与时俱进。建立方孝孺正气精神研学基地，能够使方孝孺正气精神发挥更大作用、取得更好的教育效果。方孝孺正气精神研学基地主要以讲方孝孺故事提升效果，以建好网上展馆拓展阵地，以搞好主题活动激发活力。

讲好方孝孺故事。方孝孺正气精神研学教育基地依托方祠遗址、乾坤正气坊等实物资源而建设，表现为纪念馆、展览馆等实体形式。但这些实物资源、实体形式所蕴含的方孝孺正气精神的历史发展和思想内涵，难以靠其自身进行充分展示，必须依靠语言的生动讲述才能实现。方孝孺正气精神研学基地要把讲好方孝孺故事作为宣传教育工作的核心内容和重要方式，充分挖掘好、深入研究好、生动讲述好以方孝孺故事为代表的历史故事、文化故事，为该教育基地的历史文化内容注入活的灵魂。

建好网上展馆。网络空间已成为亿万民众共同的精神家园，方孝孺正气精神研学基地在网络空间不能缺位，必须占领互联网这个意识形态斗争的主阵地、主战场。方孝孺正气精神研学基地需要尽快转变发展观念，进行线下基地建设的同时也要在网上构建展馆，实现线上线下融合，以新技术、新理念、新方式来提升对社会公众特别是青少年的吸引力和影响力。

搞好主题活动。方孝孺正气精神研学基地作为相对固定的场所，如何保持其对社会公众的新鲜感和吸引力是一个难题。聚焦重要时间节点、围绕重大庆祝纪念活动、紧扣中央部署开展的学习教育，有节奏地推出系列主题活动，是解决这一难题的有效举措。方孝孺正气精神研学基地应充分发挥特色优势，有针对性地组织主题活动，并主动对接机关单位、对接大中小学、对接社区乡镇，让基地的资源动起来、历史文化活起来，从而保持基地的生机与活力。

参考文献

1. 仓修良：《方孝孺的生平和他的谱牒学理论》，《史学月刊》2017 年第 9 期。

2. 方秀英：《方孝孺在宁海前童的活动及其影响》，《宁波教育学院学报》2020 年第 1 期。

3. 单纯：《论儒家的气节观及其现代价值》，《东方论坛》2002 年第 4 期。

五、宁海古戏台

宁海享有"中国古戏台文化之乡"的美誉。宁海古戏台，始建于宋元之际，兴盛于明清时期，主要有庙台、祠台和街台，其中以祠台数量最多。在宁海古戏台鼎盛时期，全县境内有戏台 400 余座，存量之多为浙东地区所少见，堪称宁海一绝。据资料统计，宁海现存古戏台 120 余座，其中街台 1 座，庙台 15 座，其余皆为各村各姓宗祠内所建祠台。

庙宇和宗祠是乡土社会中最为壮观、华丽的建筑。庙宇、宗祠内的宁海古戏台，无论是在艺术构思上还是在技术构造上，都十分精美，是宁海土地上最优秀的匠师们最具代表性的作品。在宁海现存的 120 余座古戏台中，拥有"鸡笼顶"藻井的戏台 80 余座。其中，两连贯藻井 10 座，三连贯藻井 3 座；又以三连贯藻井戏台最为华美且最具有代表性，其建筑构造之精巧华美、建筑语言之细腻绚丽，皆为罕见。

宁海古戏台担负着祭祖娱神、社会教化、认知娱乐等职责。其建筑符号、建筑物态叙述着宁海的地方民俗和地方信仰。2006 年，城隍庙古戏台、崇兴庙古戏台、呑胡胡氏宗祠古戏台、下浦魏氏宗祠古戏台、潘家呑潘氏宗祠古戏台、双枝庙古戏台、龙宫陈氏宗祠古戏台、马呑俞氏宗祠古戏台、大蔡胡氏宗祠古戏台、加爵科林氏宗祠古戏台，10 座承载着物质和精神双重价值的宁海古戏台，成为国家重点文物保护单位，得到进一步保护修缮，推动宁海古戏台进一步走向大众、走向社会。

陈氏支祠古戏台

（宁海县文化和广电旅游
体育局供图）

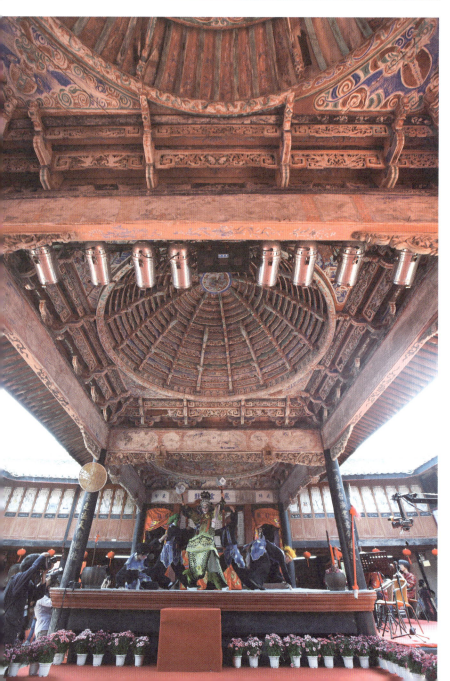

宁海岙胡宗祠古戏台

（宁海县文化和广电旅游
体育局供图）

（一）宁海古戏台核心文化基因解析

1. 物质要素

（1）砖木结构

宁海古戏台均为传统的砖木结构。宁海古戏台大多采用歇山顶，檐角高挑，舒展欢快，成为宗祠内部建筑的艺术重心，在正厅和廊庑的檐口水平线衬托下，十分抢眼。屋脊的两端分别饰有造型优美的鳌鱼，正面上方有挺拔的飞檐翘角，檐下悬挂着风铃铁马；游梁、随枋、三架梁、抢头梁、穿插枋上及牌楼各层之间，则雕刻了许多戏文，有高浮雕、镂空雕、圆雕相结合的人物、琼花瑶草及祥禽瑞兽。

（2）藻井

藻井一词，最早见于汉赋，指建筑内呈穹隆状的天花。中国古代建筑多为木制建筑，将天花称为"藻井"，意在借水来镇压火魔作祟，保护木制建筑的安全。

宁海古戏台的藻井被称作"鸡笼顶"，半球形，由曲木拱搭成架，再嵌拼成小斗拱状，筋络成环状旋，循半径向圆心集中，从下到上，一层层堆叠盘旋而上，共盘旋18圈。由于拼嵌堆叠过程如同编织鸡笼，因此宁海古戏台的藻井又得名"鸡笼顶"。最具代表性的"鸡笼顶"有着"百鸟朝凤"的美名，即"鸡笼顶"所有曲木作的筋络围绕同一个方向旋转上升，呈现出上升、凌空的升腾之感，显得生机勃勃。

藻井既是支撑，又是装饰。宁海古戏台融入中国美学思想，制造出螺旋式、聚拢式、轩棚式、叠涩式、层收式等不同造型的藻井；在藻井装饰中，有九宫图、棋盘格、八斗覆顶等多种规制。此外，宁海还留存有三座三连贯藻井。3个不同造型花样的藻井连续排开，精美绝伦，蕴含着丰富的美学意味。

除此之外，藻井还具有扩音和共鸣的物理特性。在戏曲演员表演时，与演员的声腔产生共鸣，使演员的唱腔能够洪亮且清晰地传至台下观众。

（3）挑檐

挑檐也是宁海古戏台的一绝，是体现宁海古戏台架构之巧的代表性建筑。挑檐即古戏台屋檐，指屋檐向屋身之外伸出的形式。宁海古戏台的"鸡笼顶"藻井由斗拱拼嵌而成。斗拱越多支撑力度越强，可以让古戏台的挑檐飞得更高。高高翘起的挑檐，代表了江南一带独特的审美特征，十分具有美感。

2. 精神要素

（1）儒释道文化一体

儒家文化是中国传统文化的代表，其思想深刻影响了一代代宁海人，也融入古戏台建造中。宁海地处江南富庶之地，社会稳定、经济发达，传承着"耕读传家"的习俗观念，儒家道德观如"孝悌""仁义礼智信"等，以及对人行为准则的要求，如"克己复礼""温良恭俭让"等更是深入民心，成为宁海人血脉中的一部分。在宁海古戏台中，工匠们将儒家主张的道德观和行为准则雕刻于古戏台，既作为装饰，又达到了教化、劝诫乡众的作用。除此之外，戏台上演的曲目，以家庭戏、历史戏为主，以"仁义礼智信"为核心内容，围绕忠君爱国、孝敬父母等故事展开，充分体现了儒家文化教化民众的作用。宁海古戏台在无声中诉说着流淌在宁海人血脉中的儒学传统思想。

同时，佛教文化同样深入宁海人民的文化血脉中，并表现在宁海古戏台上。宁海古戏台的几何纹雕刻纹样，是佛教文化的展现。在宁海古戏台上，常用多宝、盘长、"卍"字纹等纹饰。这些几何纹饰不仅是佛教思想的展现，而且其造型易雕刻，经典耐看，具有十分高的审美价值。同时，宁海古戏台也会上演蕴含佛教理念的剧目，讲述无常，导人向善。

此外，宁海古戏台还充满着道家文化因素。道家文化是中国传统文化产物，根植于民众的精神血脉之中。道家强调自然之美，认为"空无"与"虚静"具有最高意义。古戏台中的禽兽纹，通常雕刻成道家神兽，如麒麟、凤凰等；屋檐上，选取龙生九子中的鸱吻；装饰常有人神纹，人物多为太上老君、张果老、吕洞宾等道家神仙。此外，戏台中作为装饰的彩画，采用民间耳熟能详的道家神话故事，如"八仙过海"等。

宁海古戏台融合了儒释道文化精神，无论是古戏台的建筑语言还是演出曲目，儒释道文化都以各自的方式存在着。儒释道文化一体是宁海古戏台表达的宁海精神之一。

（2）礼乐宗法共生

建筑艺术不单是精妙绝伦的技艺之美的呈现，更是地方社会各方面的综合反映。宁海古戏台作为宁海特色木质建筑的代表，构造和装饰不仅体现出宁海儒、释、道一体的民间文化，还折射出宁海当地严密而有序的社会礼仪制度及道德意识、伦理纲常。

宁海是崇礼重宗法的地区。宁海的农村都是同宗同姓聚集而居，十分崇拜祖先，共同修建本姓祠堂用于祖先祭祀，强化姓氏之间对血缘关系的认同感，增强宗族的凝聚意识。宁海人对于宗族的归属感和对宗族观念的认同感，使得宗法在族人中具有强大的约束效力，作用广泛。宁海古戏台的建筑形态体现出崇礼重宗法的特点。一方面，宁海古戏台严格按照礼制，用以修德化德；另一方面，宁海古戏台多数建在祠堂，以此来彰显本族的财势和地位。

宁海古戏台，既是宗族仪式的载体及宗族的象征，同时又蕴含着浓厚的儒家文化礼乐教化作用。礼乐与宗法共生，是宁海古戏台的精神特质之一。

3. 语言与符号要素

（1）雕刻

宁海古戏台的木质构件保存着精美的雕刻。古戏台的檐下桁、枋、雀替、挡板、垂柱、斗拱、托架等处被工匠们以浮雕、圆雕、透雕、悬雕等巧夺天工的雕刻手法镂刻上花鸟鱼虫、祥禽瑞兽、双龙抢珠等包含美好寓意的雕刻。各式各样的雕刻虽然经历了漫长的岁月，早已油漆斑驳，但纹路依旧清晰，十分精彩。

（2）楹联

楹联是宁海古戏台中不可缺少的造型语言。楹联数量众多，寓意丰富。宁海深圳镇长洋村真君殿戏台的楹联，"弦歌清音宣德泽，宫商雅韵颂神功"，主要讲述演戏的目的是歌颂神明功德，以戏酬神；宁海岔路镇柴家村柴氏宗祠戏台的楹联，"日月经天，万古光明长焕发；江河行地，几多浊秽总淘清"，主要用于教化民众，告诫族人，弘扬惩恶扬善。此外，还有体现当地民众戏曲爱好，体现戏曲演出习俗的楹联，如宁海西店镇崇兴庙戏台的楹联："一枝花开向牡丹亭，沉醉东风情不断；四声猿惊回蝴蝶梦，浩歌明月想当然。"

4. 规范要素

宁海古戏台深受儒家"中和"美学的影响，同时受儒家以天地为庐，四极为四根天柱，中国居于中央的空间意识影响。宁海古戏台的布局特点，主要表现为整体空间的工整、对称以及空间的合理利用。宁海古戏台建筑以中轴线为中心依次向两边对称展开，集中体现了儒家的"中和"之美。同时，宁海古戏台以庙台和祠台为主。庙台的主要作用是祭祀城隍老爷，祠台则是祭祀各宗族的先祖，采用均衡对称的布局，增强了崇高美感，给人以严肃庄重之感。

从建筑的空间分布来看，宁海古戏台多建于四合院结构建筑中，坐南朝北，建于祠堂大门背面，与供奉神灵或祖先牌位的祠堂相向而对，意为戏台演戏是为酬神以及祭祀祖先。中间天井是族人陪同祖先看戏场所，两边厢房则为女眷、乡绅看戏之所。

从布局上来看，古戏台主要呈现为"口"字形或"凸"字形。古戏台均居于宗祠或庙宇中轴线的正中央，两旁有勾连廊连接，部分回廊作为观戏用的观戏楼，被称为"包厢"。古戏台主体分为前台与后台两部分，前、后台用屏门相隔，前台为戏曲演员的演出之地，后台则为演员换衣化妆候场之地。屏门左右两端各有一扇小门，用于戏曲演员的登场和下台，称为"出将"和"入相"。

宁海古戏台的布局规划，深受儒家"中和"美学以及空间意识影响，不仅遵循中国古代建筑要点，还利用隔断、回廊等设施，将戏台表演区、后台、观戏楼、伴奏区等清晰划分，充分体现了宁海古戏台布局的工整性与优越性。

（二）宁海古戏台核心文化基因的提取与评价

宁海古戏台是国家重点文物保护单位，存量丰富，历史悠久，影响深远。宁海古戏台的核心文化基因丰富，主要提取为：精妙的古戏台建筑及其蕴含的儒释道文化、礼乐宗法共生的宁海地方文化。

1. 生命力评价

经过漫长的岁月，目前宁海古戏台存有140余座，且保存完好。宁海当地居民形成了自觉参与保护古戏台建筑，传承古戏台的文物精神。此外，宁海当地与古戏台有关的文化和民俗活动也保留至今，每逢重大节庆，宁海的村民们仍会聚集于古戏台前，观看戏曲。宁海古戏台无论是作为物质载体，还是精神文化内核，都保持着非常旺盛的生命力，对宁海、宁海人民具有非凡意义和独特价值。

2. 凝聚力评价

古戏台建于神庙、宗祠之内，是宗族经济地位、社会地位的重要象征。古戏台不仅是一座宗祠中的戏台，还是姓氏符号化精神化的物质载体。探讨族中大事，或是逢年过节、祭祀祖先，宗族成员聚集于古戏台。宁海古戏台凝聚起宗族成员力量，推动成员和谐相处，维护社会稳定。同时，宁海古戏台从最初的修建，到日常的修葺，以及平时的演出活动，对凝聚区域力量起到显著的推动作用。

3. 影响力评价

宁海古戏台存量之多为浙东地区所少见，被称为"中国古戏台博物馆"。丰富多样的古戏台记载了宁海这座"戏剧之乡"独特的乡风民俗，展现了宁海工匠们精湛的建筑工艺，成为研究宁海宗教戏曲、城乡结构、建筑等的重要实体，是宁海的文化标志，具有深远的影响。

4. 发展力评价

作为"木刻的史书"，宁海古戏台具有强烈的地方特色和很高的审美价值。宁海古戏台可以与宁海的古镇、古村落结合进行保护性开发；还可与宁海本地的民俗文化相结合，配合影视拍摄等手段进行科普和宣传，开发以古戏台的造型、宁海民俗文化等作为主体的文化产品，发展潜力巨大。

（三）宁海古戏台核心文化基因的转化利用

1. 充分利用古戏台建筑，采取保护与发展互促共进的发展模式。

要充分利用数量众多的宁海古戏台建筑，结合宁海的古镇、古村落特点，加强统一规划，进行保护性开发，形成具有宁海特色的旅游景点。采取保护与发展互促共进的发展模式，以发展作为保护宁海古戏台建筑的驱动力，以市场作为检验保护的试金石，实现保护与发展相结合。

首先，规划制定发展路线。根据宁海古戏台建筑的实际情况，科学规划制定符合宁海地域的发展路线。发展与宁海古戏台建筑、宁海戏曲文化艺术相关的特色旅游产业，吸引游客，扩大影响。

其次，发展与古戏台相关的主题活动。每年推出活动主题，固定活动时间，组织戏剧表演、主题游览、音乐会、文物讲解等活动，在保护的基础上让古戏台用于承办活动，让文物遗产成为活动的主角。通过地方节庆活动或传统庙会，营造传统与现代相融合的古戏台，发挥古戏台在现代生活中的文化传承功能，让民众参与其中，传承保护文物。

最后，加强古戏台建筑考证修缮，系统化全面地考证现存古戏台建筑，加大对重要古戏台、破坏较严重古戏台的修缮力度；筹建古戏台博物馆，通过专业场馆，全方位形象地展现宁海古戏台的历史传承；同时加强史料研究、实地考察，编纂科普类书籍，介绍宁海古戏台及相关的技艺、营造、装饰结构，推动民众深度了解宁海古戏台的"前世今生"。

2. 充分挖掘古戏台蕴含的文化魅力，创新性开发转化利用。

充分挖掘宁海古戏台建筑蕴含的文化魅力，多渠道创新性开发转化利用。借助新媒体技术，利用网络科技手段，打造数字新媒体艺术作品。宁海古戏台可以借助VR技术再现宁海古戏台的历史感与现场感。通过选取宁海最具代表性的古戏台，利用 VR 或 AR 技术进行三维立体场景构建，围绕图片、影像以及虚拟重构三大主要形式，将现实世界与虚拟世界的信息模拟叠加，从而给予乡民及外来游客全新的感官体验，营造出历史感与现代感。此外，可以运用数字电子技术融合制作宁海古戏台的情节、人物、脸谱、戏台建筑、戏曲故事等新媒体游戏，吸引年轻人关注宁海古戏台、了解古戏台。

同时，将宁海古戏台与宁海地方民俗文化相融合，如与宁海平调相结合，通过实地表演的方式并以影视手段进行拍摄记录，制作成短视频、纪录片等形式，借助主流网络视频平台，向外推广宣传。在保护古戏台文物的前提下，鼓励并支持社会机构、个人等利用古戏台开展文化创意活动，研究地方民俗文化，举办文化展馆等，充分多样化地发挥宁海古戏台的历史价值。如，适度开放宁海古戏台作为影视剧、纪录片取景地，小型活动展览馆，推动古戏台功能置换从而延续古戏台的使命，推动传统与现代相结合。创新开发以宁海古戏台特色造型、特色建筑及宁海地方民俗文化等作为主体的文创产品，如，开发微缩戏台模型、制作脸谱挂件、戏服戏帽、"生旦净末丑"挂件等，通过文创产品形象地展现宁海古戏台的悠久历史和辉煌过往，以新的形式展现宁海古戏台的历史文化底蕴，不断吸引外地游客前来旅游观光，一方面使"文物"活起来，另一方面能够带动当地特色旅游业发展。

3. 多渠道多方式多样化宣传宁海古戏台，推动古戏台传承发展。

首先，面向在甬高校，举办宁海古戏台标志设计大赛，集聚年轻一代新意，打造全新的古戏台文化标志，从而塑造古戏台对外宣传的独特性；其次，推动文化融合，将古戏台与受当下青少年欢迎的小众优秀文化结合，借助青少年的力量，推广宁海古戏台；再次，面向互联网，围绕宁海古戏台的历史承传、文化特色、建筑特点等，征集宁海古戏台短视频创意作品及开发宁海古戏台小游戏，借助社会力量，推广宁海古戏台；最后，多渠道地推动宁海古戏台的传承发展，不断增强宁海古戏台的对内凝聚力以及对外影响力。

　　同时，讲好新时代"宁海古戏台"故事。宁海多数古戏台在以往扮演着乡村公共文化空间的角色，一方面能够满足乡民日常休闲的文艺娱乐功能，另一方面古戏台蕴含着丰富的文化资源，是乡民精神寄予的代表和象征物。在保护古戏台建筑的前提下，尊重乡民的主体诉求，通过建设古戏台主题公园、休闲广场及文化长廊等文化工程，让乡民及外来游客既可以实地感受古建筑的文化厚重，也可以在宁海享受到现代都市生活的惬意和安详。讲好新时代的宁海古戏台故事，让文化的乡愁留得住、集体的记忆记得住。通过多元化的方式，不断扩大宁海古戏台的对外影响力，更好地转化利用宁海古戏台，推动宁海古戏台的传承发展。

参考文献

1.陈云松：《岁月沧桑话戏台 宁海古戏台的前世今生与未来》，《宁波通讯》2018 年第 14 期。

2.徐培良：《宁海古戏台漫步》，《文史知识》2008 年第 8 期。

3.徐培良：《戏剧之乡的繁华见证 宁海古戏台》，《中国文化遗产》2013 年第 5 期。

4.虞兴亮：《宁海古戏台的传承与保护》，《黑龙江史志》2015 年第 5 期。

深甽镇龙宫村（宁海县文化和广电旅游体育局供图）

六、宁海传统古村落

传统村落是指经过一定历史时期形成的，留有明显的历史文化特征且历史风貌相对完整的农村聚居地。传统村落记载着丰富的历史文化信息，保留着许多原生态的民俗文化形态，具有深刻的文化内涵和特色，是相对古老、封闭、独特、完整的文化资源，是农耕文明不可再生的文化遗产，是连接传统文化和时代精神的重要桥梁。

传统村落历史悠久，目前宁海尚有部分保留较完整。2011 年，住建部、文化部、财政部和国家文物局联合启动中国传统村落的保护发展工作，宁海县初步完成第一次传统古村落调查，共有 37 个传统村落登记上报。截至目前，宁海县已有 9 个村庄入选中国传统村落名录，是宁波市入选中国传统村落名录最多的县；再加另外 10 个浙江省传统村落、1 个中国历史文化名镇和 2 个中国历史文化名村，是宁海宝贵的古村落文化资源。

近年来，宁海地方政府十分重视传统村落保护工作，整合各部门的人力、物力和财力，特别是把擅长古建筑保护工作的徐培良先生抽调到原县旅游局专门负责此项工作，为宁海古村落的保护和利用提供了政策和技术的支持。

（一）宁海传统古村落核心文化基因解析

1. 物质要素

（1）宗祠、戏台

因历史变迁、城市改造，宁海城区原有的 40 多座祠堂难觅旧迹，农村的祠堂则大多保留。目前，全县 300 多个行政村，留有宗祠 200 余座，宗祠建筑已成为古村落风貌的一大亮点。

宁海古村落宗祠建筑的结构格局大致相似，多坐北朝南，依次为台门、戏台、天井，或勾连廊、正厅大堂和东西厢房。台门为二层五开间，戏台单独设立或与勾连廊相连。后三大开间二弄为正厅大堂；东西两侧三开间二弄为厢房；台门和厢房为二层，也有的厢房为一层；戏台、勾连廊、正厅大堂为一层。宗祠整体屋顶的高度基本相平，有似四合院式的格局。

（2）古桥、路廊

宁海曾有古桥 200 多座，今存 170 座左右，或乱石拱桥，或石板平桥，精美绝伦，富有年代感，以名列"宁波市十大名桥"之列的万年桥和戊己桥为代表。白峤三桥、西岙三桥、里岙七桥等都是古村落不可缺失的部分。

随着交通的不断发展，古村落原先的重要交通驿站——路廊，失去了原有功能，以车代步的人们不再需要它来歇脚、消暑、避雨，路廊渐渐被冷落废弃，随岁月侵蚀消逝，在古村落中很难得到如祠堂、庙宇般的保护。作为历史文化遗迹，很多现存的路廊建筑古朴，具有审美价值和文化价值，但面临破损、倒塌和消失的现实困境。据史料记载，宁海境内最多时有 800 多座路廊，而现在仅存 200 座。

（3）古村落

宁海传统古村落除了许家山村、龙宫村，还有清潭村、西岙村、力洋村、东岙村、梅枝田村、箬岙村、峡山村等。前童镇为国家级历史文化名镇，许家山村与龙宫村又为国家级历史文化名村，其他传统古村落代表还有梁皇村、岭口村、麻岙陈家村、湖头村、马岙村、信干山村、下蒲村、峡山村、王干山村、南岭村、团结村、田洋卢村、三省村、竹林村、仇家村、岙胡村、力洋孔村、联溪村、榧坑村、大湖村、白峤村、大佳何村、涨坑村、葛家村、海头村、大蔡村、大里村、水车村等。这些古村落如明珠般闪亮在宁海的四面八方，形成各具特色、魅力非凡的宁海传统古村落。

2. 精神要素

（1）崇祖敬神的原始信仰

宁海有着很多传统古村落，比如前童就是以童姓为主，清潭以张姓为主，梅枝田村以田姓为主，龙宫村以陈姓为主。因为血缘关系，传统古村落的人们特别注重礼数、尊长的观念，崇儒尚礼，崇尚古法礼制，以长为尊，即便是逝去的祖先，也非常崇拜，认为世世代代庇护子孙后代的祖先最为尊贵，因而上香祭拜、供奉祖先是最为重要的事情，祖先崇拜成为一种信仰。

与此同时，与之相关的各类民间风俗也兴起并一直传承下去。比如前童元宵行会，便是拜祖先童濠治水造福后人，并祈求神灵保佑风调雨顺、粮食丰收，已被列入国家级非物质文化遗产名录；西岙村正月十八过大年抬龙集福民俗，从南宋流传至今，已被列入浙江省非物质文化遗产名录。

（2）天人合一的生存智慧

优美的生态环境和精心构思的规划布局，是古村得以生生不息的奥秘。传统村落依山傍水，体现了人们对自然美的追求。为了子孙后代的繁衍生息，传统村落特别注重保护生态环境，使建筑与自然融为一体，体现了回归自然的审美。传统村落追求顺应自然，讲究耕读传家，以天人合一为最高审美准则，村落建筑完美地融入周边自然环境，做到人与自然的和谐共处。传统古村落在村庄选址、建筑形态、自然景观、民居布局等方面都强调人与自然和谐统一的理念，诠释了中国传统"天人合一"哲学思想。

许家山村的建筑便顺地势起伏而建，整体布局与山水融为一体。大部分建筑顺着地势往村落西北方的大山蔓延，建筑材料就地取材，巧用当地的铜版石，形成了独特的风格。

西岙村古风遗韵仍存，其建筑的布局、形制，以及整个村落选址的自然理念，都展现了古代匠师和当时人们的审美理念、心理特点及价值取向，村庄动静、刚柔、阴阳融合。

（3）崇文重义的儒乡底蕴

在宁海古村落房屋建筑的各处，都能发现雕塑、匾刻、绘画等。这些艺术作品所体现出来的文化精神，一直影响着后人。西岙村人杰地灵，历代人才辈出，一共出过进士 12 人，丞相 1 人。宋代有诗云："父御史、子御史，父子三御史；兄进士、弟进士，兄弟四进士。"并有"三十六位在京官，三斗三升芝麻官"之说。叶梦鼎，原名陈吉甫，官拜南宋右丞相，乃西岙陈氏第十世祖。西岙陈氏被誉为"盛朝浙右无双族，大宋江南第一家"。至今村里还留存有皇家赐匾。

宁海这些隐居山间海边的世家大族，虽然在相对封闭的地理环境里自我生长、繁衍传承，却能教育出来大格局和士大夫情怀的文人志士。常言道"学而优则仕"，但宁海人读书不以"仕"为读书初衷，不求功名利禄，但求饱读圣贤之书，提升自身修养，成为地地道道的读书人——士人。他们讲风骨、爱名节，在显达时表现治国平天下的大气，在生死存亡中表现出"台州式的硬气"，以生命谱写正气之歌。

3. 语言与符号要素

宁海古村落保护较好，具有较高的文化价值，不仅体现在物质文化上，还体现在非物质文化方面。如民间传说、故事、诗歌、谚语，民间音乐、舞蹈、戏曲等，城里已逐渐消失的传统人生礼仪、岁时节令、消费习俗，民间工艺、饮食、庙会、灯会、舞狮、舞龙、抬阁会等，都是宁海古村落的精华所在，也是其精神所在。

《世界文化遗产公约实施守则》提道："与艺术品相反，文物建筑保护的最好方法是继续使用它们。"宁海传统古村落的一大特点是活态性，依旧保持着农耕传统，即便是前童古镇、许家山这些已经发展成熟的景点，也依然保留着原有的生活方式与习惯。

4. 规范要素

"靖康之难"后，宋室南迁，大批北方官宦、商贾家族纷纷在浙东避乱。宁海传统村落的发展，得益于大规模的人口迁移，很多习俗、方言、节气等都保留了北方的传统。朝廷放宽民间建祠及追祭祖先的管理，推动宗族逐渐成为基层社会组织制度的形成。因此，宗族势力对宁海传统村落的影响尤为深刻，成为农耕社会村落演化的内部机制。因此，宁海传统古村落的制度主要围绕宗族文化而言。

宁海古村落宅第的建造者，或地主，或商贾，或官吏，有实力，不惜重金打造院落，让村落建筑变得不同凡响。其家族不断繁衍，人丁兴旺，为了凝聚人心，建造了族人共享的祠堂，开办了子弟共读的学堂，构成了具有宗族文化特征的历史文化村落。它将散居各处的村民通过血脉关系，在严谨分明的礼仪制度约束下团结宗族。宗祠文化在村民社会活动的方方面面都表现出了深远的影响力，比如修订族谱、建庙修祠等重大议事，使散落各地的村民自觉地聚在一起。

（二）宁海传统古村落核心文化基因的提取与评价

基于对宁海传统古村落的历史遗存、发展历史和地方著作等有关资料的全面、深入分析，将宁海传统古村落核心文化基因提取为"天人合一、凝心聚力"的生存之道。宁海人民顺应自然、开天辟地，依山傍水打造了一个美丽家园，并不断发展壮大，无论是自然灾害还是外敌入侵，都能齐心聚力，守护着这方土地；耕读传家，能出而为仕，也能退而归隐，能舍生取义，也能力求圆满，赋予村落浓厚的历史和文化内涵。古村落生生不息，世代延续，与他们的天人合一、凝心聚力的生存之道是分不开的。

1. 生命力评价

宁海传统古村落，发端于唐宋，鼎盛于南宋明清，式微于现代。它是5000年文明活态的人文硕果，历经兴盛、波折和凋敝，依然在宁海的大地上顽强地延续。近年来，随着经济的发展、生活方式的改变和自然风雨的侵蚀，从2000年到2010年，整个中国减少约90万个自然村，相当于一天之内就有约250个自然村落消失，宁海一些古村落的历史遗迹和建筑也受到了破坏，所幸多数被保护了起来。而且近年来不断受到政府的重视，在政策和经费上给予保护，在乡村振兴旅游业发展中体现出独特的时空之美。中国乡村正处于一个深刻的转型时期，宁海传统古村落也正迎来一个蓬勃的复兴阶段。

2. 凝聚力评价

源远流长的宁海传统古村落蕴藏着我们民族基因与凝聚力，是我们最初的也是最后的家园。血缘关系和宗族观念使得古村落村民紧密团结，保护家园，抵御外敌，在历史进程中起到了显著的推动作用，体现出了非常强大的凝聚力。

3. 影响力评价

宁海传统古村落的影响力很大，以其天人合一的村落规划理念，深厚的历史文化积淀，大量传统的民俗生活形态，保存完好的多种文化遗产，得天独厚的自然与人文赢得了世人的瞩目，顺利通过中国民间文艺家协会验收，成为全国首个"中国古村落文化遗产研究基地"。在前五批的"中国传统村落"名录里，宁海有9个村落列入其中。它们都是宁海宝贵的乡村文化资源，是中国农耕文明留下的遗产，如许家山古村是宁波市内现存建筑群规模最大、保存最完整的石屋古村。古村落保留着民族文化的多样性，凝聚着中华民族精神，是繁荣发展民族文化的根基，是维系中华子孙文化认同的纽带。

4. 发展力评价

党的十九大报告首次提出"实施乡村振兴战略"。文化振兴是乡村振兴的题中之义。推动乡村文化振兴首先要注重乡土文化传承，激活乡村文化潜力。古村落作为乡土文化重要载体，深入挖掘其文化价值，对于文脉传承、精神延续、自主振兴具有重要的积极作用。《乡村振兴战略规划（2018—2022年）》明确指出，历史文化名村、传统村落、少数民族特色村寨、特色景观旅游名村等自然历史文化特色资源丰富的村庄，是彰显和传承中华优秀传统文化的重要载体，要统筹保护、利用和发展的关系，努力保持村庄的完整性、真实性和延续性。在国家的重视和大力支持下，宁海传统古村落在基于之前较完整保护的基础上，或政府资金扶持，或村民自建，或通过打造民宿等方式，"盘活"古村资源，使古村得以活化利用。

（三）宁海传统古村落核心文化基因的转化利用

1. 保护古建筑，重视"活态传承"

保护古建筑不仅在于修复建筑物本身，关键还在于"活态传承"，保留原有的生活状态和生活方式，使古建筑"活着"，充满生命的朝气。

为了使古老的建筑带着历史的精神伫立于世，宁海突出对传统文化资源的挖掘研究，坚持"一村一品"原则，对18个乡镇（街道）的古村落及文化进行全面调查、搜集、记录和保存，按照"一村一档"方式，创新引入"微视档"影音等信息化技术，形成文化数字档案库，展现古村落里建筑的文化之魂，讲述乡愁故事。截至目前，宁海已完成古村落文化建档30余份，深入挖掘并记载传统特色古文化近10种，横跨唐朝至今上千年历史。

多元化延续古习俗，是实现活态传承保护的另一模式。宁海通过建设非物质文化遗产传承基地及培育传承人，开办古村传统技艺、风俗艺术等培训班，同时，选派并依托民间传承讲师，义务开展"走读宁海古村"非物质文化遗产课堂下乡。目前，已建成非物质文化遗产传承保护基地10余个，开办古村落传承培训班30余次；民间传承讲师实现"走读宁海古村"全覆盖，自2015年底启动以来，已开课百余场，参与人数达万余人。

2. 科学规划开发，将古建筑与时代融合

宁海引入的"智慧文保"系统运用了新科技将文物保护与宣传相结合，游客只需通过手机微信扫一扫，该处的基本介绍、历史演变、图片等信息就会跃然眼前。同时，公众号上还有"我的位置"选项，通过"文博地图"，除了能实时定位所处的具体位置外，还具备导航功能，能引领市民步行、骑行、公交或自驾前往目的地。这既能为群众参与文物保护提供途径，又能促进文物地的旅游宣传推广，让更多人了解历史。

为了合理开发古建筑的旅游资源，宁海在尊重保护古建筑、古习俗文化的基础上，将闲置或被挪用的古宅等传统古建筑，通过村集体协商整理后，统一设计改造，融入静吧、手工艺作坊、主题民宿、文艺展览中心等现代元素和新理念，在保留原有文化特色及建筑风格的基础上，恢复其居住或商业功能。这既能防止房屋快速老化，又在经营中吸引游客，留存历史文化记忆。比如，依托山洋古村红色资源特色和生态环境优势，试点打造红色主题民宿，在民宿打造中保留原有革命古朴元素。同时，为避免过度建设，宁海将新村和旧村设施分开，一方面，保护旧村原生态，挖掘旧村历史文化价值，开发旅游特色资源；另一方面，做好新村规划整治，并完善主要承载古村旅游服务的食宿、商店等各项设施，避免古村因过度建设而破坏古朴氛围。

3. 注重灵活发展，创新文旅融合产业

宁海传统古村落作为中华民族农耕文明的见证，是活着的文化遗产，更是乡愁的栖息之所。宁海古村落转化利用注重古村落文化的修复和延续，既塑形，更铸魂，保留着完好的宗族文化和民俗文化，又浸润着历史的记忆和乡土文化的传承。

以梅林街道河洪村为例。这是一个有着近千年历史的古村落，村内一直有过节吃面的传统。在 2021 年国庆节当天，村内来了很多游客，村民邀请众多游客和村里的百岁老人一起吃长寿面，不仅庆祝新中国的生日，也体验了村里朴素的民风。

以 9 个中国传统古村落为重点研究对象，同时发展其他古村落，重点打造乡村旅游，"一村一品"，一村一特色，打造古村落文旅融合路线，挖掘每个村落的器物之美、文化之美，结合传统活动或季节风物开展文化之旅，用公众号推出系列图文并茂的文旅美文。借助各类文创活动，带"活"、搞"活"古

村落旅游。通过传统村落历史名人、重要人文遗址学术研究，推出相关学术论坛，使古村落不但成为现代人乡愁的栖息地，而且成为各类活动的体验地，带"活"乡村经济，带"活"农产品。

参考文献

1.包伊玲：《文化视野下的古村落保护与可持续发展研究——以宁海前童古村落为例》，《宁波大学学报（人文科学版）》2011年第4期。

2.《宁海县加强传统古村落保护开发成效明显》，《宁波市人民政府公报》2014年第23期。

3.孙佳琪、张霞儿：《乡村振兴战略背景下古村落特色建筑景观保护研究——以宁海县深甽镇龙宫村为例》，《乡村科技》2020年第24期。

中国徐霞客开游节（宁海县文化和广电旅游体育局供图）

七、中国徐霞客开游节

"癸丑之三月晦，自宁海出西门，云散日朗，人意山光，具有喜态……"这是大旅行家徐霞客《徐霞客游记》的开篇语。宁海人以此为发力点，自2002年至2022年，先后成功举办了20届徐霞客开游节，并成为在全国有影响力的节庆。20年来，徐霞客开游节从无到有、由小到大，发展成为一个固定的包含霞客精神弘扬、文旅融合、民俗文艺表演、体育竞技、招商引资、经贸洽谈和商品展销等活动于一体的大型文化旅游节庆活动，被浙江省人民政府批准为浙江省四大节庆之一。

（一）中国徐霞客开游节核心文化基因解析

1. 物质要素

（1）博大精深的《徐霞客游记》

徐霞客自宁海出西门，以"尽游天下山水名胜通志"为目标，进行了30余年的游历与野外考察。他不畏艰难困苦、跋山涉水、风餐露宿，三次遇盗，数次绝粮，以超出常人的毅力，独步荒野僻壤，盘桓沟谷山脊，于虎狼出没处发现胜景，写下了60余万字的巨著《徐霞客游记》。这是一部考察实录和散文游记，记有天台山、雁荡山、黄山、庐山等名山17篇和《浙游日记》《江右游日记》《楚游日记》《粤西游日记》《黔游日记》《滇游日记》等著作，是系统考察中国地貌地质的开山之作，同时也描绘了中国大好河山的风景资源。此外，其文字优美，是一部文学佳作。《徐霞客游记》在地理学和文学上都有着重要的价值，被誉为"千古奇书"。这也是徐霞客开游节的物质基础。

（2）宁海开篇的旅游标志

1613 年 5 月 19 日，《徐霞客游记》在宁海西门开篇起笔后，徐霞客的人生便是真正意义上的旅行探险的人生、科学考察的人生、爱国忧民的人生和平安而辉煌的人生。由此，这座又名登台门（是指通往台州、华顶山的一道城门）的宁海西门，蜚声海内外。而今易址新建了占地 26.3 亩，建筑面积约为 1614.75 平方米的西门城楼，有仿古建筑二层，园林式广场一座，中国旅游日纪念馆和宁海县跃龙诗社、徐霞客图书馆等场馆和社团组织布局其内，是举办徐霞客文化活动的主要场所，引起了越来越多的名人雅士的关注和神往，为徐霞客开游节举办，提供了有力支撑。

（3）精彩纷呈的霞客文化遗存链

以《徐霞客游记》为依据，宁（海）天（台）新（昌）霞客古道宁海段的西门、梁皇山、岔路口、水母溪、松门岭、王爱山、筋竹庵、弥陀庵等地名及其联通的古道等霞客文化遗存链，指向明确，落地生根，成为后人研学的地点，其中的西门、梁皇山和王爱山，是首批"徐霞客游线标志地"。

从全国而言，徐霞客的一生足迹踏遍中华大地，行程 3 万多里，开创了我国科学考察旅游先河。徐霞客"以躯命游"和"以性灵游"，走遍祖国的千山万水，考察记录的地貌类型有 61 种、水体类型有 24 种、动植物有 170 多种、名山有 1259 座、岩洞溶洞有 540 多个。其中，尚有 150 多处至今仍是县级以上的风景名胜地，有 50 多处设有旅游和文物管理机构。在国务院颁布的第一批 44 个重点风景名胜区中，有 25 处留有徐霞客的足迹。林林总总、包罗万象、精彩纷呈的徐霞客文化遗存链，为开游节的可持续发展奠定了坚实基础。

2. 精神要素

（1）求真创新的霞客精神

对山河始终怀有真挚情感、对历史文化的无比热爱是徐霞客一生最崇高最闪光的思想内核，并贯穿其生命全过程，同时他又是一位杰出地理学家，投身实践、知行合一、实事求是、求真求知、突破传统、科学求证的科学精神，浸透在徐霞客从事科学考察和学术研究的思想、态度和方法上；敢立奇志、敢道前人所未道、敢做前人所未做无疑是徐霞客创新精神的完美诠释；不怕苦难、不畏艰险、不惜生命是徐霞客献身精神的重要组成。霞客精神值得后人永远敬仰和学习。

（2）包容大气的文化自信

自古以来，宁海人杰地灵，名家辈涌，是宁海文脉的象征，为秀丽的宁海山水唱响了一首浩然的正气之歌，也是宁海人文化自信的基因所在。宁海人胸藏"大气"，始终以家国为怀，拥山抱海的宁海地理，造就了包容大气的宁海品格，也赋予了宁海人自信自强的秉性情怀；不论从事何业、身在何处，始终以"我是宁海人"而自重，始终以"我为宁海代言"而自信，共同倡导奋发、自信的"宁海人"形象以及正气、硬气、大气的宁海形象。这种磅礴的精神力量，也是办好徐霞客开游节的原始动力。

（3）敢为人先的文化气度

不甘落后、敢为人先是宁海人的典型文化气度。20世纪90年代的旅游，几乎都是以产品为导向，鲜见以品牌为导向。宁海最大的资源是青山绿水，想要异军突起，学习徐霞客的求真创新、敢为人先精神是创建大品牌的思想基础。只有超常规地拉升知名度，才能打响自己特有的品牌，从而较快地发展文化和旅游经济，让整个宁海飞得更高。

（二）中国徐霞客开游节核心文化基因的提取与评价

一篇名满天下的游记，让宁海和徐霞客紧密相连。宁海成功申请宁海开游日5·19为中国旅游日，牵头倡议开展徐霞客游线申报"世界文化遗产"，持续开展徐霞客游线标志地认证工作，标志地涉及河南、广西、浙江等多个省份。徐霞客开游节是文化和旅游发展到了一定的历史阶段，在徐霞客精神的感召和政府主导、社会参与、经济唱戏、普惠百姓的办节理念的指导下应运而生的产物。基于对徐霞客的全面、深入分析，得出本文化元素的核心基因主要为：勇于探索、敢于突破进取、知行合一、尊重实践、追求真理的霞客精神和文旅融合。

1. 生命力评价

400多年前，徐霞客踏出了探索真知的第一步，为地质学做出了巨大贡献。徐霞客历经千辛万苦走遍千山万水，探索科学真理，成为本真本色的精神坐标。《徐霞客游记》构建了人与自然和谐相处的美好图景，点亮了旅游发展的灯火，人民为有徐霞客这样一位伟大的地理学家、旅行家、文学家而自豪。徐霞客足迹遍布全国 200 多个城市，其精神几百年来一直在延续，从未中断。尊重实践、求真创新的霞客精神，是中华优秀传统文化的杰出代表，具有强大的生命力。2002 年，在纪念《徐霞客游记》开篇 411 年之际，中共宁海县委、县政府，在上级政府和徐霞客文化界的支持和帮助下，隆重地举办了首届徐霞客开游节，吸引了外界对宁海的广泛关注，有力地激发了宁海人的文化自信和文化自豪，也为宁海的旅游促销和城市营销亮出了耀眼的品牌。

2. 凝聚力评价

霞客精神和文旅融合能够广泛凝聚起区域群体的力量、推动社会经济文化的跨越发展。徐霞客开游节作为宁海的大型节庆，在政府主导、社会参与、经济唱戏、普惠百姓的办节理念指引下，充分利用徐霞客文化和生态绿色等文旅资源，将生态山水、景点景区、民俗文化、农业园区有机串联，形成一个覆盖县、镇、村、户的立体式发展网络。尤其是节庆活动这个平台，对于招商引资、招才引智、经贸洽谈等活动，发挥着不可或缺的积极作用，彰显着强大的凝聚力，成为家喻户晓、人人期待的一年一度的重大节庆。

3. 影响力评价

霞客精神和文旅融合具有全国性、世界性的影响力。20 年来，徐霞客开游节从无到有，由小到大，发展成为一个固定的包含霞客精神弘扬、文旅融合、民俗文艺表演、体育竞技、招商引资、经贸洽谈和商品展销等活动于一体的大型文化旅游节庆活动。在全国诸多节庆中，获得了"中国节庆国际影响力百强""中国十大人物类节庆""中国最具潜力十大节庆""中国十大优秀节庆"等多项荣誉。宁海还入选"首批全国全域旅游示范县"。更自豪的是，它还有力助推了中国旅游日的创设，宁海从《徐霞客游记》的开篇地跃升为中国旅游日的发祥地。足见，该节庆具有强大的城市和品牌影响力。

4. 发展力评价

勇于探索、敢于突破进取、知行合一、尊重实践、追求真理的霞客精神和文旅融合与当代精神追求和价值观念相契合，已经被当代学者提炼为精神符号和理念理论，能够较好地转化、弘扬和发展。充分利用徐霞客开游节的文化和品牌资源等优势，传承中华优秀传统文化，弘扬霞客精神，推动"诗和远方"的高度融合和文旅产业的科学发展，实现全国徐霞客游线节点城市大联动，共筑徐霞客游线申报"世界线性文化遗产"梦,是徐霞客开游节的核心动能,具有强盛和持久的发展力。

(三)中国徐霞客开游节核心文化基因的转化利用

1. 保护建筑形态和文化品牌

霞客精神和文旅融合作为徐霞客开游节的核心基因,有着较为丰富的建筑形态和文化品牌基因保存。如,徐霞客大道宽50多米,南侧是花团锦簇的园林绿化景观带。其间芳草萋萋,绿树成荫,藤萝叠翠,喷泉吐珠。一道蜿蜒的城墙,是缑城古老的回忆;三组徐霞客的石雕,是徐霞客旅游文化的溯源。一家家鳞次栉比的茶楼店铺,渲染着现代的悠闲和繁华。雕饰着漏窗的云墙和回环曲折的走廊,后面是宁海城内光照最充足的住宅小区;中国旅游日纪念馆:位于西门城楼,建筑面积230平方米左右。馆内有魔法翻书、墙面投影、电脑触摸屏等现代科技手段,《徐霞客游记》魔法书、沙盘模拟徐霞客游记路线等互动板块设施,展示了中国旅游日的发祥和设立历程,宣传了中国旅游日发祥地宁海在倡议和践行设立中国旅游日工作中的历史贡献,并让参观者可以动手参与、亲自体验,是设计和布展理念较为时尚的一个中国旅游日专题场馆;还有"徐霞客公园""霞客居""徐霞客学校""霞客饼""霞客茶馆"等。

文献保存方面,有27期的宁海县徐霞客研究会会刊《徐霞客在宁海》;作家出版社出版的《当惊世界殊——中国旅游日设立纪实》;中国文史出版社出版的《徐霞客游线历史记忆》;宁波出版社出版的30集人文风光艺术片《人意山光》《徐霞客古道历代风景诗文选》和《宁海霞客古道传说》;100集大型系列风光片《徐霞客游记》;等等。不一而足,十分丰富。

2. 创新载体,开展广泛联动

作为中国旅游日的首倡地、发祥地,宁海始终致力于发扬霞客精神、推广中国旅游日,让"天下旅游、宁海开游"的美誉实至名归。在多方集思广益下,2022年,中国旅游日首次以线上形式举办,以此为契机,加大惠民力度,出台惠民政策,营造良好氛围,鼓励民众在安全基础上,走出家门享受旅游拥抱生活。同时,鼓励文旅人员坚定信心、振奋精神,引导支持文旅企业适应市场需求,加大投资力度,加快转型升级、逆境突围,促进文旅市场早日复苏回暖。

转化利用霞客精神和文旅融合核心文化基因效应，持之以恒地开展广泛联动，大力弘扬霞客精神，积极传播霞客文化，建设具有观赏功能的文旅实景、文旅艺术产品及各类文旅产品的点缀装饰等。保留、完善和争取联动项目，如中国当代徐霞客的评选和颁奖、徐霞客游线标志地的寻找和论证、中国旅游日庆典浙江省主会场永久会址和争取落户"中国旅游日庆典国家主会场永久会址"等。

在第十八届开游节活动中，便出现了多个新兴活动。其中包括"浙江省首批国家全域旅游示范区成果展暨非物质文化遗产旅游商品展"，以展板形式展示浙江省首批国家全域旅游示范区创建成果，以多种形式展示浙江省非物质文化遗产。再如"霞客'云游'嘉年华"活动，分"文旅开卷""惠民开游"和"四美开卖"3个部分。"文旅开卷"活动主要请中国当代徐霞客在全国连锁书店进行全国连线直播；"惠民开游"活动主要将徐霞客游线标志地文旅产品在本地生活平台上进行推广；"四美开卖"活动主要是在线上开展美食、美景、美宿、美购特卖。同时，开展"浙里有好货·县长来直播"、四美网红直播、培育本地网红等活动，充分发挥新媒体网络平台的宣传优势。

3. 集思广益，策划文旅产品

文旅产品建设可以从各类博物馆开始，如徐霞客博物馆、中国旅游日纪念馆，固化"中国旅游日发祥地"品牌；宁（海）天（台）新（昌）霞客古道宁海段提升工程，重点体现中国旅游开端路段和浙东唐诗之路的重要性。

除此之外，还可以利用现今发达的网络技术和新媒体平台，组建形式多样的体验项目。例如：鼓励民众拍摄开游节相关短视频，彰显"以节促旅"的文旅融合元素；还可以进行网络游戏、网络音乐、网络文学的创作，利用网络平台进行宣传，让全国更多的人了解徐霞客开游节，吸引更多的游客前来参加开游节活动，体验当地的民俗文化。在2022年开游节的开幕式上，发布了"最美风景在路上"夏季自驾游线路榜单，启动了首届"美丽浙江"文旅短视频大赛，播放了《历届开游节回顾》《宁海尽是美》《霞客出游》《七大洲留学生游宁海》等视频。除了浙江省乡村运营文旅大讲堂和首届"美丽浙江"文旅短视频大赛外，还设置了"十里红妆"文化集霞客文旅嘉年华等8项活动。其中，"浙江省乡村运营文旅大讲堂"，聚焦乡村运营中的难点，邀请了业界大咖为乡村旅游高质量发展、推进农民富裕富足"把脉""开方"，助力"美丽乡村"充分转化为"美丽经济";首届"美丽浙江"文旅短视频大赛，围绕"共富"主题，从宁海首发，面向全网开展"大美宁海"等一批短视频征集与评选，通过短视频形式展现美丽浙江的共富故事。此外，开游节还推出了多项惠民"福利"，发放百万文旅和餐饮消费券，推出文旅产品满减优惠购等，让利市民、游客。

宁海以文旅为媒，使徐霞客开游节从一个地方节庆活动，走出浙江、走向全国。开游节是一把"金钥匙"，宁海可以在这方面继续下功夫，做足文章，继续传承和保护霞客文化，加快培育和发展更多的文旅产业、文旅项目，开展多层次、全方位的旅游惠民活动，让民众共享旅游发展成果。文化和旅游是促进共同富裕的重要路径，要在高质量发展建设共同富裕示范区大背景下，奋发有为，积极进取，争创文旅融合高质量发展的先行者。

参考文献

1.《第十四届徐霞客开游节在宁海开幕》,《宁波通讯》2016 年第 10 期。

2.倪小丽、胡铁:《旅游文化融合视角下的〈徐霞客游记〉研究》,《兰台世界》2014 年第 3 期。

3.赵爱民:《基于徐霞客精神的我国茶路文化旅游研究》,《福建茶叶》2019 年第 2 期。

八、白溪革命根据地

　　宁海县西南部是连绵的崇山峻岭，也是宁海人所称的"上路角"。其在行政区划上大都属于"撤扩并"前的岔路区，小部分属于邻县，包括现在的岔路镇、前童镇、桑洲镇、一市镇、黄坛镇及三门县的沙柳镇、新昌飞地等。它们都是连片的"赤色地区"。大革命时期就有党的活动在这些地区进行。1926年春，革命先辈范金镳、王育和等在革命地区发展党的组织，成立上金区分部，传播革命思想，发动农民群众参加三门亭旁暴动[亭旁时属宁海，1940年7月新立三门县，宁海亭旁等17个乡（镇）划归三门县管辖]，曾入城推翻宁海国民党县府等活动。抗日战争时期，以陈星同志为首组成了中共宁海县委。1941年至1942年，中共台州特委曾驻桑洲，把桑洲作为活动中心，积极为新四军、四明山根据地输送多批干部。解放战争期间，白溪山洋一带是浙东游击根据地之一。党组织在前童、岔路、桑洲等全区各乡镇蓬勃开展革命活动，建立人民政权，在思想上、组织上、干部上为新中国成立做了充分准备。梅花村会议旧址，干坑村西南区农代会史迹，山洋革命根据地的被服厂、大后方医院、修械所遗址，上金村县委、县政府诞生地旧址……在革命老区，每处历史遗迹的背后都有无数让人感动的故事。这些旧址也可以证明白溪革命根据地是宁海革命的摇篮，在各个革命时期的斗争事迹都极其丰富。如今，历史的硝烟散去，镌刻在这些历史遗迹上的革命精神仍散发着光芒，代代传承，成为岔路镇弘扬红色文化，助力乡村振兴的精神力量。本部分以初心开始的地方——上金村宁海首个党支部、由隐蔽坚持转为公开武装斗争的转折点——梅花村会

梅花村会议纪念馆（宁海县文化和广电旅游体育局供图）

山洋革命根据地纪念园（宁海县文化和广电旅游体育局供图）

议、宁海西部纵横三四百里的根据地——山洋革命根据地为重点，以党的重要干部、骨干群众活动轨迹为主线，解码白溪革命根据地威武雄壮的斗争话剧大舞台。

历史为现实服务。解码白溪革命根据地，除了弘扬红色基因，更好地对广大青少年进行传统教育，挖掘、整理斗争史实，激励全区人民脱贫致富奔小康外，还能为开发旅游和推介当地土特产提供丰富的人文资料支撑。

（一）白溪革命根据地核心文化基因解析

1. 物质要素

（1）复杂的山区地形

白溪革命根据地位于宁海西南部，东与前童镇接壤，东南与桑洲镇相连，西与天台县泳溪乡、石梁镇相邻，北与黄坛镇接壤，东北仍与前童镇相接，境内山高水长。宁海四大干山的中部、西南和南部，绵亘其间。山峰如第一尖、蟹背头、望海尖等高耸入云。其中蟹背尖海拔 954 米，为县内第一高峰，也是宁海、天台、新昌三县界山。山脉之间有较大溪流，其中，白溪、清溪最为著名。白溪是岔路镇域内主流较长、流域面积较广的溪流，全长 66.5 千米，水深流急。由于复杂的山区地形，也可以更好地进行隐蔽性的革命运动。宁海的武装部队"洪流"大队长杨民奎就曾带领队伍在山洋一带打游击，在这里播下革命种子，发展党的组织，建立起了革命根据地。

（2）艰苦的生存环境

由于根据地山多地少，交通不便，出产贫乏，加之水、旱灾害频发，自古以来生存环境就较为艰苦。民间谚语"东门漓卤滴浆，西门大棒夹枪；南门瓜蒲茄菜，北门金银宝贝"，是说西南部除柴薪较为丰富外，其他的一概贫乏，也就是宁海话说的："上路角，敲壳！"在漫长的历史时期，革命根据地始终没有解决粮食问题，百姓多以"瓜菜半年粮"或旱粮果腹，偶尔吃一顿"白米饭"，每引为乐事。但就是这样的自然环境，造就了人民乐观勤劳的优良品格。"山高水远处处家，冰天雪地伴灯花。裁衣缝被欢声起，明月抖得见红霞"，描述的就是当年被服厂的职工在极其艰苦的条件下，夜以继日却欢声笑语的工作的场景。当年山洋被服厂使用的缝纫机，至今仍陈列在山洋革命根据地纪念园的展厅里。也正是这样自然环境造就下的贫苦出身的农民党员组成民兵队，积极为游击队送情报、抬物资、运武器、护伤员、打土匪，为革命工作贡献了一份巨大力量。

2. 精神要素

（1）勇决尚气的地域传统

白溪革命根据地人民素以勤劳勇敢著称，"产悭食啬，比之他县为最劳"。他们长期以自然经济为主导，生活较为贫困，山区百姓尤为艰苦。旧时的宁海"地迫山海，产悭食啬"，十分贫瘠。特别是山里人家，真叫"衣不遮体，食不果腹"。虽然穷，却不乏勇气和魄力。历朝历代，这里多崇尚气节、耿直勇决之士。元初，黄坛人杨镇龙反抗民族压迫，揭竿而起，建立拥有浙东三府七县的"大兴国"。曾经参加过农民运动的宁海老兵胡生曾说，参加革命的初衷，是一股热血。出身富农家庭的他，经济宽裕，但为了参加革命，改名换姓，毅然和家里断绝了联系，来到山洋，进入浙东干部学校"燎原训练班"。这里的人民性格里都有一些坚决同恶势力抵抗的勇气与坚持。

（2）坚定乐观的革命精神

白溪革命根据地地广人稀，地形复杂，自然环境恶劣，群众生活十分贫苦，再加上国民党反动派在经济上实行封锁，禁止粮食、布匹、药品进山，许多时候交邮断绝，天气恶劣，根据地供给十分困难。战士们饥寒交迫，没有御寒衣被，缺少治疗药品。尽管这样，大家仍坚守革命信念，充满革命乐观主义精神。如亭旁起义领导人包定在就义前赋诗："碧血洒芳草，正气壮山河；笑看刀光闪，高唱《国际歌》！军民编排的顺口溜：篾爿横放倒，乌糯当谷稻，柴株当棉袄……是说燃起篾白照明，吃乌糯根充饥，烤火度寒冬。"

这里还曾召开著名的台东会议。这次会议是解放战争时期山洋游击根据地初建阶段在宁海西部山区召开的一次重要会议，中心议题就是如何打开台属地区的革命工作局面。台东会议结束后，"灵活""机动"配合"铁流"在宁海西乡一起活动了一个多星期。在岔路地区，将地主家的粮食分给贫苦农民；在前童大祠堂召开了声势浩大的庆祝济南解放大会；并在浙东游击纵队参谋长张任伟的指挥下，在岵岫岭黄坛一侧打了一场漂亮的伏击战，击毙国民党自卫队10多人、俘获21人，缴获长短枪26支，参战的游击武装无一伤亡。正是这种坚定乐观的精神鼓舞着革命工作不断取得胜利。

（3）敢为人先的开拓精神

早在土地革命时期，共产党人范金镳与妻子方惠文就在岔路镇上金村的敦本小学，以教书为掩护，开展地下革命活动，将红色星火播撒到岔路大地。1927 年 4 月，上金村组建了宁海县第一个农村党支部——中共上金支部，使上金成为宁海西南各乡农民革命的联络站，上金因此被誉为宁海党组织"初心开始的地方"。

1928 年 5 月，宁海县委在中共浙南特派员的领导下，发动了著名的亭旁大暴动，建立了浙江第一个苏维埃政权，震惊全省，得到了党中央的关注和肯定。白溪革命根据地沙柳人包定任亭旁暴动的总指挥。此外，山洋根据地创办被服厂、后方医院、修械所，并建立交通站和情报网，为前线斗争提供了切实而重大的支持，真正成为台属地区解放战争的大后方与根据地。在解放战争期间，一群革命人以山洋革命根据地为中心，为了实现全国人民解放，掀起了一场声势浩大的革命浪潮，为宁海及周边地区迎来最终胜利打下了坚实的基础。

3. 语言与符号要素

1947 年 1 月，宁海的革命者终于迎来了革命的转折，1 月 28 日至 29 日，中共上海分局驻浙东代表顾德欢、浙东工委书记刘清扬、浙东军事干部张任伟、台属地区党的领导人许少春、童衍孝、应为民等，以正月走亲访友的名义，集中到岔路白岭根村党员葛希曾家，秘密召开会议，顾德欢因窗外遍野积雪盈尺梅花盛开而即兴提议把此次会议定名为"梅花村会议"，当即得到与会者的一致赞同，并以此留存史册。会议由刘清扬主持，顾德欢代表上海党组织传达了《中共中央关于目前的政治形势和今后党的任务》的文件，刘清扬传达了"上海会议"精神。会上宣布了中共台属工作委员会组成名单，具体讨论了台属地区开展武装斗争的意义、方针和任务。

梅花村会议是浙东共产党组织和台属党组织的一个重要转折点，结束了"长期埋伏、隐蔽精干、积蓄力量、等待时机"的方针，确定了"放手发动群众，组织他们为切身利益问题开展斗争，独立自主地组织武装，开展敌后游击战争，以军事打开局面，把群众斗争和武装斗争相结合，逐步建立游击根据地，为解放台属地区而奋斗"的公开武装斗争的策略。梅花村会议是中共浙东工委建立后第一次研究、部署浙东工作的会议，使浙东武装斗争力量从长期隐蔽转向公开发展，并及时确立了浙东地区武装斗争的战略目标，将浙东地区原先分散的武装力量凝聚成合力，为浙东和台属党组织今后的工作指明了方向。

梅花村会议在 1947 年初一个大雪纷飞的日子里，宣告台属地区红色革命开始进入新的阶段。梅花村会议胜利召开后，宁海西南山区逐渐成为台属地区红色革命的核心区。山洋地区更是成了革命的要地，对台属地区与宁海的解放战争起到了重要作用。

4. 规范要素

（1）紧密依靠当地群众

1948 年 8 月 13 日，浙东临委书记顾德欢、三支队参谋长张任伟带领"机动"等部队 126 人，从四明山南下。18 日，到宁海前童梁皇山的平溪，与台工委邵明、王槐秋所率"铁流"部队会合；下午移至山洋村召开会师大会，两部改建为浙东第四支队。台属地区一时成为浙东游击战争的指挥中心，并开辟了以山洋为中心、纵横三四百里的白溪革命根据地。党紧密依靠当地群众，在以山洋为中心的大块山区及岔路、前童一带集镇，开展如火如荼的解放运动，并建立武工队、修械所、物资供应与联络站、后方医院等，深入发动群众，不断打击敌人，壮大革命队伍，从而使山洋成为较具规模的浙东游击根据地。

1949 年 4 月，浙东人民解放军两次攻打天台县城，解放三门县全境，在岔路干坑村召开了具有里程碑意义的"西南区农民代表会议"，组建了西南区农民协会。这是新中国成立前夕浙东规模最大的一次农民代表会议，为迎接宁海的解放，建设新政权奠定了思想和群众基础。

（2）全力建立人民政权

1949 年 6 月 30 日，是宁海历史上划时代的一页：中共宁海县委、县人民政府正式成立了！上金村光荣地成为县政府的诞生地（办公地）。当天，台属地区办事处全体党政军人员在上金村集合，参加中共宁海工委党政军大会。大会宣布任命杨民奎（竹林人）为宁海县委书记，前童人童先林为县委委员兼宁海县县长。上金再次载入宁海革命的史册。7 月 4 日下午 6 时，县委、县政府全体人员从上金出发，配合人民解放军 21 军 61 师，于 7 月 5 日解放了宁海县城。这是宁海人民几十年斗争求解放的重大成果。这个成果标志着宁海红色政权的正式建立，从此宁海人民真正成了当家作主的人。

（二）白溪革命根据地核心文化基因的提取与评价

白溪革命根据地山高林密的自然环境和三县交界的地理属性，为白溪革命根据地成为共产党在宁海"初心开始的地方"提供了独特的客观条件。岔路镇群众敢为人先、勤劳朴实的历史传统，根据地领导人与时俱进的灵活斗争策略和紧密依靠群众、为人民打江山的长期原则坚持，以及根据地广大军民前仆后继、流血流汗的奉献精神，是中国共产党领导的白溪革命根据地得以火种不灭、不断发展壮大的可贵主观因素，也是白溪革命根据地红色文化传承、发展的核心基因。

1. 生命力评价

"三起三落"，百折不挠。从 1927 年 4 月范金镳等在上金村组建宁海历史上第一个农村党支部——中共上金支部开始，至 1949 年 6 月在上金成立中共宁海县委、县人民政府，并由此出发解放宁海县城。白溪革命根据地 22 年红旗不倒，与国民党反动派、日本帝国主义缠斗 22 年，可谓"三起三落"，百折不挠。1927 年，国民党发动四一二反革命政变，大革命失败。在一片腥风血雨中，共产党人没有被吓倒。范金镳号称"范大炮"，以高昂的斗志在上金村成立中共上金支部。并通过卓有成效的工作，逐步壮大党员队伍，相继成立了王爱、桑洲支部。1928 年 5 月，中共浙江省委决定在宁海亭旁（现属三门县）举行大规模武装暴动。23 日，暴动揭幕，上金村党支部书记娄明昌带领 30 多人，与前童、桑洲等地的农民军会合，赶赴亭旁，参加暴动，充分展示了党组织的动员能力和白溪革命根据地群众的革命觉悟。暴动失败后，农民武装化整为零，疏散隐蔽，党员转入地下斗争。之后，党领导白溪革命根据地人民愈挫愈奋，旗帜不倒，队伍不散，成为宁海解放和人民政权的"接生者"，终于建立了属于宁海人民的红色政权，存续时间和稳定性都显示了白溪革命根据地蓬勃的生命力。

2. 凝聚力评价

坚定信念，凝聚人心。开展思想教育坚定理想信念，发动群众壮大革命队伍。同时运用灵活策略与敌斗争，是白溪革命根据地 22 年凝聚力不散架的宝贵经验。

1946 年 6 月，蒋介石撕毁"双十协定"，发动全面内战，浙东四明山根据地遭到重兵围剿。1947年1月，中共浙东工委作出"台属地区作为发展浙东游击战争的中心、出发点和立足点"的决策，在白岭根村召开梅花村会议，把原来的长期隐蔽方针转变为公开的武装斗争。在这次关系台属党和人民命运的会议期间，以白岭根村党员葛希曾、交通员周松贵为代表，冒着风险，做了大量的接引、保卫、后勤等工作。会后，台属各县（当时包括宁海县）党组织"广泛发动群众，建立游击根据地，推翻蒋介石政权"，掀起了抗丁、抗粮、抗税和打击土顽的高潮。同时，在党组织和广大群众的共同协作和帮助之下，县工委动员起所有的社会力量，壮大了革命队伍，推动社会经济文化发展，一定程度上有助于革命取得胜利，将山洋创建成为较具规模的浙东游击根据地之一。

3. 影响力评价

狂飙突进，影响深远。山洋地区地处天台山脉，位于宁海、天台、新昌三县交界处。主要部分在宁海，地理位置优越，非常隐蔽。1948年8月，浙东临委书记顾德欢亲率主力"机动"部队南下，与台属"铁流"部队在梁皇山平溪会师，后移驻山洋，两部合编为浙东人民解放军第四支队，为浙东主力之一。中共浙东临时委员会于8月22日召开第一次蓝田庵会议，宣布成立宁海、天台、新昌工作委员会，建立宁海的武装部队"洪流"，明确要将宁海西南区创建为台属基本区与根据地。此后，"洪流"大队长杨民奎带领队伍在山洋一带打游击，发展党的组织，从此建立起了革命根据地。

山洋革命根据地逐渐稳固后，在宁海解放战争中发挥了重要作用。不但对宁海西南地区的军队建设和农民运动产生了重要作用，甚至直接影响、领导了包括今天新昌、天台、三门、嵊州等附近地区的革命活动，对浙东地区的解放都有着重要影响。首先，根据地组织召开了几次重要会议。山洋革命根据地成立后，许多重大会议都在根据地及其附近召开，包括四次蓝田庵会议、拜经台会议及"台东会议"。这些会议的召开，及时总结了宁海红色武装斗争的成败经验；并根据形势发展及时调整斗争策略，为宁海武装斗争取得最后胜利提供了重要保证。山洋人民为支援党组织和革命斗争，开创、发展、巩固游击基地，解放天台、三门，进而解放宁海和整个浙东，功勋卓著、声名远播。

4. 发展力评价

与时俱进，承前启后。岔路成为革命老区，不仅有历史的偶然性，还有历史的必然性。历史选择了岔路，是因为岔路的革命先辈们原本就具备热爱祖国、勤劳朴实、硬气守信、不怕牺牲、敢于斗争的优秀品质。岔路人民的这种优秀品质成为红色革命在岔路地区落地发芽并蓬勃发展的肥沃土壤，革命进程中岔路人民的广泛参与、英勇与坚持就是这些优秀品质的证明；历史选择了岔路，也为岔路人民增添了红色基因，并深深地融入岔路人民的血液，进一步丰盈了岔路人民的品质。红色从此成为岔路的一种文化传承，广泛而深入地影响了岔路人民的方方面面。岔路的每一个人都为自己的家乡曾经是革命的热土而深感自豪和骄傲。这种优秀的品格不但在当时当地被发扬，现在也被完整地继承，而且在浙东乃至全国广泛弘扬，充分显示了它强大的发展力。同时，现在的白溪革命根据地也根据当地实际情况努力挖掘好、发展好、利用好红色文化，不断发展全域旅游，让每一个革命建筑都被赋予新时代的红色意义，也让每一个参观者全身心地感受红色文化的洗涤，同时也可以进一步促进白溪革命根据地乡村振兴工作。

（三）白溪革命根据地核心文化基因的转化利用

1. 转化利用思路

发动群众壮大革命队伍力量，开展思想教育，坚定理想信念，运用灵活策略与敌斗争，是共产党在白溪革命根据地长期坚持、直到胜利的宝贵经验。因此，我们在进行白溪革命根据地核心文化基因的转化利用过程中，要以老区光荣的革命传统为依托，以提升老区人民生活水平为目的，可以全力打造"红色岔路，养生小镇"，走"红色＋"经济社会全面进步的特色发展之路。要不断打开基于红色基因的全方位发展思路，逐步形成白溪革命根据地的"红色＋经济产业""红色＋国防教育""红色＋美丽乡村""红色＋霞客古道""红色＋工匠精神""红色＋石屋古村""红色＋美食民宿""红色＋青山绿水""红色＋葛洪养生""红色＋果业发展"等核心一致、样式众多、效益明显的发展模式。

2. 文旅产品策划

岔路依托深厚的文化底蕴，坚持把全域景观美化、美丽乡村建设、农民增收致富与旅游业发展有机结合，深度挖掘葛洪文化、红色文化、霞客文化和慈孝文化，推动景区观光旅游向全域休闲旅游转变，实现村庄观光旅游向村庄休闲度假转型，把民宿产业、A级景区村庄培育成全镇旅游产业新的增长极，全力打造特色小镇葛洪养生小镇。把红色文化教育与发展经济、旅游开发结合起来，打破红色教育单调、刻板的形象，融入园林、餐饮、演艺、游戏、体验等文化载体，让红色旅游生动、活泼起来，把党性教育寓教于乐，形成红色流行元素。通过资源整合、产品设计、营销包装，把白溪革命根据地打造成宁海最大、宁波市一流、辐射长三角乃至全国的红色教育基地。

以弘扬共产党在白溪革命根据地与敌缠斗22年红旗不倒的事迹为主线，通过创新业态、材质、载体等，策划能够体现游击斗争、风土人情、军民互动的文创产品、旅游项目、土特精品等，为发展经济、助力脱贫致富奔小康添砖加瓦。

3. 文化标识具体呈现

在白溪革命根据地我们可以实实在在地体会到党的光辉历程，就是为了民族解放、争取国家富强和人民幸福而不断艰苦奋斗、发展壮大的革命历程。因此，对核心文化基因的文化标识可从学术研究、文艺作品、旅游产业等方面进行具体呈现。通过挖掘白溪革命根据地的成因，揭示精神附加值，提升两个文明水平；通过宣传军民精神的精、气、神，弘扬社会正能量，提升当地产业的知名度，打造宁海红色品牌；促进红色旅游业的发展，拓展内外交流，增强地域经济，丰富人民生活。

在学术研究和文艺作品方面，在充分了解白溪革命根据地的革命历史之后，编纂《红色岔路》等相关文集；成立宁海县新四军历史研究会，组织建立专门研究机构，定期开展学术研讨会。同时，结合目前互联网平台的热潮，进行宁海党史传奇故事小品创作、基于史实改编的影视剧创作、历史故事和特产宣传相结合的抖音短视频创作等，使线上和线下宣传相结合，让红色文化以更符合现代文化传播的方式，传播得更远，影响到更多的人，让红色基因源远流长，并发扬光大。

旅游产业方面，在梅花、干坑、上金、山洋等地打造红色文化主题教育精品线路。山洋革命根据地纪念园，梅花村会议纪念馆，干坑村西南区农代会史迹陈列馆，上金村县委、县政府成立纪念碑亭等革命遗迹纪念设施相继落成。上金村被县委、县政府批准为"革命老区村"和县爱国主义教育基地，山洋革命根据地纪念园是宁波市爱国主义教育基地和中共党史学习教育基地，梅花村会议遗址是宁海县文物保护单位、爱国主义教育基地。后期可以在这建造红色碑廊，定期维护和修缮，并把相关红色节点串联成线，在周边区域建造主题民俗，打造边游边学的红色课堂，丰富红色文化的同时，促进经济发展。

参考文献

1.北仑区新四军历史研究会、中共北仑区委党史办、北仑区民政局、北仑区档案局：《北仑革命史料选》，宁波出版社 2017 年版。

2.谢霞：《宁海山洋：革命老区的美丽蜕变》，《宁波通讯》2011 年第 14 期。

3.咏党岩、周衍平：《山洋革命根据地纪念园》，《宁波通讯》2022 年第 12 期。

九、宁海森林温泉

宁海森林温泉位于宁海县深甽镇境内凫溪支流南溪的深山幽谷中，环境清幽，被誉为"仙山神泉，世外桃源"。森林温泉有别于一般的硫黄温泉，水温常年保持在49.5℃至51℃之间，富含氡、锂、氟、钾、钙等20多种对人体有益的矿物质，是全国三大优质温泉之一。温泉周围群峰环绕，峡谷悠长，有三潭、九瀑、十八溪、七十二峰和四个幽谷景区。森林温泉林区拥有340余个品种的次生常绿阔叶林，面积近万亩，形成天然的超级"大氧谷"；1991年，被林业部批准为国家级森林公园。

宁海森林温泉始终以开发建设与生态保护并重，始终坚持不忘服务初心，遵循"美源于自然"的最高原则，以保护优质资源为前提开发建设，形成了适应时代发展要求的创新服务格局，形成独特的"创优服务（全心全意）""创美品质（品质高美）""创新进取（新中求进）"的宁海森林温泉"三创"文化精神。宁海森林温泉实现了开发利用与生态环境协调发展，曾荣获第五届华东"生态温泉奖"，被誉为"华东第一森林温泉"；2009年，宁海森林温泉被评为国家AAAA级旅游景区；2014年，浙江省政府批准在这里设立省级旅游度假区，是集娱乐、度假、疗养于一体的旅游度假胜地。

（一）宁海森林温泉核心文化基因解析

1958年，宁海森林温泉在时任浙江省委书记江华亲自主持下开发建设。1962年秋，国画大师潘天寿以欣喜之情创作石兰画屏，并赋诗赞美宁海森林温泉："踪迹十年未有闲，喜今便得故乡还。温泉新水宜清冽，爱看秋花艳满山。"1964年，诗人郭沫若新创"天明山"一词，为温泉欣然题词"天明山南溪温泉"，确定宁海森林温泉在天台山与四明山交接的地域背景，给温泉以创新与诗意的联想。宁海森林温泉自建成以来，先后接待了20多个国家的代表团。各界人士也纷至沓来，为森林温泉留下了近百幅字画作品，丰富了宁海森林温泉的人文内涵。

宁海森林温泉所在地深甽镇，现在正在全力建设"景镇合一 农旅结合"温泉小镇，打造"高颜值"的"长三角森林温泉旅游目的地、中国著名的温泉疗养康体风情小镇"，全镇面貌正在发生翻天覆地的变化。森林温泉，层峦叠嶂，山色翠绿，一派幽静。这里有诗境，有画境，更有桃花源境，有人赞誉宁海森林温泉为宁波旅游的"一轮明月""温泉界的璀璨明珠"。宁海森林温泉已经成为一处集游娱、度假、疗养于一体的旅游度假胜地。

1. 物质要素

（1）丰富的自然资源

宁海森林温泉区域有近万亩封育50多年的亚热带次生阔叶林，自然资源丰富。森林温泉所在的南溪林区为浙江省现代国有林场五山林场下辖的六大林区之一，是以"幽、野、秀"著称的森林公园，总面积达6.42平方千米。林场地处天台山、四明山两大山脉交汇处，因郭沫若曾题写"天明山南溪温泉"，温泉所在林区亦称"天明山"（林场）。林区群山连绵，最高峰伏虎岩海拔732米。林区森林覆盖率96%，每立方空气中含负氧离子2800以上，是真正的森林氧吧。

映天池为森林温泉标志性景观，位于天明山温泉酒店上游湿地公园与南逸温泉山庄草坪公园之间。映天池坝顶有木栈道贯通南北，下方为卧龙湿地，自然生长枫、桃、樱、柳等树木。映天池南有沿湖卵石小道，空中索桥南有幽谷深潭；北侧山谷飞瀑垂挂、景色优美，瀑下有茶园；湖西侧有双层木栈道观景平台，西向深入山坡谷地为闻莺谷景区，有草坪，有溪流，走在其间，极富"船行明镜中，鸟度画屏间"的自然真趣。

（2）温泉与度假村、森林大酒店

森林温泉处于南溪—岭口断裂带，泉水出自地下150米，森林温泉总日出水量可达2500吨。据测定，森林温泉地热蕴藏量丰富、稳定，泉水无色无

味、水质清澈透明，pH值为7.9，呈弱碱性，兼有氡、氟、偏硅酸等多种元素，属国内罕见的碳酸氢钠水质的暖和性中温温泉，水质评定为温泉水4A等级。

森林温泉景区内现建有拾贰忆南溪温泉山居、森林温泉度假村、天明山森林温泉酒店、南逸温泉山庄和最忆星空房车营地等。拾贰忆南溪温泉山居占地10亩，在原林场职工宿舍基础上改建，人称"可以泡温泉的隐世茅庐"。设有草堂、客房、餐厅三大功能区，其中客房建在山间小溪上，深藏在参天古木里，取名"听泉""山泉""溪泉""林泉"等，树荫与阳光相交织，且客房自带地暖、私人庭院、独立温泉和茶室，环境清幽。森林温泉度假村与天明山温泉酒店建筑是现代与传统相结合，也富有生活韵味与山野情趣。温泉度假村有木屋别墅17幢31间，山谷露天温泉中有中药池、乌龙池、酒温泉、五行汤等19个。天明山森林温泉酒店总建筑面积23000平方米，拥有各类豪华套房、双人标间、单人间共209间，还有多个风格迥异的大小餐厅、大小不同的会议室和齐全的娱乐设施设备。另外还有南逸温泉山庄（原宁海南苑温泉山庄）和最忆星空房车营地，分别位于卧龙谷与闻莺谷。

（3）古迹、石碑与步道

宁海森林温泉景区核心区有普济桥、仙人迹、剑门、羊祜洞等古迹和猴峰亭、诗碑、温泉碑记碑等亭碑。普济桥位于卧龙谷和仙人谷的交汇口，是一座单孔石拱桥。桥跨20米、高5.8米，据《普济桥碑记》记载："桥建于同治十三年（1874）。"该桥结构科学，造型优美，形体古朴，展现了当时精湛的造桥技艺。仙人迹是一对间距甚大向下行走的脚印，深印在溪边的岩石上，民间传说是仙人留下的脚印。仙人迹上行不远，有两岩壁，对峙如剑，取名为"剑门"。羊祜洞广约10平方米，人弓身而进，内高数米，有泉穿岩而滴。传说西晋大臣羊祜随晋武帝南下谋划灭吴，曾驻军于此，遍施抚慰。猴峰亭建筑灵巧，犹如在突兀的峰岩上攀登戏耍的顽皮猕猴。其匾额系由全国人大常委会原副委员长严济慈题写。天明山森林温泉酒店溪边分别立有潘天寿所书《南溪温泉口占》诗碑与江华所书《宁波天明山温泉碑记》石碑。

仙人谷景区还有泻银瀑、芳草涧，锦绣谷（东斗坑）景区有猕狲望海、清音泉、清龙潭，闻莺谷景区有清词径、鸣凤潭等众多景点，还有温泉井二级、三级保护界碑，有助了解温泉保护相关信息。此外，温泉区域还有多条健身步道。自2012年5月宁海建成首条"国家登山健身步道"以来，步道遍布宁海城乡各地，总里程达500千米，"千里走宁海"成为户外运动著名品牌。宁海森林温泉区域现有龙宫—温泉（13.9千米）、三省—温泉（8千米）、五松坑—温泉（11.5千米）等国家登山健身步道线路7条。这些步道以温泉为中心四通八达，串联起沿线各种自然风光、古老村落和传说故事等，极富意趣。

2. 精神要素

（1）创优服务文化

宁海森林温泉为华东首个温泉疗养所，1961年开始营业。因温泉处于深畎南溪岙，故取名为南溪温泉。1991年，经林业部批准建立南溪温泉国家级森林公园。1999年3月，宁波市人民政府将南溪温泉景区管理职能委托给宁海县人民政府，委托管理区域包含整个南溪温泉景区。2000年，宁海当地企业双林集团取得原温泉疗养所经营权，温泉资源得到充分利用，经营范围进一步扩大，服务设施与服务档次得到质的提升。2009年，宁海森林温泉被评为国家AAAA级旅游景区。2014年，浙江省政府批准在这里设立省级旅游度假区。

从南溪温泉到天明山温泉酒店，从浙江省疗养院到森林温泉度假村、南逸温泉山庄，森林温泉名称更迭、管理变迁，但创优服务的精神始终没有改变，服务内涵反而不断丰富。面对不断加剧的竞争，森林温泉继续开拓创新，引进和入驻了高层次服务团队，形成现今的拾贰忆森林温泉山居、森林温泉度假村、天明山温泉酒店、南逸温泉山庄及最忆星空房车营地等综合服务格局，展现出现代温泉休养旅游服务的高品质。

（2）创美品质文化

温泉内质服务创优，外在环境不断创美，追求全方位的"品质高美"，让人们享受到"爱看秋花艳满山"般愉悦的全身心体验与欣喜的获得。这是60多年来，几代温泉人不断在"封山育林"中创造美丽的丰收成果。宁海森林温泉把人与自然和谐相处的理念，通过"封山育林"的长期努力真实而朴素地传递出来；通过创造出"人间仙境，世外桃源"的森林温泉，告诉人们"美源于自然"，"常变之道，终归于自然"。

（3）创新进取文化

良好的生态环境是社会经济可持续发展的重要条件，也是人类生存和发展的重要基础。宁海森林温泉创造了让人们走近自然，贴近自然，倾听自然呼唤的良好条件，培养了人们热爱自然的情感，从而发展传递了一种尊重自然、顺应自然、保护自然的理念。这是宁海森林温泉创新进取精神的体现。温泉周边森林、古迹的保护，温泉步道的维护与华东区域"享天然森林温泉"等活动的开展，小画家温泉公园的写生体验，徐霞客研究团队温泉专题研讨活动的组织，等等，都是宁海森林温泉敞开怀抱拥抱自然、拥抱美的创新活动。这种"变中求新、新中求进"的精神，是一种富有文化内涵的创新与进取精神。宁海森林温泉在文化的创新追求上精益求精，向人们呈现出了一个充满诗情画意的别样的温泉风光。

3. 语言与符号要素

（1）温泉的美丽传说

传说中古时候，有一个勤劳小伙叫南生，家境贫寒，母亲常年卧病。为给母亲治病，南生每天坚持上山采药。一日，龙王小女儿知道了南生的故事，来到南溪见南生，被南生的勤劳、淳朴深深感动。于是，她每天拿龙珠站在山头为南生照明，时间久了，渐渐产生了爱慕之情。一日，南生上山采药，无意间抬头，看见了小龙女。小龙女被惊到，手中的龙珠不慎掉进山谷，化作了一股热腾腾的清澈泉水，从地下冒腾出来。小龙女说明情况，随即建议南生把泉水挑回家给其母泡浴。南生挑水让母亲连续浸泡数天，南生母亲的病竟神奇地痊愈了。

（2）丰富的人文资源

森林温泉留存有各级领导人的题词、书法作品和名人名家的书画作品，如：花鸟画，如潘天寿的《兰石图》、朱屺瞻的《松石图》、柳村的《枇杷图》、蒋风白的《兰竹图》、杨象宪的《荷花图》、孙鸿的《佳果图》等；山水画，如曹汶的《高山长水图》、朱梅邨的《南溪急湍图》、吴毅的《驱山走海图》、童中焘的《灵山高秋图》、孔仲起的《湖上春霁图》、潘飞仑和周阳高的《山水图》等；人物画，如华三川的《钟馗图》、刘国辉的《逍遥图》、吴山明的《观瀑图》、吴永良的《舒心图》、何业琦和何月桂的《仕女图》；以及宁海当地当代书画家的作品；等等。

4. 规范要素

宁海森林温泉始终坚持开发建设与生态保护并重，始终坚持不忘服务初心，遵循"美源于自然"的最高原则，以保护优质资源为前提开发建设，形成适应时代发展要求的创新服务格局，形成独特的"创优服务（全心全意）""创美品质（品质高美）""创新进取（新中求进）"的"三创"文化精神。

（二）宁海森林温泉核心文化基因的提取与评价

宁海森林温泉的优质资源是稀有的碳酸氢钠水质的暖和性中温温泉，以及后来培育的近万亩的优质的次生阔叶林。宁海森林温泉开发与利用的初心就在于充分利用这份优质资源服务大众。在 60 余年的发展历程中，宁海森林温泉从当初的自然山野露头到第一口热泉井直至 1982 年打出甽 3 井，从荒山到封山育林形成优美的森林生态，始终保持着与时俱进的进取状态。宁海森林温泉以自然生态美为基础创造的"三创"文化精神，成为宁海森林温泉的核心文化基因，具有坚韧的生生不息的创新发展活力。在新的时代发展要求下，宁海森林温泉的"三创"精神正以新的发展方式得到体现。

1. 生命力评价

宁海森林温泉与时俱进的"三创"文化精神是在温泉整个发展历程中逐渐形成并经过几代"温泉人"的实践的。宁海森林温泉在不断地为人民服务中服务创优、品质创美，并在创新中不断进取，使南溪温泉的资源得到充分的利用，从而逐步成为国家级森林温泉公园。宁海森林温泉的森林与温泉，再加上温泉人富有诗情画意的文化美的创造，呈现出仙境般令人向往的美丽山水，从而促进温泉事业的不断发展。

2. 凝聚力评价

宁海森林温泉凝聚起区域群体的力量，显著推动了当地社会经济文化的发展。在《浙江省宁海县深甽镇宁海森林温泉甽 3 井地热资源环境影响报告书》中，专家总结："森林温泉项目促进了低碳温泉旅游开发；创造了劳动就业机会，带动地方经济的发展；加强了信息传递和文化交流，提升了宁海县的旅游品位；提高了人民生活质量。"这是宁海森林温泉特有的协调、服务区域群体力量的表现。南溪峇口附近的南溪村目前整体开发成"南溪乡村风情度假中心"，正是其凝聚力的表现。现在整个深甽镇全域向着建设温泉小镇方向发展，展现出了森林温泉品牌的强大凝聚力。

3. 影响力评价

宁海森林温泉作为国家级森林温泉公园，2016 年获评华东地区"生态温泉"；2017年第67届"世界小姐"浙江赛区选美活动在森林温泉举行等，足见其吸引力和影响力。目前，森林温泉已成为长三角疗休养的目的地之一，并且频频吸引名家赞赏、评定。现在森林温泉留存有著名学者、作家、书画家书画作品近百幅，如严济慈"猴峰亭"、郭沫若"天明山温泉"、沈定庵"人间仙境，世外桃源"、郭仲选"江南第一泉"的题词，潘天寿的诗画，等等。名人文化的影响力不仅在于对森林温泉记忆的丰富，还有助于突显森林温泉在文学艺术和文化版图上的地位。这份影响力的潜能将持续发挥作用。

4. 发展力评价

面对新的温泉小镇建设，宁海森林温泉有相当的压力，但森林温泉创造的"三创"文化精神却具有巨大的发展力。森林温泉以文化为内涵的发展前景可以期待。宁海森林温泉曾面临关停、转型等多种发展危机，但最后都在危机中获得新生，并进一步提升了服务规格，提升了审美品质，传递出"美源于自然"的理念，展现出"自然美"生生不息的强大发展力。在与时俱进中，它的发展也越来越有活力。这也成为宁海森林温泉发展的常态。现在宁海森林温泉的森林资源还没有开发利用完全，由原生态优质森林资源潜藏着的巨大能量可以想见"森林康养"等发展的巨大前景。

现在的宁海森林温泉旅游区正向着"泡汤度假化、登山旅游化、避暑生活化、人文休闲化、体验文化化"的方向发展，努力建设集旅游、度假、会议、养生、理疗及生态人居于一体，具有国际水准的温泉度假养生旅游目的地、浙江省省级旅游度假区、长三角最佳温泉度假旅游目的地，创造富有文化内涵的森林温泉独特品牌。

（三）宁海森林温泉核心文化基因的转化利用

宁海森林温泉有良好的发展环境，深甽镇大力推动新型城镇化与旅游产业化、农业现代化深度融合，抓好温泉康养、医药康养升级，加速融入全市、全省精品旅游路线。

1. 依托森林温泉，建设温泉小镇

依托森林温泉，深甽镇全域规划建设"中国（宁海）乡愁文化体验带"。深甽镇现已建成温泉文化艺术村；建成充分利用竹海、温泉、山谷三大自然元素，秉承保护自然、山地景观落地的理念，激活本土文化，还原自然、返璞归

真，在深山竹海中达到身、心、灵的平衡统一的宁海安岚度假酒店；建成总投资 11.8 亿元，总用地 1600 亩，依托温泉、森林、峡谷等优势资源的新型温泉度假村——宁海燕山君澜温泉度假酒店；建成总投资约 1.5 亿元，占地约 55 亩，将旅游集散与城乡客运中转站相结合、乡愁文化与温泉养生展示相结合、人流集散与绿色交通租赁相结合的国家 AAAAA 旅游景区综合服务中心。总投资 30 亿元，用地 2105 亩，包括温泉度假酒店、温泉养生中心、非物质文化遗产博物馆、保健中心和商业、休闲、特色餐饮相配套的综合性项目"大庄山谷·乡根一叶"建设也已初具雏形。深甽镇温泉小镇建设正如火如荼，并且整个深甽镇也已全面规划了乡愁体验、温泉养生、乐动休闲、海誓山盟、沐心朝圣、非物质文化遗产文化、艺术研学等旅游项目。

2. 创新创优，丰富旅游业态

创优增效，拓展森林温泉旅游。如：充分利用森林、岩石、溪泉、茶香等山溪冷泉资源；建造森林温泉博物馆，展示森林、温泉以及体现"三创"精神的宁海森林温泉发展历程；开拓宁海森林温泉步道旅游线路，建一条赤足专业步道，沿途经过草地、石砾、吊桥、泥浆、水流等；森林康养与森林运动相结合展开各项活动，创建"步道与温泉"阳光品牌；建设森林与温泉主题体验园，与社会团体、学生研学结合，开发森林家庭"蹦蹦蹦"、温泉家庭"欢乐泡"等项目；制作森林与温泉特色旅游纪念品，包括森林动植物与温泉资源融合的创意纪念品，可以用于整个温泉小镇之中。

创新传递，开展森林温泉研学。开发森林温泉研学系列活动，包括认识森林，森林露营与星空对话；认识森林动植物，识别常用中草药；认识温泉，在温泉中探寻人文古迹，开展温泉知识竞赛等；开展小画家写生、小作家采风、小音乐家表演；开设世界温泉利用与生态体验基地专家学者讲座；开展"小小专家说森林温泉"生态保护活动；等等。

通过对宁海森林温泉文化内涵的深度挖掘，打造宁海森林温泉游学文化品牌，在文化学习、森林体验的"走心"过程中，让游客与学习体验者留下对宁海森林温泉独特的文化记忆，体悟"美源于自然"和"常变之道，终归于自然"，使游客从与"自然"的互动体验活动中获得精神滋养和智慧启迪。

3. 丰富文化内涵，加强文艺创作

创美提质，丰富文化内涵，加强文艺创作。具体包括开展与温泉传说、温

泉开发故事相关的戏剧创作，温泉发展与林场创业故事影视创作，森林温泉风光、森林温泉体验活动、征集、展览、收藏、传播诗画创作，建造诗书画碑廊展示名家作品，编辑影集传递森林温泉最美影像，等等。企业主体以森林温泉的诗境、画境与桃花源境的美为基础，通过文学艺术、现代音视频艺术创造丰富森林温泉文化内涵，挖掘森林温泉的可持续发展内生动力。

参考文献

1.《宁海县积极规划打造森林温泉特色小镇》，《宁波市人民政府公报》2015年第21期。

2.宁海县文物事业管理委员会：《宁海馆藏精品书画.南溪温泉篇》，西泠印社出版社2006年版。

十、宁海葛家村

葛家村位于宁海县大佳何镇东部，由上葛和下葛两个自然村合并而成，全村自然资源丰富。但由于地理位置偏远，交通不便，村集体经济薄弱，村庄活力不足，村容村貌落后。自党的十九大提出乡村振兴战略以来，宁海县委、县政府启动"艺术家驻村"行动。2019年春，宁海首个驻村艺术团队进驻葛家村，通过"激发内生动力"的方式，以融合设计的模式，打开村民艺术殿堂之门，为村庄带来翻天覆地的变化，使得该村产业兴旺、生态宜居、乡风文明得到显著提升。被艺术"点亮"的葛家村入选2020年度"浙江省级美丽宜居示范村"。葛家村通过"艺术家驻村""艺术提升品位""设计改变生活"系列行动，建设成"形美、神美、魂美"的特色乡村，成为艺术振兴乡村的样板之一，探索出了一条乡村振兴、共同富裕的新路径。

（一）宁海葛家村核心文化基因解析

葛家村，隶属于宁海县大佳何镇。2019年，中国人民大学艺术学院副教授丛志强带领团队来到葛家村，教会村民用艺术的眼光和充满创意的双手，将自己的家园进行走心改造，在村里打造了40多个艺术共享空间、300多个文创品。葛家村也因为纪录片的播出正式成了网红村。2020年3月，葛家村被浙江省乡村振兴领导小组办公室认定为2019年度"浙江省善治示范村"。8月26日，葛家村入选第二批全国乡村旅游重点村。2021年9月，入选首批"浙江省气候康养乡村"。2022年1月，入选2019年浙江省AAA级景区村庄。

葛家村全貌（徐络泽摄）

1. 物质要素

（1）自然条件

葛家村位于大佳何镇东部，由上葛和下葛两个自然村合并而成，距镇区所在地 5 千米，现有户数 606 户，1582 人。其中，党员 43 人，村民代表 50 人。全村自然资源丰富，拥有耕地面积 691 亩，山林 9543 亩（其中有茶园 150 亩，竹山 6000 亩），桂花林 800 亩。

（2）乡村景观

在艺术振兴乡村校地协同融合设计行动期间，中国人民大学艺术系师生深入葛家村，和村民一道对美丽庭院、文化礼堂、乡间道路等环境进行融合设计和改造提升，推动村庄由洁化、美化向艺术化转变。葛家村 21% 的留村村民参与了家庭空间资源的共享开发，呈现出"小家为大家、共创建家园"的未来乡村建设格局。目前葛家村已建有 50 多个艺术共享空间、1000 多件艺术品，形成独具风格的乡村景观。

就地取材，充分挖掘村庄里面的特色和资源，对富有当地特色、易得、低成本的材料进行多元利用。葛家村在节点打造过程中积极采用村内随处可见的毛竹、石子、稻草等作为原材料，甚至把农作物葱、蒜、韭菜栽种在竹筒、猪食槽里，化为美丽的乡村盆景，在节约成本的同时，不失村庄原有的韵味。例如：将毛竹制作成篱笆、窗户、椅子、花盆、风铃等；石子用于铺地和打造桌子、椅子、花坛；每家每户不要的布料制作成娃娃、布画、门帘、墙饰等。

家庭成员运用自身技能进行老物改造和新物创造，并将两者与原貌老物件结合，进行场景构建。场景类型既有体现传统农耕生产、村民生活的还原型场景，也有展现今日生活的创意性场景。前者如葛家村的"粉小仙手艺馆"。袁小仙利用自己的缝纫技能制作了"布汤包"，并将布做的汤包与竹箅子、调料瓶等结合，还原了农村传统餐桌场景。后者如同村的仙人掌酒香别院，村民将旧水缸切割做桌腿、老门板做桌面，并将毛竹做的苔藓盆景放于桌面上，桌下则是山上刨来的树根与溪里的奇石。这些物件组合共同构建了"窗下饮茶"场景。

自制作品再造，从造型、材料、颜色、工艺、功能等维度引导村民对自制作品进行再创造。葛家村村民葛诗富和下枫槎村民谢建杰等善于垒制石墙，但所垒石墙往往材质单一、造型普通，艺术团队以材料叠加与造型突破引导其对自垒石墙进行再造；他们将电视机、石碾、石槽、酒瓶等数十种非常规材料采取不同方式嵌入墙体，打造了多面村庄网红墙。葛家村的葛海峰等3位村民基于对彩绘等传统升级方式的反思，利用该方法活用毛竹材料，创造了30多种造型各异的电线杆包裹样式。

借助家庭故事强化空间特色。例如葛家村巾帼画院系由村妇女主任葛桂仙共享家庭资源而来，空间墙面主要运用布贴树形进行装饰。选择树形象是源于葛桂仙的家庭故事。因为小时候她经常听别人说起"家种柚子树，美满又幸福"，结婚时，她便在院子里种下了两棵柚子树，祈求爱情美满、家庭幸福。悉心养护这两棵"幸福树"成了她生活的一部分。她从村里服装加工点收集免费的边角料，带着两个姐妹一点点加工拼贴成树形。改造后的这个共享空间，不但成为村里小孩喜欢的画画、做手工的场所，还经常承接外来研学活动。葛家村仙人掌酒香别院地面上的仙人掌形象，则缘于36岁的葛品高出生时，其母为他在院门楼上种下的仙人掌，希望他像仙人掌一样具有顽强的生命力。

葛家村现有800亩桂花林，但村中的桂花树源于台湾——由曾任台湾省警务处专员、主任秘书的村民葛培林先生1947年返回大陆时带回的桂花苗。现在这棵桂花树枝繁叶茂，郁郁葱葱，成为大佳何镇的"桂花王"。因此，在葛家村的设计中很多以桂花为原型进行创作，在二期的艺术设计规划中，将桂花王所在的前后院打造桂王苑和桂王别院，作为乡愁的传承地。

自实施艺术振兴乡村以来，葛家村的村容村貌得到显著提升。例如教授路，这条原先村里最脏乱差的小路，现在已是一步一景，再搭配富有年代气息的石头屋，成为村里最美丽的"网红"之路。丛教授设计的"人大椅""跳格子""桂香茶语"等都成为村民饭后纳凉闲聊的好去处。改善后的村容村貌让葛家村宜居宜业。

2. 精神要素

（1）以人为本，充分激发村民内生动力

艺术振兴乡村以激发村民内生动力为主要手段，变"送艺术"为"种艺术"，唤醒群众的艺术基因，村民由"旁观者"向"参与者"再向"创造者"转变。丛志强教授团队走家串户、深入群众，把村民组织起来培训，从能做的、最简单的设计做起，让村民认识到艺术也不全是"高、大、上"，农民也可以搞艺术。丛志强教授带领葛家村村民，分成7个艺术小组，一起探讨，一

起设计，一起实施。村里的艺术景观节点基本都是村民自己动手设计制作的，极大地调动了他们的积极性，有效改变了"政府干、群众看"的局面，群众重新成为村庄建设的主人和主力。

通过"挖宝贝、长眼界、开脑洞、聚共识、同行动、鼓腰包、创品牌、帮老乡"8个步骤，清除村民"不愿创业、不敢创业、不会创业"的障碍，激发留守村民创业、整合多户业态资源、运用整村运营方式，打破了传统乡村单一的经营模式，由"单个打拼"转变为"抱团发展"，由线下经营转为线上、线下同步经营。其中"村宝创业季"项目是葛家村积极探索"4＋X"陪伴式创业，构建家庭微品牌集群的新模式。"村宝"即村民，运用"4＋X"陪伴式创业，即一个家庭捆绑一名设计师、一名青年创业导师、一名运营官、一名村民，根据创业特定需求，可灵活引入助力导师，并将多个家庭微品牌进行多样化组合，形成集群，合力发展。

（2）提升乡风文明，实现精神富足

在开展融合设计、举办文化节庆、开发文创产品等的过程中，提升了村民艺术修养，推动了乡风文明建设，实现了文化自信、精神富足。葛家村很多地点背后都有故事。比如："仙绒美术馆"是开在村民叶仙绒家里的艺术馆，艺术振兴乡村化解了她与邻居两家人30多年的"一墙之怨"。二期打造的"和美苑"两户主人原本相互不和，但看到隔壁的"仙绒美术馆"的美丽与热闹后，也希望进行艺术改造。于是，将他们两户院子合起来打造"和美苑"，在提升庭院的同时，也化解了积怨长久的一段恩怨，通过艺术振兴两户人家重归于好。"四君子院"是四户人家共同让出宅基地一起打造的。还有人民大学乡村振兴实践基地挂牌的老宅子，是90多岁的村民主动提出来给村里使用，从中可以真切感受到村民精神面貌的改变。

3. 规范要素

组织保障、镇村协作。以镇为单位成立艺术振兴乡村领导小组，由镇党委书记任组长、镇长任副组长，统筹艺术家驻村工作，做好要素保障。镇主要领导每日入村入户、每日听取汇报、每日部署落实，带领镇村干部听取专家意见，协调各方合作，全力保障艺术创意落地开花。

艺术化民、激发动力。利用"驻村艺术家"资源优势，镇村干部不分昼夜走村入户做群众工作，宣传和引导村民主动将设计师请进家门，转变观念，营造良好艺术交流氛围，加强党员干部示范引领作用。如，村支委、党员葛万永在丛志强教授入户交流后，主动提出将自己的庭院进行艺术设计。在丛志强教授指导下，打造了"桂香茶语"，从一个普通庭院变成别致有趣的乡愁庭院，起到了良好的示范作用，激发村民参与热情。全村形成了党员干部领头干、大家跟着上、全村共参与的良好干事格局。

外引内育、校地协同。成立中国人民大学艺术学院乡村振兴实践基地，为人民大学艺术学院师生提供实践锻炼平台的同时，不断引进优秀的驻村艺术家，并开设乡村艺术培训班培育更多优秀的乡间艺术家，充分发动村里最为广大的妇女、儿童、老人参与到乡村建设中来。只要有一技之长，劈竹、缝纫、砌石、画画、包饺子、和面都可以成为艺术家。这使得投身艺术活动的村民人数呈指数型增长，年龄跨度小至 10 岁，大至 79 岁，为持续推进艺术振兴乡村建设提供人才储备。目前葛家已有村建艺术家百余人，各类木工、泥瓦工、缝纫工等乡建团队十余支。

（二）宁海葛家村核心文化基因的提取与评价

宁海葛家村的核心文化基因就是艺术振兴乡村。通过艺术振兴乡村，不仅改变了村容村貌和村民的精神面貌，还探索出了一条乡村振兴、共同富裕的新路径，壮大了集体经济，促进了村民增收；实施了艺术扶贫，助力脱贫攻坚；提升了乡风文明，实现精神富足。

1. 生命力评价

葛家村艺术振兴乡村不仅做艺术工作，还以艺术为切入，以设计为引领，激发村庄的活力和生命力，促进乡村全面振兴。通过驻村艺术家的创意设计，实现农创、文创、文旅的融合发展，以艺术创造力提升乡村发展力，促进了乡村的产业振兴；通过驻村艺术家的招引和本地乡间艺术人才的培育，促进了乡村的人才振兴；通过驻村艺术家的工作，活跃了群众文化，提升了文明素质，促进了乡村的文化振兴；通过驻村艺术家对村庄的改造，实现村庄从美化、洁化到艺术化、生态化的提升，促进了乡村的生态振兴。

2. 凝聚力评价

葛家村艺术振兴乡村激发了群众的积极性，提升了村班子的凝聚力，促进了乡村的组织振兴。家家户户、男女老少齐上阵，改造村庄，美化家园，扮亮生活，不仅提升了乡村的品位，也让干群关系和睦，群众获得感和幸福感骤升。葛家村探索出了一条乡村振兴、共同富裕可复制可推广的新路径。

3. 影响力评价

葛家村还带动周边村庄兴起艺术乡建行动，连片打造"乡村艺术谷"。全县 20 个村庄参照开展艺术振兴乡村。葛家村成立的"艺术振兴乡村农民讲习堂"相继接待了 230 多批全国各地的参观考察团队。仅新华社客户端转载的一篇葛家村艺术振兴乡村的报道点击量突破 200 万次。宁海以艺术为切入点，以"财富、赋能、友好"为核心理念，以激发村民内生动力为主要手段，系统性地开展了艺术家驻村、艺术提升品位、设计改变生活等行动。两年多来打造了葛家村等艺术特色村，启动建设乡村艺术谷等，初步探索出一条新农村发展的新路径，成为浙江省"乡村振兴十大模式"之一。其中，"艺术扶贫"项目入选全国"携手奔小康"行动案例，被中宣部和外交部评为"全国十大对外传播案例"之一。

4. 发展力评价

实现了业态融合，走上可持续发展之路。在丛志强教授团队离开后，部分村民一直在持续创作，村民袁小仙设计制作了布玩具 70 多个、毛竹用品 10 余种，并有游客购买，村民自豪地当起了乡村文创艺术品掌柜。葛家村也出现越来越多休闲共享空间，如"鸟巢""葛家之光""四君子院""嬉乐园"等；出现越来越多的业态空间，如"巾帼画院""仙绒美术馆""粉小仙手工艺院""古韵茶院"等。镇团委副书记、村支委葛品高还将自家老房子修缮后建成乡村小酒吧，在丰富业态的同时也丰富村民生活。吉林、西安、上海等地游客被葛家的乡村艺术吸引，慕名前来，带动村庄民宿、农产品、文创产品等的发展，提高了村民经济收入，使村民切实享受到艺术振兴乡村带来的环境提升和改革红利。"桂语 18 号"等民宿营业额翻了一番，"桂语 7 号"的自我设计制作的手工艺品深受游客喜爱。

艺术振兴乡村的最终目标是实现乡村产业发展，最终实现共同富裕。艺术不仅改变了村容村貌，也使村民的口袋鼓起来。葛家村将艺术设计与村民的生产生活紧密结合起来，让群众尝到了实实在在的甜头。葛家村 2020 年旅客流量超 10 万人次，吸引外来投资和返乡创业 1800 多万元，民宿入住率为 2019 年同期的 3 倍。葛家村的 138 名乡建艺术家还被外村争相聘为村庄美化艺术顾问，上门帮忙设计和施工。由此可见艺术振兴乡村是一条经得起实践、看得见远景的助力实现共同富裕的好办法、好路子。

（三）宁海葛家村核心文化基因的转化利用

"艺术振兴乡村"是在充分尊重乡村传统文脉和地域精神，保护传承文化遗产的同时，融入了当代元素。在新一轮的乡村振兴发展中，大学生驻村毕业设计作品与村落深度融合，为艺术振兴乡村带来新变量；产业运营模式为村庄建设带来新气象。"千村有千样"的乡村新景，为未来乡村振兴可行的发展模式、共富模式提供了全新角度和可能性。

1. 举办研讨会，推广葛家村"艺术振兴乡村"经验

总结在葛家村等地开展的"艺术振兴乡村"的经验，编撰成案例书籍，举办"艺术振兴乡村"学术研讨会、"艺术振兴乡村"经验分享会等，分析成功经验和失败教训，为各地"艺术振兴乡村"工程提供可借鉴模式。具体包括编纂出版报告文学《明月照深林》，举办"艺术家驻村"行动座谈会，开展"艺术家驻村行动"结对共建会，等等。挖掘葛家村艺术振兴乡村的成因，揭示葛家村艺术振兴乡村的本质内涵，倡导精神富足、乡风文明。

2. 创作系列文艺作品，打造宁海"艺术振兴乡村"品牌

创作紧扣"艺术振兴乡村"主题的音乐、舞蹈、曲艺、文学、摄影、书法、美术等系列文艺作品，提高宁海"艺术振兴乡村"工程知名度与美誉度，打造宁海"艺术振兴乡村"品牌。包括以葛家村为原型，创作音乐作品《村里来了艺术家》、舞蹈《艺之魂》、微型话剧《进京》，以及"艺术振兴乡村"系列书画美术作品，等等。

3. 打造乡村文化产业，促进文旅融合

通过"艺术振兴乡村"工程，以艺术设计为载体，激发村民内生动力，提高村民建设家园的积极性，提升村容村貌。在此基础上，挖掘各村传统民俗文化活动，增强文化旅游特色和市场竞争力，打造乡村文化产业，建设乡村文化胜地，把自然元素与民风、历史等人文元素相融合，促进全域文旅融合发展。这包括：挖掘传统民俗文化活动，打造"艺术村""网红村"；开展艺术乡村二日游；建设乡村文化胜地"葛家桂语小镇"；等等。

4. 实施艺术扶贫，助力脱贫攻坚

政府将葛家村"艺术振兴乡村"模式"远嫁"到贵州省晴隆县定汪村，针对当地"产业无、基础弱、环境差"现状，组织葛家村"乡建艺术家"远赴贵州开展 2 期"艺术扶贫"行动，20 多天时间打造了"织梦坊""未来书院"等多个艺术节点，帮助定汪村民建起首家民宿"布依情浓"，打造"阳谷早"艺术酒坊，培育少数民族"巧娘"30 余名，开发刺绣、印染等文创产品 14 类，首场线上直播引流 19 万人次，销售额 5 万余元。通过艺术振兴乡村，帮助当地初步实现乡村环境改造和乡村特色产业发展，在艺术扶贫、乡村振兴、共同富裕等方面提供了生动的实践案例。

参考文献

1. 丛志强等：《乡村家庭资源共享设计研究 ——来自浙黔两省的乡村公共文化建设实践》，《装饰》2022 年第 4 期。

2. 孙吉晶、蒋攀、屠以撒：《宁海葛家村探寻村民创业路》，《宁波日报》2022 年 5 月 31 日。

3. 叶子：《正在走向共同富裕的乡村》，《人民日报》(海外版) 2021 年 7 月 22 日。

第四章

象山县重点文化元素基因解码及转化利用

宁波
文化基因解码

象山山海相融，地处北纬30度最美海岸，是全省乃至全国少有的兼具山、海、港、滩、涂、岛等资源的海洋大县。山海交融的地理环境奠定了象山文化基因的底色。山是象山文明起源的根基和文化特质的成因，海是象山文脉形成的根源和文化发展的动因。山海并存的地理环境、南北文化的相互融合，使得象山的风俗和人民的性格既有山的刚劲质朴，也有海的奋进豪迈。6000多年文明史、1300余年立县史孕育了渔文化等海洋特色文化，是全国唯一以县域为单元的国家级海洋渔文化生态保护区。全县拥有省文化强镇2个、省文化示范村（社区）11个、省非物质文化遗产生产性保护基地2个、省非物质文化遗产传承教学基地2个、省非物质文化遗产经典景区1个、省文化产业示范基地2家、省市文化产业园3家。现有国家级非物质文化遗产项目7个（居全省前列），省级15个、市级51个、县级176个；国家级非物质文化遗产传承人3人、省级9人、市级59人、县级126人；国家级文物保护单位3处、省级文物保护单位10处、县级文物保护单位46处、县文物保护点115处。有以塔山遗址、庙山头遗址等为代表的史前文化遗产，以渔山灯塔、小白礁古沉船等为代表的海上丝绸之路文化遗产，以石浦渔港古城、东门天后宫等为代表的渔文化遗产，以花岙兵营遗址、赤坎游仙寨遗址等为代表的海防军事文化遗产，以障川碶、镇潮庙等为代表的围垦文化遗产，以殷夫故居、贺威圣烈士墓等为代表的革命文化遗产等。

悠久的历史人文和独特的地理风貌带动了象山旅游的蓬勃发展。全县共有国家AAAA级景区4家、AAA级景区4家，省级旅游度假区1个，国际海钓竞赛基地1个，国际自驾车露营基地2个，省市级以上休闲基地37个，旅行社24家，高品质旅游饭店17家，花级酒店8家。现有民宿（农家乐）1203家（其中，精品民宿159家、省级民宿41家）、床位数2.3万余张；省"百千万"工程实现全域覆盖，拥有省AAA级景区城、省AAA级景区镇16个，省A级景区村庄216个，市乡村全域旅游示范区6个。先后荣获"全国休闲农业与乡村旅游示范县""浙江省首批旅游经济强县""浙江省首批全域旅游示范县""浙江省首批文旅产业融合试验区"等称号，连续三年荣列"全国县域旅游综合实力百强县"第4位。

一、海山仙子国

　　象山县位于我国海岸线中部、长三角南翼、浙江省中部沿海，地处地球最神秘而又奇特的纬度——北纬30度文化带。象山因山而名，因海立县。从宁海蜿蜒而来天台山余脉，在象山入境后大多与海岸斜交，或近乎垂直，有的延伸入海，勃起者成为岛礁，形成象山多山临海。海上岛礁星罗棋布与半岛大陆交相辉映的万象山海地貌，使象山自秦以来就成为"海上三神山"的传说之地。

　　唐《蓬莱观碑》云，昔相语徐福泛沧海访神仙之术于境内蓬莱山。汉东方朔《海内十洲记》谓，蓬莱山在东海之东北岸，《列子·汤问》谓在渤海之东。宋人称"四明东海之卜有象山"；明人谓"象居郡东南……洪流巨浸，世称瀛渤"，诗云"潮涨东溟连渤海"，"渤海严城百里怀"。据此，象山别称"蓬莱""蓬岛""蓬山""蓬瀛"，亦号"海东道院"，称为乐土。南宋右丞相文天祥在《过乱礁洋并序》中对象山更是直接给出"殆神仙国也"的官方认证。

　　"海上仙子国"是对象山自然生态和人文物产最美的描述和最高的评价。

（一）海山仙子国核心文化基因解析

1. 物质要素

（1）山屿星罗，三面悬洋

　　在漫长的地质时期，象山历经多次海陆变迁。距今约2亿年前中生代三叠纪，境内为华夏古大陆的一部分。7000万年前中生代后期，受燕山运动影响，

东门渔村

火山岩浆沿新华夏构造断裂带喷溢，构成延伸境内的天台山余脉构架，初步形成西北向东南倾斜的地势及大陆地貌。新生代第四纪以来 200 万年中，地壳总趋势脉动式下降。受海侵海退影响，海岸线多次发生巨大变化，沿海岛屿与大陆或分或连。冰期过后，冰川融化，海面上升，象山港成为深水海港，南北两翼分别形成象山港内港—西沪港与三门湾内港—岳井洋，蟹钳港深嵌内陆，构成三面环海，一面接陆，南北曲折、狭长的半岛地形，沿海岛礁星罗棋布。

天台山余脉过宁海蜿蜒入象山后，山势已较为缓和，大丹山的主峰东搬山高 810.8 米，是象山县第一高峰，其余海拔 500 米以上 1000 米以下的低山仅有 9 座，山峰 20 余座。地貌以海拔 500 米以下的丘陵为主，山地面积占总面积的 67.5%。平原狭小，分布于沿海。因此象山境内虽群山连绵环绕，但因山势低矮并未完全遮挡视线，又三面悬洋，仍有天高海阔之意。

山脉入海后大多与海岸斜交，或近乎垂直，由此形成 925 千米曲折绵长的海岸线，占浙江省八分之一。另有山脉在海中复又勃起形成岛礁，在广阔海域密布有 656 个大小岛礁，占浙江省岛屿总数的 21.4%。这些岛礁中有三分之二是长有植被而无人居住的海岛，疏密不一，野趣天成。文天祥自北向南过象山洋面的乱礁洋时曾感叹"青翠万叠，如画图中""其在两旁者，如岸上山，实则皆在海中""舟行石间，天巧迭出，令人应接不暇，殆神仙国也""为之心旷目朗"。县域南端的南田岛自古以来都被视为东海仙源的海中福地。

（2）四季分明，物产丰富

象山地处纬度较低的亚热带中部地区，三面濒海，属亚热带季风性湿润气候。冬夏季风交替显著，四季分明，光照充足，雨量丰沛。在春夏多雨季节，时常有氤氲而起的云雾飘忽在群山之间久萦不散，如置身于仙境之中。钟灵毓秀的自然环境孕育了象山特有的奇珍异宝：象山是"浙八味"之一的"象贝"的道地药材产地；南宋发现的红木槲进贡朝廷后被誉为"象山花"，红木槲文化随之享誉朝野；当代培育的"红美人"柑橘被称为橘子中的"爱马仕"、小康路上的"致富果"；还有与大熊猫同级的"神话之鸟"中华凤头燕鸥等。

四季分明的气候和山水海相融的地貌产出种类丰富的物产，山珍海味、五谷果蔬，应有尽有，加上象山又是全省乃至全国少有的兼具山、海、港、滩、涂、岛等海洋全资源地区，青山碧海、金沙雪浪、奇礁怪石随处可见，被誉为"东方不老岛、海山仙子国"。

2. 精神要素

（1）淡泊恬退的观念

古代象山地僻人稀，距离所属郡城宁波府有 270 里之遥，且三面距海，西阻岩谷，交通极为不便，被视为浙东支邑。但也正因山海阻隔，象山远离外界纷争，自成一体。境内物产丰富，山川秀美，是很多士大夫致仕归隐的理想之地。

历史上有相当一部分外地来象山为官的官员，从任上退下来后没有告老还乡，而是选择就地归隐。有史记载在象山恬退第一人是南北朝齐梁时的柳憕。柳憕是河东永济（今山西省）人，任宁海县令，时象山西部属宁海县。有乡民朱文清与王文威争田，柳憕到现场踏勘处理时，发现此地龙盘虎踞、山清水秀，甚为欢喜；致仕后竟来此卜居，置田筑室，又筑小室于后山，为暮年栖息之所，为象西柳姓祖，村名也因之名"柳岙"（近泗洲头横埤村，后废）。

"柳憕现象"并不是孤例。大徐徐姓始祖徐游是奉化小万竺人，建县初来象山就任县令，停官后寓居大徐发族成村。珠溪黄姓始祖黄永阶系明州刺史黄晟之孙，五代来象山任镇遏副使，卸任后移居珠溪。涂茨袁姓是宋嘉定间象山县令袁一之后裔。南庄张姓始祖因任象山主簿而来。石浦吴姓是昌国卫指挥同知后裔，邓姓是前所千户后裔。昌国朱姓、丁姓均为昌国卫指挥使后裔。钱仓郑姓、林姓、易姓分别为钱仓所千户郑真陆、林日荣、易绍宗之后。爵溪陈姓、夏姓、王姓，是明代爵溪所戍边将士之后……在封建宗法社会中，如果不是因战乱灾荒等外部因素影响，家族中离乡入仕或经商者，待年老安退后多选择叶落归根。但在象山，每朝每代都有官员致仕后选择留象安家，可见象山的自然生态和人文风物确为修身齐家的士人所喜爱，也使象山逐渐形成了淡泊恬退的地域特质。

（2）平淡冲和的性格

象山有丹山、蓬莱之胜，自古疏离政治，商业繁华，传有玉芝、朱草、琅玕生长于此，羡门、安期、偓佺等仙人在此居住。在历代士大夫眼中，县人多风流蕴藉，有冠带佩玉气象，体现的是与世无争和恬淡自然。

在上行下效的民风影响下，象山百姓垦山为田、筑堤捍海，终岁勤苦仍难得全收之年，虽面带菜色食不饱腹，但一饭一蔬亦安贫乐道、恬淡从容。此类人文环境养成了象山人平淡冲和的心性，少有浮躁，看轻利禄。"负山构层楼，

301

楼在翠微里。日高问主人，云深卧未起。"

在现代社会的忙碌和紧张中，象山宁静、闲适、恬淡的生活尤显珍贵，让人向往。仙气飘然的风光，淳朴和谐的民情，处处是"人间有味是清欢"的景象，令人心灵愉悦、净化和升华。

（3）宜仙宜居的追求

尽山海之利，取造化之赐。依山面海的象山人在并不丰饶的土地上务耕稼、利渔盐，以食为天，以用为本，取之以智，报之以恩，虽生活艰辛，但平和静美。生活在这片土地上的人民"瑶圃为藏室，蓬莱即道山"，全境洋溢着"甘其食，美其服，安其居，乐其俗"的气质，吸引着在乱世中向往"地幽尘境外，心远市朝间"的人们前来定居。其中，以吴越王钱镠九世孙钱庆延一家最为典型。

北宋末年金人攻陷洛阳，钱庆延携家人随宋高宗一行南渡，侨居台州崇和门。宋绍兴二十年（1150）春，因内侄谢徽于前一年任象山县令，钱庆延到象山探访，由奉化乘船到象山陈山渡登岸，见陈山一带山水明秀，居民多住茅屋，菜、麦芬芳，别有天地，顿生爱意。不久，其举家从台州迁至陈山落户，成为象山大姓钱氏之始祖。钱庆延对陈山情有独钟，曾说："斯村也，有田可耕，有山可樵，有水可渔，有林木花卉可供玩赏，有良朋胜友可资座谈，且有海市蜃景为宇宙奇观。故虽逢干戈倥偬，而抱膝长吟，不知身世之为荣辱也。"从钱庆延对陈山的评价来看，象山不仅有陶潜所述世外桃源的安乐美好，还有内陆世外桃源所没有的海市蜃景宇宙奇观。由此可见，象山的"海上桃源"自古以来都是宜仙宜人的好去处。

3. 语言与符号要素

（1）仙国景物

古代文人在诗文里多用"蓬莱""蓬岛""蓬山""蓬瀛"指代象山。这与象山的地理地貌、自然生态与"海上三神山"之一的"蓬莱"十分接近有关。在文天祥关于"海山仙子国"的描述中，"万象画图里，千崖玉界中"的山海交融，"风摇春浪软，礁激暮潮雄"的浪卷岛礁，"云气东南密，龙腾上碧空"的云雾缭绕，都符合人们关于神仙所住之国的想象；再加上象山还出产天地灵气孕化而生的象贝、红木榉、红美人柑橘等奇珍异宝，更让世人相信象山是道教的"东仙源""福天洞地"之所在。

（2）神仙人物

据史料记载，彭姥、安期生、徐福、陶弘景、梅福、刘道合等被道教尊为神仙的人物，或真实到过象山，或与象山某些神迹来源有关，他们与姜毛二公、谢宝、赵五娘等本土显圣人物一起，被民众供奉在神坛之上，被文人写入诗文之中，与他们相关的历史故事和民间传说随着地名和遗迹得以世代相传、深入人心，构成了象山仙国属性。

（二）"海山仙子国"核心文化基因的提取与评价

1. 生命力评价

象山因地处偏僻，拥有经济价值的资源较少，在历史进程中少有开发，地理地貌保存得相当完好，山水、田林、湖草、海港、滩涂、岛礁等自然生态资源丰富，环境治理指数全省第一，森林覆盖率达56.2%，空气质量优良率达96.4%，每立方厘米大气负氧离子含量7600个，被称为天然氧吧。

同时，与此相关的地名延续至今，文献资料也相对保存完整，研究成果颇丰。"绿水青山就是金山银山"，象山仙境般的自然生态环境正在释放巨大潜力，着力打响"象山北纬30度最美海岸线"的文旅品牌。象山文化历经千年源远流长，如今又增添了具有"东方不老岛，海山仙子国"的美誉，势必让这片依山傍海的热土迸发出蓬勃的生命力。

2. 凝聚力评价

象山的凝聚力一方面体现在精神文化的落地性。安贫乐道、勤劳勇敢是象山从古至今上行下效的民风，即使在节奏紧张的现代社会，这种民风仍在象山境内盛行。象山的凝聚力另一方面体现在其产生的社会经济文化效益。象山这个海上桃源，自古以来就吸引着众多名家来此访仙问道。到了近代，随着人们生活水平的提高，旅游逐渐发展为生活的一种基本需求。古时象山"神仙国"的吸引力，到今天已演变成旅游属性，催生出蓬勃发展的旅游经济。

多彩的滨海风光，淳朴的风俗民情，恬静的小城气息，鲜美的源头海鲜，象山年接待游客2910万人次、旅游总收入325亿元，是浙江省首批旅游经济强县、浙江省首批文化和旅游产业融合试验区、长三角自驾游示范目的地、"2020中国县域旅游综合竞争力百强县"。据2018年全省旅游数据统计，象山在最受欢迎的浙江旅游目的地中位列第三。随着全域旅游和乡村旅游的推进，更多象山人将涌入旅游致富的浪潮里。

3. 影响力评价

"东方不老岛，海山仙子国"，一直是象山对外宣传的地区形象主题标语，也是象山人民引以为傲的地域文化品牌。6000 年的刀耕渔猎，象山依托山海资源禀赋，利用丰富的地质地貌、众多的动植物种类、多样的岛礁滩涂，以海洋经济强县，以美丽经济富民，扬名全省甚至全国。

象山作为省园林城市、省森林城市，入选国家全域旅游示范区首批创建名单，获评"中国最美休闲度假旅游名县"。农业总产值居全省领先地位，水产品年总产量居全国前五强，象山海鲜驰名长三角，荣膺"中国海鲜之都"称号。其拥有韭山列岛国家级自然保护区、花岙岛国家级海洋公园和渔山列岛国家级海洋生态特别保护区，获评"首批国家级海洋生态文明建设示范区"。连续举办 23 届的"中国开渔节"被列为全国十大民俗节庆、纳入中国农民丰收节系列活动，建有国家级海洋渔文化生态保护区。

4. 发展力评价

象山推出"北纬 30 度最美海岸线"，打造"万象山海、千年渔乡、百里岸线、十分海鲜、一曲渔光"有机融合的美好目的地。该海岸线串联起象山独特的山海风光、半岛风情、渔家民俗等海洋旅游资源，以文旅、体旅、康旅、农旅四大融合产品为重点，构成了宁波"特色最鲜明、资源最集中、业态最丰富、产品最完善"的黄金海岸线和半岛风景带，努力建成全国知名的海洋休闲度假旅游目的地和康养宜居地，具有巨大的发展潜力。

（三）海山仙子国核心文化基因的转化利用

1. 强化城市标志，塑造象山"仙"字IP形象

强化象山城市形象，以"象山北纬 30 度最美海岸线"文旅核心IP打造工程为载体，以人们对于神仙国度的向往和健康美好生活的期盼为出发点，围绕"仙"字做深做足文章。

设计"海上仙子国"城市标志。在全面建设"海上仙子国"品牌形象工作中，城市标志设计无疑是基础性、先导性工作。"海上仙子国"标志项目可从地理地貌、地方物产丰富、民风民俗、仙国景物、神话传说等内容入手，筛选最具代表性的元素，设计制作具有视觉冲击力和城市代表性的标志，为象山的

城市形象建设、经贸活动发展、旅游资源推介赋能。另外，还可进一步通过色彩和形态的适当变化形成系列细分标志，将其应用于不同场景、细分产业，既展现其多用途价值，又充分表达文旅融合的产业形态之美和发展活力。

推出"象山十仙"系列联名卡。近年来，银行卡、公交卡、门禁卡等各类电子卡片的普及给人们的生活带来了极大的便利，且卡片两面的图案纹饰也成为文化艺术的载体。好的卡片覆盖内容不仅可以愉悦用卡者的心情，也能成为地方城市文化宣传推广的重要媒介。象山拥有山海奇观的盛景，也有一众仙人云游的神话故事。以此为基础，设计各类电子联名卡。在整体结构上，"象山十仙"系列联名卡古色古香、意蕴十足，将实用性与艺术性完美结合，充分展现出象山深厚的文化底蕴。在形象设计上，"象山十仙"以山青、海蓝、云白三色为基本色，以山海相映、浪卷礁石、云雾缭绕的海上仙山为代表景观，以象贝、红木樨、"红美人"柑橘和中华凤头燕鸥等奇珍异宝为主要形象。通过突出标志性景观，做好主题形象设计，强化旅游功能，凸显象山的海洋文化特性和时代特征。

2. 设计旅游线路，打造"仙"字特色旅游品牌

旅游线路的设计开发需加强游客的参与感、体验感，在空间布局上形成贯通海岸线的旅游线路，在产品结构上形成"吃、住、游、购、娱"全产业链，在产业板块上打造集文化旅游、社区教育、研发生产、商贸交流一体的新型复合业态，以充实"万象山海的自然风光、千年渔乡的民俗风情、百里岸线的运动风尚、十分海鲜的美食风味、一曲渔光的影视风华"的品牌内涵。

第一，打造旅游研学线路。依托自然风景优美、生态优势明显、文化特征突出的古村落或园林建筑，结合仙侠、汉服、中草药、古镇、古道等文化，设计"寻仙问道"研学游线路。第二，以旧"焕"新，改造特色游步道。将古道改造成富含海山仙子国元素的游步道，增强游客身临其境般的观感与脚感。第三，推出文旅商创意产品。找准海岛的自身特色，深挖其内在文化含义，进行旅游餐饮方面的特色定位发展。例如，研发以象产中草药为主的一桌药膳，逐步建立起设施先进、服务规范、风味独特的旅游饮食网点，并同步完善旅游餐饮设施建设，创立具有自身特色的"渔家乐"主题民宿等，满足游客多元化旅游需求，打响象山"海上仙之国"的牌子。

3. 开发"仙"主题游戏，增设"仙文化"体验活动

开发"仙文化"系列主题游戏及品牌活动，以游戏互动为信息交互窗口，实现集娱乐、休闲与交流于一体的象山文旅，推动可持续发展。

另外，结合象山影视城的仙侠影视剧资源，增加象山的"仙文化"品牌体验活动。品牌文化活动本身是旅游产品的一部分，活动的成功举办是塑造整体旅游形象的重要途径，通过加强主题活动策划吸引人气，提升象山旅游国际化、品牌化。在此基础上，重视网络文化的作用，对区域神仙人物、动漫形象及仙侠品牌活动等进行宣传，并利用新媒体定期策划活动，通过网络形成"爆款"，成为年轻人的网红打卡点。

4. 植根"仙文化"基因，创作象山现代文艺精品

创作与"仙文化"相关的文艺精品，举办相关的文化展演，将文化基因植入文艺创作。可以利用象山的自然风貌与神话传说，举办"仙山画卷"艺术创作精品展演，以巨型国画的形式呈现出象山的自然风光、神话故事、地方物产，融合超高清数字互动技术、多感官体验技术，打造一场艺术的视觉盛宴。

一是将象山"神仙国"的景物IP融入其中，包括"万象画图里，千崖玉界中"的山海交融、"风摇春浪软，礁激暮潮雄"的浪卷岛礁、"云气东南密，龙腾上碧空"的云雾缭绕，加上象山出产的奇珍异宝。二是以动态的形式呈现彭姥等被称为神仙的人物与象山的故事。三是在展演中融入与象山相关的文学作品的朗诵，让游客体验山海奇观和文人才情的交融所带来的极大愉悦。此类文艺精品的创作，势必会加快象山文化项目落地，推动象山文化旅游新IP的建设。

参考文献

1.《海上仙子国 万象图画里——象山滨海旅游业朝气勃发》，《宁波经济》2000年第Z1期。

2.《象山创新跨界融合新模式 开启高品质旅游新时代》，《宁波通讯》2019年第24期。

3.张婉洁：《文旅融合趋势下如何加强旅游营销——以浙江象山县为例》，《文化产业》2020年第24期。

二、石浦—富岗如意信俗

石浦—富岗如意信俗是发端于象山县渔山列岛的一种民间信仰。它是基于独特的浙东海洋文化环境和特殊的历史背景而产生的，主要流传于象山县石浦地区和台湾台东富岗新村，并辐射至宁波、台州、温州沿海一带。

关于如意娘娘的由来，当地有一个感人的传说。几百年前，一个外乡人来渔山列岛捕鱼采贝，不慎落崖身亡。其女闻此噩耗悲痛万分，到父亲身亡处纵身跃入海中殉葬。不久，少女投海处浮上来一块木板。人们为孝女的精神所感动，于是在岛上建庙，塑少女像于其中。那块浮上来的木板便置于神像双手中并托于膝上。当地渔民相信，至善至孝的少女死后已化为海神，会保佑出海的船只平安归来，于是将少女奉为海上平安孝神，称其为"如意"。阴历七月初六是如意娘娘的生日。

1955 年，驻渔山列岛国民党某军撤退时，以柯位林为代表的渔民把如意娘娘神像一起"请"到台湾，并在台东建立富岗新村，为如意娘娘新建了海神庙，祈祷渔家过海平安，生活安康。如今每逢开渔节，富岗新村村民都要组成省亲团随如意娘娘来象山省亲。

从最初跳海殉父到成为海峡两岸民间沟通情感的纽带，如意信俗所承载的是割舍不断的骨肉亲情。2008 年，石浦—富岗如意信俗被列入国家级第二批非物质文化遗产名录。

（一）石浦—富岗如意信俗核心文化基因解析

1. 物质要素

（1）独特的地理位置

石浦镇渔山列岛是石浦—富岗如意信俗的发源地，最早的如意娘娘庙就建在渔山列岛渔山村。渔山列岛位于浙江省沿海中部，隶属于象山县石浦镇，处象山半岛东南、猫头洋东北，距石浦铜瓦门山 47.5 千米，是我国沿海南北航线的必经航道区域，五虎礁是我国领海基准点。渔山列岛地处东海前哨，孤悬海上，临近公海，战略位置显要，向来为兵家必争之地，因此在新中国成立后，祖国大陆基本解放，但渔山列岛上却依旧盘踞着国民党部队。1955 年 2 月，渔山列岛上的国民党部队兵败撤退台湾，胁迫岛上 93 户 487 人一起迁往台湾岛台东市富岗新村（小石浦村），为后来如意省亲迎亲仪式的产生埋下了伏笔。

（2）丰富的海产资源

渔山列岛由 13 岛 41 礁组成，岛礁陆域总面积约 2 平方千米。其中，500平方米以上岛屿 28 个，海岸线约为 20.845 千米。南、北渔山岛是渔山列岛的两大主岛。其中，南渔山岛域面积 832177 平方米，海岸线长 6.14 千米；北渔山岛域面积 443641 平方米，海岸线 5.23 千米。渔山列岛处于浙江近海上升流的核心部位，南北洋流交汇带，洋面宽广，风大浪高，海域营养盐丰富，饵料生物种类多。鱼类、贝类、藻类资源丰富，共计海洋特产 300 余种。当地渔业资源丰富，清朝时期就有很多福建来的渔民前来捕鱼和定居。这也解释了为何民间传说中如意娘娘是闽人身份。渔山岛的海洋环境和岛民的生活方式孕育出地域性的信仰形态，并在社会发展中与政治、经济、文化等相互影响，导致其传承、传播表现出变异性，在内容和形式上都表现出独特性。

2. 精神要素

在生产力低下的古代，海上劳作是人类最危险的生产作业方式，渔民称出海捕鱼是"三寸板里是娘房，三寸板外见阎王"的行当，哪怕在科技发达的现今，海上作业依旧是高危职业。在与自然和命运的长期抗争中，渔民形成了勇于拼搏、乐观豪爽的性格。

3. 语言与符号要素

妈祖信俗起源于福建，浙东是较早接纳妈祖信仰的地区之一，宁波的妈祖庙是湄洲祖庙在福建莆田以外的最早分庙。在历史上象山在昌国、石浦、东门、南田、晓塘、定塘、大塘、涂茨等地均有祭拜妈祖的庙宇。石浦—富岗如意信俗的起源和内核与妈祖相似，都是海洋文化信俗的产物。因为省亲迎亲仪式的需要，如意神像从台湾到象山需要栖身场所，台东富岗新村的信众认为妈祖和如意娘娘是姐妹关系，如意娘娘是妹妹，妈祖是姐姐，因此省亲时可以同住在姐姐妈祖的庙宇东门岛天后宫内。从相关传说看，妈祖和如意娘娘都是福建人，都是渔家女，更加深了二者的神缘关系。

石浦—富岗如意信俗在当代的延续已经与妈祖信俗进行了深度捆绑。

（二）石浦—富岗如意信俗核心文化基因的提取与评价

石浦—富岗如意信俗是渔区民众普遍认同的道德载体，是在海洋生产劳动中对战胜灾难，保佑平安，增强奋斗信心的精神所求和形成的精神寄托，同时也约束着民众的行为规范。如意信俗传至台湾后，其精神内核又增加了连接海峡两岸的独特价值。通过民间文化交流，两岸民众自发共同守护文化根脉，期盼祖国统一，家人团聚。

1. 生命力评价

石浦—富岗如意信俗作为一种民间自发的地方信俗，是在当地民众的传说中形成的。渔家少女如意投海殉父的感人传说，在信俗发源地渔山列岛岛民的脑海中根深蒂固。2007年，如意神像从台湾回到大陆后，不仅使两岸信俗内容重获统一，还开创了如意妈祖省亲迎亲的新民俗并延续至今。

2. 凝聚力评价

石浦—富岗如意信俗作为鲜活的、丰富多样的群体民俗文化活动，是个体适应集体、融入社会的过程。在这个过程中，渔区民众接受了群体的传统文化，对社会价值的认知产生了共识，从而有效地融入社会而达到社会和谐。具体表现在人们按普遍认可的真善美标准将原本是个渔家女的如意塑造成神，赋予神化后的如意烙着中华民族中的诸多优良传统，如"救人于危难""护国庇民"等，既是仁爱文化的传播，更是在潜移默化中培育民众对真、善、美的认同。另外，石浦—富岗如意信俗也是渔区民间艺术表演的大舞台，来自各个渔村的业余艺术团队，借省亲迎亲和巡游这两个大平台，竞相登台献艺，为许多民间艺术提供赖以生存发展的文化生态环境，使得承载的丰富渔俗文化得到了传承和发展，对维系传统的优秀民间文化起到了重要作用。

3. 影响力评价

石浦—富岗如意信俗的产生渊源和影响在历史上没有确切的文献记载，但根据渔山岛的地理位置及其人口数量推测，这一信俗在产生之初影响并不广泛，和中国境内数以千万计的地方信俗并无大的差别，但在当地岛民群体中，如意娘娘是最重要的地方神。历史上，渔山岛岛民连同如意娘娘真身被带往台湾，形成跨越海峡两岸的新民俗。2007年，在中国（象山）开渔节开始的"如意娘娘"省亲迎亲活动不仅拉近了两岸石浦人的感情，也成为象山县与台东县政府之间相互交流的纽带。2012年12月20日，浙江省首个海峡两岸交流基地在象山正式授牌，标志着对台交流工作进入新阶段。

4. 发展力评价

石浦—富岗如意信俗是浙东海洋渔文化的传统表现形态，是当地渔民和百姓精神生活的重要组成部分，寄托着传承群体祈安纳福的心理诉求和对未来美好生活的期许。在众多民间信俗活动中，石浦—富岗如意信俗因其特殊的、链接海峡两岸的身份角色而显得独特和重要。石浦—富岗如意信俗因一段特殊的历史而在台湾扎根，并以此为纽带将两岸同胞紧紧地连接在一起。尽管在不同的时空，但是这一同根同脉的民间信俗是割不断的，信俗文化成为增进两岸同胞交流、推动和谐社会建设的载体和依托。由两岸如意信众共同推动的如意省亲迎亲活动，与象山开渔节融合在一起，极大地增强了石浦—富岗如意信俗的传承活力，也增强了两岸信众的文化自信心和认同感。石浦—富岗如意信俗在未来还有广阔的发展空间。

（三）石浦—富岗如意信俗核心文化基因的转化利用

1. 建设石浦如意信俗风景区

石浦—富岗如意信仰起源于象山石浦渔山列岛。渔山列岛由北渔山和南渔山等54个岛礁组成，渔山列岛人世代以捕鱼为业，从事艰苦而风险丛生的渔业工作，朴素的理想、简单的生活逻辑产生了渔山列岛独创的保护神——如意娘娘。如意娘娘不仅是象山渔人家的精神支柱，对周边地区、其他省市乃至海外都产生了很大的影响。每年都有来自各地的游客到象山如意庙中参拜如意娘娘，祈祷心中的愿想。

石浦如意信俗风景区的建设大致可分为如意娘娘庙、如意信俗展示馆和如意信俗休闲区3个部分。如意娘娘庙是风景区建设的中心所在，其他功能区均围绕其展开。此外，对前来拜访的游客来说，这样的如意娘娘庙更方便前往，景区内其他功能区的建造还能丰富游客的行程。如意信俗展示馆是收藏如意信俗资料的场馆，除了保存与如意信俗相关的珍贵实物资料外，也可供游客参观、学习。另外，场馆还可以作为学生和学者的研学基地，为他们提供充分的学习和研究材料。如意信俗休闲区的建设目的在于，为前来供奉的游客提供一个休息和娱乐的空间。海滨象山风景秀丽，美味颇多，把象山典型的美景美食集中于此，旅客在参拜如意娘娘之余还能欣赏美景、享用美食。

2. 举办如意信俗两岸交流文化节

石浦—富岗如意信仰是象山渔民从事渔业生产中形成的信仰习俗。石浦—富冈如意信俗有着十分特殊的民俗背景与历史背景。石浦—富岗如意信俗如同一根绳索般紧紧牵引着海峡两岸。

两岸间的文化交流在此之前就有展开，且反响良好。在两岸原有文化交流的基础之上，举办两岸如意信俗交流文化节，并在其他方面开展交流合作，例如：两岸美食文化交流，美食从来都是人们最喜闻乐见的主题。象山作为优质的海滨地区，海鲜数量大且品种多，经过人们多年的潜心研究，当地人制作的象山海鲜美味可谓是家喻户晓。在两岸如意信俗文化节中加入美食文化交流，能够增加文化节的吸引力。再如，两岸艺术文化交流，艺术是互通的，即使形式不同，人们也可通过欣赏艺术作品而体会其中蕴含的情感。象山民间艺术纷繁灿烂，竹根雕、剪纸等作品观赏性强，其背后的工艺令人惊叹；鱼拓、鱼灯等体验性强，游客可亲自制作、赏玩。还有渔民号子、唱新闻等有声艺术，非常具有吸引力。

3. 拍摄如意信俗相关影视作品

几百年来，如意娘娘作为象山渔民守护神已深深印刻在当地老百姓的生活与思想中。而石浦—富岗如意信俗相较于人们日常信奉的其他信仰来说，具有鲜明的地域性。因此，石浦—富岗如意信俗并不为所有人熟知。换而言之，石浦—富岗如意信俗更多活跃在象山当地、台湾，还有东南沿海的一些城市。

拍摄石浦—富岗如意信俗相关影视作品，让承载着如意故事的影视作品将石浦—富岗如意信俗这一小众文化分享给更多人，从而了解在我国东海的小岛上，渔民们还有这样一种独特的信仰和民俗文化。石浦—富岗如意信俗相关影视作品的拍摄大致可分为两类。第一类，将如意娘娘的由来与传说拍摄成电视剧。电视剧的受众范围虽然很有限，但是作为一种传统传播媒介，电视剧的作用和力量依旧不可忽视。第二类，自主创新如意娘娘的卡通人物形象，筛选出符合大众审美的如意娘娘卡通形象，并在卡通人物上赋予如意故事，将其拍摄成具有中国文化特色的本土动画片供少年儿童观看。除此以外，也可以将这些动画片投放到大型游乐场中循环播放。如上海迪士尼乐园、各地方特系列主题乐园等。

参考文献

1. 黄邵兴、汪校芳：《两岸石浦人的血缘情》，《宁波通讯》2008 年第 2 期。

2. 李广志：《宁波海神信仰的源流与演变》，《民间文化论坛》2011 年第 5 期。

3. 毛海莹：《文化生态学视角下的海洋民俗传承与保护——以浙江宁波象山县石浦渔港为例》，《文化遗产》2011 年第 2 期。

4. 史亚萍：《石浦—富冈如意信俗》，《浙江档案》2013 年第 2 期。

5. 史亚萍、沈延红：《台湾小石浦村的"中国梦"口述实录》，《浙江档案》2013 年第 5 期。

三、海盐晒制技艺

象山位于象山半岛东端，浙江沿海中部，北依象山港，东临大目洋，南靠三门湾，三面环海，历来是渔盐之乡。

象山海盐晒制历史悠久，旧称"煮海为盐"，又称"熬波"，可上溯汉唐。宋政和四年（1114），设玉泉买纳场，南宋绍兴元年（1131），建玉泉盐场，设盐课司厅，下辖东村、瑞龙、玉女三子场。1945年9月，宁海长亭场奉令并入玉泉场，横跨象山、宁海、三门三县，辖金东西、番东西、中竿、蒲东西、上廒、建康、健跳7场务所，盐区增至24处，驻地石浦。新中国成立后，象山盐业几经裁废、恢复、大办、停顿、新建，在曲折中发展。20世纪90年代，新建了昌国、旦门、新桥、白岩山、花岙等盐场。1992年，象山盐田面积达13.27平方千米，占宁波市制盐总面积的40%，产盐67525吨。2021年，在全省盐田大都被裁废的情况下，象山保留了花岙盐场，成为全省唯一一个盐业生产基地。千年盐乡象山县，拥有悠久的盐业生产历史，制盐因袭传统，从刮泥淋卤，到摊灰淋卤，再到板晒制盐、缸坦晒制盐、砖平滩晒盐，逐步形成现在的黑膜晒盐技艺，共发展了10余道晒盐、制盐技能工序。

象山的海盐晒制技艺，是历代盐民劳动智慧的结晶，其中蕴含的盐文化也是不可多得的宝贵财富，是第三批国家级非物质文化遗产代表项目。

挑盐（曹定杰摄）

（一）海盐晒制技艺核心文化基因解析

1.物质要素

（1）源源不绝的天然原料

象山位于浙江沿海中部，广袤的大海和高浓度、含沙低的海水为象山海水制盐提供了源源不绝的原料。海水中的盐度、悬沙、潮汐和盐业生产有密切关系，象山南部海水盐度年均30.5‰，和北部杭州湾的12.3‰比较，高出1倍以上。象山县境内不同地区、不同季节，海水盐度也有区别。夏季受到台湾暖流影响，盐度值增高。因象山港内径流极小，无大河流出，所以海水盐度较高，是宁波市最高盐值区。

海水中往往含有大量泥沙，其含量及输移受潮汐、径流、风、波浪和地形等各种因素影响，很不稳定。象山港内的悬沙含量是港内最低，整个象山港平均含沙量为0.229千克/立方米。悬沙随海水进入盐场纳潮河，需要经过澄清，因而纳潮河要定期疏浚泥沙，增加库容。

（2）丰富的滩涂资源

海盐生产离不开特殊地理环境，除大海外，还需要岸线、海湾与滩涂。象山海岸线迂回曲折，据2008年的统计数据，共有大小岛礁656个，海岸线总长800多千米，其中陆地海岸线333.9千米，半岛岬湾相间，沿海滩涂约有373.33平方千米，港湾滩涂遍布全县18个乡镇（街道）。北部象山港县境岸段，陆地岸线长达90多千米，滩涂40平方千米，属稳定型。贤庠一段的10千米海涂，唐宋以来就属于盐业产区。东部沿海岸线，海岸线长112千米，滩涂73.66平方千米，岸滩大部属缓慢性淤涨型，宜发展盐业生产。南部三门湾象山岸段，海岸线全长95千米，有滩涂98平方千米，是象山历史上的传统盐业产区。

象山领海面积为6618平方千米，海水受淡水影响小、盐度高，为利用岛屿滩涂发展盐业生产提供了有利条件。从历史上看，南田岛、高塘岛、坦塘岛等在古代就有许多盐村。另据《象山县盐业志》在20世纪90年代的统计，象山境内的滩涂资源十分丰富，为盐业生产发展提供了客观条件。

（3）独特的气候环境

象山沿海海域潮性为规则半日潮。潮汐以一太阳日为周期，两涨两落，落潮流速大于涨潮。象山渔谚："初三潮，十八水，初八、廿三小水低。"初三、十八是大潮，潮位最高；初八、廿三是小潮，是一个月中潮位最低时。海水盐度变化受潮流周期性影响。浙江沿海为半日潮区，潮流一日呈两周期性变化，通常在高平潮时，海水盐度为最高值；低平潮时，海水盐度为最低值。盐场纳潮时，必须把握时机，及时纳入高盐度值的海水，才有利于盐业产量的提高。

海水制盐是一项非常依赖气候条件的露天作业，气候变化制约着盐业生产。据《象山县盐业志》载："象山冬夏季风交替显著，温暖湿润，年温适中。四季分明，光照较多。冬季受北方高压控制，以晴冷干燥天气为主，多偏西北风；夏季多偏南风。春末夏初，极峰始稳定，冷暖空气交错，俗称'梅雨季'。夏7、8、9月，处太平洋副热带高压控制下，太阳近于直射，辐射强度大，光照时间长，少雨高温，为制盐旺季。其间亦为台风频发季节，台风暴雨侵袭，危害盐业生产。全年总蒸发量大于降雨量，一年四季均可制盐。"

2. 精神要素

（1）去伪存真、追求科学的探索精神

利用海水制盐，这在古代无疑是一个高科技产业。人类对海盐的认识，最初是在牛、羊动物身上得到启示。从众多牛羊等动物"舔泥"现象，人类发现了"盐"的存在。直接利用海水煮盐，也许是最原始的方法，但不大可能实现。其大方向虽然正确，因为海水含有盐分，操作性上无法实现，高成本直接影响海水煮盐的可操作性。经过许多挫折和失败，人们发现不能直接从海水取盐，而必须先提取卤水。从海水到卤水，是科学探索上的一大进步，缩短了海水制盐的时间和成本。然后人们又从卤水中结晶海盐，使海水制盐产业化。海水制盐受到海洋、潮流、日照、风力、气象、海水成分等诸多因素制约，需要做科学分析和探索，以提高食盐产品质量。象山盐业生产历史就是一部探索海盐科学生产的历史，充满了科学探索的精神。

（2）推陈出新、不断进取的创新精神

象山海盐晒制技艺，体现了与时俱进的革新意识。唐宋时期，象山海水制盐采用刮泥淋卤、烧煮方法。这种制盐方法劳动强度大、效率低、成本高；到了元明时期，又进行改进革新，即用炭灰代替"盐泥"，称"晒灰制卤法"。此种晒盐方法象山一直延续到新中国成立初期。到了清中后期，象山又从外地吸收了"板晒法"。这种方法成本高，劳动强度亦大，最后也被慢慢淘汰。到

了清末、民国，象山出现了缸爿坦结晶晒盐，真正从煮盐走向晒盐，是制盐业上一大革新和进步。1958年，象山从日本引进流下式盐田和四川枝条架技术，与平滩制卤设备结合，时称"流枝滩"。将水的流动和枝条架立体、平面蒸发相结合，形成高效率蒸发，加快浓缩成卤。1963年，改流下式盐田为平滩盐田，认定平滩盐田成本低，劳动负荷轻，为推行机械化生产提供条件。1965年，象山制盐增加"新、深、长、饱、旋、撒"新操作工艺。20世纪70年代，出现"黑膜滩"晒制。1982年，黑膜滩从固定式转变为活动式，增强了抗雨能力，制晒技艺在不断革新中走向进步。

（3）吃苦耐劳、脚踏实地的奋斗精神

盐业生产是一项十分艰苦的劳作，每天与海洋、咸水、太阳、风雨打交道，干的是刮泥刮浆的活。"半盐半种田，一年苦到头""三水伏泥并割稻，廿岁后生要拖倒"，是过去盐民口头禅。晒盐是一个靠天吃饭的生活，"晒盐晒得忙，一场大雨泡菜汤""一年四伏在于伏，一堆盐泥一堆谷"，在盐民眼中，多刮一堆泥，就能多产一缸卤，就能多换一斤谷。"七月雾，八月烂，晒盐人要挈讨饭篮。"如果天气不好，晒不出盐，晒盐人就不能过上好日子。俗话说："六月晒盐人，烧酒胡琴；十二月晒盐人，小刀麻绳"，"六月六个盘，十二月吃骨臀"。在这种艰苦劳动中，晒盐人养成了风不怕、雨不怕、日头不怕，挑盐不怕，吃苦耐劳的奋斗精神，一步一个脚印，踏在盐田上，汗水与卤水交织，换回洁白的盐晶。

3. 语言与符号要素

（1）盐业语言

象山历来为渔盐之乡，人们长期从事盐业生产劳动，自然形成与地方盐业生产、生活相关联的语言。盐乡语言具体表现在谚语、歇后语、常用词汇和"咸下饭"词语中，渗透了盐业生产的劳作、经验、技艺、体会，也表现了对盐的认识和感受。其中既有劳作的苦痛、生活的艰辛，也有从盐业生产中获得的智慧和哲理。这种语言充满了咸的味道，称为"象山咸话"，是象山盐文化的一个重要组成部分。

（2）盐神形象

盐业拥有相当数量的从业人员，自然也和其他产业一样，产生了自己的行业祖宗崇拜。象山自汉代以来即有产盐，并形成了独特的盐宗崇拜，千余年来绵延相传，保留至今。现在，象山盐区中还保留着13座庙宇，纪念三位盐神——盐司神、刘晏神、熬盐神。象山盐区的三位盐神极具地方特色，代表了3种不同类型的盐业神主。盐熬神是诞生于象山本地的盐民自己的神灵，具有土生土长的地方特色，是盐业劳动者的神灵；盐司神是盐场盐官中产生的神灵，因为有德于盐民而被祀奉，反映了象山盐业历史的悠久、盐区的广泛及盐司在盐业生产管理中的影响；刘晏神脱胎于唐代掌管盐政的宰相，在盐文化历史中非常具有特色，是继春秋管仲后的又一盐宗，在象山被广为祭祀。

4. 规范要素

（1）政府专营的管理体制

我国对盐的管理最早始于春秋时代齐桓公大臣管仲。他提出食盐官营的制度，所谓食盐官营，是指禁止民购、民运、民销，而由政府统购、统运、统销。到了汉代，桑弘羊实行完全专卖。真正实行专卖应是唐肃宗乾元元年（758）的第五琦初变盐法。到了代宗大历元年（766）正式以户部尚书领盐铁、常平、转运、筑钱使职，分掌东南税赋，推行"就场专卖制"为核心的盐铁改革，变官运、官销为商运、商销。这就是说，一方面，国家继续通过盐官对盐户生产实施监管，收购所产食盐以保证国家的财政收入；另一方面，将国家对盐业控制从流通领域中撤出。此后宋沿唐制，元明清皆沿宋制，民国沿清制，及至新中国成立，设盐业局，食盐皆实行国家专营制度，一直未变。

（2）聚团公煎的生产形式

聚团公煎是国家对盐业生产的专门管理，即国家在盐区置盐场，场设团，团设灶，层层管理，严密控制和管理盐业生产。催煎场施行编甲之法，以灶编甲，以3—10灶为一甲，设甲长，亦称甲首，为监督场灶之首领。每灶昼夜煎盐6盘，每盘300斤。"火伏法"亦称"起止火伏之法"，要求亭户在催煎官确定的盐灶、火伏、盘数内煎盐。"起火、伏火皆有定时"，必须严格遵守"待煎、起炉、闭炉"等手续。催煎官由此可知各灶户煎盐数量，达到控制和管理灶户制盐数量，是团煎之雏形。行聚团公煎之法，每场按地域划分几团，每团又分几灶。采取按灶计丁，按丁收盐，名为"额盐"。各场灶丁，皆需聚团煎灶，以杜私漏。凡离团私煎者，皆作私盐论处。

（3）严格的制盐许可制度

1914年，政府公布《制盐特许条例及制盐特许条例实施细则》，规定民众制盐，必请准于官。1935年11月，玉泉场为加强制成盐管理，日产盐均悉数归堆，并推行蓬长责任制，订立盐归堆细则。

1950年5月，废除旧政府制盐许可证，重新办理申请制盐许可证，未经准许制盐者，以私盐论处。1990年施行的《盐业管理条例》规定，开发盐资源、开办制盐企业，必须经省级盐业行政主管部门审查同意，并获省人民政府批准，按规定需领取营业执照；私营企业和个人不得开发盐资源。1994年，国务院批复同意原盐专营，并重新实行生产许可制度。2006年4月，国家发展和改革委员会发布《食盐专营许可证管理办法》，重申国家对食盐生产实行定点生产制度。食盐定点生产企业证书由国家发展和改革委员会发放，有效期为三年。

（4）不断完善的购销制度

宋初，盐由官府收买。象山设玉泉买纳场，置盐官，收购民盐，支付工本。南宋，东南六路行"盐引"制度，食盐收贮由官府直接征敛而仓贮，或官府征购，或收购后仓贮，称官收官贮；第二种是商人购贮。元代属民制官收；明实行官收政策，灶丁应向官府缴纳定额盐课，余盐归灶户所有，但不能私卖，一律由场按定价收购。清初，两浙循用票引法，实行官收，招商认运。嘉庆后改商收商运。1921年，改由专商经销。

唐朝实施盐运销就场专卖制，国家监，粜与商人，商人纳榷，粜与百姓。五代后唐，县设立榷买场院，由官府自卖，乡村各处准许通商，两法并用。宋初行官卖法，元代实行商运商销，另一种是官运官销。明代实行盐引制，即盐商对朝廷专控食盐实行运、销总承包制度。清初承明制，沿用票引法，引盐、票盐兼行。票引有肩、住之分，境内属肩地，销于县内者谓肩引；销于外地者谓住引。民国沿袭清制，由商贩运销，分运商、肩贩两类。后略有变化。新中国成立后，执行计划运销。

（二）海盐晒制技艺核心文化基因的提取与评价

象山是历史上产盐规模较大的地区之一，具有丰富的文化底蕴。经过相关资料综合分析，将象山海盐晒制技艺核心文化基因提取为人类在大自然中的探索精神，不断改革生产技艺的创新观念和不断衍生出的国家情怀、守法意识和吃苦耐劳的劳动品质。

1. 生命力评价

象山海盐晒制技艺，源远流长。春秋时期浙东鄞县即为晒盐之地。唐大中十三年（859），象山爆发了一场史称"揭开唐末农民斗争序幕"的起义——裘甫起义。起义领袖裘甫是一个盐贩，起义队伍里有一部分盐民，可见象山盐业生产在当时已具一定规模。北宋政和四年（1114），象山以境内玉泉山命名，设玉泉买纳场。玉泉场经历宋、元、明、清、民国直至新中国成立，时间长达 835 年，横跨象山、宁海、三门三县，可谓是旷世少有。到 1992 年，象山成为全省著名盐产区。改革开放后，全省盐地大部转废，改为工业用地。至 2008 年，象山还保留了新桥、旦门、花岙三盐场。至 2021 年，象山还保留了全省唯一的花岙盐场，盐业生产延续至今，从未中断，体现了顽强的生命力。

2. 凝聚力评价

象山盐业生产区域，分布在全县各地。东北起自贤庠，东向折钱仓由爵溪而下，过林海、南庄、岳头、东陈、南堡、旦门、新桥、定山、晓塘、昌国、金星至石浦，至海岛南田、高塘、四都，迂回曲折 300 余里，灶舍环列其间，形成广大盐区和盐民群体，成为象山经济社会中重要的一个产业群体。千余年来，"盐利居半"，凝聚了无数象山人投身到盐业生产当中，盐业成为象山经济的重要收入，对象山财政有重大贡献。

3. 影响力评价

象山历来以渔盐之乡闻名。2014 年，德国、意大利一个摄影团队专门来象山杉木洋拍摄古代海盐晒制技艺。摄影团队实地参观了杉木洋海盐烧煮技艺，并拍摄了传统锅灶等工具及煮海过程，使象山煮盐技艺得到了国际性的传播。2010 年，有几十辆自驾车游客考察杉木洋村，特别关注象山古代煮盐技艺，实地观察了盐溜、盐灶等器具。来自上海、台湾等地的游客深有感触，他们第一次看到盐是这样"煮"出来的。

象山古代制盐技艺传统、古老且别具特色，不仅在省市内有影响力，还具有全国性、世界性影响力。20 世纪 50 年代，慈溪部分盐场曾邀请象山师傅帮助铺设缸爿坦，说只有象山师傅铺设的缸爿坦又平又紧密，缝道细，泥浆不会渗出。象山缸爿坦制作技艺在宁波一带有很高评价。象山制盐不仅是一种产业，还形成了一种文化，有独特语言和盐业风俗习惯，深刻地影响着人们的思想、行为和习惯，代代相传，从盐区波及周边农村，具有极大的影响力。

4. 发展力评价

象山海盐晒制技艺，植根于象山土地，在花岙盐场得到保留，成为全省唯一的海盐晒制技艺传播基地，使海盐晒制技艺文化基因得到完整地、全程地继承和发展。目前在花岙盐场，一方面建设、完善海盐生产基地，保持正常海盐生产，使文化基因在生产过程和实践中得到传承与保留；另一方面在盐场开辟盐文化展览馆，宣传象山盐文化的历史、生产技艺、盐文化知识。更重要的是，将逐步恢复古法制盐技艺，引导参观者开展制盐互动活动、实践体验，把盐的生产、盐文化宣传和海岛旅游相结合，使海盐晒制技艺这一国家级非物质文化遗产得到进一步的传承、弘扬和扩大。

（三）海盐晒制技艺核心文化基因的转化利用

1. 聚焦盐场特色，打造盐文化美食与文创产品

浙盐臻品——"古法海盐"被评为浙江省非物质文化遗产优秀旅游商品，"六月古法晒制"东海海盐礼盒被推选为宁波市首届伴手礼推选活动推荐产品。景区可推出以盐为主调味的"全盐"大餐，如咸包蟹、盐水虾、椒盐虾屄、九龙盘珠、铁板蛏子、咸鸭蛋等。游客们在品尝完盐文化主题的当地特色美食后，可以选购多种礼品带回家送给亲朋好友，把盐文化美食带向全国。除此之外，游客还可以选购设计盐砖、盐缸等花岙海盐伴手礼产品。在已有产品的基础上，增加文创产品和美食的多样性，如研发古法象山海盐盐汽水饮料，绘制中国古法制盐网络手绘地图；增加象山海盐古味餐厅数量，扩大象山海盐盐焗系列菜品规模等。

1200 亩盐田，几百个方正的盐滩在花岙岛大佛头山脚下排列整齐。因为蒸发滩、调卤滩中卤水浓度不一、沉淀物不同，每个盐滩的颜色也不相同，千亩盐田像画家手中巨大的调色盘。这种五彩斑斓的景象是古法晒盐特有的风景。对于爱摄影的读者来说，这浩瀚的盐田是不能错过的风景。天晴能拍到五彩盐田，盐田承接天空倒影，不用修图，就能用手机直接拍出天空之镜的感觉，运气好能拍到落日火烧云，天地盐田都变成了一幅"燃烧"的油画。盐场还有随处可见的皑皑盐堆，在阳光下闪闪发亮。盐场可以征集景色主题、非物质文化遗产工艺主题的优秀摄影作品，或是举办摄影大赛，发动游客和当地居民进行投票，将人气作品印制成画册、明信片等文创产品进行售卖，最大程度

地宣传盐文化。

2. 把盐文化与海岛旅游相结合，开发特色旅游项目

目前象山花岙盐场主要经营的旅游线路有两条，一是花岙盐场游，结合海岛盐场、盐文化展览馆、盐文化进行互动体验；二是杉木洋盐村游，结合盐村徐氏宗祠、常济庙、仙人洞、盐民墩等景点进行实地考察。众多游客通过自驾游，探索出一条象山县非物质文化遗产馆—石浦渔港古城—石浦沙塘湾村—高塘岛乡花岙盐场—花岙石林景区的文化与海岛旅游相结合的路线。

象山非物质文化遗产馆提炼了象山的海洋、山民、农耕和市井四种文化形态，以"见人见物见生活"的展陈理念，通过"海""山""民""传"4个板块，回顾象山悠久的历史文化，再现象山盛大的民俗现场，体验象山独特的生活方式，品味象山灿烂的民间艺术，传承象山精彩纷呈的非物质文化遗产。石浦渔港古城是中国历史文化名镇和浙江省非物质文化遗产旅游经典景区，古城居民祖祖辈辈生活在老街里，整个景区透着一股浓厚的渔区古镇特有的生活气息。古城没有乌镇、西塘的小桥流水，也没有凤凰、平遥的大气古朴，有的是依山面海，坐看潮起潮落的独特气质。依山而建、枕水而居，历史悠久的渔文化，金戈铁马的海防文化，还有红极一时的渔商文化，3种文化在这里融合发展，形成了现在的石浦古城。这样的旅游线路将文化与自然相结合，极大地提高了游客的兴趣。

3. 依托花岙盐场研学基地，开展系列文化活动

在宁波市文化广电旅游局公布的宁波市首批40个非物质文化遗产体验基地中，象山县的宁波秉益竹木雕刻体验中心（馆）、民间刺绣体验基地、中国海影城非物质文化遗产百工坊、花岙盐场、白海亚草木染工坊5家"老底子"场所榜上有名。非物质文化遗产体验基地的建设评选，目的是扩大非物质文化遗产保护的影响力及受众群体，拓宽传统文化保护、传承渠道，让非物质文化遗产融入旅游、融入生活。近年来，象山县着力打造一批以展演、展示、普及性传习培训和互动体验等多种方式相结合，开展非物质文化遗产宣传推广活动的场所。

在多方联动下，宁波信丰泰盐业公司投资4000多万元，对花岙盐场基础设施及生产设备进行升级改造，新工艺、新技术的采用大幅提高了海盐产量，让花岙盐场重新焕发活力。天花岙盐场有1200余亩日晒海盐盐场，其中50

亩为旅游观光体验盐滩。天气好时，游客可以观赏到原生态的晒盐场景。盐场的体验和"打卡"是旅行的必备环节。小朋友可以穿上套鞋亲自来盐田劳作，感受在盐田里流汗的快乐。当地为盐田想了一些新口号，比如，"我的盐里只有你"，还打造了国家非物质文化遗产晒盐技艺形象"花岙晒盐阿伯"等。除此之外，还有200平方米的室内集讲授、研讨等功能于一体的传承基地。研学内容有参观盐文化馆，体验制卤，打盐花，收集盐、捡海鸭蛋、画盐画等。游客可以通过展演、展示、参与等方式，深度感受非物质文化遗产文化的魅力。

2022年7月2日，象山县高塘岛乡海盐晒制非物质文化遗产传承所正式开馆，作为全省首家海盐晒制非物质文化遗产传承所，将以非物质文化遗产为"燃点"，提振旅游市场，把国家非物质文化遗产晒盐技艺品牌"打出去"，吸引更多人"走进来"。高塘岛乡花岙岛是岛也是村，除了花岙盐场，岛上还有"百年苍水、千年古樟、万年大佛、亿年石林"等资源。当地将把多元资源串珠成线，推出更多玩法，让游客更好地发现藏在海风里的美景。与此同时，象山"海岛微度假、自由慢时光"岛居生活推广季活动也拉开帷幕，现场开启宁波千团万人惠民游系列活动之"走好共富之路，探秘仙源高塘"活动，以房车自驾、非物质文化遗产研学、盐田宴等为主题，发布4条非物质文化遗产旅游产品线路，邀请市民游客体验夏日海岛慢生活。

参考文献

1.鲍俊林：《中国古代海盐生产技术的发展阶段及地方差异》，《盐业史研究》2021年第3期。

2.毛海莹：《东海问俗——话说浙江海洋民俗文化》，浙江大学出版社2018年版。

3.盛式彦：《挖掘象山海盐文化的调研与思考》，《宁波通讯》2012年第17期。

4.张说：《象山"海盐晒制"技艺》，《浙江档案》2017年第2期。

四、象山海鲜十六碗

位于东海之滨的象山，三面环海，形状似象，岛礁成群，以山得名却因海出名。象山半岛如同一条停泊在东海岸的大渔船，坐拥象山港、三门湾两个大鱼池和大目洋、猫头洋、渔山几大传统渔场，规模大、产量高，海鲜加工发达、流通体系完善，被授予"中国渔文化之乡""中国梭子蟹之乡""中国海鲜之都"等称号。象山人靠海吃海，千家万户的炊烟里、餐桌上，无不充满着浓浓的海鲜味道。象山海鲜十六碗在挖掘民间菜肴的基础上，经网络评选后精心考证复原而成。当地人将其总结为：

> 红膏白肉咸炝蟹，瓦楞白壳是银蚶。
>
> 大烤墨鱼色红亮，熏鱼沾得御厨香。
>
> 芹绿色清鳗如玉，脆皮虾鱼犀养胃肠。
>
> 金银鱼丸水中漾，三鲜鱼胶风味长。
>
> 渔家白蟹喜先尝，雪菜黄鱼堪称王。
>
> 葱油鲳鱼对金樽，清炖鲻鱼美名扬。
>
> 清淡翡翠炒鱼片，咸水白虾另有天。
>
> 望潮体软肉爽脆，鲜鳓佳肴永难忘。

象山海鲜十六碗，要求选料绿色、鲜活，且讲究刀工与火候。因菜品色、香、味、形、意俱全，深受消费者的欢迎。后期又推出象山海鲜新十六碗、象山四季海鲜十六碗，配上诗和故事，让人真正感受到海鲜十六碗的风韵。2020

年，象山全县餐饮业年营业收入达 87 亿元，比上年增长了 17%，占社会消费零售总额的 30% 左右；限额以上餐饮企业达到 120 家，打响海鲜餐饮"吃在象山"的美誉，极大地提高了象山的知名度与影响力，实现了象山餐饮业的融合发展与整体繁荣。

（一）象山海鲜十六碗核心文化基因解析

1. 物质要素

（1）优越的海域环境

象山县位于浙江省中部沿海，是典型的半岛县，东临大海，以大目洋之韮山列岛为界，最南为渔山列岛湾里的小礁，西与宁海县接壤，北以象山港中心线与普陀、鄞州、奉化三地为邻。全县海域面积 6618 平方千米，陆岛海岸线长 925 千米，占浙江省八分之一；拥有大小岛屿 656 个，约占浙江省五分之一，拥有象山港、石浦港两大港口，境内有 36 个金色沙滩，总长达 13.2 千米。象山当地属亚热带海洋季风性气候，四季分明，日照充足，温暖滋润，雨量充沛。象山还有 37 个渔村，200 多平方千米海涂，2000 多艘渔船。这些都为海鲜十六碗打下坚实的物质基础。

（2）丰裕的海鲜资源

象山海产资源丰饶，拥有海水鱼类 440 多种、蟹虾类 80 余种、贝类 100 多种、海藻类及其他海产品数十种。象山海鲜不但品种多，而且质量好。海鲜鲜、嫩、甜，是地道象山人的理解和共识。鲜，象山方言是"透骨鲜"。象山附近海域作为我国的优质渔场，海洋环境优越，饵料资源丰富，所产海鲜品质超群。嫩，指的是海鲜的口感。只有鲜活的海鲜，肉质才可以条分缕析、入口即化。这与海鲜到岸时间长短紧密相关。象山渔产业链完整且成熟，捕捞、保鲜、运输一气呵成，几乎百步之内必有海鲜。甜，是指食后的回味。象山海鲜的甜，既是味觉的享受，也会成为享用海鲜大餐后美好的回忆。

2. 精神要素

（1）热情好客、知恩感恩的渔民性格

"十六"数字吉利，"十六碗"阵仗隆重，更像是象山人热情好客的代名词，用象山十六碗海鲜菜肴招待顾客的观念一直保留在象山人的血液里。明洪武年间，倭寇猖獗。名将吴大酬认为，象山天门山据扼要津，地势险恶，应建

四品鱼诗——诗之美。咏鱼诗是祖国古诗苑中的一朵奇葩，读来妙趣横生。许多文人墨客借鱼抒怀、以鱼言志。唐代"烟波钓徒"张志留下千古绝唱《渔歌子》，江南鳜鱼便一直以其盎然诗意扬名。象山精选从诗经开始直至民国的咏怀鱼诗词，编辑成《咏鱼诗词三百首》。

五品典故——情之美。聪慧的象山渔民在挖掘民间菜肴的基础上，又辅以诗词典故，以其独特的韵致给海鲜增添了许多情韵。辣螺故事讲述了渔家姑娘为追求忠贞不渝的爱情，不畏渔霸胁迫，以死抗争，于三月初三毅然投海。从此每逢三月初三，象山海边辣螺旺发。渔民在这一天成群结队地来到海边，捡辣螺作纪念，后演变成象山渔区独具特色的"三月三、踏沙滩"传统习俗。

六品故事——文之美。象山本是吴越之地，流传着越王勾践与大黄鱼的故事。传说越王勾践在一次庆功宴上，就黄鱼的吃法询问众大臣。范蠡提议请一位东海老渔夫来解答。老渔夫说："吃鱼有季节之分。春季黄鱼，腹内饥饿，游来游去，吃的东西最多，吃得肥头大耳，此时鱼头最好吃；夏季，天气热了，鱼在海底下已吃得肚腹滚圆，鱼的中段最好吃；秋季，黄鱼要过冬，到处觅食，尾巴活动量最大，此时鱼尾最好吃；到了冬季，鱼经过一年的游动，浑身胖鼓鼓的，整条鱼都好吃了！"故事意味深长，折射出一方人的坦诚，显露出一方人的豪放。

七品厨艺——艺之美。品海鲜的核心在厨艺，讲究"顺鱼性，合口味，倡文化"。经网络评选，象山海鲜新十六碗推出精美冷菜类4种，风味独特的热菜类12种，继承了一碗菜、一首诗、一个故事的特有风格，承接了传统烹饪的精髓又融入现代潮流的时尚，实用性与艺术性相得益彰。

八品鱼器——器之美。《易·系辞》中载："形而上者为道，形而下者为器。"在品海鲜中，我们既要重视形而上学的品鱼精神，又要重视形而下学的鱼器。受"美食不如美器"思想领悟，品海鲜器皿注重质地与品质，主要以瓷器、陶土、玻璃、竹木为主，实用、舒服、适手，装饰含蓄、精致。

九品鱼宴——味之美。象山海鲜个性鲜明、风味独具。岁时节会，婚丧大礼，象山传统菜被普遍使用。象山传统菜的基本特征为：重鲜度，力求保持原汁原味；咸鲜合一，口味偏咸；以海鲜为主，与其他辅料有机结合；讲究加工，但不失海鲜本真。这些传统菜风格迥异、自成体系，一方面源于民间的智慧，另一方面源于历代厨师矢志不渝地努力提升。

（4）靠海吃海、以鱼致富的美好愿望

象山海鲜除了直接食用外，加工业也十分发达，加工方式多种多样。在推动海洋产业结构调整中，象山大力发展近海养殖业，并且积极开展水产品深加工，采用工厂化、现代化的工艺技术，将人工养殖的大黄鱼、海鳗等水产品，加工成国际流行的方便食品调味食品。与此同时，象山还依靠科技，进一步提升水产品的附加值。冷库、食品厂将各种鱼类制成鱼片、鱼丸、鱼糜出口；将"十六碗"中废弃的大量鱼头、鱼骨、内脏，通过生物、复合食品等前沿技术，加工成鱼精骨、水解蛋白、鱼带粉和食品调味等。通过水产品深加工，一条鱼可提升几十倍甚至几百倍的价值。

3. 语言与符号要素

象山海鲜十六碗的标志别具一格。标志以汉字象山的"象"字为设计元素，强调了象山特色菜的地域特征。标志绿色部分组成了阿拉伯数字"16"，传达了16道特色菜绿色环保及数量特点；再与左边一撇海浪图案巧妙结合，形成汉字"水"字。恰当展现了"十六碗"作为象山特色海鲜美食的口味特点。标志上的半部抽象形成的正在飘着阵阵香气的一碗菜图案，表达了"十六碗"的饮食特征。红色象征象山海鲜走向全国，走向世界，必将形成餐饮业的燎原之势。整个标志充分表达了象山海鲜十六碗立足象山悠久的海鲜饮食文化，蒸蒸日上，香飘九州的美好前景，寓意深刻、线条流畅。

4. 规范要素

（1）海鲜餐饮业的常规化发展路径

象山县委、县政府非常重视以"十六碗"为核心的海鲜餐饮业的推广保护与发展，将其纳入建设海洋经济强县的发展规划。为培育壮大象山海鲜餐饮业，进一步提升"象山海鲜"金字品牌，象政办专门印发了〔2018〕79号文件《全面实施"四名"工程，推进象山餐饮业提升发展行动计划》。依托象山独特的海鲜资源优势，大力实施餐饮业"四名"产业发展战略，培育一批象山餐饮名店、名菜、名厨，建设象山品质餐饮集聚区，提升行业发展水平。全面提高"象山海鲜"知名度，扩大其影响力，实现象山餐旅业融合发展与整体繁荣。

（2）海鲜美食节的制度化发展路子

为进一步做优、做强象山海鲜美食品牌，象山县以"蓝色海洋，绿色海鲜，特色美食，出色品牌"为主题，坚持"政府引导、企业主体、市场运作、群众参与"的办节方针，依托得天独厚的海洋资源优势，连续举办了19届海鲜美食节。通过举办系列活动，充分展示了海鲜美食文化，进一步提升了象山海鲜的知名度与美誉度，促进了象山美食与旅游的深度融合，推进象山经济向更高质量发展。此外，还举行了海鲜餐饮高端论坛。从理论到实践极大地开阔了眼界，极大地提高了象山的知名度与美誉度。

（3）海岛渔民约定俗成的定亲程序

特定的环境，特殊的生活习惯，形成了海岛渔民独具魅力的海鲜文化习俗。例如：海岛渔民的结婚礼仪文化中有"定亲"这一程序。"定亲"过程男女双方都有送礼和回礼的习俗。男方下聘时，礼品中必须有一对新鲜、完整的大黄鱼，且鱼头须对着女方家门。女方接受聘礼后，要把这对大黄鱼回礼给男方；回礼鱼的鱼头要对准男方家门，以示女方进丈夫家门后一去不回头，一心一意。在渔区，还有独具海乡风情的贺郎习俗。新婚之夜，请一班能诗善歌的民歌手来到新房颂唱贺郎调，以示庆贺，给婚礼增添欢乐和喜庆的气氛。渔家新媳妇在夫家，脱去新嫁衣，就要为公婆做一道鱼羹。要是谁家的新娘子鱼羹做得好，很快就会传遍渔村，受到渔家乡亲的赞扬和尊重。

（二）象山海鲜十六碗核心文化基因的提取与评价

象山海鲜十六碗是极具地域特色的餐饮美食，是中华海鲜餐饮不可或缺的组成部分。"十六碗"不仅让人享受自然经手的海鲜大餐，也让人享受知乡愁的文化大餐。象山"吃鱼经"——1条鱼可以吃出100条价值，其文化价值和经济价值不可估量。基于对这样的认识，可将象山海鲜十六碗核心文化基因提取为：讲究食材的鲜活，秉持绿色健康的理念；精细的刀工和严格的火候，咸鲜合一，原色原味的制作技艺；感恩、吉祥、年年有余，寓意无穷的人生哲理。

1. 生命力评价

象山位于象山县东北部海岸线的塔山遗址，出土了海鲜鱼蚶、图腾壳纹陶支座与陶鱼鳍形鼎足，在商周文化层还出土了3300多年前的青铜鱼钩，反映了象山吃海鲜历史久远。至今，海鲜资源的丰富性，海鲜美食的鲜食性、食疗性、文化性、民俗性，是其他地区无法替代的。特别是从21世纪初开始，象山县政府提出建设海洋强县，为海鲜餐饮的发展提供了不竭动力。象山渔文化研究会与县餐饮协会又根据季节和食材的变化推出四季十六碗，未来发展前景广阔。

2. 凝聚力评价

象山是著名的海洋渔业大县，百姓世代以渔为生，拥有3000多艘渔船，海洋捕捞能力强。近年来，象山在积极推进渔业转产中，跳出传统思路，变着法子"吃海"，让有限的海洋资源发挥最大的效益。象山渔民具有历史悠久的海鲜餐饮文化和独特的加工方法，积极把餐桌经济做大、做强，最典型的例子便是象山海鲜十六碗的创新与发展。随着渔业运销、保鲜、保活等新技术的兴起和广泛应用，象山海鲜十六碗也有了走出象山的机会。如，象山渔家女吴云孤身去往上海打拼，创办的丰收日大酒店已拥有6家连锁分店，经营面积1.5万平方米，年营业额达数亿元；酒店配有海产品专用冷藏车，前一天夜里发车到象山，凌晨在市场收购刚刚捕获的海鲜，当天上午赶回上海。让上海食客天天可以品尝到最鲜活的象山海鲜。依托科技吃鱼、文化吃鱼，延伸蓝色产业链，凝聚各地食客，推广餐桌经济。

3. 影响力评价

象山海鲜节对以象山海鲜十六碗为主的餐饮业和旅游业的发展起到了促进作用。2007年，按照象山县委提出的《提升转型的要求，积极探索新的发展思路》，象山海鲜节在第四届中国（上海）国际餐博会上以"东方不老岛，象山海鲜好"为主题，实现沪、杭、苏、甬、象五地酒店联动，打响象山海鲜餐饮品牌。自从推出象山海鲜十六碗后，象山渔文化研究会积极研究、奋力推广。2010年，海峡两岸渔业经济合作和发展论坛在福建举行，研究会以"从一个县看渔文化研究及渔文化产业发展"作主旨演讲。演讲内容贴近现实生活，赢得了与会代表的热烈掌声，后又多次被邀前往上海、南昌、舟山等地参加国际学术研讨与发展研讨，并与国内外专家交流，获得极高评价。

4. 发展力评价

有海就有海鲜，有海鲜就可以制作海鲜十六碗，发展力无限，价值无限。象山是中国海鲜之都，在象山县委、县政府出台的系列政策支持下，象山餐饮业不断推陈出新，在第十七届海鲜美食节中推出了"寻找妈妈的味道"，邀请10位石浦当地渔嫂制作石浦特色菜，展现石浦传统渔乡风情特点；围绕"一镇一味"的主题，通过走访、拍摄等方法，寻找各乡镇特色美食及背后的美食餐饮店；以象山海鲜面馆为单位，举办象山海鲜面比赛，通过专家评定和网络推选，评选出十大象山"最地道"的海鲜面馆；组织名厨以象山海鲜为主要原材料，制作象山精品菜，充分展示海鲜美食的独特魅力；邀请一批美食达人游象山品美食，挖掘出一批海鲜面馆、乡村美食、特色餐饮店铺等进行推广宣传，发现一批、培养一批、巩固一批海鲜餐饮的新秀，为象山发展全域旅游和乡村振兴贡献智慧和力量。

（三）象山海鲜十六碗核心文化基因的转化利用

1. 研发"象山海鲜十六碗"礼包和便当

象山海域广阔、海产丰富，人们对象山念念不忘大多是因为象山海鲜。象山海鲜之所以美味，主要是因为新鲜。每年不乏食客为了品尝这一口"鲜"，从千里之外驱车赶来，只怕错过当时美味，只得再等来年。象山当地或是宁波周边的人们可谓是最幸福的，每年定时能吃到新鲜肥美的海鲜。但对于内陆的人们来说，多数时候未能及时品尝到美味的海鲜。当下保鲜技术虽然成熟，但依旧无法保证远距离运输，途中还有其他无法预测的影响因素。运用技术将象山海鲜十六碗加工成半成品的状态，并组装成象山海鲜十六碗大礼包，既能延长保鲜期，尽可能保留食物本身的美味，还能适当减少运输途中对食品造成的损坏。

为满足城市中上班族的需求，便利店在国内遍地开花，多数"上班族"都会去便利店买便当作为午餐。其中，中式米饭套餐便当、面食类便当和炸物类便当最受消费者欢迎。将象山海鲜十六碗的 16 个菜品研发成适合城市上班族食用的"象山海鲜"系列便当，荤素搭配得当、营养全面丰富，只需在微波炉中加热片刻即可食用。另外，在包装封面的设计上突出象山的自然景观、人文元素。消费者在品味海鲜便当时，也可以了解象山的风土人情和文化旅游资源。

研发象山海鲜十六碗大礼包和便当，让象山美味以新形式陪伴在海鲜爱好者的身边，不仅能满足人们对美味的需求，还能让象山海鲜走得越来越远，大力推动着象山的经济和文化发展。

2. 开发"象山海鲜十六碗"烹饪与旅行App

象山海鲜美味除海鲜本身的"鲜"味外，还重在其烹调技艺。相比注重用料、烹调工序繁杂的重口菜肴，海鲜的烹饪或许显得较为简便，大多重在保留食物本身的味道，以煮、蒸等方法为主。在这看似简单的技法后面，烹调用料的多少、烹制的时长，以及选用的配菜都是十分讲究的。若掌握不好度，那么整道菜的味道就会大打折扣。充分利用移动互联网普及的大环境，以继承和弘扬地方传统烹饪技艺为宗旨，开发"象山海鲜十六碗"烹饪App，邀请象山当地擅长烹调海鲜的渔家人拍摄象山海鲜十六碗和其他海鲜小食或是传统点心的制作视频，为网络对面有兴趣的学习者提供"一对一"的烹饪教学课程。与此同时，App内也可接入主流电商海鲜平台，为观众、学艺者提供便捷的海鲜食材采购平台。

除录制并上线与烹饪相关的教学视频外，还可以在此App上介绍象山海鲜美食的发展历史，帮助学员感受象山深厚的海洋文化底蕴。同时，在此平台上开设旅游美食窗口，为来到象山当地的游客提供美食指南。在地图上标出象山各类美食的出售地点，游客通过搜索获取旅游地图，并可根据导航自行前往。美食地图指南能帮助游客省时、省力，高效游玩。对应商家能够通过网络进一步了解游客的需求并且提前做好准备工作，同时也能与其他商家实时对比，交流合作，及时优化经营，提升自家服务质量。

由此可见，开发烹饪与旅行App不但教人学习传统技艺、传播弘扬传统文化，还能建立远方游客与象山当地的联系，拉近彼此间的距离。

3. 举办象山海鲜美食节与厨艺沙龙

举办海鲜美食节，诚挚邀请本地渔民和游客共同参加。本地渔民在美食节上向游客展示自己的渔家生活，如打渔网、晒海货等，让游客了解并感受真实的渔民日常。此外，渔民还可以摆放摊位售卖自家制作的海货，把最原汁原味的渔家味道分享给游客，并收获一份利益。线下美食节配合互联网同步做现场直播，其中又可分为几个模块，如美食节现场情况直播、海鲜烹饪直播、海产品售卖直播等，使观众通过网络全方位地观看象山海鲜美食节，弥补未能来到现场的遗憾。

海鲜美食节是大型且面向大众的活动，形式开放、时间自由，旨在为当地与外来游客提供一个海鲜美食交流的平台。在美食节中组织海鲜厨艺沙龙对提升海鲜烹饪的专业度来说，是必不可少的。邀请擅长海鲜烹饪的厨师在厨艺沙龙中展示、切磋、交流，同时，邀请美食专家参与讨论点评，配合互联网话题和美食直播，为象山海鲜十六碗烹饪技艺的提升、品牌的推广提供活动平台。沙龙聚焦象山海鲜十六碗菜品，从选料、刀工、火候等制作工序以及色、香、味等多个角度开展评价。综合专业评委、现场游客、网友等多方位意见，评选若干烹饪奖项，以促进菜品烹饪技能的提升。

参考文献

1.陈醉：《细品象山"海鲜十六碗"》，《宁波通讯》2014年第14期。

2.潘海颖：《浙江省海洋旅游产品定位与开发》，《经济论坛》2007年第7期。

3.苏勇军、陈君静：《浙东区域海洋文化产业化发展战略探析》，《宁波经济（三江论坛）》2008年第2期。

4.赵蕾、刘红梅、杨子江：《基于渔文化视角的休闲渔业发展初探》，《中国海洋大学学报（社会科学版）》2014年第1期。

五、赵五娘传说

赵五娘传说来自象山东部的爵溪街道一带。赵五娘传说脱胎于元末戏曲家高明所写的《琵琶记》。传说早年有女子赵五娘，嫁夫蔡伯喈。蔡郎上京赶考，一去十年杳无音信。蔡父、蔡母灾荒之年双亡，赵五娘剪发扒土葬了公婆。因赵五娘无依无靠，思念丈夫，便叫人画了公婆之像，挟一雨伞，身背琵琶，黑衣白裙千里寻夫。赵五娘一路远行，竟走到了东海之滨的象山，留下了"赤坎""相思岭""下沙""七弯八岗""印伞石""升天石"等传说遗迹。最后赵五娘来到爵溪白沙湾的弥陀寺，得知夫君蔡伯喈已在东京牛宰相家招亲做了状元女婿。赵五娘万念俱灰，在爵溪大卟山蹬石跳崖升天。这天是八月初三。后人为纪念这位忠贞的赵五娘，在白沙湾建造了赵五娘庙。这个传说是东汉蔡邕与赵五娘故事的浙东民间版本，但它又区别于历代关于东汉蔡赵事件的故事构成，独树一帜。它近似《琵琶记》细节，却又在结尾与《琵琶记》的一夫两妻大团圆结局反其道而行之——以赵五娘跳崖悲剧结束。

赵五娘传说反映了象山渔区关于家庭孝道和夫妻忠贞的朴素情感，2009年被列入浙江省非物质文化遗产名录。

（一）赵五娘传说核心文化基因解析

1. 物质要素

（1）山海风貌与奇岩怪石的自然环境

爵溪位于象山县东部沿海中偏北部，距县城中心8千米。东临大目洋至韭山列岛，西接丹城，南至白沙湾与松兰山景区接界，北至公屿白岩山一带，与大徐镇和涂茨镇接壤，三面环山，东面濒海。陆域面积31.8平方千米，其中内陆面积20.2平方千米，岛礁面积11.6平方千米。城区东离岸25千米韭山列岛面积7.3平方千米，由南韭山、积谷山等27个岛与48个礁组成。列岛由火山凝灰岩构成，是国家级海洋生态自然保护区。岛上栖息着被称为"神话之鸟"的国家一级保护野生动物中华凤头燕鸥。爵溪"东望日本，南走天台"，向为海道要冲，为山海之地、历史古城、渔商之乡。境内多低山丘陵地貌，成形于6500万年前，是向东入海的天台山余脉，与洋面相交形成曲折绵延的岸线，有七岗八湾之说。沿海岛礁116个，星罗棋布，白色沙滩镶嵌于海湾之中，山海风光奇绝。最高南部大刃山，海拔444.3米，有山岭与外界相通，是赵五娘传说的核心地区。爵溪特有的山海风貌与奇岩怪石，加强了赵五娘传说与本土地名的相关性。

（2）仙源渔乡与海防重镇的历史遗存

远在先秦时期，爵溪就有人居住。据史料记载和民间传说，象山蓬莱山—爵溪湾—道人山一带是秦代方士的向往之地，留有徐福、安期生往来此地求长生不老药的故事。据史料记载，宋时爵溪有了近海捕捞作业的史料记载，至明清成渔埠开始闻名县内外。清光绪二十年（1894），有渔船200余艘，产鱼1万吨。民国期间，渔船180余艘，每逢渔汛，舟山、宁海、三门、玉环、乐清、温岭、平阳及福建等渔船云集，最多时超过8000艘。爵溪船所捕大黄鱼加工腌制成鲞，城外十里平沙，鲞厂百家，灯明人忙，盛极一时。历史上爵溪也是有名的海防重地。明洪武二年（1369）置巡检司，洪武三十一年（1398）筑所城，依山蜿蜒似船，俗称"船城"，是明朝的抗倭要塞，至今仍保留着部分明建古城墙及周家湾烽火台等遗址、遗迹，为县重点文物保护单位。老城区十字街有清乾隆年间所建街心戏亭，为省重点文物保护单位。

赵五娘的传说故事源于东汉蔡邕的家乡河南陈留。随着南宋迁都临安，赵五娘的民间传说也随中原移民传入吴越，又因宋代南戏之首的《赵贞女》一剧得到广泛传播，有陆游诗为证："斜阳古柳赵家庄，负鼓盲翁正作场，身后是非谁管得，满村听说蔡中郎。"明初高则诚在宁波栎社撰南戏《琵琶记》后，赵五娘的故事在宁波所属一带可谓家喻户晓。据《爵溪镇志》记载："明洪武、嘉靖年间有二批河南开封陈留人（赵五娘家乡）从戎驻爵，筑城抗倭，留居爵溪。"陈留来的批量驻军极有可能带来了当地的赵五娘传说，加上《琵琶记》带来的影响，赵五娘传说在爵溪落地生根，当地建有五娘庙，每到八月初三香期便有人来此祭拜赵五娘，迄今不衰。

2. 精神要素

（1）奉守孝道的观念

在中国，孝的观念源远流长。舜因孝被尧选为帝位继承人，甲骨文中已出现"孝"字，《诗经》中则有"哀哀父母，生我劬劳""哀哀父母，生我劳瘁"的咏叹。赵五娘的夫君蔡伯喈赴京赶考一去不归，奉养双亲的责任便落在赵五娘身上。恰逢灾荒之年，赵五娘吃糠咽菜奉公婆，剪发扒土葬公婆，都是至孝的表现，也是群众颂扬赵五娘的原因之一。五娘精神确实对维系社会伦理、社会秩序起到了很大作用。

（2）坚忍贤淑的性格

在赵五娘传说中，赵五娘和蔡伯喈并非出自豪门大户，而是生活在普通的清贫之家。蔡伯喈鱼跃龙门抛妻弃子贪图享乐，赵五娘苦守家门贤良淑德奉养公婆，两个人物形象在故事里形成强烈对比，"糟糠自餍""代尝药物""卖发埋葬"的情节更加突出了赵五娘的贤德品格。在赵五娘万里寻夫的情节中，她身无分文孤苦无依，一路衣衫褴褛、弹琴卖唱。其坚忍引发了人们的深度同情。因此，爵溪周边附着赵五娘寻夫故事的地名多是悲情和辛酸的。在这些故事里，赵五娘在面对艰苦困境时表现出的坚韧不拔和忍耐不屈，是中国劳动妇女特有的美德和品性，为人们所传颂。

（3）崇善惩恶的情感

在象山版的赵五娘传说中，另一精彩的桥段是"沉东京，涨崇明"的传说。这个传说在江苏、上海、浙江、福建都有，传至东海之滨的象山，百姓将"沉东京"和"五娘寻夫"两个传说进行糅合，虚构了繁华东京古城在象山海外，蔡伯喈入赘东京牛相府，为赵五娘万里寻夫来到象山的缘由进行了铺垫。故事最后东京不是被玉皇大帝罚沉，而是被赵五娘一脚蹬沉的。蔡伯喈和代表富贵的牛相府都被东海巨浪所吞噬，留下了"牛轭礁"的地名。蔡伯喈负心忘义终遭灭顶之灾，赵五娘忠贞不屈得以羽化成仙。在这些传奇的故事情节里，处处体现着普通民众崇善惩恶的朴素情感。

（4）为爱忠贞的意愿

宋有南词《赵贞女》，金有院本《蔡伯喈》，元有南戏《赵贞女与蔡二郎》，至明初有高明的《琵琶记》。《琵琶记》之前的戏曲中，蔡邕均为反面人物，背亲弃妇，马踏赵五娘，后被雷劈。《琵琶记》一改旧情节，蔡、赵成了孝子贤妇的榜样，蔡伯喈变成了时刻在怀念父母、不忘发妻的人物，最后以一夫二妻大团圆作结。在象山流传的赵五娘传说，大致情节与《琵琶记》相似，但结局却与《琵琶记》的大团圆不同，而是反其道而行之——以赵五娘跳崖的悲剧结束，体现了普通民众敢爱敢恨的质朴情感，在赵五娘文学圈里独树一帜，成为东汉蔡邕与赵五娘故事的浙东民间版本。渔民若去远洋捕鱼时常两三个月不归，社会伦理要求男女彼此忠贞是维系家庭和睦的内在要求。所以在赵五娘传说的渔区版本中，民众在五娘得知丈夫入赘豪门乐不思蜀后，给了她一个怒问苍天、悲愤跳崖、羽化成仙的结局，以她的品格教化世人在对待爱情时要守望相助、忠贞不渝。

3. 语言与符号要素

（1）北方语系的爵溪方言

赵五娘传说核心传播地在爵溪。爵溪古为小渔村，人迹罕至，至明洪武二年（1369）置巡检司后才逐渐发展起来，特别是洪武三十一年（1398）为防倭患建爵溪千户所，筑城戍守，有千户官以下官员13人，统兵1130名。这千余官兵均来自北方中原地区，退役后难回故里，都住在了城里。据宗谱记载，爵溪大姓谢姓与刘姓，其始祖均来自河南陈留。从北方中原地区来爵溪守边的明代将士说的是近代汉语即北方方言。在汉语发展史上，元、明、清北方汉语称"近代汉语"，中古汉语的浊音逐渐清音化，入声逐渐消失。爵溪系军事重地，禁止本地居民入居。加之山岭阻隔，交通闭塞，少受外界影响，因而聚居在爵溪城里的北方人能长期使用正宗的北方方言。到了清代，军事地位下降，渔业兴起，温台渔民纷纷入居。南北居民杂处，南北语言交融，历经数百年的演变，浊音逐渐恢复，入音复苏，终于成了南腔北调式的特殊方言——爵溪话，和象山其他地区以吴语语系为主的方言形成鲜明区别，被称为象山方言孤岛。流传于此的赵五娘传说是用北方语系的爵溪话讲述，与传说的起源地河南陈留遥相呼应。古代中原传说，当今扎根江南；河南陈留人物，活现浙江象山。赵五娘传说故事中包含的东汉历史、宋廷南迁、北民南移、海防军事等内容，是中原文化向南传播的一个经典案例，也是研究传说类民间文学自然飘移和随意黏附规律的范本。

（2）身背琵琶、手执黑伞、脚缠白纱的女性形象

高明所写的《琵琶记》被誉为南戏之首，戏剧中赵五娘手弹琵琶一路卖唱，万里寻夫的形象深入人心。琵琶不仅是赵五娘感慨身世诉说相思的工具，也是其一路谋生的手段。从"相思岭"等传说可知，赵五娘的琵琶技艺比较高超，可见其蕙质兰心，并非普通的村妇。凄凄切切的琵琶音乐，不仅烘托了故事的悲剧氛围，也进一步塑造了赵五娘的痴情形象，让人们对她的同情又深入一层。黑伞在赵五娘寻夫路上起到保护作用，遮风挡雨、倚杖开路，但漆黑硕大的伞面笼罩着赵五娘单薄弱小的身躯，给人以压抑的视觉冲击。这黑伞可以看作是封建伦理"妻为夫纲"的象征，一方面妻子依附丈夫以贤良淑德获取生存的保障，另一方面这种依附关系又是造成很多中国传统妇女人生悲剧的原因。传说里赵五娘脚缠的白纱是"七岗八湾""白沙湾"等很多地名的由来。

4. 规范要素

赵五娘传说围绕守孝之礼展开。"百善孝为先""夫孝，德之本也"。孝道文化是中国传统文化的核心，民间流传的"打爹骂娘，天打雷劈"，表明不孝者皆为世人所不齿，天地所不容。在赵五娘传说中，通过对守孝的赵五娘和不孝的蔡伯喈给出的不同结局，对"守孝之礼"进行了强化，强调孝行是子女对父母的善行和美德，是家庭中晚辈在处理与长辈的关系时应该具有的道德品质和必须遵守的行为规范。

（二）赵五娘传说核心文化基因的提取与评价

赵五娘传说是以爵溪方言讲述的民间故事，其基本色是黑与白。这不仅是传说故事里蔡伯喈和赵五娘两个人物形象的二元对立，也代表了群众对社会伦理道德的朴素评判。"孝"与"贞"是五娘传说故事的核心价值。

1. 生命力评价

在中国传统社会中，儒家历来把孝与贞视为"人伦之公理"，将其作为维系社会伦理关系和政治统治的重要手段，并且把孝与贞和"忠君""爱国"相联系，使孝与贞这种调节亲子关系和夫妻关系的道德规范扩展为具有社会普遍意义的行为准则，成为社会教化的基本内容。特别是在以男性为主要劳动力的

渔区，渔业生产危机四伏，女性是家庭的实质守护者，普通百姓对孝与贞的推崇，是维系渔区社会关系的必然要求，也是赵五娘传说在渔区传颂千年不衰的原因。

2. 凝聚力评价

赵五娘传说的核心传播地象山弥陀净寺坐落于爵溪白沙湾，相传建于南朝宋文帝时，至今已逾千年。旁有赵五娘殿，建筑面积1500平方米，殿中有赵五娘的汉白玉雕塑，殿内墙上绘有赵五娘传说的大幅壁画。2009年，赵五娘传说被列入浙江省第三批非物质文化遗产名录后，在当地政府和文化部门的共同推动下，每年举办赵五娘庙会，努力做好"文化＋旅游"文章，深挖项目的孝贤文化内涵，出版赵五娘连环画，创作长篇小说、越剧、歌曲、舞蹈等文艺作品，举办故事会传承弘扬赵五娘孝贤文化，打造孝贤、康养旅游路线，举办孝道讲堂、孝贤座谈会、赵五娘文化专题研讨会等。每年举办活动次数近20次。赵五娘传说及其精神内核已成为当地的文化地标和社会主义精神文明的组成部分，为地方社会平稳发展发挥了重要作用。

3. 影响力评价

赵五娘传说纵贯数十朝代，历经几千年，横跨四省千万里。高明于栎社著《琵琶记》后，赵五娘的故事在宁波可谓家喻户晓，传播至象山后一直在民间传颂敬仰，甚至为赵五娘在爵溪白沙湾塑像建庙。在象山流传的赵五娘传说中，就有关于外地香客与赵五娘的故事，如《赵五娘蝶显灵》《赵五娘为台湾先生带路》等。这些传说故事强调了赵五娘神化后的显圣现象，进一步美化了赵五娘在民众心目中的形象，以至于关于她的故事至今仍在延绵创新，赵五娘传说里的社会美誉、社会正义、社会教化等价值一直在无形地影响着广大民众。

4. 发展力评价

孝与贞是中国人传统美德形成的基础，还是社会公德、职业道德、家庭美德、个人品德建设的基本元素，也是当今政治文明、经济文明、精神文明建设不可忽视的精神支柱和精神力量。赵五娘传说宣扬的孝道和忠贞，虽然是中国传统道德观念，但其蕴含的人性中的真情是普通民众一直坚守的价值追求，对当下公民教育大有裨益。

（三）赵五娘传说核心文化基因的转化利用

1. 开发赵五娘传说主题越剧等音视频作品

现存与赵五娘传说相关的视频资料主要有象山县文化和广电旅游体育局拍摄的《赵五娘传说》非物质文化遗产申报片、爵溪街道文化站演出的舞蹈《五娘吟》、独唱节目《五娘赞》、越剧小戏《赵五娘的传说》视频等。另外，有在网上播映的越剧《琵琶记》视频、连环画《赵五娘》、长篇小说《古道侠情》、越剧《赵五娘》等。为了更好地做好赵五娘传说历史文化的保护传承工作，应多措并举，扩展渠道，如举办"五娘故事会"等传承弘扬孝贤文化活动，吸引群众积极参与，感悟"孝""贤"精神，搭建演出舞台，定期开展演出，送戏下乡，让民众现场感悟其精神价值，同时充分调动群众的主体性、积极性，发挥智慧巧思，凝心聚力推动移风易俗，焕发辖区群众精气神，形成以文化浸润引领文明乡风建设的氛围，进一步推动乡村文明建设。

同时，可以依托爵溪丰富的旅游资源，把握历史契机，围绕赵五娘传说核心价值的"孝"与"贞"，赵五娘形象核心要素的"琵琶""黑伞""白纱"和传说载体"相思岭""七岗八弯""白沙湾"等地名，结合爵溪白沙湾弥陀净寺旁"赵五娘殿"内墙上绘有的大幅赵五娘故事壁画，将实物留存与赵五娘传说的核心文化基因相互结合、转化，开发《赵五娘》主题精品越剧、赵五娘漫画手册等新时代艺术作品项目，进一步传播赵五娘传说及其蕴含的核心价值，进一步扩大其在外的知名度和影响力。

2. 利用弥陀寺文化传承基地，传承五娘孝贤文化

以节日挖掘内涵。八月初三期间，举办赵五娘孝贤文化节，开设五娘文化演出、五娘诗歌朗诵、孝贤婆媳表彰活动等，将纯民间的"八月初三五娘香期"打造成为一个形式更多样、参与性更强、接受度更高的新时代文旅活动。弥陀寺是浙江省非物质文化遗产项目赵五娘孝贤文化传承基地。母亲节时，寺内会开展相关活动，旨在弘扬我国优秀传统文化，传播善心善行理念。弥陀寺主持有云法师通过讲述赵五娘传说、跪羊图等优秀传统文化故事，告诉游客"百善孝为先"，从古到今人类的文明皆以孝为美、以孝为贵、以孝为本。现场志愿者会引领孩子为他们的母亲奉上一盏茶、一支美丽的康乃馨，祝所有的母亲节日快乐，还会带领大家挂祈愿牌，祝福所有的母亲吉祥安康。弥陀寺还准

备了康乃馨和感恩卡，由爱的使者组成小分队，将充满感恩的礼物派发给广大居民，提醒孩子这个特殊日子的含义，须及时向母亲尽孝、感恩。这一活动在文化传承基地的承办下井然有序，意义重大，可以加大宣传力度，吸引更多的市民前来参加。

3. 依托"孝贤营"平台，开展多种孝文化活动

活动可以将以赵五娘传说命名的"七湾八岗""五娘古道""升天石""东京"几个地点串联成线，讲出故事情节，让游客坐观光车、踏沙滩；听故事、观海景。为弘扬中华优秀传统文化，传承孝贤精神，象山县弥陀寺搭建了"孝贤营"平台，通过举行孝贤文化巡礼、孝贤文化培训、孝贤故事传播、孝贤基地参观、孝贤志愿服务等孝贤主题活动，发挥省非物质文化遗产项目五娘孝贤文化传承基地的孝贤文化传播作用，进一步提升广大市民道德文化素养，弘扬中华优秀传统文化，传承孝贤精神。还可借讲堂传播文化，在基地建立"孝贤讲堂"，定期举办优秀传统文化课程，组织游客分批次开展培训，也可适时邀请企业家、职工前往培训等。

近年来，象山爵溪街道植根乡土、突出亮点，充分彰显了爵溪丰富的山海资源和民俗文化底蕴。为了做好历史文化保护继承，多措并举搭建演出舞台，街道将"赵五娘传说"改编出版了连环画《赵五娘》、长篇小说《古道侠情》，创作出越剧《赵五娘》、歌曲《五娘赞》、舞蹈《五娘吟》，举办了"五娘故事会"等传承弘扬孝贤文化，充分调动了群众的主体性、积极性，发挥智慧巧思推动移风易俗，凝心聚力焕发辖区群众精气神，形成以文化浸润引领文明乡风建设的氛围。

参考文献

1. 高峰：《弥陀寺与赵五娘》，《宁波通讯》2005年第3期。

2. 林倩婷：《赵五娘："双面"伊人——解读〈琵琶记〉女主人公形象》，《现代语文（文学研究）》2008年第5期。

3. 张霞：《也说赵五娘的孝》，《课外语文》2018年第34期。

塔山遗址出土之陶豆（象山县文化和广电旅游体育局供图）

塔山遗址 1991 年发掘现场（象山县文化和广电旅游体育局供图）

六、塔山遗址

塔山遗址位于象山县丹东街道东侧塔山南麓缓和坡地，依坡濒海，面积约4万平方米。1988年，塔山遗址被发现后，在浙江省考古研究所主持下，分别于1990年、1992年、2007年进行了3次发掘，文物遗存丰富，具有深远的历史意义。

塔山遗址具有河姆渡文化特征，生业模式以农业经济为主、采集经济为补充，是距今6000年之际的马家浜文化跨过钱塘江与河姆渡文化相结合的"边缘"遗存，反映了马家浜和河姆渡两个文化共同体在地域拓展中相遇而又不完全相融的发展状态，是中华民族"和合"思想的生动展现。

塔山遗址的发现和发掘，内涵丰富，意义重大，影响深远。1995年12月26日，象山县人民政府将其列为县级文物保护单位，定名为塔山遗址。2013年，国务院核定塔山遗址为第七批全国重点文物保护单位。

（一）塔山遗址核心文化基因解析

1. 物质要素

（1）河姆渡文化遗址墓葬群

塔山遗址下层墓葬群是迄今为止所发现的宁绍地区河姆渡文化遗址最大也是唯一的墓葬群，在宁绍地区史前史中具有象征性意义。1990年、1993年2次发掘共发现墓葬40座，为长方形竖穴土坑墓，葬式为仰身直肢单人葬。其中存在二次葬式，仅在一处墓葬发现屈肢葬。

经观察和鉴定，墓中骨架均属成年，大多是壮年（三四十岁）个体，个别为青年和老年个体，没有儿童个体。有的墓中骨架有散乱现象，如大腿骨旁安放前臂的桡骨等，反映了当时塔山地区流传的某种风俗。随葬品在足部一侧，以陶器为主，少量玉（石）器。种类有豆、釜、钵、盘、罐、鼎、壶及器盖等。数量最多的是绳纹釜和泥红陶喇叭形圈足豆。

（2）种类丰富的遗迹遗物

塔山遗址北依塔山，东至姚家山，南过塔山路至象山福利院及东侧耕地、民宅片区，西北为东谷湖。经过3次发掘，塔山遗址发现了新石器时代、商周时期、汉至唐宋时期的遗存物，有墓葬、建筑遗迹、灰坑、水井等，并出土了大量原始瓷器、陶器、石器、骨器、玉器、青铜器等种类丰富的文物。

如塔山遗址三期发掘出土了10余件商周时期的青铜器，如青铜镞、青铜戈，还有大量陶片，以及新石器时期的木器和动物骨头，600多枚唐代"开元通宝"钱币。在遗址中，还发现一口春秋战国时期的水井和一条曲尺形的石砌墙基。

2. 精神要素

（1）顺应自然的观念

中国古代信奉朴素的"天人合一"思想，多数人类活动选择顺应自然，人与自然保持相对和谐的状态。在塔山遗址采集的植物孢粉中，研究发现遗址区周边山坡有森林分布，低地由于地势低平，雨量充沛，又临近海洋，受海水顶托，长期滞留积水，形成了大面积的河湖和沼泽湿地分布。同时在洪水季节，受海洋潮汐或海侵作用的影响，遗址区排水不畅，水位升高遭淹，或海水倒灌侵入，水域面积大。

面对复杂恶劣的自然环境，塔山人选择顺应自然，"择丘陵而处之"以避开洪水，在低地水域进行水稻培植和渔猎。塔山遗址呈现的农业经济为主、采集经济为补充的生业模式，是塔山人根据自然环境展开一系列生存、劳作、创造的结果，体现了塔山人在这一历史时期的科技水平和生活水平，折射出顺应自然、利用自然、改造自然的观念，是中华民族的智慧结晶。

（2）勤劳勇敢的性格

经过对塔山遗址出土的人类遗骸观察研究发现，塔山人的特征与河姆渡人的某些特征相同，同属一个族属。这意味着塔山人不是象山的原生部落，是从外地迁徙至此。在新石器时代，塔山人需要越过千山万水，历经千难万险，克服种种困难，拥有极大的勇气，才能到达塔山。此外，通过对塔山先民的人骨研究发现，塔山男性者四肢骨骼粗壮、强大。人骨同位素显示，塔山人摄入了较多的肉类蛋白，可见塔山人劳动强度大且有充足食物；同时在遗址区出土的鹿科动物、水牛、家猪、水稻等动植物遗存和陶器、玉器、石器、骨角木器也表明，塔山人善于发挥聪明才智，创造了一系列劳动用具、生活器具和艺术品，充分体现了塔山人勤劳勇敢的性格特点。

（3）和合包容的思想

在塔山遗址九层下的一个墓葬，分布着甲、乙、丙三类主体，随葬品各不相同。甲组随葬品为马家浜文化的典型器物——泥质红陶、喇叭形高柄、柄部有楔形或圆形镂孔，以及常有的内黑外红特征的陶豆；乙组随葬品为河姆渡文化的典型器物——绳纹陶釜；丙组随葬品是一种器表十分光亮的橙黄色夹细砂罐、豆，圈足部常见半月形镂空。三组墓葬的规制各不相同，意味着归属不同的血缘与文化，但又共同使用一个墓地，反映了河姆渡文化与马家浜文化融合的特殊状态。来自不同的文化属性甚至血缘属性的甲、乙、丙三个族群，在塔山共同居住、和平相处，表现出不同文化之间的兼容。

（4）文化归依的意愿

塔山下层墓地的分组与墓主人的年龄、性别无关，对应的是血缘—族属关系以及族群在生产生活中形成的特定文化属性，因此才会出现甲组豆中无釜，乙组釜中无豆的现象。甲组豆和乙组釜分属马家浜文化传统与河姆渡文化传统，反映了两个文化共同体在地域拓展中相遇却又不完全相融的状态，还反映了迁入塔山民众（或子嗣）在入乡随俗的同时，随葬品因循守旧，保持原有传统，遵循着自身族群的文化传统。

由此可见，塔山下层墓地所代表的群体尽管在生前生活在同一个村落，共同拥有一个墓地，但在死后依旧传承着各自的文化属性，表现出对族群文化的强烈认同和归依意愿。

3. 语言与符号要素

塔山遗址出土的文物纹饰多样，有蝇纹、附加堆纹、压划纹、镂孔、蚶壳纹、圆戳纹等，其他可见纹饰有刺纹、卷云纹、鱼纹、齿纹、十字纹、眼状纹等。几何印纹的纹样有席纹、叶脉纹、云雷纹、回字纹、绳纹、方格纹等。

如塔山遗址墓地出土的陶豆为国家一级文物，豆柄下部有月牙形的镂孔；蚶壳纹呈现出史前人类对海洋资源的利用以及海洋文化因素。各种纹饰的运用体现出塔山遗址史前人类孕育出特有的文化因素和特殊符号。

4. 规范要素

（1）法制化保护措施

1995年12月，象山县人民政府公布塔山遗址、姚家山遗址为县级文物保护单位。1997年8月，浙江省人民政府公布塔山遗址为第四批省级文物保护单位。2013年3月，国务院公布塔山遗址为第七批全国重点文物保护单位，姚家山遗址并入塔山遗址，刻立遗址保护标志碑。

2014年5月，象山县编制完成塔山遗址"四有"记录档案并通过浙江省文物局审查。2015年11月，浙江省文物局等部门公布了塔山遗址的保护范围和建设控制地带。2017年3月，象山县文物部门委托浙江省古建筑设计研究院编制《塔山遗址保护规划》；同年10月，根据浙江省文物局组织召开的专家论证意见，完成《塔山遗址保护规划》修订，并经浙江省文物局审核后上报国家文物局审批。

2018年3月，国家文物局下发《关于塔山遗址保护规划的意见》，要求进一步加强考古研究，探明遗址分布范围和保存状况，补充绘制塔山遗址考古遗迹分布总平面图，明确考古工作规划，并据此进一步修改、完善《塔山遗址保护规划》后，按程序另行报批。2018年7—8月，象山县文物部门委托宁波市文物考古研究所（现宁波市文化遗产管理研究院）开展塔山遗址调查勘探与整理研究，基本探明塔山遗址的分布范围，补充绘制塔山遗址考古遗迹平面分布图，提出塔山遗址今后的考古工作规划。

2020年2月，按照国家文物局《关于塔山遗址保护规划的意见》和最新考古调查勘探与整理研究成果，完成《塔山遗址保护规划》的再次修订，并按程序上报浙江省文物局、国家文物局审批。

在各级政府、主管部门的领导支持下，塔山遗址的法制化保护措施不断得到完善，遗址保护更加规范，为开展新时代塔山遗址考古工作奠定良好基础。

（2）日常保护管理

塔山遗址通过强化日常巡查和执法检查，全方位地保护遗址地。象山县文物保护管理所联合县城市管理综合执法大队和县文化市场行政执法大队，经常性、不定期地对塔山遗址及周边地区开展文物安全巡查，确保遗址不因其他因素影响，受到破坏。按照全国重点文物保护单位管理要求和省级考古遗址公园创建标准，象山县将进一步完善遗址监控系统，通过引进先进技术，结合塔山遗址地，强化塔山遗址的日常保护管理工作，保证遗址地不受破坏。

（二）塔山遗址核心文化基因的提取与评价

塔山遗址作为全国重点文物保护单位，具有全国性影响力。塔山遗址的发现，为考证河姆渡文化的时代及性质提供了实证，将象山地域人类活动的历史从原来认知的春秋战国时期上溯到距今约 6000 年前的新石器时代，是象山文化的祖脉和根源。塔山遗址文化是宁绍平原文化发展的一个标杆，反映了宁绍地区河姆渡文化以后新石器文化发展的序列，对于研究浙江古人类文化具有重要意义，也反映了当时海洋和陆地的变迁历史，为开展相关研究提供帮助。

塔山遗址核心文化基因体现了顺应自然、利用自然、改造自然的观念，以及塔山人民的勤劳勇敢，是中华民族"和合"思想的生动象征。

1. 生命力评价

塔山遗址的文化形态主体已灭失，但古遗址深埋地下，保存较为完整。其文化堆积厚约 0.8—2.3 米，可分为 10 个文化层，早期属于新石器时代，晚期属于商周文化并延及汉至唐宋时期，时间跨度长达数千年。

塔山遗址新石器时代遗存可分为上、中、下三个文化层：下层遗存属于河姆渡文化，也有马家浜文化因素，体现了河姆渡文化与马家浜文化相遇而不完全相融的状态，填补了河姆渡文化二、三期之间的空缺；中层遗存类似于崧泽文化，墓葬以竖穴土坑墓为主，遗物以圈足盘为代表的泥质灰陶系为主；上层遗存属于良渚文化，但具有不同于杭嘉湖地区良渚文化的地域特色，发现有墓葬、灰坑和灰沟等遗迹。

塔山遗址留存的物质要素、蕴含的精神要素依旧具有很强的生命力，能够绵延不止。

2. 凝聚力评价

塔山遗址虽然仅在历史文献或口耳相传中存在，未见过实际介入象山县的社会经济文化发展，凝聚力相对较弱；但是通过对塔山遗址的发掘以及出土的众多文物，进一步丰富了象山县的文化内涵，为象山人民提供了精神文化熏陶，也进一步提高了象山县在外的知名度。同时，塔山遗址以及出土的文物具有特殊的精神价值及历史意义，能够让象山人民更加了解象山这片土地的辉煌历史，将进一步凝聚起象山人民的集体力量，激励象山人民不断奋斗，共同开创美好的未来，从而推动象山经济社会不断向前发展，在新时代的发展征程中不断开创新成就，取得新辉煌，走好"共同富裕"路。

3. 影响力评价

塔山遗址作为全国重点文物保护单位，具有全国性影响力。塔山遗址的发掘意义重大，为考证河姆渡文化的时代及性质提供了实证，也证实了马家浜文化因素在这一时期进入宁绍地区，不是笼统意义上的"传播""影响"，而是随族群迁徙行为的文化拓展。塔山遗址出土的文物、人类遗骸等，为获取塔山遗址区域的古代生态环境和自然资源信息，研究史前及商周时期遗址与海洋地理环境变迁的关系，揭示塔山遗址存续范围内人地关系的演变等方面提供了重要的实物资料，影响深远。

4. 发展力评价

通过对塔山遗址的挖掘、宣传以及遗址公园建设等方式，大大提升了塔山遗址的知名度，扩大了象山在全省乃至全国的影响力。塔山遗址是象山对外进行文化交流的重要窗口及重要代表。总的来说，塔山遗址的发展潜力较大。应持续开展主动性考古调查工作，配合进行工程建设考古工作，开发塔山遗址数字化管理系统，组织相关专家、学者深入研究塔山遗址的文化内涵与独特价值，重点围绕研究塔山遗址不同阶段史前文化遗存之间、史前文化遗存与商周文化遗存之间的源流关系、聚落分布形态、社会阶层结构及其农业、手工业发展水平等，为塔山遗址的保护管理提供更多学术支撑。同时，在保护遗址，传承文化的基础上，可采用多渠道、多方式、多样化对塔山遗址文化基因进行转化性利用开发，充分发挥塔山遗址的作用，促进经济发展。

（三）塔山遗址核心文化基因的转化利用

1. 加强规划设计，突出塔山遗址的独特地位。

依托省级考古遗址公园建设，精选塔山遗址有代表性的纹饰进行符号化应用；设计展示塔山遗址核心基因的文化景观和雕塑小品；多种方式设计建设塔山遗址公园，使塔山遗址的真实性、完整性得到完整的呈现和传承延续。突出强化塔山遗址在象山文化的祖脉地位，充分发挥其社会教育作用，发挥新时代考古遗址的社会价值，推动考古遗址融入现代经济社会发展，将考古遗址承载的文化精神惠及于民，实现保护展示文化遗产以及提升城市文化内涵的目的，使塔山遗址成为象山人民的精神家园和城市性格的形象代表，推动社会效益、生态效益与经济效益的协调统一，最大限度发挥塔山遗址的历史价值。

同时，高标准、高质量地规划建设塔山遗址数字化展厅，使其成为全面展现塔山遗址的原貌场所。可以将沙盘模型、高清晰幕、立体投影、多点触控等紧密结合，以自然交互式模型电子沙盘的形式，将塔山遗址的形成、历史变化以及考古人员的挖掘过程完整地呈现给操作者和参与者。同时，用幻影成像的形式再现1988象山中学学生发现"塔山遗址"的关键事件。画面中人物的造型神态各异，图像清晰、画面逼真、人物栩栩如生，真实呈现"塔山遗址"发现的场景瞬间。综合运用高科技技术，采用三通道环幕投影系统，展现6000多年前新石器时期塔山人民的生产、生活习俗以及东南沿海地区的地理环境变迁；投影系统还将设置成电子翻书屏幕，采用先进的红外感应技术，展示青铜器、石器、陶器等塔山遗址出土文物，通过互动、有趣的方式将知识展示、传递给参观者，达到寓教于乐；此外，塔山遗址展厅需要配备互动查询系统，使参观者可以根据需要点击、查询、获取相关内容，从而更深入地了解塔山遗址历史。

2. 加强合作，打造塔山考古青少年研学基地。

塔山遗址蕴含着丰富的历史文化价值，可以通过加强与学校、社会机构等合作，合力打造高质量塔山考古青少年研学基地，引导青少年前来参与，使年轻一代能够深入地了解塔山遗址的辉煌历史，自觉担当传承塔山文化的使命。塔山考古青少年研学基地建设可以主要围绕了解塔山遗址历史、参观遗址及遗址出土文物、体验考古遗址活动等多种内容，打造多功能、多样化的青少年研学实践场所，充分利用好塔山遗址地。在塔山遗址课堂中，青少年可以通过学习遗址所处的新石器时代、商周时代塔山人的生产、生活方式，全面地了解塔山遗址形成的历史文化背景及其兴衰史；在遗址及其出土文物参观活动中，在保护遗址地的前提下，青少年可以近距离地观看遗址上的数十座墓葬及陶器、石器、玉器等随葬品组合，实地了解墓葬形制等知识；在基地模拟考古现场中，青少年可以亲身体验用考古工具探测、挖掘古文物的实践过程，同时在专家、老师的指导下有序开展考古工作方法、器物形制、文化内涵等内容讨论，全身心地体验、感受考古工作的乐趣，了解考古工作的意义和价值。在参与形式上，塔山遗址考古研学活动可以校园课程、亲子课程、单次活动体验等多种方式综合开展，同时结合五禽戏、田园劳作、投壶、放纸鸢等活动作为研学活动的补充体验，让青少年"乐"在其中，学习新知识、了解新历史。

塔山考古青少年研学基地的设立能够更好地发挥塔山遗址的文物价值，让文物"活"起来。一方面，帮助青少年学生在体验考古活动中，了解考古，学习塔山文化，加深对象山历史的认识，达到寓教于乐；另一方面，青少年的亲身体验参与，能够更好地推动其热爱塔山文化，自觉承担传承塔山文化的使命，从而促进塔山文化不断地向前发展。

3. 依托塔山遗址及出土文物，设计开发文创产品。

塔山遗址及其出土文物意义非凡，具有十分重要的历史价值，可以用来设计开发文创产品，促进经济发展，文化传承。

开发"塔山考古盲盒"产品。将缩小仿制的塔山遗址器物，制作成独特的"塔山考古盲盒"。"塔山考古盲盒"可以分为"传说"级别、"传承"级别以及"史诗"级别，通过模拟考古活动的未知性，将陶器、石器、玉器等文物藏进土中，同时配备缩小版考古工具模型，依照考古工作的相关程序和工作技巧来制作说明书，以便购买者能够正确地"挖掘"。同时，要广泛借助新媒体平台，加大"塔山考古盲盒"的宣传力度，不断向外推广，通过电商平台以及旅游商场、纪念品店进行销售，从而吸引考古爱好者、传统文化爱好者、"盲盒"爱好者前来购买，更好地转化利用塔山遗址，充分发挥塔山遗址具有的经济价值和文化价值。

通过开展塔山遗址文创产品设计开发大赛，借助社会大众力量以及高校力量，聚才汇思，创新开发形式。如结合塔山遗址出土的瓷器、陶器、石器、骨器、玉器形状、纹饰等进行文创设计，以新创意开发新文创，让新文创留住前来参观的游客，吸引新游客。加强和专业结构合作，如借助高校专家学者资源，定期举办研讨会，搭建平台，邀请各地专家参会，深入挖掘塔山遗址蕴含的文化价值及其历史意义，将最新的精神内涵研究成果融入以塔山遗址及其出土文物为主体的文创开发，同时要设计塔山遗址标志，以独特的标志向外推广塔山遗址，增强塔山遗址的对外知名度。

参考文献

1.蒋乐平：《塔山下层墓地与塔山文化》,《东南文化》1999 年第 6 期。

2.李全海：《象山县塔山遗址研究意义及保护措施探讨》,《资源环境与工程》2015 年第 1 期。

3.牟晓琳：《河姆渡文化分期研究》, 吉林大学 2017 年硕士学位论文。

4.许鹏飞：《试论良渚文化的去向——从良渚文化末期遗存的面貌谈起》,《东南文化》2015 年第 5 期。

张德和大师指导学生制作竹根雕（象山县文化和广电旅游体育局供图）

张德和竹根雕作品《悲欣》

（象山县文化和广电旅游体育局供图）

七、象山竹根雕

象山竹根雕是象山竹艺工匠利用毛竹根及其天然形态和肌理，通过艺术构思、随形施雕，实现自然美和人工美、思想性和艺术性的完美统一。刀工寥寥而妙趣盎然。象山竹根雕秉持变废为宝的理念，体现出积极的生态保护意义。

象山竹根雕题材广泛，艺术个性鲜明，富有海洋渔文化特色内涵。其品种多样，有摆件、挂件等；技法有圆雕、镂空雕、写意雕、组合雕等；作品形态有文人仕女、笔筒等。制作工序有选材、构思、施雕等 10 余道，用美兼具，风格独特。早期以笔筒和人物摆件为多，改革开放后在传承中不断发展，丰富了技艺和品类。

象山竹根雕以师授徒传承，建有一支 100 余人的老、中、青人才梯队。生产企业 20 余家，年产值 1300 余万元，产品出口多个国家和地区。县内建有竹根雕专业艺术馆"象山德和根艺美术馆"。1996 年，象山县被文化部命名为"中国民间艺术（竹根雕）之乡"；2021 年，象山竹根雕被列入国家级非物质文化遗产代表性项目名录。

（一）象山竹根雕核心文化基因解析

1. 物质要素

（1）取之不竭的竹根材料

象山地属亚热带海洋性季风气候区，冬夏季风交替显著，温暖湿润，年温适中，四季分明，雨水充沛，特别适宜毛竹生长。竹林集中分布在西北部几大山脉的东北、西北两侧，历史上亦如此。清乾隆县志记载："惟猫（毛）竹西乡最盛，山民恃以为业。"竹海绵延达 10 万余亩，出产竹笋 5000 吨以上，留下的全部长成竹材。

毛竹系禾本科刚竹属植物，一株成年毛竹每年可生新竹 1—2 株，多者 3—5 株甚至更多。新竹长出后 2—3 年就可成材使用，一般 5—6 年砍伐一次。竹身砍伐后便留下漫山遍野的毛竹根桩，根须密匝，向四周延伸直径近 1 米，深度 60—70 厘米，严重影响新笋和新竹及其他山体植被的生长发育，而且需要经过 5—6 年才能腐烂，令竹农十分头疼，常需花大力气把废弃的竹根挖去，以利新竹繁殖及其他植物的成长。象山每年砍伐竹材 200 万支，留下了同样数量的竹根，为象山竹根雕的发展提供了取之不尽的天然材料。

（2）爱竹雕竹的文化土壤

象山隶属于宁绍经济圈，因平原广布、水网稠密、农田肥沃、物产丰富，被称为"鱼米之乡"，是中国经济活跃的地区。改革开放以来，县域经济蓬勃发展，形成了具有鲜明特色的"浙江经济"。

经济的繁荣促进了文化的发展，深厚的文化土壤又催生出高雅的审美需求。作为"四君子"之一的竹子，因"清雅淡泊、谦谦君子"的人格象征和"竹报平安、节节高升"的文化寓意，历来被国人尤其是文人雅士所喜爱，诚如王徽之所言："不可一日无此君。"在产竹的江浙一带，浙人爱竹深入人心，或种竹、赋竹，以抒发胸臆、陶冶情操，或画竹、雕竹以施展才艺、养家谋生，由此造就了大量的文人墨客和民间艺术家，也促成竹根雕艺术的诞生和发展。

（3）种类繁多的雕刻工具

工欲善其事必先利其器。象山竹根雕既有造型所需的粗笨打胚工序，又有艺术所需的精雕细琢过程，一般创作一个完整的工艺品，会用到木工锯、棒槌、凿、钢条刀、磨刀石、砂纸、蜡、刷子、防腐防蛀材料等工具。其中用于打胚修光的关键工具凿和钢条刀，因雕刻部位不同，需备齐不同规格型号的圆凿、平凿、三角凿、斜口平凿、弯头凿、弧刀、三角刀等近百把，还需及时给予养护。为了创作时更称心如意，有些手艺人会选择自制工具。

2. 精神要素

（1）师法自然的创作观念

竹根雕创作与其他雕刻品种不一样的地方在于，其他雕刻受材料限制比较小，艺人可以随心所欲、自由发挥，只要把形象刻画准确、生动，富有美感即可，而象山竹根雕是天人同构的艺术。

根雕创作首先是发现根材的自然美，然后运用天人合一、返璞归真的创作理念，将自然美与人工美有机结合。根雕是材料、眼力、思维、技艺的综合产物，把无意识生长的自然之根，变成有意味及富有美感的艺术品，并且不能随意破坏根的自然形状和肌理。完成后的作品，不但要符合作者想要表现的艺术形象和创作意图，而且看上去依然像一块近乎自然的根材。这是根雕与众不同的特点。

总而言之，竹根雕创作观念的精髓在于我国优秀传统文化道家思想的核心"道法自然""天人合一"，既要保留自然美又要体现人为的艺术美，源于自然美，又超越自然美。

（2）恒心如"根"的创作性格

注重顺应自然、巧借造化的"天趣"艺术竹根雕，创作时重在发现，贵在自然。但是自然中的美是潜藏的。当艺人得到一块根材时，需细心观察、反复审视揣摩，因此一件作品构思长达几年、十几年甚至几十年都是常态。这就需要艺人能守得住创作时的寂寞，在性格上虚怀若谷、不骄不躁、恒心如"根"、不惧艰辛、勤奋刻苦、精益求精，通过反复实践、认真体悟，最终在深思熟虑后厚积薄发，创新意奇招于规矩之外，出杰作于情理之中。

正是这种"咬定青山不放松"的坚忍，象山竹根雕艺人们在行业发展过程中，遇绝境而涅槃，化挫折为力量，不断研发出仿古雕、局部巧雕、乱刀雕、组合雕、开竹雕、心雕等新技法，一次次将象山竹根雕推向艺术巅峰，直至跻身浙江名雕之列。

（3）弘善扬德的创作情感

艺术是艺术家自身体验的情感表达。以传统文化为养分的象山竹根雕，早期创作多选用福禄寿祥、忠孝节义、惩恶扬善类的传统题材，向社会传递弘善扬德的情感与观念。

此外，作为独立的艺术作品，身处时代变革洪流中的艺人们开阔视野，以刀为笔，针砭世事，创作有宣扬领土主权神圣不可侵犯的《钓鱼岛主人》、反战题材的《不巧》、鞭挞农奴制的《悲欣》，以及弘扬现代精神和表现社会题材的《竞》《和谐》《老有所乐》等。这些作品与传统题材一起，从不同层面不同维度表达了创作者一直以来秉持的向善向美、天下为公的情感。

（4）育人向美的创作理念

美育是精神文明建设的一项重要内容。它通过提高人的审美能力，陶冶心灵，开发智力，提高觉悟，健全人格，努力培养高尚情操，为实现理想和创造一切美好事物而奋发向上。

象山竹根雕在美育方面有双向作用。它不仅可以帮助人们领略自然美，还能欣赏到人类在应用自然美时迸发出的奇思妙想和别出心裁，引发人与自然之间同生共荣、和谐发展关系的思考。同时，象山竹根雕"谦让、包容""返璞归真""忘我放下"的创作理念也引导着人们对处世智慧和生活美学的思考，从而使人们在对竹根雕的审美体验中与中华优秀传统文化的精神特质一脉相承。

3. 语言与符号要素

（1）天人共构的艺术审美式样

竹根雕艺术是在现有根材的基础上展开的，因此其式样受竹根圆而长的基本形状以及竹的肌理结构所约束，加上作品用途以艺术欣赏和案头把玩为主，因此式样以表现人物山水、历史故事、花鸟鱼虫居多，其中又以仕女、高士、神佛、渔翁等形象最多。这与竹子清丽高洁的文化象征和根须浓密容易造型有关。在技法上则以局部巧雕为主，以达到天人共构、格调高雅、意象深远的审美价值和虚怀正直、以和为贵的教育意义。

（2）一脉相承的文化题材图案

象山竹根雕的创作题材和图案与中国传统文化一脉相承，常见的人物类有佛陀菩萨、罗汉神仙、圣哲贤达、名人高士、才子佳人、文臣武将、仕女童子等；动物类有太师少师、万象更新、龙腾虎跃、龙凤呈祥、马到功成、闻鸡起舞、耄耋富贵、一奔千里、吉祥如意、鹤鹿同春等；山水类有高山流水、深山问道、林泉窥月、松荫雅集、庐山观瀑、卧石眠云、携琴访友等；花鸟类有喜上眉梢、丹凤朝阳、松鹤长春、竹报三多、鹏程万里、梅开二度、竹苞松茂、松柏常青、鸳鸯荷叶、出水芙蓉、桃李争春、花好月圆、连子连孙、雄鹰展翅等；瓜果类有瓜瓞连绵、早生贵子、大吉大利、黄金满地、福寿双星、多子多孙、笑口常开等；鱼虫类有鲤跃龙门、连年有余、双鱼吉庆、悠游自在、水欢鱼跃、相濡以沫、知足常乐、春蚕吐丝等；器皿类有竹根茶壶、竹节提壶、根形杯、梅花杯、松形笔洗、梅桩水盂、桃形盒子、荷叶水盂等；楼船类有渔舟唱晚、耕海牧渔、满载而归、出没风涛、楼台相会等；均寓意美好，满足了人们求吉纳福的内心诉求和追求高洁品质的精神向往。

4. 规范要素

（1）系统完善的政策支持

象山县委、县政府非常重视象山竹根雕的保护和发展，将其纳入全县文化发展规划，早在 2006 年就出台《关于加大扶持竹根雕艺术创作和产业发展的政策意见》，制定了象山竹根雕中长期发展纲要和总体目标，从队伍建设、精品创作、学术研究、竹根雕产业化、对外宣传交流、基地培育、组织协调等多方面形成了完整的发展思路。县财政每年投入 60 万元用于象山竹根雕保护和发展工作。全县多个乡镇和旅游景区通过房租减免、土地优惠、发放补助等方式，积极引进艺人开设工作室和非物质文化遗产体验基地，推动文旅融合发展。

（2）随形施雕的技艺规范

象山竹根雕随形施雕，因材施艺，是天趣与人工的有机统一，是"奇"和"巧"的完美结合，其本质是"雕而不雕""不雕而雕"。"雕而不雕"就是庄子讲的既雕既琢，复归于朴。艺人在创作构思时根据竹根形状、肌理的特点设计艺术形象和处理细节，在局部巧雕后，呈现的作品与根材的自然形态融为一体，让观赏者认为这个竹根生而为此，手艺人不是根材的改造师，而是自然的解码人，再现返璞归真妙趣。"不雕而雕"，是因为作品人工和自然浑然一体后，有些部位没有雕过，但给人的错觉就像雕过一样，"手没雕，而心里雕"。"雕而不雕""不雕而雕"是象山竹根雕技艺水平和艺术效果的最高要求。

（3）成竹在胸的制作流程

象山竹根雕完整的工艺流程有十余道，主要有选材、发现、构思、凿毛坯、修光、开面相、打磨、防霉蛀处理、上漆与表面处理、包装等，其核心工艺是构思和凿毛坯。雕刻是做减法的艺术，一刀下去便无法弥补，因此雕刻前必须先成竹在胸，根据根材的自然形状和纹理走向，对创作理念、主题思想、审美要求以及经营位置、加工方法等作出系统、合理、周密的布排。另外，竹根是空心的，可以塑造的位置只有根体的周壁，厚度仅 1—2 厘米，作品的主次关系、层次分配、比例大小、吃刀深浅都要精确计算，通盘考虑，不能边做边看，否则肯定报废。一件好的作品必须是审美思想和雕刻技艺的完美结合，所以构思和凿毛胚，两者相互关联，缺一不可。只有巧妙的构思配合高超的造型能力，才能创造出精美的艺术作品。

（二）象山竹根雕核心文化基因的提取与评价

象山竹根雕是对竹根这一自然资源的艺术创作，是江南竹文化的重要组成部分。竹根雕的审美特征和创作原则是发现自然美，创造艺术美，体现思想美。作品不仅给人以丰富的想象空间，也有利于情操的陶冶和哲理的启迪。由于竹子是中国人追求思想品格和寄托文化情怀的载体。这种特殊的竹文化内涵无形中也提高了竹根雕的审美价值。对于竹根的利用则体现出积极的经济、社会和生态价值。基于对象山竹根雕历史渊源、艺术创作和影响力等有关资料的全面、深入分析，得出象山竹根雕核心文化基因表述为清和淡雅的审美情怀、"天人合一"的艺术创作和变废为宝的生态理念。

1. 生命力评价

竹根雕是一门独特而优秀的民间传统手工艺术，在中国艺术史上有着重要的地位。尤其是从 21 世纪初开始，国家和地方政府越来越重视文化建设和非物质文化遗产传承，出台过不少相关政策，艺人的创作积极性空前高涨，创作出大量精品，也涌现了不少新秀。竹子作为中国文化的精神符号，中国人爱竹历史悠久且深入人心，或画或咏，乐此不疲；以竹根雕刻而成的艺术品，质朴、清新、高雅、独特，是其他艺术门类所不能比拟和取代的。

自进入现代科技的高仿制时代以来，竹根雕的艺术品格和审美价值反而显得越来越高，因为竹根的自然形状、质地、色泽、肌理，是任何高科技手段都无法模仿的。随着科技的发展，机械复制品越来越没有价值，竹根雕的独特性也被重新发现并愈加重视，并且竹根雕是"绿色产品"，材料取之不尽，更是变废为宝。因此，竹根雕的未来发展前景十分广阔。

2. 凝聚力评价

从 20 世纪 70 年代末，西周人士张苍竹组织郑裕泉、张德和等 9 位青年，创办西周工艺美术厂开始至今，象山竹根雕生产机构已发展到 20 多家，从业艺人 100 余人，年产值 1300 余万元，建有竹根雕专题艺术馆象山德和根艺美术馆和竹雕文化创意产业园，与象山经济社会深度融合，是地方文化品牌和文化产业的重要构成之一。

随着竹根雕产业的发展，原本被竹农丢弃烧火的竹根成为小康路上的致富根。普通竹根每个售价在 50 元左右，造型稍好的 150 元左右，造型独特的甚至能卖到 1000 元以上。挖竹根已成为当地竹农的重要收入来源。象山竹根雕实现了当地竹农和民间艺人的双增收，兼具社会效益和经济效益，为地方经济社会文化发展做出贡献。

3. 影响力评价

在象山竹根雕艺人集体努力下，象山竹根雕从民间传统手工艺术品向格调高雅的精品艺术方向发展，"局部巧雕法""乱刀法""连体雕法""组合雕法"和"大写意雕法"等新技法的开创一次次把象山竹根雕推向高峰，产品有了质的飞跃，累计获得国家级、省级奖项 200 余项，其中获"山花奖"3 个，影响力不断提升。

象山 1996 年被文化部命名为"中国民间艺术（竹根雕）之乡"，2006 年被称为新一代"浙江名雕"。全县现有竹根雕艺人 100 余人，其中获"亚太地区竹工艺大师"等国际荣誉称号的有 1 人，获国家级荣誉称号的有 6 人，省级称号的有 25 人（其中"浙江省工艺美术大师"6 人），市级称号的有 40 余人（其中"宁波市工艺美术大师"26 人），浙江省工艺美术大师林海仁入选"浙江省高层次人才特殊支持计划"领军人物，影响遍及浙江杭州、东阳、浦江、安吉及上海、广西、福建、湖南、四川等地，产品出口多个国家和地区。

4. 发展力评价

2018 年，象山竹根雕入选首批浙江省传统工艺振兴目录。在象山县委、县政府出台系列政策的大力支持下，象山竹根雕精品创作层出不穷。象山县职业高级中学和宁波市职业技术学院分别开设竹根雕班和培训班。县行业协会每年开展优秀青年人才评比活动，为行业培养年轻一代传承人，健全人才梯队。依托象山发展全域旅游形成的巨大市场和乡村振兴战略的实施，相关生产机构研发了渔文化、影视文化、家居生活 3 个系列 160 余种竹根雕文创产品，在宁波南塘老街、象山影视城、阿拉的海水上乐园等周边著名旅游景区销售；西周镇、大徐镇、茅洋乡等多个乡镇引进艺人开设工作室和非物质文化遗产体验基地，成为乡村旅游亮点。

（三）象山竹根雕核心文化基因的转化利用

1. 整合资源，设计竹根雕品牌标识

通过整合当地资源，设计象山竹根雕的品牌标识，以形成象山竹根雕文化的规模效应。例如，张德和的德和根艺美术馆以艺术馆的形式向全社会开放，对中国竹刻竹雕艺术的发展有一定的启迪作用。可以此为核心，形成竹根雕品牌的辐射效应。一方面，设计可体现竹元素的统一导览标识：在色彩上，突出以竹青、竹黄为基本色的品牌用色；在建筑上，结合象山建筑本体特色，引入竹根雕艺术元素，体现竹文化的建筑元素，打造统一挂牌的艺人工坊。新的非物质文化遗产功能融入传统文化建筑要素，使之再现传统生活体验。

另一方面，拍摄手艺人及艺术精品的短视频。例如与竹根雕传承者等民间传统艺人合作，分解拍摄竹根雕创作过程的短视频，包括选材、工具、构、凿思胚、精修、打磨等，将其系列短视频制成"象山竹根雕传人"微电影，使其成为象山竹根雕品牌宣传视频。对象山竹根雕这一区域品牌进行资源整合，宣传推介，不断提高其对外知名度和品牌认可度，让非物质文化遗产在现代生活中熠熠生辉。

2. 拓展平台，创设竹根雕体验项目

创设象山竹根雕体验项目，使人们领会其核心基因。竹根雕体验项目主要分为线下与线上两种模式，以更好地契合人们的体验需求。

在线下设立动态体验与展示区域，是实地体验的一个重要环节。例如，可以在各地艺人工坊内标配体验小课堂、竹根雕工艺体验课堂等；也可以进行创意体验，设计一款创作想象力挑战游戏，通过对不同形状原材料的创作想象，比对艺人创作的成品，或是举办影视动漫人物雕刻艺术赛。同时，充分利用德和根艺美术馆与象山竹雕文化创意产业园，开展关于竹根雕多种形式的展览会、摄影展、艺术交流会等文化体验活动。动态的体验形式更能打动人心，通过游客亲自参与活动，增进人们对竹根雕的亲身体验和认识，提高人们对竹根雕的兴趣，从而使民众积极投入民间艺术的保护与创作中；还能提高艺术工坊自身的文化内涵，让象山民间文化艺术进一步发扬光大。

在线上开设竹根雕鉴赏课堂，定期举办鉴赏经典作品的艺术课程，普及关于象山竹根雕的文化知识，利用课堂的特点，采用有趣的语言进行知识传播。另外，也可以定期举办线上竹根雕精品拍卖，承接网上订购业务，推动大师级作品逐步进入艺术品拍卖市场，扩展网上展销平台。同时，提高互联网营销意识，构建网络传播体系。在文案包装上，与时下流行话题产生联系；重视与网友的交流，借由新媒体建立双向的互动模式。利用线上与线下两个平台，推出多元化的体验项目，营造竹根雕的创作、展陈与体验氛围。

3. 融合产业，开发竹根雕文旅线路

竹根雕作为象山的支柱性产业之一，在当地经济文化生活中占有重要地位。可利用竹根雕文化开展旅游业，开发文化产品，以弘扬其核心文化基因。

坚持文化与旅游融合发展，注重地域文化的内涵式挖掘，并用高品位的具备历史价值、艺术价值和文化价值的文化符号力量来提升旅游目的地以及其衍生旅游品的内涵。例如，可以设计兼具旅游和研学的"探竹"之旅，与宁波南塘老街、象山影视城、阿拉的海水上乐园等周边旅游景区紧密合作，推出"象山竹根雕＋"两日游系列文旅路线，并在配套设施上推出具有竹元素的主题特色餐饮以及竹根雕主题特色民宿；或与象山及其周边大、中、小学共同建立竹根雕研学基地，加强对学生的审美教育，使文化教育和文化产业相结合。目前已有一些学院、职业中专将竹根雕传统工艺美术的内容加入其研学实践当中，颇具成效。

研发竹根雕文化产品。象山竹根雕的艺术资源若能与旅游产业同步发展，不仅能够增强旅游文化氛围，改变当地旅游环境，而且还能增加旅游产业的创收。同时，竹根雕文化产品有着广泛的应用领域，可以作为家居摆设、馈赠礼品等适应旅游市场的发展，也可以联合当地文化产业制作出具有企业文化特点的纪念品。鲜明的地方特色以及精湛的工艺技术是文化产品的两个重要特征，因此，在产品的开发过程中要始终保持其民间艺术风格以及时代特色。例如，目前已推出的"海洋渔文化茶道系列文创产品"就是一个比较成功的案例。该系列产品以竹为材料，以象山独具特色的海洋渔文化为造型设计题材，受到广大市民的喜爱，被评为浙江省优秀非物质文化遗产旅游商品。另外，还可尝试研发渔文化、影视文化、家居生活等竹根雕系列衍生文创产品，以符合现代人

的生活和娱乐需求，如设计竹根雕动漫形象"盲盒"、竹根雕工艺餐具、竹根雕餐饮品牌专用定制摆件等兼具审美性与实用性于一体的产品。

参考文献

1. 菅丰、陈志勤：《非物质文化的创造——以浙江省宁波市象山县的竹根雕为题材》，《民间文化论坛》2010 年第 1 期。

2. 王丹斐：《从技术到艺术——论民间工艺"正统性"的建构以象山竹根雕为例》，《艺术科技》2015 年第 11 期。

3. 吴璇：《一种新手工艺的构建研究——以象山竹根雕的创造活动为例》，南京艺术学院 2013 年硕士学位论文。

4. 张德和、张翼：《雕根问道——德和谈艺录》，西泠印社出版社 2019 年版。

八、花岙兵营遗址

花岙兵营遗址位于象山县花岙岛，是明末清初东南沿海地区一处规模较大的军事设施遗址，于1982年被发现。遗址由雉鸡山、高涂岙主兵营2座，其余小型兵营10处，以及防御墙、关隘、望所、烽火台、地道、路障等诸多附属设施组成。两座主兵营均有城墙、营房、校场、水源等。雉鸡山兵营城墙长310余米，兵营平面略呈方形，前部呈钝角凸出，包围面积约4800平方米。高涂岙兵营城墙全长600米，兵营平面呈东北至西南不规则长方形，通长220米，通宽约65米，包围面积在1.2万平方米以上，呈不规则狭长形。两座兵营中间以小道相通，上下呼应。小型兵营分布于主兵营周围的清水岙、悬岙、高涂乔、雉鸡山等处。此外，还在周围发现军屯田地近70万平方米。

花岙兵营遗址为名将张名振、张苍水所筑。遗址规模较大，布局不拘一格，以两座主营为中心，众多兵营、哨所、瞭望所、关隘、烽火台、防御墙、屯田等，密切联系、相互呼应，共同构成了全岛完整的军事防御体系，是东南沿海地区重要的海岛防御工程，为研究张苍水及南明史、明清时期兵营建置、海岛军事防御体系提供了珍贵的实物材料，因而具有较高的历史价值。2013年3月，国务院将其列入第七批全国重点文物保护单位。

花岙兵营遗址（象山县文化和广电旅游体育局供图）

（一）花岙兵营遗址核心文化基因解析

1. 物质要素

（1）得天独厚的地势条件

花岙岛全岛不足 10 平方千米，在今象山、宁海、三门三县之交汇之点，北距象山县中心城区 44.7 千米，离大陆岸线最近点 7.14 千米，东西长约 2 千米，南北宽 5 千米。花岙岛南面汪洋大海，可与福建郑成功部遥应，西隔三门湾与宁海、三门相望，海上交通十分便利，位置相对隐蔽，在当时具有极高的军事战略价值。岛北部沿岸悬崖绝壁，难以登攀，南部多岙港，可通舟楫，岛北、东、南三面比较安全，仅有西面大陆方向来敌可能性最大。同时海岛地势高耸，雉鸡山高 308.5 米。花岙兵营正位于岛上雉鸡山顶，便于第一时间观察到海面敌情。

（2）俯拾皆是的自然资源

花岙兵营的建筑皆以"石"为建筑原料，乱石垒成的石墙、乱石垒成的防御城墙、乱石构成的营内地道（亦可作排水沟）、乱石垒成的水井和城门、巨石构成的路障、石块建成的瞭望哨所等。乱石充当了兵营最重要的建筑材料。而这种石料在花岙岛上无须开采，是天然形成的，并堆积于雉鸡山等山丘的山腰处，当地人称为"石浪"。这种石头坚固并且耐风雨侵蚀，通过简单的垒筑就可建成优良的石头建筑。在乱石建筑内墙上架上木梁，在屋内铺上茅草，士兵就可席地而卧。花岙岛上多树木，山麓旁有许多当地人称为茅杆的草，经久耐用。这些建筑材料就地可取，不需大费周章从外地运入。

（3）难以察觉的天然屏障

花岙兵营选择在山林之中或山窝之内建造，寻找天然掩体的遮掩。雉鸡山兵营虽处于山顶，但从山下却难以用肉眼观察到；高涂岙兵营位于雉鸡山之西，与德人山相接于山谷之中，很难从远处仔细观察到；其他小的兵营，也都掩藏在山谷林木之间。花岙兵营选址处在三门湾口和石浦港之中。高涂岙出海口位于西首，悬岙涂出海位于花岙兵营东北。花岙岛天然的植被以及特殊的地势高低起伏，为花岙兵营的隐藏提供了天然的屏障。

2. 精神要素

（1）不屈不挠的奋斗精神

张苍水在 19 年的抗争事业中始终不屈不挠，顽强抗争。他曾出兵相助松江提督吴胜兆反正，结果遭飓风，全军覆没，身陷虏中七日，得间行归海上；曾在上虞平冈结寨而守，与王翊等义军一起，焚上虞、破新昌，屡次对清军发动攻势，成为清朝统治者的心腹大患；曾四入长江，以堂堂之师，浩浩之气，赫赫之威，长驱长江数百里，撕开长江防线，打击了长江中下游清政府的统治；曾会师郑成功，自告奋勇，率本部 6000 将士，充任先锋，冲在前头，以势如破竹之势，兵不血刃，长驱直入，一气光复四府三州二十四县，威震江淮半壁；曾出生入死，潜行二千里，间关百折，直达海滨，重返林门。不管是风暴覆舟，还是强敌包围，都永不投降，永不低头，坚持勇往直前，战斗到底，被称为"怒海雄师""海上苏武"。

（2）视死如归的抗争精神

清廷高官曾多次以书信招降张苍水，但他都坚决拒绝。他在回复两江总督郎廷佐的招降书上写道："来书揣摩利钝，指画兴衰，庸夫听之，或为变色，贞士则不然；所争者天经地义，所图者国恤家仇，所期待者，豪杰事功。圣贤学问，故每毡雪自甘，胆薪深历，而卒以成事。仆于将略原非所长，只以读书知大义。左袒一呼，甲盾山立，济则赖君灵，不济则全臣节。"张苍水威武不屈，贫贱不移，富贵不淫，在花岙被捕后，押往杭州，拒不投降，铮铮铁骨，始终不渝，表现了视死如归的抗争精神。

3. 语言与符号要素

张苍水是一个带剑诗人，是一位极有才气的文学家，《苍水集》是他留给后人宝贵的文学财产。张苍水留有大量诗文并存世，《北征录》即是写于长江兵败后回南田林门的一篇总结北征得失论著。在隐居南田悬岙期间，他也创作了大量诗歌，其中《采薇吟》即是隐居到牺牲期间内的诗歌汇编。《屯林门》《复屯林门》等则是描写在林门屯田的历史。

这些诗文，有慷慨激昂发扬正气的高歌，也有怒发冲冠对于敌人的仇恨；有反映人民水深火热生活的痛苦悲叹，也有对战友的深切的关怀；有斗争胜利时和人民的共同欢呼，也有斗争遭受挫折时人民所给予的爱护和温暖；有大海长江中豪迈英勇的战斗号角，也有在崇山峻岭间前行奔走的低吟。诸多的诗文为后人走近了解真实的张苍水提供了另一个视角，也为后代的史学研究提供了更多的基础材料。

4. 规范要素

（1）"据水""依山"的兵营选址

花岙兵营大大小小70余处，分布于山顶、山麓、路旁、海边、林中，具有"据水轩辕法，依山垒壁横"的特点。屯兵之处，充分利用了自然事物，顺应天时地利，趋利避害。从雉鸡山兵营、高涂岙兵营、张苍水自己隐居地的兵营来看，都是选择了较为有利的地形。雉鸡山兵营位于雉鸡山顶，居高临下，一览无余，可居中控制，且有水源，山背皆可取水；高涂岙兵营位于雉鸡山之西侧山麓，与德人山相夹，形成高涂岙，为花岙岛西南出海口，山谷中有溪流，四季不绝，用水方便。越过悬岙岭，可从东边下岭，可以出海，东北至南田以至舟山以北；东南至台州、温州以至福建；若向西，则进入三门湾诸海道。至于张苍水隐居地兵营（一号兵营），处于雉鸡山背，其背有小路连接悬岙岭，西通高涂岙海湾、出海，取水容易。这种"据水""依山"地形，实为张苍水兵营选址上的精心安排，完全符合古代战争学上的要求。

（2）互相呼应的布局结构

花岙兵营布局合理，大小兵营互相呼应。张苍水十分重视兵营的建设，且有严格的要求，"治屋"（兵营建设）与"治军"，在张苍水看来是同等的重要，"治屋"亦应像"治兵"一样对待。从宏观角度来看，一个兵营内部的地道、山墙、排水沟、水井，及城门、城墙、练兵场、土台等都有设计安排，兵营之间都有道路交通及路障布置。据民间传闻，雉鸡山顶兵营西南来山麓高涂岙兵营间，也有小路交通。花岙兵营经过了精心设计，通盘考虑，而非随意建造。正如张苍水在兵营建设中描绘所说："短桓缭却月，中雷贯长庚。只此扶桑国，居然细柳营。"张苍水把花岙兵营打造成像当年周亚夫那样的"细柳营"，可见其用心之深。

（二）花岙兵营遗址核心文化基因的提取与评价

花岙兵营遗址内涵丰富，布局清晰，为研究张苍水及南明史、明清时期兵营建置、海岛军事防御体系提供了珍贵的实物材料。基于花岙兵营遗址等有关资料的全面、深入分析，得出核心文化基因为天人合一、因地制宜的军事智慧。

1. 生命力评价

花岙兵营遗址产生于明末清初,自出现起延续至今,得益于特殊的建筑材料以及远离沿海人民群居地,保留基本完好,未曾明显中断。兵营依山而建,城墙、城门、城垣、壁龛、排水沟、练兵场、土台、水井、路障大都保留遗迹。整个兵营布局完整可见,其规模之大,国内少有。历史遗迹向人们展示了浙东人民不甘受辱,不甘屈服的个性。这种精神历久弥新,给当地人民留下了宝贵的文化遗产,在新的历史时期,必将焕发出新的生命力,引导大家去学习、研究及传承。

2. 凝聚力评价

花岙兵营遗址是当年浙东人民在南田岛上进行斗争的重要遗址之一,这里曾广泛凝聚起那个历史年代浙东人民在张苍水、张名振领导下的斗争力量。张苍水也为人民口耳相传,为历史所记录,更成为人民学习的榜样。其不屈不挠的奋斗精神、视死如归的抗争精神和热爱人民的革命情怀成为一种社会正能量,成为一种感召当地人民的文化思想基因,产生了积极的社会凝聚效应,将当地人民凝聚在一起,齐心聚力,推动当地更好的发展。

3. 影响力评价

花岙兵营遗址于1982年被发现,是东南沿海地区重要的海岛防御工程,具有较高的历史价值,是全国重点文物保护单位。就遗址本身来说,因开发利用时间晚,并未在全国产生较大的影响。

4. 发展力评价

花岙兵营遗址规模较大,保存完整,历史价值高,发展潜力巨大。

(三)花岙兵营遗址核心文化基因的转化利用

1. 立足军事文化,发展文旅产业

在转化利用花岙兵营遗址文化基因的过程中,应开展爱国主义教育,将爱国主义教育融入花岙兵营遗址文化核心基因中。

应当加大现有花岙兵营遗址保护力度,加大景区建设力度,以青山、碧海、褐石为基本色,建设苍水纪念馆等建筑,设计利用雉鸡山兵营、高涂岙兵营等遗址保护规划及遗址公园;在花岙兵营遗址附近规划地点,政府给予政策

支持，引进社会资本，建立面向中小学的暑期军训基地，从而开展与宁波当地中小学合作，为当地各中小学提供军训服务；还可与当地教育主管部门开展合作，培养学生吃苦耐劳、艰苦奋斗的精神，提升当代中小学生的身体素质和精神品质。还可以在军训基地的基础上，开发真人CS等军事射击游玩项目，邀请当地退役士兵担任指导老师，面向社会军事射击娱乐爱好者，开展运营，供公司企业团建游玩。

2. 借助现有资源，创新文化载体

随着我国经济结构的不断转型升级，花岙兵营遗址也应积极顺应我国产业结构变化，融入我国产业结构转型升级浪潮，大力发展第三产业，创新文化载体，发展新型载体。

应加大政府资金投入，引入国内外著名文化创业产品设计团队，提炼花岙兵营遗址及相关文化要素，与国内著名文化创意产品开展合作，共同开发旅游商品和文创产品；还可以引入第三产业，借助象山竹根雕这一民间竹雕技艺，设计张苍水形象伴手礼，作为旅客旅游纪念品向游客推广。聘请国内著名动漫团队，共同设计打造张苍水动漫人物形象，以张苍水生前在浙东英勇抗击清朝统治故事为基础，制作"张苍水与花岙兵营"等相关动漫影视作品，面向本地中小学生播放。设立专项资金，成立工作领导委员会，邀请国内电影电视剧业界著名导演、编剧，以张苍水的故事为基础，编写电影、电视剧剧本，并邀请著名实力派演员参演，并在各大影院上映；在扩大张苍水国内影响力的同时，可通过电影电视剧中体现出的花岙兵营遗址元素，吸引国内外游客来花岙兵营遗址游玩。邀请国内著名纪录片拍摄团队，开展与宁波当地相关高校机构合作，如与宁波大学浙东文化研究院合作，通过史学教授专家的讲解，并以相关影视片、纪录片相辅的形式，介绍花岙兵营遗址的历史价值。

3. 利用高校力量，开展学术研究

张苍水留给我们宝贵精神财产，其不屈不挠的奋斗精神值得我们后代人去挖掘去感受。

应充分利用宁波当地高校的现有资源，积极与宁波高校开展合作，合作举办"张苍水生平学术研讨会"，成立研讨会组织委员会，深入宁波民间，挖掘收集散落的张苍水相关遗物、奇闻逸事等；并在会议上共同探讨学习，深入挖掘并提取张苍水所蕴含的精神内涵，汲取精神力量，塑造精神世界。应抽调相

关历史研究专家，组建专家队伍，通过各渠道收集张苍水故事，编著成书，系统呈现张苍水的历史事迹及其独特贡献。

参考文献

1.张苍水：《张苍水全集》，宁波出版社 2002 年版。

2.张向冰：《张苍水屯兵花岙岛》，《海洋世界》2010 年第 8 期。

殷夫故居（象山县文化和广电旅游体育局供图）

九、殷夫"红色鼓动诗"

殷夫（1910—1931），象山县大徐镇人，原名徐柏庭，学名徐祖华，笔名有殷夫、白莽、任夫等。中国共产党党员，中国无产阶级的优秀诗人，"左联五烈士"之一。

殷夫原籍浙江上虞，生于浙江象山。从小好学，十三四岁开始写诗。1926年，到上海浦东中学读书并加入中国共产主义青年团。1928年，加入太阳社。1929年，离开学校从事青年工人工作。1930年3月2日，中国左翼作家联盟成立，殷夫是发起人之一。他在《萌芽》《拓荒者》《巴尔底山》等"左联"刊物上发表了《血字》《别了，哥哥》《五一歌》《让死的死去吧》等著作，被鲁迅称誉为"是东方的微光，是林中的响箭，又是冬末的萌芽"。1931年2月7日晚，殷夫被国民党政府秘密杀害于上海龙华国民党淞沪警备司令部附近的荒野里。殷夫是继郭沫若、蒋光慈之后，中国现代文学史上又一位重要的革命诗人。

殷夫的生命是短暂的，殷夫的创作生涯也是短暂的，但他振奋人心的"红色鼓动诗"，成为时代的鼓点、战斗的匕首、胜利的歌声，响彻了历史的上空，为无产阶级革命文学留下了十分宝贵的永恒记忆。"红色鼓动诗"是殷夫创作中最重要的部分，是他参加革命斗争的重要武器，也是他革命生涯的真实记录和写照。

（一）殷夫"红色鼓动诗"核心文化基因解析

1. 物质要素

地理环境影响着一个地区的民情、民风，也影响着从小生活在这片土地上的作家的精神品格和个性气质。鲁迅说："浙东多山，民性有山岳气，与湖南山岳地带之民气相同。"殷夫的出生地象山属于浙东区域，是天台山脉延伸入海之地，境内67.5%的地貌是低山丘陵。山虽不高，但目光所及之处，皆是群山环绕，与外界的陆路交通亦被群山阻隔。自古以来，象山人性格中多有山的刚劲、质朴。象山不仅多山，而且三面垂海，田地缺乏，淡水紧缺，时常造访的台风带来毁灭性的破坏，百姓生活困苦，不得不向大海谋生。在象山人眼里，大海既有义也无情，给予了人们丰富的海产资源，但惊涛骇浪也吞噬着生命和家园。在与大海的长期互动中，象山人的性格呈现出两个特征：搏击性和幻灭感。与大海的搏击，养成了象山人豪爽、粗蛮、干脆的性格，而与此伴随的，也有生死不能操控的幻灭感。挣扎在生死存亡间的极致体验，只有在大风大浪里翻滚过的人才能体味。由此，象山人性格耿直，做事敢打敢拼、果敢利落，同时也容易造成走向极端冒险。

在生性敏感的诗人殷夫身上，这种搏击与幻灭共存的地域性格则表现得更加明显。在个体生命置身于风雨飘摇的时代，殷夫敏锐地觉察到了反动力量最终会幻灭，无产阶级革命将走向胜利，因此当他面对"白色恐怖"的威胁和迫害，表现出了山一样的刚质坚强，用高扬搏击的诗句唱出了无产阶级的战歌。

2. 精神要素

（1）恒定信念，奉献青春

殷夫开展革命和创作时正处于16—21岁的青春躁动期，是个体意识觉醒、个人价值树立和追求独立自由的年龄，容易接收最新的社会思潮，具有强烈的表现欲望。天生聪慧敏感的殷夫，在创作时注重黑暗现实的体验，更注重灵魂的突破和超越，时常陷于亢奋与焦躁状态中。这种不安分的"神经质冲动"的精神特质，使得殷夫成为青春热血型气质的诗人，在历史巨变面前渴望跟上主流意识形态话语的前进步伐。然而，在经历了一系列的革命磨炼后，殷夫那些青春的躁动和冲劲转换成了对革命的恒定信念，在认清了"革命的本身就是牺牲，就是死，就是流血，就是在刀枪下走奔"后，懂得了"死是最光荣的责任，让血染成一条出路，引导着同志向前进行"。年轻的殷夫以笔作枪，去做那"东方的微光，林中的响箭，冬末的萌芽"，以燃烧青春去实现他认为的最有价值的生命运动。

（2）厚植情感，靠拢大众

"泥泞的道路上，困骡一步一步地走去，它低着它的头。"这是殷夫在童年时代经常见到的景象：父亲骑骡出外行医，骡子在泥泞的道上艰难地、一步一步向前走去……情景虽然写实，但依旧能从诗句中看到他对底层劳动人民悲苦的共鸣。到上海后，殷夫见到了更多饱受苦难的无产阶级，"这里是姑娘，那里是青年，半睡的脸，苍白瘦脸，不整齐地他们默着行走，黎明微凉的空气扑上人面。她们是年青的，年青的姑娘，他们是少年的——年青力强，但疲劳的工作，不足的睡眠，坏的营养——把他们变成木乃伊模样"。见到了无产阶级革命者与反动派之间展开的殊死搏斗，殷夫"选择站在无产阶级的解放斗争的战线上"。他突破了新文化运动时只模糊做到上层文学革命的局限，将文学运动与工农、学生的实际斗争联系起来，深入群众以争取更多意识的斗争，因此他的诗歌充满着一种战斗的活力。殷夫自觉地与劳工大众靠拢，甚至向有手足之情、养育之恩的大哥以及他所代表的反动阵营作了阶级决裂。

（3）相信未来，呼唤光明

殷夫通过"红色鼓动诗"歌颂革命，歌颂无产阶级。他相信未来的社会，战争消失了，所有人都生活在和平和友谊中，没有剥削者和被剥削者，而这一时代必定到来。因此在20世纪20年代末，尽管阶级斗争更加惨烈，无数英烈和劳工倒在反动派的血腥镇压下，但青年诗人殷夫相信，他所在的阶级前途是和当时占上风的统治阶级"正相反对"，他们"不会没落，不会沉沦到坟墓中去"，他们"有历史的保障，要握有全世界"，建成无产阶级社会终将成为现实，"未来的社会是大家庭的世界，千百万个爱你，你爱千百万"。殷夫知道，无产阶级革命的胜利不会轻易获得，统治阶级也不会自愿退出历史舞台，但无产者是资本主义社会的掘墓人，是历史的真正创造者。尽管诗人没有见到人民当家作主的新中国成立的那天，但他畅想的未来是充满光明和希望的未来。

3. 语言与符号要素

（1）语言通俗，具有感召力

殷夫"红色鼓动诗"的写作对象是文化程度普遍不高的底层群众，为了让诗歌更贴近广大人民群众，扩大诗歌宣传革命的力度，殷夫在"红色鼓动诗"中使用的语言通俗、简洁、富有感召力，不仅白话程度较高，有些甚至通过口号式呐喊来表达情感："怕什么，铁车坦克炮，我们伟大的队伍是万里长城，怕什么，杀头，枪毙，坐牢，我们青年的热血永难流尽！""红色鼓动诗"同时也运用重叠修辞手法，以加强诗歌的感召力和震撼力，如："冲，冲，冲到战阵前头！""今天我们一定，一定，一定要胜利！""旋律离了键盘，直上，直上天空飞翔，飞翔！飞翔！"在无产阶级革命斗争进入白热化的阶段，殷夫创作"红色鼓动诗"不仅要起到鼓动的作用，还要引导人民群众相信革命，因此诗歌的语言必须具备强大的号召力和鼓舞人心的力量。这是他作为思想性很强的共产党人和革命的直接参与者，为了顺应时代需要所作出的选择。

（2）突破"小我"，成就"大我"

殷夫的诗歌突破了"小我"，不再局限于个人情绪的表达，而是塑造了整个无产阶级及其革命队伍的"大我"的诗歌形象。这个词就是他在后期"红色鼓动诗"创作中大量运用的"我们"。"我们"——工人们，"我们"——青年的布尔什维克们，"我们"——时代的儿子们，"我们"——十二万万五千万工人农民，"我们"——小暴徒们，"我们"——命运的主宰者们，"我们"——世界的主人们。殷夫"红色鼓动诗"中的主人公"我们"，是广大人民群众的直接代表形象。诗人通过对革命斗争过程的现实主义描写，塑造了中国无产阶级和他先锋队年轻共产党人的光辉形象：团结、具有高度的组织性和坚定性、高尚的道德品德、铁的纪律和勇敢的精神。这些形象的塑造大大优于资产阶级，是让世人相信只有中国共产党领导的无产阶级革命才能拯救中国的信念来源。

（3）善用比喻，表达情感

殷夫喜欢用自然界的物体来隐喻现实和情感，如"黑的云旗""风车的巨翼""红的电""重的雷"，都象征着诗人所期待的革命即将到来。作为情感充沛的诗人，殷夫也喜欢用野花来作一些比喻，"这是沙中最先的野花，孤立摇曳放着清香，枝庞没有青鲜的荫叶，也少有异族争芳妍，唯有她放着清香"。

虽然野花生长在贫瘠的干涸的土地上，看不见周围有什么泉水和树木，但工农群众是革命的源泉，树木、叶子、幼芽——准备向敌人发起新的战斗。野花一直生活在期望之中，幻想身旁的大树开出花来，但是新世界只用一种"幻想"是不可能建成的，要争取幸福的未来，必须进行积极的斗争。所以殷夫在他视为"忠实亲信同伴"的花瓶中插上在大地随处可见的野花，以表示自己与广大人民群众站在一起，是他们集团中的一员。

4. 规范要素

（1）自由的运用韵律法则

殷夫的所有政治抒情诗包括后期的"红色鼓动诗"都是用自由体写成的，但保留了一定的韵脚。殷夫认为押韵是诗人艺术表达的有效手段，所以他主张通俗而准确地押韵。诗中最重要的词语都押韵，以强化主题思想。例如在《巴尔底山的检阅》一诗中押韵的字是"炮—刀""头—狗"，在《奴才的悲泪》中押韵的字是"焰—脸""心—信"，在《一九二九年的五月一日》中为了给5月1日赋予全体劳动人民节日的特征，以"好—早"字押韵。

在诗节方面，殷夫的诗歌有三行诗、四行诗、五行诗，有时多种行数的诗节在一首诗中同时存在。字数由1个字到最多的15个字，是变动的，非对称的。新诗的创作是自由的，不像古典诗歌那样具有统一严格的章法，但诗歌是文学艺术，有内在的诗美要求，因此殷夫在创作时运用韵律法则，以变化多样的韵脚布局来表现与思想内容相一致的节奏，或平和安详，或急速愉快，或间歇紧张，使诗美得以实现。

（2）对立统一的艺术思路

在《"孩儿塔"上剥蚀的题记》中殷夫曾写道："我的生命，和许多这时代的智识者一样，是一个矛盾和交战的过程，啼、笑、悲、乐、兴奋、幻灭……一串正负的情感，划成我生命的曲线，这曲线在我的诗歌中，显得十分耀眼。"这段话不仅仅是殷夫就自身的精神存在状态而言的，也是他对自己诗歌创作构成中所始终贯穿的对立统一的艺术思路的总结。丑恶—美善，幻灭—兴奋，阴柔—阳刚，这种以二元对抗设置为基础的创作构成，使得殷夫的诗歌在思想意识、情绪境界和审美格局上具有直击人心的力量。

（二）殷夫"红色鼓动诗"核心文化基因的提取与评价

在阶级斗争最激烈的年代，殷夫以革命直接参与者的身份进行"红色鼓动诗"的创作。"红色鼓动诗"是作为战士的诗人从充满着火与血的革命斗争的第一线呼喊出来的，因而诗中的意象大多来自实际生活的感受。他诗中有呐喊，是借助于丰富的诗歌形象且饱含着高昂的革命激情的呐喊。因此"红色鼓动诗"的核心文化基因是借助来自斗争生活的诗性表达的呐喊。他的诗歌是一个时代的精神存在和审美符号，作为一种精神镜像和文化遗产，传递着革命时代知识分子的人生理想、价值信念、文化人格和精神面向。他的红色抒情诗表征着建立具有无产阶级意识形态的现代民族国家的政治文化愿景。殷夫的诗不仅属于他的时代，也属于现在。

1. 生命力评价

殷夫的"红色鼓动诗"是他生命历程的诗性传达。诗歌中的他绝非一个坐而论革命的空想家，而是将全部激情投入血与火的阶级大搏斗之中。其中有直面灵魂的挣扎与矛盾，但殷夫选择将这一切毫无伪饰地袒露在了世人面前，显示了他对理想的热切追求、人格的高尚与坦诚。就人格与文品、语言与行动的高度统一而言，殷夫是一个典范。这份在人生选择与诗歌创作中体现出来的高尚的人格魅力，触碰自我真实的灵魂的共鸣，放在任何一个时代都是格外珍贵的，是具有真诚动人的感染力的。红色鼓动诗虽孕育于特殊年代却不局限于那个时代。它在不同时期具有不同的表现形式与精神内涵——在革命战争时期表现的是革命与战争的时代旋律，反映了民族独立和人民解放的坚决内心；延续到和平建设时期，"红色鼓动诗"的主题又转变为和平发展的时代主题。它是存续至今并稳定发展的。

2. 凝聚力评价

殷夫诗歌创作最鲜明的特征是与现实生活的全身心拥抱。殷夫总是善于通过对纷繁复杂的时代景观的清醒审视，抓住最迫切的课题，并将一切融会于心灵之中，以艺术的形式有力地传递出来，因此他的诗歌也就成为风云激荡时代鲜活的心灵史。同时，殷夫的红色鼓动诗接通文学与时代现实的血肉联系，凝聚了革命者与广大群众的血肉联系。在巨大而浓厚的政治氛围下，殷夫的血液中流淌着对祖国和人民的热爱、对革命理想的追求。他将忠诚的品格和神圣的情怀凝聚在他饱含热情的"红色鼓动诗"里，不断地摇旗呐喊，广泛地凝聚起无产阶级革命群众走上革命的道路，一定程度上推动了文化的发展和社会的进步。

3. 影响力评价

殷夫的诗歌创作集中体现了他的理想追求，而他的理想信念完全建立在为最广大的底层民众争取解放的目标上。五四新文学作家中，胡适、刘大白、沈尹默等人都写过反映底层民众痛苦的作品，但他们更多出于人道主义式的悲悯情怀。与他们不同，殷夫丝毫没有居高临下的姿态，而是自觉地将个体命运与底层民众的命运结合起来，为着建立更合理、更公平的社会，不惜以生命作代价。"红色鼓动诗"的辐射影响范围不仅是在革命年代，而且对我们现代社会也具有深刻的影响力。离开了对最广大的底层民众的关爱，也就很难反映一个时代的广阔风貌与精神变迁。只有将个人的悲欢与更广大人群的悲欢融会贯通，中国作家的心灵才会变得博大深邃，才能找到坚实的精神支撑点。

4. 发展力评价

殷夫短暂的人生走过的是一条坚定追求理想信念的道路。《孩儿塔》时期的殷夫之所以彷徨痛苦，都是来自对现实的不满反抗，对人生真谛的孜孜追求。但当他真正成为一个革命者后，便义无反顾地投身于创建新世界的斗争，最终以生命殉了自己的理想。当代中国正处于急剧变化的大转折时期，毋庸讳言，由于中心价值的离散，价值取向正呈现多元共存的格局，理想信念的失落、人生价值的迷失等问题也日益突出。在文艺领域，出现了大量取悦市场、追求商业利益、放弃理想追求的低俗化、欲望化作品。理想信仰是锻造一个民族脊梁的精神钙质，而作为传播民族精神之光的文艺家尤其不可缺失。殷夫的人生追求正可作为一种宝贵的资源，在奋发人民群众特别是青少年精神上发挥重要的作用。

（三）殷夫"红色鼓动诗"核心文化基因的转化利用

1. 转化利用思路

殷夫的"红色鼓动诗"核心文化基因的转化利用，是对所表现的红色资源进行全面的挖掘及整理，延伸和提炼核心主题。通过有形资源的活化利用、无形资源的延伸转化、周边资源的有效整合等，使"红色鼓动诗"的呈现更具完整性，也使它的影响更具深刻性和广泛性。例如：开发利用殷夫故居，建造殷夫公园，让真实的场景和真实的事件成为鲜活的教材；建造殷夫诗歌朗诵影音馆，观看纪录片，通过文艺作品，不断增强文化自信，构筑精神高地。殷夫的"红色鼓动诗"是文化基因的核心，殷夫家乡的红色旅游相关的资源、环境和其他要素都是不可忽视的。将这些周边可利用的资源与红色资源有机整合，不仅拓宽了"红色鼓动诗"资源的生长空间，还为红色文化开发活动带来了无尽的发展条件。

2. 文旅产品策划

把红色教育与体验经济结合起来，打破红色教育单调、严肃的形象，融入游戏、VR体验、演艺活动，让红色旅游生动、活泼起来，把教育理念寓教于乐，形成红色流行元素。通过资源整合、产品设计、营销包装打造"全国红色革命诗歌创作小镇"。重点可以对村庄及相关场所、道路统一进行主体形象设计的装饰，突出"红色鼓动诗"中的文化元素，如"野花""微光""响箭"等。同时，还可以开发殷夫红色革命诗歌体验馆等项目，并整合大徐村文旅资源，设计领会殷夫精神的研学线路，创建殷夫诗歌节等品牌活动。可以"纪念殷夫"为主题，开展相关创作活动等，还可以通过实地考察、现场体验、交流访谈等各种形式，把红色资源利用好，把红色传统发扬好，把红色基因传承好，加强现代青年对殷夫精神的领悟与继承，给人以心灵的震撼、精神的激励和思想的启迪。

3. 文化标识具体呈现

（1）打造专属殷夫"红色鼓动诗"体验室

殷夫所写的"红色鼓动诗"展现了无产阶级革命胜利的光明前景，也强烈地体现红色风暴时代的革命精神。因此，除在殷夫故居循环播放"红色鼓动诗"之外，将殷夫事迹陈列室改造为专属体验室，以古今对话为主题，以现代科技为手段，对殷夫生平、诗歌进行多维度展示，使游客可以在多维打造的文化空间内，置身于年轻时期殷夫所处的环境中，与殷夫一同感受革命的浪潮，感受"红色鼓动诗"的熏陶。此外，还可以建立朗诵角，让游客选择朗诵相关诗歌，创作个人视频，使文化性与趣味性相融合。

（2）殷夫故居开展"红色鼓动诗"解密

作为象山红色革命的重要记忆，殷夫以诗为武器，参与埋葬旧世界的斗争精神感召着无数后人，使大家有了参观殷夫故居，追寻红色足迹，接受红色洗礼的行动。在参观的过程中，游客可通过小程序游戏对诗歌进行选择，从而解锁不同的故居位置。这不仅能更好地理解"红色鼓动诗"，也能更好地"传承殷夫精神，守好红色根脉"。

参考文献

1.李松岳：《论殷夫诗歌的精神特质》，《文学评论》2012 年第 4 期。

2.骆寒超、王嘉良：《百年殷夫：新感悟、新解读——纪念殷夫诞辰一百周年》，上海文艺出版社 2011 年版。

3.王庆祥：《殷夫遗诗校注》，浙江文艺出版社 2010 年版。

4.曾伟强、方卓才、冯桂荣、杜耀顺：《谈殷夫的红色鼓动诗》，《北京师范大学学报（社会科学）》1959 年第 4 期。

十、象山影视城

象山影视城坐落于象山县新桥镇宁波市影视文化产业区内，是中国十大影视基地之一。象山影视城品牌价值达 102.6 亿元，为宁波文旅第一品牌。象山影视城先后获得国家AAAA级景区、国家级影视拍摄基地服务业标准化试点、全国海洋文化产业示范基地、浙江省现代服务业集聚示范区和省文化产业重点园区等 300 多项荣誉，已被列入浙江省级特色小镇创建名录。目前，象山影视城已成为集影视制作、影视教育、影视金融、影视旅游等功能于一体的中国影视基地的龙头、浙江特色小镇的样板、宁波文化产业的名片和象山城乡一体化的典范。

（一）象山影视城核心文化基因解析

象山影视城自 2003 年起投建，目前已建成面积达 1091 亩，包括神雕侠侣城、春秋战国城、民国城及唐城四大区块，是一个多类型、多场景、多题材的影视基地及中国首个实景电影主题乐园。象山影视城在全国影视基地中率先大力推进摄影棚建设，先后建成国内首个高科技数字摄影棚、全亚洲最标准的水下特效摄影棚，以及单体 1 万平方米的全国最大的摄影棚。目前摄影棚数量居全国影视基地第一。已有《神雕侠侣》《赵氏孤儿》《琅琊榜》等 1500 余部影视作品在象山取景拍摄，连续 4 年年接待拍摄剧组数超 150 个，年拍摄剧组数居国内影视基地第二。同时还不断推出各类旅游节庆活动，游客数量高速增长，截至目前累计接待游客量超 1500 万人次，景区经营性收入进入全国影视拍摄基地景区前三名。

1. 物质要素

（1）仿古建筑

神雕侠侣城完全按照宋代风格建造，分为古战场、作坊区、村街区、归云庄、活死人墓、陆家庄、襄阳城等多个场景和160多个单体建筑。楼房建筑各具特色，有玉海酒楼、碧云茶庄、同升鞋帽庄、广济堂药店、怡和祥绸布庄、恒吉客栈、宏仁商号、陶居酒家、怡春院等。小巷之中有按照宋代格局营造并结合浙江、安徽、福建等地民居特色的民居宅院，具有南方水镇韵味。

春秋战国城专为拍摄电影《赵氏孤儿》而修建，体现春秋战国时期建筑风格以及大理少数民族的建筑风格。其占地面积152亩，建筑面积4.3万平方米，由城墙、城楼、桃园行宫、公孙府、庄姬府、屠岸府、赵盾府、军营、街道、广场及贫民住宅等组成。建筑风格精致完美，气势恢宏、特色鲜明。

民国城占地85亩，包括中共一大会址、重庆百乐门、马勒楼、汪公馆等59栋典型中国晚清至民国时期的街道、民居、公馆等建筑，是国内室内面积最大、景别最全的民国风格场景拍摄区。在满足影视拍摄需要外，民国城内还设置了商业街、婚纱摄影、游戏体验馆等旅游休闲项目。

唐城由《长安十二时辰》剧组自行设计，与象山影视城合作投资建设，总用地面积约71.22亩，建筑面积1万平方米，打造有西市、景教、万泉宅、霍寨等单体建筑共65幢，再现了"九重城阙"和"千乘万骑"的磅礴气势，集中展示了唐朝强盛时期的社会面貌和时代精神。

（2）数字影视

LED摄影棚是与加拿大泽德艾克滋电影特效公司合作建造而成。摄影棚从加拿大引进集数字引擎、LED电影级显示、实时摄影机跟踪、动作捕捉、云数据存储及传输等多种高科技技术于一体的数字虚拟拍摄平台，以及影视数字资产库、数字虚拟拍摄设备、海内外数字虚拟拍摄人才。在象山影视城建设专业LED摄影棚，充分运用了LED摄影棚虚拟拍摄技术，减少了剧组实景搭建及后期特效处理，优化了影视制作流程。

影视基地智能化建设：联合光大控股特斯联科技公司以"人工智能＋物联网技术"打造AI Studios（人工智能影视基地），覆盖大数据、云计算、物联网等业态，实现影视基地场景感知、基地管理、安防预警等智能化升级。同时，构建高度智能的涵盖专业拍片、制片、后期服务的综合运营体系，将智能化技术应用到影视制作全流程。

数字化剧组管理软件应用：为拍摄剧组提供移动端在线工作分配、食宿安排、物资管理、场景及摄影棚预约、群众演员选角及剧组拍摄进展、拍摄费用明细查询等一条龙服务，大幅提高了剧组拍摄管理效率。

影视科创中心：搭建象山影视云平台，推动影视制作前后期协同管理、多人分布跨区域协同制作。在基地各摄影棚、场景接入光纤、5G基站，实时将剧组摄制素材进行采集并储存进云数据中心，有效避免了剧组素材管理混乱、保管不当及遗失。通过象山影视云平台实现影视素材云查阅、云处理、云传输、云渲染、云剪辑、云制作及云发行。

2. 精神要素

（1）影旅融合的发展理念

象山影视城紧紧围绕游客体验性、影视趣味性、旅游互动性，按照"月月有活动，季季有节庆"的思路，不断激活节庆品牌效应，催生了一条崭新的旅游产业链。通过举办影视庙会、踏青节暨国学节、影视嘉年华、泼水节等节庆活动，开展影城"穿越"游，带游客"穿越"大宋朝，亲身体验电影声音合成制作、木偶戏、皮影戏、民间绝活、励志魔幻剧、《天地英雄》情景剧、影视梦工厂体验剧等。不定期举行明星见面会和剧组探班游，让游客"零距离"接触明星。通过复原街道、酒馆、客栈等影视场景，逐步实现场景生活化、生活艺术化、艺术娱乐化、活动趣味化、旅游互动化，真正成为让游客过足影视体验瘾的"活城"。

（2）争先创优的企业精神

象山影视城从2005年初创到2010年间发展经营情况不理想，曾面临着破产倒闭的境况。但自2010年底宁波市影视文化产业区管委会成立以来，一群象山影视人怀着"功成不必在我，功成必定有我"的理想信念，用甘于寂寞的十年坚守深耕，争先创优，实现了巨大的突破。象山影视城从2010年景区门票收入仅500万元，到2020年影视产业区突破50亿元；从年接待剧组仅5家，到2020年的195家，影视落户企业更是超过4000家，并拥有了神雕侠侣城、春秋战国城、唐城、民国城四大主场景，服装、化妆、道具、灯光器材、生活配套、车辆马匹、群众演员等影视拍摄配套进一步完善，影视旅游接待游客量、门票收入逐年提升，象山影视城成为国内仅次于横店的头部影视基地。

（3）以影致富的愿景激励

近年来，随着入驻拍摄剧组及游客的不断增加，象山影视城充分发挥平台集聚效应和虹吸效应，引导周边乡镇发展影视拍摄及旅游配套产业，激发振兴活力。一是大力发展摄影棚产业。对接小镇周边新桥、定塘、茅洋等地部分存在生产经营困难、厂房闲置的企业，让它们将闲置厂房改造为摄影棚开展影视业务，帮扶企业缓解经营压力。鼓励民间资本投建符合市场需求的高标准摄影棚。目前，新桥镇关头塘地块已建立集摄影棚、影视拍摄、道具生产、原料供应等功能于一体的中桥影视配套集聚区。二是带动影视民宿蓬勃发展。在影视产业和旅游产业的双重带动下，小镇周边村镇民宿经济迅速兴起。三是完善产业闭环。目前，小镇服化道、灯光器材、餐饮民宿、车辆马匹、群众演员等影视拍摄及旅游配套产业闭环基本形成，周边村镇新增新业态商家100余家，为周边村镇带来了上万个就业岗位，提高了周边村镇的可持续发展能力。

3. 语言与符号要素

（1）影城IP形象

象山影视城的标志形似城墙，意为影视城，整体形象似英文字母"Y"，为"影视城"汉语拼音的首个字母；截取部分胶片形状以充分体现影视元素。象山影视城广场矗立着一座神雕石像，上面的"神雕"二字由金庸先生题字。

（2）历年在象山影视城取景拍摄的重点影视作品

象山影视城自2005年开城以来，相继接待《神雕侠侣》《琅琊榜》《芈月传》《三生三世十里桃花》《长安十二时辰》《庆余年》《大秦赋》等拍摄剧组1500余个，居国内影视基地剧组接待量第二位。

（3）非物质文化遗产项目

象山影视城共有来自全国各地掌握绝活绝技的表演艺人85人，其中包括三仙归洞、天桥绝活、皮影戏、木偶戏等非物质文化遗产项目及其传承人。其中三仙归洞是中国传统戏法，已经有2000多年的历史。其是用一根筷子、两个碗、三个球，便可使三球在两碗之间来回变换。这个技法2007年被列为国家级非物质文化遗产。在象山影视城表演三仙归洞的武晓鹏是韩派魔术第五代传人、"大活宝"陈进才戏法的关门弟子。象山影视城的老北京天桥绝活艺人数量众多，其中于志兴，人称"吴桥第一坛"，拥有顶坛等绝技，可一人顶起150斤大坛。他最拿手的还属"中幡"绝技，是首批非物质文化遗产名录推荐项目。祁希祥是义和堂第七代传人，拥有单掌开砖、油锤灌顶、气动等绝技，其中最厉害的是耳朵拉动三吨的汽车。陈旭光是天桥民间艺术团的中流砥柱，最擅长的是"吞宝剑"；等等。

4. 规范要素

（1）以体系化政策推动产业发展

为进一步优化象山影视产业发展环境，促进象山影视文化产业快速发展，象山县委、县政府于2010年底出台《加快推进宁波影视文化产业区建设的实施意见》，成立以象山影视城为核心的宁波影视文化产业区及宁波影视文化产业区管委会。此后又先后出台了《关于扶持宁波影视文化产业区影视产业发展的若干意见》《宁波影视文化产业区影视产业发展专项资金管理办法》等扶持政策。

（2）以规范化服务促进高质量发展

产业是实现高质量发展的前提基础和核心动力。2019年出台完善《扶持宁波影视文化产业区影视产业发展的若干意见》，给予规上企业前五年实缴税收县财政留成部分100%奖励，后五年90%奖励；并加大"五个一工程"奖、"金鸡奖"、"飞天奖"等国家级奖项奖励力度，象山影视城政策优惠力度居全国前列。企业注册实行免费服务和"最多跑一次"服务，保证5个工作日内取得营业执照，服务流程进一步简化。积极参加深圳文博会、长三角文博会、香港国际影展、金鸡百花电影节等大型招商推广活动20余场。在政策加持和优质服务下，全年引进落户企业和明星工作室注册资金达6.5亿元，累计发放财政奖励及补助9026万元。引进美国穆勒公司开展影视基地标准化建设，完成影视服务标准、摄影棚建设与管理标准、剧组服务规范、配套企业准入标准等标准编写工作；完成水下摄影棚、数字摄影棚标准化改造工作，服务标准进一步规范。

（3）以人才培养为事业发展保障

随着象山影视城的快速发展，象山对影视产业人才需求与日俱增。因此，象山县人民政府与宁波财经学院共建了象山影视学院，在校生4000余人。现有动画、广播电视学、广告学、编辑出版学、表演、广播电视编导、戏剧影视文学、播音与主持艺术 8 个本科专业，以及戏剧影视表演、播音与主持、广播影视节目制作、摄影与摄像艺术、传播与策划 5 个高职专业。其中，广播电视学专业是省级"十三五"特色专业，动画专业是省级一流专业，新闻与传播专业被列入学校第二轮硕士学位培育点，重点培养创新型专门影视创作人才、应用型影视技术人才、复合型影视产业运营管理人才。

（二）象山影视城核心文化基因的提取与评价

象山影视城的核心文化基因为影视文化。它以"围绕影视 回归影视"为发展思路，向着工厂化、数字化、国际化、智能化、标准化的电影片场和电影工厂方向发展，努力建设成为集影视拍摄、影视制作、影视教育、影视金融、影视旅游、影视商贸等功能为一体的具有国际影响力的影视文化创新中心。

1. 生命力评价

象山影视城自 2015 年建成以来，从一个名不见经传的神雕侠侣城，发展成为拥有神雕侠侣城、春秋战国城、民国城、唐城四大区块及摄影棚、酒店、服化道等各类影视拍摄配套的中国头部影视基地之一。近十年来，象山影视城拍摄剧组数、接待游客量、落户企业数、营业收入、税收、品牌价值，都保持着高速增长，具有强劲的生命力。

2. 凝聚力评价

依托象山影视城的影视产业集聚作用，带动周边乡镇新建、改建了 35 万平方米摄影棚，新增车辆租赁、道具制作等各类影视配套新业态商家 115 家，可租赁影视车辆达 600 辆，为周边村镇提供解决了上万人的就业岗位，从而推动整个宁波市域范围影视产业价值链从低端向高端转变，并建设起覆盖影视拍摄、制作、出品、交易等的全环节影视产业体系，打响了影视宁波品牌。拍摄取景地辐射整个宁波，带动宁波的中央商务区域也进入影视领域。

3. 影响力评价

2020 年，象山影视城平台建设、影视产业发展、影视文旅提档升级、招商引资爆发性增长等特色工作被各大新闻媒体多次报道，产生了积极的影响。象山影视城成为象山乃至宁波对外宣传的新高地。

此外，象山影视城的影响力还源于它举办的具有全国影响力的大型文旅活动。

　　首届中国戏曲电影展。2017年8月，象山影视城与中国电影家协会、浙江省文学艺术界联合会等单位合作，联合举办首届中国戏曲电影展。该次活动设有优秀华语戏曲电影展映、戏曲电影高峰论坛、戏曲电影交流与合作推介会、戏曲电影展颁奖盛典等，围绕戏曲电影开展学术研讨，进行戏曲电影进农村数字院线推介、戏曲电影剧本交易、梅花奖获奖演员洽谈拍摄、评选颁奖10部优秀戏曲电影等，为200余位戏曲电影人搭建共同交流、共同发展的平台，有力推动了戏曲电影的进一步发展。

　　象山影视城"象山影视城5G＋数字影视高峰论坛"。2020年11月，象山影视城与中国通信工业协会、中国广播电视社会组织联合会电视制片委员会、北京电影学院—未来影像高精尖中心等单位合作，联合举办"象山影视城5G＋数字影视高峰论坛"，邀请300余位来自相关领域的嘉宾参与此次大会，共同探讨推进5G技术创新，与影视产业有效衔接，以全面打造5G＋高科技数字影视产业基地、构建具有国际竞争力的影视摄制工业化生产体系。

　　此外，象山影视城还积极参与、承办文旅主题推广活动，不断扩大自身的影响力。2019年1月，在浙江省文化和旅游厅指导下，"甬抱台温　美丽湾区"——2019浙江沿海高速文旅主题推广活动在象山影视城启动。该次活动以浙江沿海高速公路通车为契机，在象山影视城现场推介宁波、台州、温州三地各具特点的精品路线和景区门票半价等自驾游优惠政策，同时也进一步增加了象山影视城的知名度。

4. 发展力评价

　　象山影视城平台建设得到浙江省委、省政府的高度重视，浙江省委宣传部将象山影视城纳入浙江建设全国影视副中心"一区一带一城"格局之中，还纳入浙江省影视产业"3＋N"园区平台体系的引领性影视龙头基地之中。2020年，多个文件提出发展意见及规划，推动象山影视产业高能级发展。6月，省委宣传部出台《关于深化影视业综合改革推进全省影视产业高质量发展的实施意见》，提出支持宁波影视文化产业区构建影视摄制工业化生产体系，打造全国影视拍摄示范区。10月，浙江省政府出台《浙江省诗路文化带发展规划》，提出以重要文创产业发展基地为核心，打造一批融合文化产业发展、文化艺术创作、文化交流合作为主题的文化创意产业平台，推进象山影视城等一批重点文化产业集聚区建设。2020年度浙江省政府工作报告明确提出"支持象山影视城建设，打造具有国际影响力的影视文化创新中心"，对象山影视城未来发展定位作出部署。省、市、县三级政府的高度重视，并有政策助力，为象山影视城发展赋能。影视城良好的物质基础和积极、灵活的发展理念，推动着它和衍生产业的持续发展。

（三）象山影视城核心文化基因的转化利用

象山影视城"围绕影视 回归影视"，提高影视文化产业的发展质量，从影视拍摄向全产业延展，打造完善的影视文化产业链和具有相当规模的影视产业集群，打造具有观赏功能的文旅实景、文旅艺术产品、影视配套产业等，带动周边区域实现共同富裕。

1. 提高影视文化产业的发展质量

加强与长三角影视公司和影视基地区域协同合作，共同构建一体化摄影、剧组服务咨询相联动的新格局，不断提升象山影视品牌影响力。

加快象山影视城场景拓展，逐步完善各类戏剧场景布局，对接好莱坞影视资源，联动宁波著名景点，带动象山海岛、码头等资源，将象山影视城打造成专业化、国际化、综合性的影视基地。

延长影视产业链，培育发展影视文化创意产业，加强与国内知名编剧网站、文学网站、动漫网站等文创平台和企业合作，推动热门作品影视化开发；积极发展后期特效制作产业，深化与国内外知名特效公司合作，加快全国首个LED摄影棚建设，引进和培育一批动画制作、LED特效制作企业，打造国内领先的虚拟化拍摄基地。

强化影视产业带动效益，打造编剧村、演员村、道具置景村三大产业示范村，加强与象山非物质文化遗产产品的交织互动，开发具有象山特色的影视文创产品。

2. 利用影视城资源和地域文化资源，开发体验项目

利用象山影视城现有的资源，开发衍生产品，设计体验项目，引导游客体会影视文化元素和传统文化元素。结合影视经典演艺镜头，布置各类演艺类产品，积极探索网络旅游，采用"线上＋线下"的新模式，打造"实景＋网络"互动体验游。

象山影视城2019年借势热播剧，全国首创《长安十二诀》实景沉浸式影

视秀，影视旅游模式得到新突破；推出《襄阳奇案》，积极探索网游旅游、"线上＋线下"相结合的新模式，编排推出《少林功夫》《好莱坞大戏法》《精武陈真》等影视情景剧，影视演艺形式明显丰富。推出影视换装游、微电影拍摄、360度全景影院、电影主题鬼屋、"水上飞"等影视主题体验项目；整合景区美食，推出"最长安"影视主题美食节，获游客好评；此外，还创作"线上＋线下"实景体验小游戏，推出《庆余年传》《捕蝉行动》等影视文化特色的"线上＋线下"沉浸式体验游戏；面向游客征集象山影视城游玩视频；征集网络音乐制作，象山影视城旅游抖音；征集网络文学创作，比如象山影视城游记；设置特色节庆活动，比如象山影视城汉服文化节；推出非物质文化遗产项目制作体验，包括皮影制作、船模制作、竹编、扎染、刺绣等。

利用象山当地文化资源，设计体验项目。特色民宿体验，包括影视特色民宿、时尚风格民宿、小镇风情民宿、海洋文化民宿、高端影视酒店、民宅民居等；象山小吃制作体验，比如捣麻糍、磨豆腐、擀麦饼等；当地特色餐饮体验，包括象山小吃米馒头、萝卜团、夹沙糕、麦饼筒、汤团等，以及象山农家乐特色餐饮、象山特色海鲜餐饮；等等。

3. 开发影视城特色旅游，打造旅游品牌

开发影视主题乐园。影视主题乐园是一种在影视拍摄制作基地基础上发展形成的集拍摄和旅游、娱乐于一体的休闲场所。象山拍摄基地可打造具有核心竞争力的影视拍摄地，通过旅游体验公园提升影视文化旅游的魅力。象山拍摄基地深入开发工业旅游，开发了水下影视拍摄旅游路线，参照拉斯维加斯和澳大利亚的模式，策划大型特技实景演艺，等等。

推出"影视研学（或探秘）之旅""国学传承之旅""踏青团建之旅"三大主题路线。"影视研学（或探秘）之旅"每月举行两场明星见面会，并适时组织剧组开机体验、明星应援探班活动，每周开展一次探班游。游客可网上预约或现场报名。"国学传承之旅"的重头戏是"千人穿汉服学国学"、学非物质文化遗产绝活等。"踏青团建之旅"则主要是以油菜花、郁金香、桃花等"花市"为重点，并融合热门影视元素，团队游客除进行专场团建活动外，还可挑选合适剧本拍摄一部微电影。

4. 承接影视城旅游溢出效应，发展乡村旅游

鼓励周边乡村大力发展旅游产业，承接象山影视城旅游溢出效应，进一

步突出生态旅游、乡村旅游等的优势，充分利用水果采摘、农副产品、农家乐等旅游资源，与象山影视城景区形成互补，推出"景区＋民宿""景区＋采摘"等旅游产品，与象山影视城实现旅游发展一体化。推出区域合作的一日游旅游路线，包括"象山影视城＋松兰山""象山影视城＋半边山""象山影视城＋渔港古城""象山影视城＋皇城沙滩""象山影视城＋中国渔村""象山影视城＋灵岩火山峰"等。

5. 制作地方特色文艺节目，发展文化创意产业

制作象山影视城纪录片，开展《象山先人》大型史诗歌舞演出，开设象山地方文史艺术主题展，建设《象山气度》文化数字展厅；建设象山影视城文创街区，开发象山影视城系列主题文创产品，建设象山地方特产文旅客厅；还可引进青瓷馆与竹编店，开办景区自营文创店，与景区共同研发推出文创产品，使景区文创类产品不断丰富。通过上述举措，进一步挖掘象山影视城的文化内涵，发挥其资源优势，推进文化创意产业的发展。

参考文献

1.陈雨婷：《象山影视城：十年风雨，厚积薄发》，《创意世界》2016 年第 5 期。

2.洪佩平：《产业融合视角下影视文化旅游业发展路径探索——以象山影视城为例》，《全国流通经济》2019 年第 14 期。

3.刘文华、薛耀文：《基于 AHP-SWOT 模型的影视基地发展战略选择——以象山影视城为例》，《经济问题》2018 年第 12 期。

4.宁波影视文化产业区管委会：《打造星光小镇　铸就影视名城》，《中国经贸导刊》2020 年第 13 期。

5.田雪枫：《宁波象山影视城对武汉影视产业的启示》，《武汉宣传》2016 年第 6 期。

　　浙江省文化旅游厅对标习近平总书记赋予浙江"努力成为新时代全面展示中国特色社会主义制度优越性的重要窗口"的新目标新定位，深入实施文化基因解码工程，制定《建设文化标识推进文旅融合行动计划（2021—2025年）》。这项工作旨在建成一批在历史发展过程中长期积累形成，在全省广泛分布，具有鲜明辨识度、广泛传播力、深远影响力的浙江文化标识，与文化"金名片"打造相互叠加、相互支撑，形成"国内影响、浙江气派、古今辉映、诗画交融"的文化浙江新格局。"文化基因解码工程"和文化标识建设已先后被列入浙江省"十四五"规划和"共同富裕示范区实施方案"，是浙江省文化和旅游事业发展、产业升级的战略性、基础性、先导性工作，是浙江省执行党和国家重大战略部署、重大任务的工作，也是浙江省高质量打造的新时代文化高地先行先试重大项目。

　　宁波市文化广电旅游局积极推进宁波文化标识建设工作，具体工作由文物保护与考古处负责，宁波市文化旅游研究院组织实施。为切实落实省相关文件精神，宁波制定了《宁波市"浙江文化基因解码工程"发展行动计划（2021—2023）》，成立宁波市"文化基因解码工程"专家团队，制订详细的工作计划。专人负责定期反馈各县（市、区）"一表、一文、一谱、一库"的解码推进情况，编写工作简报，介绍各县（市、区）经验、进展。对县（市、区）调研、数据库填写情况等，整理形成调研报告，梳理"文化基因解码工程"相关讲话、政策，及时组织交流对话。邀请省内专家多次开展专题讲座，辅导基因解码工作以及基因解码报告撰写。至2021年12月，共填报一般元素4294条、重点元素194个、解码报告194份、文化标识任务书14份，全面反映了宁波特色文化。

　　2022年，宁波11个项目入选"首批100项浙江文化标识"培育项目，分别是

"梁祝文化"（海曙）、"千年慈城"（江北）、"海丝东方大港"（北仑）、"'宁波帮'文化"（镇海）、"东钱湖文化带"（鄞州）、"海洋渔文化"（象山）、"古韵前童"（宁海）、"千年越窑秘色瓷"（慈溪）、"弥勒文化"（奉化）、"阳明文化"（余姚）、"浙东抗日根据地"（余姚）。"阳明文化"被列入"文化标识建设创新项目名单"，"海洋渔文化"被列入"文化标识建设创新培育项目名单"；"张人亚党章学堂""《渔光之城》滨海场景演艺秀"入选浙江省文化和旅游厅公布的"首批文化基因解码成果转化利用示范项目"。

为统筹推进基因解码工作，宁波还启动以"解密文化基因，擦亮宁波标识"为主题的一系列项目。如举办"宁波文化基因短视频大赛"，通过网络、地铁广告等方式，广泛动员全市百姓用短视频为"身边的宁波独特文化基因"解码。宁波市文化旅游研究院则以"江南都市，风华中轴——宁波建城 1200 年解码礼制中轴线文化基因"等为主题，组织拍摄视频，其中包括鼓楼、月湖、天一阁、永丰库等宁波人熟知的文化元素，展现"江南都市、河海之城"宁波的重点、独特文化基因。这些优秀的文化基因解码视频，广泛在凤凰网、宁聚、各大景区、公交车站、地铁、公共文化场所等线上、线下平台推广，在宁聚等网络平台还专门设立《宁波文化基因解码》栏目，扩大了宁波文化基因解码工程影响力。宁波市文化旅游研究院还联合宁波诺丁汉大学、宁聚传媒，申报了宁波市"科技创新 2025"重大专项课题"区域文化基因解码与精准传播"。

本次组织编撰的"宁波文化基因解码丛书"，是宁波推进文化基因解码工程的重要成果之一。本项目立足浙江省文化基因工程数据库成果，立足于县（市、区）各文化基因解码工程对宁波全市的文化元素的系统调查梳理与撰写的文化基因解码报告，由宁波市文化旅游研究院组织宁波大学、各县（市、区）文化旅游部门，以及宁波市内外文化学者、专家，合力深化推进。本丛书共 4 卷，分别为《河海润城：宁波市卷》《三江汇涌：海曙、鄞州、奉化卷》《海国潮起：江北、镇海、北仑卷》《山海锦绣：余姚、慈溪、宁海、象山卷》。其中，毛海莹、高邦旭、林晓莉、王成莉、詹增涛、胡呈、王意涵、陈丝丝等主要负责海曙、鄞州、奉化、宁海、象山5个县（市、区）的传统文化元素及全书的所有革命文化元素；负责宁波文化基因解码工程总体概述，以及藏书文化、海丝文化、慈孝文化等3个重大文化元素，梁祝传说、浙东史学派等11个重点文化元素。刘恒武、陈名扬、鲁弯弯主要负责江北、镇海、北仑、余姚4个县（市、区）的传统文化元素；负责阳明文化1个重大文化元素，河姆渡文化、海防文化等4个重点文化元素。庄丹华、孙鉴主要负责慈溪的传统文化元素，以及全书所有的社会主义先进文化元素；负责商帮文化1个重大文化元素，青瓷文化、甬剧等6个重点文化元素。本丛书图文并茂，是对宁波文化基因解码成果的总结和提炼，是留给后世的一份珍贵档案，也是了解宁波文化的一个重要窗口，为擦亮宁波文化标识提供了较为成熟的基础研究材料。

"文化基因解码工程"是一项范围广、难度大的工作，兼具社会性和科学性，也是一项具有开拓性、创造性的工作。根据浙江省文化和旅游厅的要求，基因解码坚持通俗实用的原则，而尽量回避学术和概念之争。在具体解码路径上，找准四大要素（物质要素、精神要素、语言与符号要素、规范要素），提取一组基因，从四个维度（生命力、凝聚力、影响力、发展力）进行评价，进而提出转化利用的对策。研究文化、梳理文脉，是传承与弘扬、保护与优化优质文化基因的基础工作，这需要深厚的理论素养与长期的实践研究，宁波大学团队专家学者以及各县（市、区）文化干部、专家等在编撰过程中都倾注了大量心血。

解码宁波文化基因，不是毫无边界地扩大文化的概念外延，而是选择区域内最有代表性、最有影响力、最具标识度的文化印记、文化元素和文化成果，深刻总结地域优秀传统文化的生命力、影响力、凝聚力和创造力，形成一张重点文化元素清单。其关键性的衡量标准是唯一性、品牌性，凸显宁波海陆文化交汇的鲜明特点，如庆安会馆等世界文化遗产点，河姆渡遗址、天一阁等全国重点文物保护单位，十里红妆等国家级非遗项目等。本丛书力求从区域文化传承发展的基本脉络中把握文化发展的规律，刻画提炼宁波文化的"性格"，揭示宁波城市的精神。这也是本丛书从 4294 条一般元素、194 个重点元素中遴选 126 个文化基因进行阐述的原因。这一工程研究成果也为宁波市"科技创新 2025"重大专项课题"区域文化基因解码与精准传播"（2021Z017）课题的推进提供了重要支撑。对于这些文化基因的遴选，可能与准确、深刻还有着一定的距离，希望得到热爱宁波文化、关注宁波文化发展的专家的批评与指正。

本丛书的编撰，得到了浙江省文化和旅游厅领导的关心和支持，省文旅厅"文化基因解码工程"领导小组领导和专家多次进行深入指导；也得到了宁波市文化系统各县（市、区）文化部门、各局属单位，以及文化部门老领导、广大专家的大力支持。丛书的出版是各部门紧密配合、通力协作的结果，也是宁波全体文化人集体劳动的结晶，在这里谨向为宁波文化基因解码工程、文化标识建设工程及本书编撰工作付出辛勤劳动的领导、专家、学者、文化干部表示衷心的感谢。尤其是杨劲、韩小寅、陈小锋、陈建祥、宋明耀、郭美星、张如安、贺宇红、徐飞、王军伟等领导和专家精心审读初稿，从打造精品的高度，提出了大量中肯而宝贵的意见和建议。编撰组认真听取意见，并做了仔细修改。

因编写任务重、时间紧，尤其是我们的研究还不够深入，视野和水平有限，书稿还未能做到尽善尽美，难免有不少差错和不足，敬请读者批评指正。

编　者

2023 年 10 月